Goethe · Erzählungen

JOHANN WOLFGANG GOETHE

Erzählungen

HERAUSGEGEBEN VON
HANNELORE SCHLAFFER

PHILIPP RECLAM JUN. STUTTGART

Universal-Bibliothek Nr. 6559
Alle Rechte vorbehalten
© 1989 Philipp Reclam jun. GmbH & Co., Stuttgart
Gesamtherstellung: Reclam, Ditzingen. Printed in Germany 1995
RECLAM und UNIVERSAL-BIBLIOTHEK sind eingetragene
Warenzeichen der Philipp Reclam jun. GmbH & Co., Stuttgart
ISBN 3-15-006559-3

Inhalt

Die Sängerin Antonelli

»Als ich mich in Neapel aufhielt, begegnete daselbst eine Geschichte, die großes Aufsehen erregte und worüber die Urteile sehr verschieden waren. Die einen behaupteten, sie sei völlig ersonnen, die andern, sie sei wahr, aber es stecke ein Betrug dahinter. Diese Partei war wieder untereinander selbst uneinig; sie stritten, wer dabei betrogen haben könnte. Noch andere behaupteten, es sei keineswegs ausgemacht, daß geistige Naturen nicht sollten auf Elemente und Körper wirken können, und man müsse nicht jede wunderbare Begebenheit ausschließlich entweder für Lüge oder Trug erklären. Nun zur Geschichte selbst!

Eine Sängerin, Antonelli genannt, war zu meiner Zeit der Liebling des neapolitanischen Publikums. In der Blüte ihrer Jahre, ihrer Figur, ihrer Talente fehlte ihr nichts, wodurch ein Frauenzimmer die Menge reizt und lockt und eine kleine Anzahl Freunde entzückt und glücklich macht. Sie war nicht unempfindlich gegen Lob und Liebe; allein von Natur mäßig und verständig, wußte sie die Freuden zu genießen, die beide gewähren, ohne dabei aus der Fassung zu kommen, die ihr in ihrer Lage so nötig war. Alle jungen, vornehmen, reichen Leute drängten sich zu ihr, nur wenige nahm sie auf; und wenn sie bei der Wahl ihrer Liebhaber meist ihren Augen und ihrem Herzen folgte, so zeigte sie doch bei allen kleinen Abenteuern einen festen, sichern Charakter, der jeden genauen Beobachter für sie einnehmen mußte. Ich hatte Gelegenheit, sie einige Zeit zu sehen, indem ich mit einem ihrer Begünstigten in nahem Verhältnisse stand. Verschiedene Jahre waren hingegangen, sie hatte Männer genug kennengelernt und unter ihnen viele Gecken, schwache und unzuverlässige Menschen. Sie glaubte bemerkt zu haben, daß ein Liebhaber, der in einem gewissen Sinne dem Weibe alles ist, gerade da, wo sie eines Beistandes am nötigsten bedürfte, bei Vorfällen des Lebens, häuslichen Angelegenheiten, bei augenblicklichen Entschließungen meistenteils zu nichts wird, wenn er nicht gar seiner Geliebten, indem er nur an sich selbst denkt, schadet und aus Eigenliebe ihr das Schlimmste zu raten und sie zu den gefährlichsten Schritten zu verleiten sich gedrungen fühlt.

Bei ihren bisherigen Verbindungen war ihr Geist meistenteils unbeschäftigt geblieben; auch dieser verlangte Nahrung. Sie wollte endlich einen Freund haben, und kaum hatte sie dieses Bedürfnis gefühlt, so fand sich unter denen, die sich ihr zu nähern suchten, ein junger Mann, auf den sie ihr Zutrauen warf und der es in jedem Sinne zu verdienen schien.

Es war ein Genueser, der sich um diese Zeit einiger wichtiger Geschäfte seines Hauses wegen in Neapel aufhielt. Bei einem sehr glücklichen Naturell hatte er die sorgfältigste Erziehung genossen. Seine Kenntnisse waren ausgebreitet, sein Geist wie sein Körper vollkommen ausgebildet, sein Betragen konnte für ein Muster gelten, wie einer, der sich keinen Augenblick vergißt, sich doch immer in andern zu vergessen scheint. Der Handelsgeist seiner Geburtsstadt ruhete auf ihm; er sah das, was zu tun war, im großen an. Doch war seine Lage nicht die glücklichste; sein Haus hatte sich in einige höchst mißliche Spekulationen eingelassen und war in gefährliche Prozesse verwickelt. Die Angelegenheiten verwirrten sich mit der Zeit noch mehr, und die Sorge, die er darüber empfand, gab ihm einen Anstrich von Traurigkeit, der ihm sehr wohl anstand und userm jungen Frauenzimmer noch mehr Mut machte, seine Freundschaft zu suchen, weil sie zu fühlen glaubte, daß er selbst einer Freundin bedürfe.

Er hatte sie bisher nur an öffentlichen Orten und bei Gelegenheit gesehen; sie vergönnte ihm nunmehr auf seine erste Anfrage den Zutritt in ihrem Hause, ja sie lud ihn recht dringend ein, und er verfehlte nicht zu kommen.

Sie versäumte keine Zeit, ihm ihr Zutrauen und ihren Wunsch zu entdecken. Er war verwundert und erfreut über ihren Antrag. Sie bat ihn inständig, ihr Freund zu bleiben und keine Anforderungen eines Liebhabers zu machen. Sie eröffnete ihm eine Verlegenheit, in der sie sich eben befand und worüber er bei seinen mancherlei Verhältnissen den besten Rat geben und die schleunigste Einleitung zu ihrem Vorteil machen konnte. Er vertraute ihr dagegen seine Lage, und indem sie ihn zu erheitern und zu trösten wußte, indem sich in ihrer Gegenwart manches entwickelte, was sonst bei ihm nicht so früh erwacht wäre, schien sie auch seine Ratgeberin zu sein, und eine wechselseitige, auf die edelste Achtung, auf das schönste Bedürfnis gegründete Freundschaft hatte sich in kurzem zwischen ihnen befestigt. Nur leider überlegt man bei Bedingungen, die man eingeht, nicht immer, ob sie möglich sind. Er hatte versprochen, nur Freund zu sein, keine Ansprüche auf die Stelle eines Liebhabers zu machen, und doch konnte er sich nicht leugnen, daß ihm die von ihr begünstigten Liebhaber überall im Wege, höchst zuwider, ja ganz und gar unerträglich waren. Besonders fiel es ihm höchst schmerzlich auf, wenn ihn seine Freundin von den guten und bösen Eigenschaften eines solchen Mannes oft launig unterhielt, alle Fehler des Begünstigten genau zu kennen schien und doch noch vielleicht selbigen Abend, gleichsam zum Spott des wertgeschätzten Freundes, in den Armen eines Unwürdigen ausruhte.

Glücklicher- oder unglücklicherweise geschah es bald, daß das Herz der Schönen frei wurde. Ihr Freund bemerkte es mit Vergnügen und suchte ihr vorzustellen, daß der erledigte Platz ihm vor allen andern gebühre. Nicht ohne Widerstand und Widerwillen gab sie seinen Wünschen Gehör. ›Ich fürchte‹, sagte sie, ›daß ich über dieser Nachgiebigkeit das Schätzbarste auf der Welt, einen Freund, verliere.‹ Sie hatte richtig geweissagt; denn kaum hatte er eine Zeitlang in seiner doppelten Eigenschaft bei ihr gegolten, so fingen seine Launen an, beschwerlicher zu werden: als Freund forderte er ihre ganze Achtung, als Liebhaber ihre ganze Neigung und als ein verständiger und angenehmer Mann unausgesetzte Unterhaltung. Dies aber war keinesweges nach dem Sinne des lebhaften Mädchens; sie konnte sich in keine Aufopferung finden und hatte nicht Lust, irgend jemand ausschließliche Rechte zuzugestehen. Sie suchte daher auf eine zarte Weise seine Besuche nach und nach zu verringern, ihn seltner zu sehen und ihn fühlen zu lassen, daß sie um keinen Preis der Welt ihre Freiheit weggebe.

Sobald er es merkte, fühlte er sich vom größten Unglück betroffen, und leider befiehl ihn dieses Unheil nicht allein: seine häuslichen Angelegenheiten fingen an, äußerst schlimm zu werden. Er hatte sich dabei den Vorwurf zu machen, daß er von früher Jugend an sein Vermögen als eine unerschöpfliche Quelle angesehen, daß er seine Handelsangelegenheiten versäumt, um auf Reisen und in der großen Welt eine vornehmere und reichere Figur zu spielen, als ihm seine Geburt und sein Einkom-

men gestatteten. Die Prozesse, auf die er seine Hoffnung
setzte, gingen langsam und waren kostspielig. Er mußte
deshalb einigemal nach Palermo, und während seiner letzten Reise machte das kluge Mädchen verschiedene Ein-
richtungen, um ihrer Haushaltung eine andere Wendung
zu geben und ihn nach und nach von sich zu entfernen. Er
kam zurück und fand sie in einer andern Wohnung, entfernt von der seinigen, und sah den Marchese von S., der
damals auf die öffentlichen Lustbarkeiten und Schauspiele
großen Einfluß hatte, vertraulich bei ihr aus und ein
gehen. Dies überwältigte ihn, und er fiel in eine schwere
Krankheit. Als die Nachricht davon zu seiner Freundin
gelangte, eilte sie zu ihm, sorgte für ihn, richtete seine
Aufwartung ein, und als ihr nicht verborgen blieb, daß
seine Kasse nicht zum besten bestellt war, ließ sie eine
ansehnliche Summe zurück, die hinreichend war, ihn auf
einige Zeit zu beruhigen.

Durch die Anmaßung, ihre Freiheit einzuschränken,
hatte der Freund schon viel in ihren Augen verloren; wie
ihre Neigung zu ihm abnahm, hatte ihre Aufmerksamkeit
auf ihn zugenommen; endlich hatte die Entdeckung, daß
er in seinen eigenen Angelegenheiten so unklug gehandelt
habe, ihr nicht die günstigsten Begriffe von seinem Ver-
stande und seinem Charakter gegeben. Indessen bemerkte
er die große Veränderung nicht, die in ihr vorgegangen
war; vielmehr schien ihre Sorgfalt für seine Genesung, die
Treue, womit sie halbe Tage lang an seinem Lager aus-
hielt, mehr ein Zeichen ihrer Freundschaft und Liebe als
ihres Mitleids zu sein, und er hoffte nach seiner Genesung
in alle Rechte wieder eingesetzt zu werden.

Wie sehr irrte er sich! In dem Maße, wie seine Gesundheit wiederkam und seine Kräfte sich erneuerten, ver-

schwand bei ihr jede Art von Neigung und Zutrauen, ja er schien ihr so lästig, als er ihr sonst angenehm gewesen war. Auch war seine Laune, ohne daß er es selbst bemerkte, während dieser Begebenheiten höchst bitter und verdrießlich geworden; alle Schuld, die er an seinem Schicksal haben konnte, warf er auf andere und wußte sich in allem völlig zu rechtfertigen. Er sah in sich nur einen unschuldig verfolgten, gekränkten, betrübten Mann und hoffte völlige Entschädigung alles Übels und aller Leiden von einer vollkommenen Ergebenheit seiner Geliebten.

Mit diesen Anforderungen trat er gleich in den ersten Tagen hervor, als er wieder ausgehen und sie besuchen konnte. Er verlangte nichts weniger, als daß sie sich ihm ganz ergeben, ihre übrigen Freunde und Bekannten verabschieden, das Theater verlassen und ganz allein mit ihm und für ihn leben sollte. Sie zeigte ihm die Unmöglichkeit, seine Forderungen zu bewilligen, erst auf eine scherzhafte, dann auf eine ernsthafte Weise, und war leider endlich genötigt, ihm die traurige Wahrheit, daß ihr Verhältnis gänzlich vernichtet sei, zu gestehen. Er verließ sie und sah sie nicht wieder.

Er lebte noch einige Jahre in einem sehr eingeschränkten Kreise oder vielmehr bloß in der Gesellschaft einer alten, frommen Dame, die mit ihm in einem Hause wohnte und sich von wenigen Renten erhielt. In dieser Zeit gewann er den einen Prozeß und bald darauf den andern; allein seine Gesundheit war untergraben und das Glück seines Lebens verloren. Bei einem geringen Anlaß fiel er abermals in eine schwere Krankheit; der Arzt kündigte ihm den Tod an. Er vernahm sein Urteil ohne Widerwillen, nur wünschte er, seine schöne Freundin noch einmal zu sehen. Er schickte seinen Bedienten zu

ihr, der sonst, in glücklichern Zeiten, manche günstige
Antwort gebracht hatte. Er ließ sie bitten; sie schlug es ab.
Er schickte zum zweitenmal und ließ sie beschwören; sie
beharrte auf ihrem Sinne. Endlich, es war schon tief in der
Nacht, sendete er zum drittenmal; sie ward bewegt und
vertraute mir ihre Verlegenheit, denn ich war eben mit
dem Marchese und einigen andern Freunden bei ihr zum
Abendessen. Ich riet ihr und bat sie, dem Freunde den
letzten Liebesdienst zu erzeigen; sie schien unentschlos-
sen, aber nach einigem Nachdenken nahm sie sich zusammen. Sie schickte den Bedienten mit einer abschläglichen
Antwort weg, und er kam nicht wieder.

Wir saßen nach Tische in einem vertrauten Gespräch
und waren alle heiter und guten Muts. Es war gegen Mitternacht, als sich auf einmal eine klägliche, durchdrin-
gende, ängstliche und lang nachtönende Stimme hören
ließ. Wir fuhren zusammen, sahen einander an und sahen
uns um, was aus diesem Abenteuer werden sollte. Die
Stimme schien an den Wänden zu verklingen, wie sie aus
der Mitte des Zimmers hervorgedrungen war. Der Marchese stand auf und sprang ans Fenster, und wir andern
bemühten uns um die Schöne, welche ohnmächtig dalag.
Sie kam erst langsam zu sich selbst. Der eifersüchtige und
heftige Italiener sah kaum ihre wieder aufgeschlagenen
Augen, als er ihr bittre Vorwürfe machte. ›Wenn Sie mit
Ihren Freunden Zeichen verabreden‹, sagte er, ›so lassen
Sie doch solche weniger auffallend und heftig sein.‹ Sie
antwortete ihm mit ihrer gewöhnlichen Gegenwart des
Geistes, daß, da sie jedermann und zu jeder Zeit bei sich
zu sehen das Recht habe, sie wohl schwerlich solche trau-
rige und schreckliche Töne zur Vorbereitung angenehmer
Stunden wählen würde.

Und gewiß, der Ton hatte etwas unglaublich Schreckhaftes. Seine lange nachdröhnenden Schwingungen waren uns allen in den Ohren, ja in den Gliedern geblieben. Sie war blaß, entstellt und immer der Ohnmacht nahe; wir mußten die halbe Nacht bei ihr bleiben. Es ließ sich nichts weiter hören. Die andere Nacht dieselbe Gesellschaft, nicht so heiter als Tags vorher, aber doch gefaßt genug, und – um dieselbige Zeit derselbe gewaltsame, fürchterliche Ton.

Wir hatten indessen über die Art des Schreies, und wo er herkommen möchte, unzählige Urteile gefällt und unsre Vermutungen erschöpft. Was soll ich weitläufig sein? Sooft sie zu Hause aß, ließ er sich um dieselbige Zeit vernehmen, und zwar, wie man bemerken wollte, manchmal stärker, manchmal schwächer. Ganz Neapel sprach von diesem Vorfall. Alle Leute des Hauses, alle Freunde und Bekannte nahmen den lebhaftesten Teil daran, ja die Polizei ward aufgerufen. Man stellte Spione und Beobachter aus. Denen auf der Gasse schien der Klang aus der freien Luft zu entspringen, und in dem Zimmer hörte man ihn gleichfalls ganz in unmittelbarer Nähe. Sooft sie auswärts aß, vernahm man nichts; sooft sie zu Hause war, ließ sich der Ton hören.

Aber auch außer dem Hause blieb sie nicht ganz von diesem bösen Begleiter verschont. Ihre Anmut hatte ihr den Zutritt in die ersten Häuser geöffnet. Sie war als eine gute Gesellschafterin überall willkommen, und sie hatte sich, um dem bösen Gaste zu entgehen, angewöhnt, die Abende außer dem Hause zu sein.

Ein Mann, durch sein Alter und seine Stelle ehrwürdig, führte sie eines Abends in seinem Wagen nach Hause. Als sie vor ihrer Türe von ihm Abschied nimmt, entsteht

der Klang zwischen ihnen beiden, und man hebt diesen
Mann, der so gut wie tausend andere die Geschichte
wußte, mehr tot als lebendig in seinen Wagen.

Ein andermal fährt ein junger Tenor, den sie wohl leiden konnte, mit ihr abends durch die Stadt, eine Freundin
zu besuchen. Er hatte von diesem seltsamen Phänomen
reden hören und zweifelte, als ein muntrer Knabe, an
einem solchen Wunder. Sie sprachen von der Begebenheit. ›Ich wünschte doch auch‹, sagte er, ›die Stimme Ihres
unsichtbaren Begleiters zu hören; rufen Sie ihn doch auf,
wir sind ja zu zweien und werden uns nicht fürchten!‹
Leichtsinn oder Kühnheit, ich weiß nicht, was sie vermochte, genug, sie ruft dem Geiste, und in dem Augenblicke entsteht mitten im Wagen der schmetternde Ton,
läßt sich dreimal schnell hintereinander gewaltsam hören
und verschwindet mit einem bänglichen Nachklang. Vor
dem Hause ihrer Freundin fand man beide ohnmächtig im
Wagen, nur mit Mühe brachte man sie wieder zu sich und
vernahm, was ihnen begegnet sei.

Die Schöne brauchte einige Zeit, sich zu erholen. Dieser immer erneuerte Schrecken griff ihre Gesundheit an,
und das klingende Gespenst schien ihr einige Frist zu ver-
statten, ja sie hoffte sogar, weil es sich lange nicht wieder
hören ließ, endlich völlig davon befreit zu sein. Allein
diese Hoffnung war zu frühzeitig.

Nach geendigtem Karneval unternahm sie mit einer
Freundin und einem Kammermädchen eine kleine Lust-
reise. Sie wollte einen Besuch auf dem Lande machen; es
war Nacht, ehe sie ihren Weg vollenden konnten, und
da noch am Fuhrwerke etwas zerbrach, mußten sie in
einem schlechten Wirtshaus übernachten und sich so gut
als möglich einrichten.

Schon hatte die Freundin sich niedergelegt, und das
Kammermädchen, nachdem sie das Nachtlicht angezün-
det hatte, wollte eben zu ihrer Gebieterin ins andre Bett
steigen, als diese scherzend zu ihr sagte: ›Wir sind hier am
Ende der Welt, und das Wetter ist abscheulich, sollte er
uns wohl hier finden können?‹ Im Augenblick ließ er sich
hören, stärker und fürchterlicher als jemals. Die Freundin
glaubte nicht anders, als die Hölle sei im Zimmer, sprang
aus dem Bette, lief, wie sie war, die Treppe hinunter und
rief das ganze Haus zusammen. Niemand tat diese Nacht
ein Auge zu. Allein es war auch das letztemal, daß sich der
Ton hören ließ. Doch hatte leider der ungebetene Gast
bald eine andere, lästigere Weise, seine Gegenwart anzuzeigen.

Einige Zeit hatte er Ruhe gehalten, als auf einmal
abends zur gewöhnlichen Stunde, da sie mit ihrer Gesellschaft zu Tische saß, ein Schuß, wie aus einer Flinte oder
stark geladnen Pistole, zum Fenster herein fiel. Alle hörten den Knall, alle sahen das Feuer, aber bei näherer Untersuchung fand man die Scheibe ohne die mindeste Verlet-
zung. Desungeachtet nahm die Gesellschaft den Vorfall
sehr ernsthaft, und alle glaubten, daß man der Schönen
nach dem Leben stehe. Man eilt nach der Polizei, man un-
tersucht die benachbarten Häuser, und da man nichts Ver-
dächtiges findet, stellt man darin den andern Tag Schildwa-
chen von oben bis unten. Man durchsucht genau das Haus,
worin sie wohnt, man verteilt Spione auf der Straße.

Alle diese Vorsicht war vergebens. Drei Monate hintereinander fiel in demselbigen Augenblicke der Schuß durch
dieselbe Fensterscheibe, ohne das Glas zu verletzen, und,
was merkwürdig war, immer genau eine Stunde vor Mitternacht, da doch gewöhnlich in Neapel nach der italieni-

schen Uhr gezählt wird und Mitternacht daselbst eigentlich keine Epoche macht.

Man gewöhnte sich endlich an diese Erscheinung wie an die vorige und rechnete dem Geiste seine unschädliche Tücke nicht hoch an. Der Schuß fiel manchmal, ohne die Gesellschaft zu erschrecken oder sie in ihrem Gespräch zu unterbrechen.

Eines Abends nach einem sehr warmen Tage öffnete die Schöne, ohne an die Stunde zu denken, das bewußte Fenster und trat mit dem Marchese auf den Balkon. Kaum standen sie einige Minuten draußen, als der Schuß zwischen ihnen beiden durch fiel und sie mit Gewalt rückwärts in das Zimmer schleuderte, wo sie ohnmächtig auf den Boden taumelten. Als sie sich wieder erholt hatten, fühlte er auf der linken, sie aber auf der rechten Wange den Schmerz einer tüchtigen Ohrfeige, und da man sich weiter nicht verletzt fand, gab der Vorfall zu mancherlei scherzhaften Bemerkungen Anlaß.

Von der Zeit an ließ sich dieser Schall im Hause nicht wieder hören, und sie glaubte nun endlich ganz von ihrem unsichtbaren Verfolger befreit zu sein, als auf einem Wege, den sie des Abends zu einer Freundin machte, ein unvermutetes Abenteuer sie nochmals auf das gewaltsamste erschreckte. Ihr Weg ging durch die Chiaja, wo ehemals der geliebte genuesische Freund gewohnt hatte. Es war heller Mondschein. Eine Dame, die bei ihr saß, fragte: ›Ist das nicht das Haus, in welchem der Herr*** gestorben ist?‹

– ›Es ist eins von diesen beiden, soviel ich weiß‹, sagte die Schöne, und in dem Augenblicke fiel aus einem dieser beiden Häuser der Schuß und drang durch den Wagen durch. Der Kutscher glaubte angegriffen zu sein und fuhr

mit aller möglichen Geschwindigkeit fort. An dem Orte
ihrer Bestimmung hob man die beiden Frauen für tot aus
dem Wagen.

Aber dieser Schrecken war auch der letzte. Der unsicht-
bare Begleiter änderte seine Methode, und nach einigen
Abenden erklang vor ihren Fenstern ein lautes Händeklatschen. Sie war als beliebte Sängerin und Schauspielerin
diesen Schall schon mehr gewohnt. Er hatte an sich nichts
Schreckliches, und man konnte ihn eher einem ihrer
Bewunderer zuschreiben. Sie gab wenig darauf acht; ihre
Freunde waren aufmerksamer und stellten wie das vorige-
mal Posten aus. Sie hörten den Schall, sahen aber vor wie
nach niemand, und die meisten hofften nun bald auf ein
völliges Ende dieser Erscheinungen.

Nach einiger Zeit verlor sich auch dieser Klang und
verwandelte sich in angenehmere Töne. Sie waren zwar
nicht eigentlich melodisch, aber unglaublich angenehm
und lieblich. Sie schienen den genauesten Beobachtern
von der Ecke einer Querstraße her zu kommen, im leeren
Luftraume bis unter das Fenster hinzuschweben und dann
dort auf das sanfteste zu verklingen. Es war, als wenn ein
himmlischer Geist durch ein schönes Präludium aufmerksam auf eine Melodie machen wollte, die er eben vorzutragen im Begriff sei. Auch dieser Ton verschwand endlich und ließ sich nicht mehr hören, nachdem die ganze
wunderbare Geschichte etwa anderthalb Jahre gedauert
hatte.«

Als der Erzähler einen Augenblick innehielt, fing die Gesellschaft an, ihre Gedanken und Zweifel über diese Geschichte zu äußern, ob sie wahr sei, ob sie auch wahr sein
könne.

Der Alte behauptete, sie müsse wahr sein, wenn sie interessant sein solle; denn für eine erfundene Geschichte habe sie wenig Verdienst. Jemand bemerkte darauf, es scheine sonderbar, daß man sich nicht nach dem abgeschiedenen Freunde und nach den Umständen seines Todes erkundigt, weil doch daraus vielleicht einiges zur Aufklärung der Geschichte hätte genommen werden können.

»Auch dieses ist geschehen«, versetzte der Alte; »ich war selbst neugierig genug, sogleich nach der ersten Erscheinung in sein Haus zu gehen und unter einem Vorwand die Dame zu besuchen, welche zuletzt recht mütterlich für ihn gesorgt hatte. Sie erzählte mir, daß ihr Freund eine unglaubliche Leidenschaft für das Frauenzimmer gehegt habe, daß er die letzte Zeit seines Lebens fast allein von ihr gesprochen und sie bald als einen Engel, bald als einen Teufel vorgestellt habe.

Als seine Krankheit überhandgenommen, habe er nichts gewünscht, als sie vor seinem Ende noch einmal zu sehen, wahrscheinlich in der Hoffnung, nur noch eine zärtliche Äußerung, eine Reue oder sonst irgendein Zeichen der Liebe und Freundschaft von ihr zu erzwingen. Desto schrecklicher sei ihm ihre anhaltende Weigerung gewesen, und sichtbar habe die letzte, entscheidende abschlägliche Antwort sein Ende beschleunigt. Verzweifelnd habe er ausgerufen: ›Nein, es soll ihr nichts helfen! Sie vermeidet mich; aber auch nach meinem Tode soll sie keine Ruhe vor mir haben!‹ Mit dieser Heftigkeit verschied er, und nur zu sehr mußten wir erfahren, daß man auch jenseits des Grabes Wort halten könne.«

Bassompierres Geschichte von der schönen Krämerin

»Der Marschall von Bassompierre«, sagte er, »erzählt sie in seinen Memoiren; es sei mir erlaubt, in seinem Namen zu reden:

Seit fünf oder sechs Monaten hatte ich bemerkt, sooft ich über die kleine Brücke ging – denn zu der Zeit war der Pont neuf noch nicht erbauet –, daß eine schöne Krämerin, deren Laden an einem Schilde mit zwei Engeln kenntlich war, sich tief und wiederholt vor mir neigte und mir so weit nachsah, als sie nur konnte. Ihr Betragen fiel mir auf, ich sah sie gleichfalls an und dankte ihr sorgfältig. Einst ritt ich von Fontainebleau nach Paris, und als ich wieder die kleine Brücke heraufkam, trat sie an ihre Ladentüre und sagte zu mir, indem ich vorbeiritt: ›Mein Herr, Ihre Dienerin!‹ Ich erwiderte ihren Gruß, und indem ich mich von Zeit zu Zeit umsah, hatte sie sich weiter vorgelehnt, um mir so weit als möglich nachzusehen.

Ein Bedienter nebst einem Postillon folgten mir, die ich noch diesen Abend mit Briefen an einige Damen nach Fontainebleau zurückschicken wollte. Auf meinen Befehl stieg der Bediente ab und ging zu der jungen Frau, ihr in meinem Namen zu sagen, daß ich ihre Neigung, mich zu sehen und zu grüßen, bemerkt hätte; ich wollte, wenn sie wünschte, mich näher kennenzulernen, sie aufsuchen, wo sie verlangte.

Sie antwortete dem Bedienten, er hätte ihr keine bessere Neuigkeit bringen können, sie wollte kommen, wohin ich sie bestellte, nur mit der Bedingung, daß sie eine Nacht mit mir unter einer Decke zubringen dürfte.

Ich nahm den Vorschlag an und fragte den Bedienten, ob er nicht etwa einen Ort kenne, wo wir zusammenkommen könnten. Er antwortete, daß er sie zu einer gewissen Kupplerin führen wollte, rate mir aber, weil die Pest sich hier und da zeige, Matratzen, Decken und Leintücher aus meinem Hause hinbringen zu lassen. Ich nahm den Vorschlag an, und er versprach, mir ein gutes Bett zu bereiten.

Des Abends ging ich hin und fand eine sehr schöne Frau von ungefähr zwanzig Jahren mit einer zierlichen Nachtmütze, einem sehr feinen Hemde, einem kurzen Unterrocke von grünwollenem Zeuge. Sie hatte Pantoffeln an den Füßen und eine Art von Pudermantel übergeworfen. Sie gefiel mir außerordentlich, und da ich mir einige Freiheiten herausnehmen wollte, lehnte sie meine Liebkosungen mit sehr guter Art ab und verlangte, mit mir zwischen zwei Leintüchern zu sein. Ich erfüllte ihr Begehren und kann sagen, daß ich niemals ein zierlicheres Weib gekannt habe noch von irgendeiner mehr Vergnügen genossen hätte. Den andern Morgen fragte ich sie, ob ich sie nicht noch einmal sehen könnte, ich verreise erst Sonntag; und wir hatten die Nacht vom Donnerstag auf den Freitag miteinander zugebracht.

Sie antwortete mir, daß sie es gewiß lebhafter wünsche als ich; wenn ich aber nicht den ganzen Sonntag bliebe, sei es ihr unmöglich, denn nur in der Nacht vom Sonntag auf den Montag könne sie mich wiedersehen. Als ich einige Schwierigkeiten machte, sagte sie: ›Ihr seid wohl meiner in diesem Augenblicke schon überdrüssig und wollt nun Sonntags verreisen; aber Ihr werdet bald wieder an mich denken und gewiß noch einen Tag zugeben, um eine Nacht mit mir zuzubringen.‹

Ich war leicht zu überreden, versprach ihr, den Sonntag zu bleiben und die Nacht auf den Montag mich wieder an dem nämlichen Orte einzufinden. Darauf antwortete sie mir: ›Ich weiß recht gut, mein Herr, daß ich in ein schändliches Haus um Ihrentwillen gekommen bin; aber ich habe es freiwillig getan, und ich hatte ein so unüberwindliches Verlangen, mit Ihnen zu sein, daß ich jede Bedingung eingegangen wäre. Aus Leidenschaft bin ich an diesen abscheulichen Ort gekommen, aber ich würde mich für eine feile Dirne halten, wenn ich zum zweitenmal dahin zurückkehren könnte. Möge ich eines elenden Todes sterben, wenn ich außer meinem Mann und Euch irgend jemand zu Willen gewesen bin und nach irgendeinem andern verlange! Aber was täte man nicht für eine Person, die man liebt, und für einen Bassompierre? Um seinetwillen bin ich in das Haus gekommen, um eines Mannes willen, der durch seine Gegenwart diesen Ort ehrbar gemacht hat. Wollt Ihr mich noch einmal sehen, so will ich Euch bei meiner Tante einlassen.‹

Sie beschrieb mir das Haus aufs genaueste und fuhr fort: ›Ich will Euch von zehn Uhr bis Mitternacht erwarten, ja noch später, die Türe soll offen sein. Erst findet Ihr einen kleinen Gang, in dem haltet Euch nicht auf, denn die Türe meiner Tante geht da heraus. Dann stößt Euch eine Treppe sogleich entgegen, die Euch ins erste Geschoß führt, wo ich Euch mit offnen Armen empfangen werde.‹

· Ich machte meine Einrichtung, ließ meine Leute und meine Sachen vorausgehen und erwartete mit Ungeduld die Sonntagsnacht, in der ich das schöne Weibchen wiedersehen sollte. Um zehn Uhr war ich schon am bestimmten Orte. Ich fand die Türe, die sie mir bezeichnet hatte, sogleich, aber verschlossen und im ganzen Hause Licht, das sogar von Zeit zu Zeit wie eine Flamme aufzulodern schien. Ungeduldig fing ich an zu klopfen, um meine Ankunft zu melden; aber ich hörte eine Mannsstimme, die mich fragte, wer draußen sei.

Ich ging zurück und einige Straßen auf und ab. Endlich zog mich das Verlangen wieder nach der Türe. Ich fand sie offen und eilte durch den Gang die Treppe hinauf. Aber wie erstaunt war ich, als ich in dem Zimmer ein paar Leute fand, welche Bettstroh verbrannten, und bei der Flamme, die das ganze Zimmer erleuchtete, zwei nackte Körper auf dem Tische ausgestreckt sah. Ich zog mich eilig zurück und stieß im Hinausgehen auf ein paar Totengräber, die mich fragten, was ich suchte. Ich zog den Degen, um sie mir vom Leibe zu halten, und kam nicht unbewegt von diesem seltsamen Anblick nach Hause. Ich trank sogleich drei bis vier Gläser Wein, ein Mittel gegen die pestilenzialischen Einflüsse, das man in Deutschland sehr bewährt hält, und trat, nachdem ich ausgeruhet, den andern Tag meine Reise nach Lothringen an.

Alle Mühe, die ich mir nach meiner Rückkunft gegeben, irgend etwas von dieser Frau zu erfahren, war vergeblich. Ich ging sogar nach dem Laden der zwei Engel; allein die Mietleute wußten nicht, wer vor ihnen darin gesessen hatte.

Dieses Abenteuer begegnete mir mit einer Person vom geringen Stande, aber ich versichere, daß ohne den unangenehmen Ausgang es eins der reizendsten gewesen wäre, deren ich mich erinnere, und daß ich niemals ohne Sehnsucht an das schöne Weibchen habe denken können.«

Der Prokurator

In einer italienischen Seestadt lebte vorzeiten ein Handelsmann, der sich von Jugend auf durch Tätigkeit und Klugheit auszeichnete. Er war dabei ein guter Seemann und
hatte große Reichtümer erworben, indem er selbst nach
Alexandria zu schiffen, kostbare Waren zu erkaufen oder
einzutauschen pflegte, die er alsdann zu Hause wieder
abzusetzen oder in die nördlichen Gegenden Europens zu
versenden wußte. Sein Vermögen wuchs von Jahr zu Jahr
um so mehr, als er in seiner Geschäftigkeit selbst das
größte Vergnügen fand und ihm keine Zeit zu kostspieli-
gen Zerstreuungen übrigblieb.

Bis in sein funfzigstes Jahr hatte er sich auf diese Weise
emsig fortbeschäftigt und ihm war von den geselligen Vergnügungen wenig bekannt worden, mit welchen ruhige
Bürger ihr Leben zu würzen verstehen; ebensowenig
hatte das schöne Geschlecht, bei allen Vorzügen seiner
Landsmänninnen, seine Aufmerksamkeit weiter erregt,
als insofern er ihre Begierde nach Schmuck und Kostbarkeiten sehr wohl kannte und sie gelegentlich zu nutzen
wußte.

Wie wenig versah er sich daher auf die Veränderung, die
in seinem Gemüte vorgehen sollte, als eines Tages sein
reich beladen Schiff in den Hafen seiner Vaterstadt einlief,
eben an einem jährlichen Feste, das besonders der Kinder
wegen gefeiert wurde. Knaben und Mädchen pflegten
nach dem Gottesdienste in allerlei Verkleidungen sich zu
zeigen, bald in Prozessionen, bald in Scharen durch die
Stadt zu scherzen und sodann im Felde auf einem großen
freien Platz allerhand Spiele zu treiben, Kunststücke und

Geschicklichkeiten zu zeigen und in artigem Wettstreit ausgesetzte kleine Preise zu gewinnen.

Anfangs wohnte unser Seemann dieser Feier mit Vergnügen bei; als er aber die Lebenslust der Kinder und die Freude der Eltern daran lange betrachtet und so viele Menschen im Genuß einer gegenwärtigen Freude und der angenehmsten aller Hoffnungen gefunden hatte, mußte ihm bei einer Rückkehr auf sich selbst sein einsamer Zustand äußerst auffallen. Sein leeres Haus fing zum erstenmal an, ihm ängstlich zu werden, und er klagte sich selbst in seinen Gedanken an:

»O ich Unglückseliger! warum gehn mir so spät die Augen auf? Warum erkenne ich erst im Alter jene Güter, die allein den Menschen glücklich machen? Soviel Mühe! soviel Gefahren! Was haben sie mir verschafft? Sind gleich meine Gewölbe voll Waren, meine Kisten voll edler Metalle und meine Schränke voll Schmuck und Kleinodien, so können doch diese Güter mein Gemüt weder erheitern noch befriedigen. Je mehr ich sie aufhäufe, desto mehr Gesellen scheinen sie zu verlangen; ein Kleinod fordert das andere, ein Goldstück das andere. Sie erkennen mich nicht für den Hausherrn; sie rufen mir ungestüm zu: ›Geh und eile, schaffe noch mehr unsersgleichen herbei! Gold erfreut sich nur des Goldes, das Kleinod des Kleinodes.‹ So gebieten sie mir schon die ganze Zeit meines Lebens, und erst spät fühle ich, daß mir in allem diesem kein Genuß bereitet ist. Leider jetzt, da die Jahre kommen, fange ich an zu denken und sage zu mir: Du genießest diese Schätze nicht, und niemand wird sie nach dir genießen! Hast du jemals eine geliebte Frau damit geschmückt? Hast du eine Tochter damit ausgestattet? Hast du einen Sohn in den Stand gesetzt, sich die Neigung

eines guten Mädchens zu gewinnen und zu befestigen?
Niemals! Von allen deinen Besitztümern hast du, hat niemand der Deinigen etwas besessen, und was du mühsam
zusammengebracht hast, wird nach deinem Tode ein
Fremder leichtfertig verprassen.

O wie anders werden heute abend jene glücklichen
Eltern ihre Kinder um den Tisch versammeln, ihre Geschicklichkeit preisen und sie zu guten Taten aufmun-
tern! Welche Lust glänzte aus ihren Augen, und welche
Hoffnung schien aus dem Gegenwärtigen zu entspringen!
Solltest du denn aber selbst gar keine Hoffnung fassen
können? Bist du denn schon ein Greis? Ist es nicht genug, die Versäumnis einzusehen, jetzt, da noch nicht
aller Tage Abend gekommen ist? Nein, in deinem Alter
ist es noch nicht töricht, ans Freien zu denken, mit deinen Gütern wirst du ein braves Weib erwerben und
glücklich machen, und siehst du noch Kinder in deinem
Hause, so werden dir diese spätern Früchte den größten
Genuß geben, anstatt daß sie oft denen, die sie zu früh
vom Himmel erhalten, zur Last werden und zur Verwirrung gereichen.«

Als er durch dieses Selbstgespräch seinen Vorsatz bei
sich befestigt hatte, rief er zwei Schiffsgesellen zu sich und
eröffnete ihnen seine Gedanken. Sie, die gewohnt waren,
in allen Fällen willig und bereit zu sein, fehlten auch diesmal nicht und eilten, sich in der Stadt nach den jüngsten
und schönsten Mädchen zu erkundigen; denn ihr Patron,
da er einmal nach dieser Ware lüstern ward, sollte auch die
beste finden und besitzen.

Er selbst feierte so wenig als seine Abgesandten. Er
ging, fragte, sah und hörte und fand bald, was er suchte,
in einem Frauenzimmer, das in diesem Augenblick das

schönste der ganzen Stadt genannt zu werden verdiente, ungefähr sechzehn Jahre alt, wohlgebildet und gut erzogen, deren Gestalt und Wesen das Angenehmste zeigte und das Beste versprach.

Nach einer kurzen Unterhandlung, durch welche der vorteilhafteste Zustand sowohl bei Lebzeiten als nach dem Tode des Mannes der Schönen versichert ward, vollzog man die Heirat mit großer Pracht und Lust, und von diesem Tage an fühlte sich unser Handelsmann zum erstenmal im wirklichen Besitz und Genuß seiner Reichtümer. Nun verwandte er mit Freuden die schönsten und reichsten Stoffe zur Bekleidung des schönen Körpers, die Juwelen glänzten ganz anders an der Brust und in den Haaren seiner Geliebten als ehemals im Schmuckkästchen, und die Ringe erhielten einen unendlichen Wert von der Hand, die sie trug.

So fühlte er sich nicht allein so reich, sondern reicher als bisher, indem seine Güter sich durch Teilnehmung und Anwendung zu vermehren schienen. Auf diese Weise lebte das Paar fast ein Jahr lang in der größten Zufriedenheit, und er schien seine Liebe zu einem tätigen und herumstreifenden Leben gegen das Gefühl häuslicher Glückseligkeit gänzlich vertauscht zu haben. Aber eine alte Gewohnheit legt sich so leicht nicht ab, und eine Richtung, die wir früh genommen, kann wohl einige Zeit abgelenkt, aber nie ganz unterbrochen werden.

So hatte auch unser Handelsmann oft, wenn er andere sich einschiffen oder glücklich in den Hafen zurückkehren sah, wieder die Regungen seiner alten Leidenschaft gefühlt, ja er hatte selbst in seinem Hause an der Seite seiner Gattin manchmal Unruhe und Unzufriedenheit empfunden. Dieses Verlangen vermehrte sich mit der Zeit und verwandelte sich zuletzt in eine solche Sehnsucht, daß er sich äußerst unglücklich fühlen mußte und zuletzt wirklich krank ward.

»Was soll nun aus dir werden?« sagte er zu sich selbst. »Du erfährst nun, wie töricht es ist, in späten Jahren eine alte Lebensweise gegen eine neue zu vertauschen. Wie sollen wir das, was wir immer getrieben und gesucht haben, aus unsern Gedanken, ja aus unsern Gliedern wieder herausbringen? Und wie geht es mir nun, der ich bisher wie ein Fisch das Wasser, wie ein Vogel die freie Luft geliebt, da ich mich in einem Gebäude bei allen Schätzen und bei der Blume aller Reichtümer, bei einer schönen jungen Frau eingesperrt habe? Anstatt daß ich dadurch hoffte, Zufriedenheit zu gewinnen und meiner Güter zu genießen, so scheint es mir, daß ich alles verliere, indem ich nichts weiter erwerbe. Mit Unrecht hält man die Menschen für Toren, welche in rastloser Tätigkeit Güter auf Güter zu häufen suchen; denn die Tätigkeit ist das Glück, und für den, der die Freuden eines ununterbrochenen Bestrebens empfinden kann, ist der erworbene Reichtum ohne Bedeutung. Aus Mangel an Beschäftigung werde ich elend, aus Mangel an Bewegung krank, und wenn ich keinen andern Entschluß fasse, so bin ich in kurzer Zeit dem Tode nahe.

Freilich ist es ein gewagtes Unternehmen, sich von einer jungen, liebenswürdigen Frau zu entfernen. Ist es billig, um ein reizendes und reizbares Mädchen zu freien und sie nach einer kurzen Zeit sich selbst, der Langenweile, ihren Empfindungen und Begierden zu überlassen? Spazieren diese jungen, seidnen Herren nicht schon jetzt vor meinen Fenstern auf und ab? Suchen sie nicht schon jetzt in der Kirche und in Gärten die Aufmerksamkeit meines Weibchens an sich zu ziehen? Und was wird erst geschehen, wenn ich weg bin? Soll ich glauben, daß mein Weib durch ein Wunder gerettet werden könnte? Nein, in ihrem Alter, bei ihrer Konstitution wäre es töricht zu hoffen, daß sie sich der Freuden der Liebe enthalten könnte. Entfernst du dich, so wirst du bei deiner Rückkunft die Neigung deines Weibes und ihre Treue zugleich mit der Ehre deines Hauses verloren haben.«

Diese Betrachtungen und Zweifel, mit denen er sich eine Zeitlang quälte, verschlimmerten den Zustand, in dem er sich befand, aufs äußerste. Seine Frau, seine Verwandten und Freunde betrübten sich um ihn, ohne daß sie die Ursache seiner Krankheit hätten entdecken können. Endlich ging er nochmals bei sich zu Rate und rief nach einiger Überlegung aus: »Törichter Mensch! du lässest es dir so sauer werden, ein Weib zu bewahren, das du doch bald, wenn dein Übel fortdauert, sterbend hinter dir und einem andern lassen mußt. Ist es nicht wenigstens klüger und besser, du suchst das Leben zu erhalten, wenn du gleich in Gefahr kommst, an ihr dasjenige zu verlieren, was als das höchste Gut der Frauen geschätzt wird? Wie mancher Mann kann durch seine Gegenwart den Verlust dieses Schatzes nicht hindern und vermißt geduldig, was er nicht erhalten kann! Warum solltest du nicht den Mut haben, dich eines solchen Gutes zu entschlagen, da von diesem Entschlusse dein Leben abhängt?«

Mit diesen Worten ermannte er sich und ließ seine Schiffsgesellen rufen. Er trug ihnen auf, nach gewohnter Weise ein Fahrzeug zu befrachten und alles bereit zu halten, daß sie bei dem ersten günstigen Winde auslaufen könnten. Darauf erklärte er sich gegen seine Frau folgendermaßen:

»Laß dich nicht befremden, wenn du in dem Hause eine Bewegung siehst, woraus du schließen kannst, daß ich mich zu einer Abreise anschicke! Betrübe dich nicht, wenn ich dir gestehe, daß ich abermals eine Seefahrt zu unternehmen gedenke! Meine Liebe zu dir ist noch immer dieselbe, und sie wird es gewiß in meinem ganzen Leben bleiben. Ich erkenne den Wert des Glücks, das ich bisher an deiner Seite genoß, und würde ihn noch reiner fühlen, wenn ich mir nicht oft Vorwürfe der Untätigkeit und Nachlässigkeit im stillen machen müßte. Meine alte Neigung wacht wieder auf, und meine alte Gewohnheit zieht mich wieder an. Erlaube mir, daß ich den Markt von Alexandrien wiedersehe, den ich jetzt mit größerem Eifer besuchen werde, weil ich dort die köstlichsten Stoffe und die edelsten Kostbarkeiten für dich zu gewinnen denke. Ich lasse dich im Besitz aller meiner Güter und meines ganzen Vermögens; bediene dich dessen und vergnüge dich mit deinen Eltern und Verwandten! Die Zeit der Abwesenheit geht auch vorüber, und mit vielfacher Freude werden wir uns wiedersehen.«

Nicht ohne Tränen machte ihm die liebenswürdige Frau die zärtlichsten Vorwürfe, versicherte, daß sie ohne ihn keine fröhliche Stunde hinbringen werde, und bat ihn nur, da sie ihn weder halten könne noch einschränken wolle, daß er ihrer auch in der Abwesenheit zum besten gedenken möge.

Nachdem er darauf verschiedenes mit ihr über einige Geschäfte und häusliche Angelegenheiten gesprochen, sagte er nach einer kleinen Pause: »Ich habe nun noch etwas auf dem Herzen, davon du mir frei zu reden erlauben mußt; nur bitte ich dich aufs herzlichste, nicht zu mißdeuten, was ich sage, sondern auch selbst in dieser Besorgnis meine Liebe zu erkennen.«

»Ich kann es erraten«, versetzte die Schöne darauf; »du bist meinetwegen besorgt, indem du nach Art der Männer unser Geschlecht ein für allemal für schwach hältst. Du hast mich bisher jung und froh gekannt, und nun glaubst du, daß ich in deiner Abwesenheit leichtsinnig und verführbar sein werde. Ich schelte diese Sinnesart nicht, denn sie ist bei euch Männern gewöhnlich; aber wie ich mein Herz kenne, darf ich dir versichern, daß nichts so leicht Eindruck auf mich machen und kein möglicher Eindruck so tief wirken soll, um mich von dem Wege abzuleiten, auf dem ich bisher an der Hand der Liebe und Pflicht hinwandelte. Sei ohne Sorgen; du sollst deine Frau so zärtlich und treu bei deiner Rückkunft wiederfinden, als du sie abends fandest, wenn du nach einer kleinen Abwesenheit in meine Arme zurückkehrtest.«

»Diese Gesinnungen traue ich dir zu«, versetzte der Gemahl, »und bitte dich, darin zu verharren. Laß uns aber an die äußersten Fälle denken; warum soll man sich nicht auch darauf vorsehen? Du weißt, wie sehr deine schöne und reizende Gestalt die Augen unserer jungen Mitbürger auf sich zieht; sie werden sich in meiner Abwesenheit noch mehr als bisher um dich bemühen, sie werden sich dir auf alle Weise zu nähern, ja zu gefallen suchen. Nicht immer wird das Bild deines Gemahls, wie jetzt seine Gegenwart, sie von deiner Türe und deinem Herzen verscheuchen. Du bist ein edles und gutes Kind, aber die Forderungen der Natur sind rechtmäßig und gewaltsam; sie stehen mit unserer Vernunft beständig im Streite und tragen gewöhnlich den Sieg davon. Unterbrich mich nicht! Du wirst gewiß in meiner Abwesenheit, selbst bei dem pflichtmäßigen Andenken an mich, das Verlangen empfinden, wodurch das Weib den Mann anzieht und von ihm angezogen wird. Ich werde eine Zeitlang der Gegenstand deiner Wünsche sein; aber wer weiß, was für Umstände zusammentreffen, was für Gelegenheiten sich finden, und ein anderer wird in der Wirklichkeit ernten, was die Einbildungskraft mir zugedacht hatte. Werde nicht ungeduldig, ich bitte dich, höre mich aus!

Sollte der Fall kommen, dessen Möglichkeit du leugnest und den ich auch nicht zu beschleunigen wünsche, daß du ohne die Gesellschaft eines Mannes nicht länger bleiben, die Freuden der Liebe nicht wohl entbehren könntest, so versprich mir nur, an meine Stelle keinen von den leichtsinnigen Knaben zu wählen, die, so artig sie auch aussehen mögen, der Ehre noch mehr als der Tugend einer Frau gefährlich sind. Mehr durch Eitelkeit als durch Begierde beherrscht, bemühen sie sich um eine jede und finden nichts natürlicher, als eine der andern aufzuopfern. Fühlst du dich geneigt, dich nach einem Freunde umzusehen, so forsche nach einem, der diesen Namen verdient, der bescheiden und verschwiegen die Freuden der Liebe noch durch die Wohltat des Geheimnisses zu erheben weiß.«

Hier verbarg die schöne Frau ihren Schmerz nicht länger, und die Tränen, die sie bisher zurückgehalten hatte, stürzten reichlich aus ihren Augen. »Was du auch von mir denken magst«, rief sie nach einer leidenschaftlichen Umarmung aus, »so ist doch nichts entfernter von mir als das Verbrechen, das du gewissermaßen für unvermeidlich hältst. Möge, wenn jemals auch nur ein solcher Gedanke in mir entsteht, die Erde sich auftun und mich verschlingen, und möge alle Hoffnung der Seligkeit mir entrissen werden, die uns eine so reizende Fortdauer unsers Daseins verspricht. Entferne das Mißtrauen aus deiner Brust und laß mir die ganze reine Hoffnung, dich bald wieder in meinen Armen zu sehen!«

Nachdem er auf alle Weise seine Gattin zu beruhigen gesucht, schiffte er sich den andern Morgen ein; seine Fahrt war glücklich, und er gelangte bald nach Alexandrien.

Indessen lebte seine Gattin in dem ruhigen Besitz eines großen Vermögens nach aller Lust und Bequemlichkeit, jedoch eingezogen, und pflegte außer ihren Eltern und Verwandten niemand zu sehen, und indem die Geschäfte ihres Mannes durch getreue Diener fortgeführt wurden, bewohnte sie ein großes Haus, in dessen prächtigen Zimmern sie mit Vergnügen täglich das Andenken ihres Gemahls erneuerte.

So sehr sie aber auch sich stille hielt und eingezogen lebte, waren doch die jungen Leute der Stadt nicht untätig geblieben. Sie versäumten nicht, häufig vor ihrem Fenster vorbeizugehen, und suchten des Abends durch Musik und Gesänge ihre Aufmerksamkeit auf sich zu ziehen. Die schöne Einsame fand anfangs diese Bemühungen unbequem und lästig, doch gewöhnte sie sich bald daran und ließ an den langen Abenden, ohne sich zu bekümmern, woher sie kämen, die Serenaden als eine angenehme Unterhaltung sich gefallen und konnte dabei manchen Seufzer, der ihrem Abwesenden galt, nicht zurückhalten.

Anstatt daß ihre unbekannten Verehrer, wie sie hoffte, nach und nach müde geworden wären, schienen sich ihre Bemühungen noch zu vermehren und zu einer beständigen Dauer anzulassen. Sie konnte nun die wiederkehrenden Instrumente und Stimmen, die wiederholten Melodien schon unterscheiden und bald sich die Neugierde nicht mehr versagen, zu wissen, wer die Unbekannten und besonders wer die Beharrlichen sein möchten. Sie durfte sich zum Zeitvertreib eine solche Teilnahme wohl erlauben.

Sie fing daher an, von Zeit zu Zeit durch ihre Vorhänge und Halbläden nach der Straße zu sehen, auf die Vorbeigehenden zu merken und besonders die Männer zu unterscheiden, die ihre Fenster am längsten im Auge behielten. Es waren meist schöne, wohlgekleidete junge Leute, die aber freilich in Gebärden sowohl als in ihrem ganzen Äußern ebensoviel Leichtsinn als Eitelkeit sehen ließen. Sie schienen mehr durch ihre Aufmerksamkeit auf das Haus der Schönen sich merkwürdig machen als jener eine Art von Verehrung beweisen zu wollen.

»Wahrlich«, sagte die Dame manchmal scherzend zu sich selbst, »mein Mann hat einen klugen Einfall gehabt! Durch die Bedingung, unter der er mir einen Liebhaber zugesteht, schließt er alle diejenigen aus, die sich um mich bemühen und dir mir allenfalls gefallen könnten. Er weiß wohl, daß Klugheit, Bescheidenheit und Verschwiegenheit Eigenschaften eines ruhigen Alters sind, die zwar unser Verstand schätzt, die aber unsre Einbildungskraft keinesweges aufzuregen noch unsre Neigung anzureizen imstande sind. Vor diesen, die mein Haus mit ihren Artigkeiten belagern, bin ich sicher, daß sie kein Vertrauen erwecken, und die, denen ich mein Vertrauen schenken könnte, finde ich nicht im mindesten liebenswürdig.«

In der Sicherheit dieser Gedanken erlaubte sie sich immer mehr, dem Vergnügen an der Musik und an der Gestalt der vorbeigehenden Jünglinge nachzuhängen, und ohne daß sie es merkte, wuchs nach und nach ein unruhi-

ges Verlangen in ihrem Busen, dem sie nur zu spät zu
widerstreben gedachte. Die Einsamkeit und der Müßiggang, das bequeme, gute und reichliche Leben waren ein
Element, in welchem sich eine unregelmäßige Begierde
früher, als das gute Kind dachte, entwickeln mußte.

Sie fing nun an, jedoch mit stillen Seufzern, unter den
Vorzügen ihres Gemahls auch seine Welt- und Menschen-
kenntnis, besonders die Kenntnis des weiblichen Herzens
zu bewundern. »So war es also doch möglich, was ich ihm
so lebhaft abstritt«, sagte sie zu sich selbst, »und so war es
also doch nötig, in einem solchen Falle mir Vorsicht und
Klugheit anzuraten! Doch was können Vorsicht und
Klugheit da, wo der unbarmherzige Zufall nur mit einem
unbestimmten Verlangen zu spielen scheint! Wie soll ich
den wählen, den ich nicht kenne? Und bleibt bei näherer
Bekanntschaft noch eine Wahl übrig?«

Mit solchen und hundert andern Gedanken vermehrte
die schöne Frau das Übel, das bei ihr schon weit genug um
sich gegriffen hatte. Vergebens suchte sie sich zu zerstreuen; jeder angenehme Gegenstand machte ihre Empfindung rege, und ihre Empfindung brachte, auch in der
tiefsten Einsamkeit, angenehme Bilder in ihrer Einbildungskraft hervor.

In solchem Zustande befand sie sich, als sie unter
andern Stadtneuigkeiten von ihren Verwandten vernahm,
es sei ein junger Rechtsgelehrter, der zu Bologna studiert
habe, soeben in seine Vaterstadt zurückgekommen. Man
wußte nicht genug zu seinem Lobe zu sagen. Bei außerordentlichen Kenntnissen zeigte er eine Klugheit und
Gewandtheit, die sonst Jünglingen nicht eigen ist, und bei
einer sehr reizenden Gestalt die größte Bescheidenheit.
Als Prokurator hatte er bald das Zutrauen der Bürger und

die Achtung der Richter gewonnen. Täglich fand er sich auf dem Rathause ein, um daselbst seine Geschäfte zu besorgen und zu betreiben.

Die Schöne hörte die Schilderung eines so vollkommenen Mannes nicht ohne Verlangen, ihn näher kennenzulernen, und nicht ohne stillen Wunsch, in ihm denjenigen zu finden, dem sie ihr Herz, selbst nach der Vorschrift ihres Mannes, übergeben könnte. Wie aufmerksam ward sie daher, als sie vernahm, daß er täglich vor ihrem Hause vorbeigehe; wie sorgfältig beobachtete sie die Stunde, in der man auf dem Rathause sich zu versammeln pflegte! Nicht ohne Bewegung sah sie ihn endlich vorbeigehen, und wenn seine schöne Gestalt und seine Jugend für sie notwendig reizend sein mußten, so war seine Bescheidenheit von der andern Seite dasjenige, was sie in Sorgen versetzte.

Einige Tage hatte sie ihn heimlich beobachtet und konnte nun dem Wunsche nicht länger widerstehen, seine Aufmerksamkeit auf sich zu ziehen. Sie kleidete sich mit Sorgfalt, trat auf den Balkon, und das Herz schlug ihr, als sie ihn die Straße herkommen sah. Allein wie betrübt, ja beschämt war sie, als er wie gewöhnlich mit bedächtigen Schritten, in sich gekehrt und mit niedergeschlagenen Augen, ohne sie auch nur zu bemerken, auf das zierlichste seines Weges vorbeiging.

Vergebens versuchte sie mehrere Tage hintereinander auf ebendiese Weise, von ihm bemerkt zu werden. Immer ging er seinen gewöhnlichen Schritt, ohne die Augen aufzuschlagen oder da- und dorthin zu wenden. Je mehr sie ihn aber ansah, desto mehr schien er ihr derjenige zu sein, dessen sie so sehr bedurfte. Ihre Neigung ward täglich lebhafter und, da sie ihr nicht widerstand, endlich ganz und gar gewaltsam. »Wie!« sagte sie zu sich selbst, »nachdem dein edler, verständiger Mann den Zustand vorausgesehen, in dem du dich in seiner Abwesenheit befinden würdest, da seine Weissagung eintrifft, daß du ohne Freund und Günstling nicht leben kannst, sollst du dich nun verzehren und abhärmen zu der Zeit, da dir das Glück einen Jüngling zeigt, völlig nach deinem Sinne, nach dem Sinne deines Gatten, einen Jüngling, mit dem du die Freuden der Liebe in einem undurchdringlichen Geheimnis genießen kannst? Töricht, wer die Gelegenheit versäumt, töricht, wer der gewaltsamen Liebe widerstehen will!« Mit solchen und vielen andern Gedanken suchte sich die schöne Frau in ihrem Vorsatze zu stärken, und nur kurze Zeit ward sie noch von Ungewißheit hin und her getrieben. Endlich aber, wie es begegnet, daß eine Leidenschaft, welcher wir lange widerstehen, uns zuletzt auf einmal dahinreißt und unser Gemüt dergestalt erhöht, daß wir auf Besorgnis und Furcht, Zurückhaltung und Scham, Verhältnisse und Pflichten mit Verachtung als auf kleinliche Hindernisse zurücksehen, so faßte sie auf einmal den raschen Entschluß, ein junges Mädchen, das ihr diente, zu dem geliebten Manne zu schicken und, es koste nun, was es wolle, zu seinem Besitze zu gelangen.

Das Mädchen eilte und fand ihn, als er eben mit vielen Freunden zu Tische saß, und richtete ihren Gruß, den ihre Frau sie gelehrt hatte, pünktlich aus. Der junge Prokurator wunderte sich nicht über diese Botschaft; er hatte den Handelsmann in seiner Jugend gekannt, er wußte, daß er gegenwärtig abwesend war, und ob er gleich von seiner Heirat nur von weitem gehört hatte, vermutete er doch, daß die zurückgelassene Frau in der Abwesenheit ihres Mannes wahrscheinlich in einer wichtigen Sache seines

rechtlichen Beistandes bedürfe. Er antwortete deswegen
dem Mädchen auf das verbindlichste und versicherte, daß
er, sobald man von der Tafel aufgestanden, nicht säumen
würde, ihrer Gebieterin aufzuwarten. Mit unaussprechli-
cher Freude vernahm die schöne Frau, daß sie den Geliebten nun bald sehen und sprechen sollte. Sie eilte, sich aufs
beste anzuziehen, und ließ geschwind ihr Haus und ihre
Zimmer auf das reinlichste ausputzen. Orangenblätter
und Blumen wurden gestreut, der Sofa mit den köstlichsten Teppichen bedeckt. So ging die kurze Zeit, die er
ausblieb, beschäftigt hin, die ihr sonst unerträglich lang
geworden wäre.

Mit welcher Bewegung ging sie ihm entgegen, als er
endlich ankam, mit welcher Verwirrung hieß sie ihn,
indem sie sich auf das Ruhebett niederließ, auf ein Taburett sitzen, das zunächst dabeistand! Sie verstummte in
seiner so erwünschten Nähe, sie hatte nicht bedacht, was
sie ihm sagen wollte; auch er war still und saß bescheiden
vor ihr. Endlich ermannte sie sich und sagte nicht ohne
Sorge und Beklommenheit:

»Sie sind noch nicht lange in Ihrer Vaterstadt wiederan-
gekommen, mein Herr, und schon sind Sie allenthalben
für einen talentreichen und zuverlässigen Mann bekannt.
Auch ich setze mein Vertrauen auf Sie in einer wichtigen
und sonderbaren Angelegenheit, die, wenn ich es recht
bedenke, eher für den Beichtvater als für den Sachwalter
gehört. Seit einem Jahre bin ich an einen würdigen und
reichen Mann verheiratet, der, solange wir zusammenleb-
ten, die größte Aufmerksamkeit für mich hatte und über
den ich mich nicht beklagen würde, wenn nicht ein unru-
higes Verlangen zu reisen und zu handeln ihn seit einiger
Zeit aus meinen Armen gerissen hätte.

Als ein verständiger und gerechter Mann fühlte er wohl das Unrecht, das er mir durch seine Entfernung antat. Er begriff, daß ein junges Weib nicht wie Juwelen und Perlen verwahrt werden könne; er wußte, daß sie vielmehr einem Garten voll schöner Früchte gleicht, die für jedermann so wie für den Herrn verloren wären, wenn er eigensinnig die Türe auf einige Jahre verschließen wollte. Er sprach mir daher vor seiner Abreise sehr ernstlich zu, er versicherte mir, daß ich ohne Freund nicht würde leben können, er gab mir dazu nicht allein die Erlaubnis, sondern er drang in mich und nötigte mir gleichsam das Versprechen ab, daß ich der Neigung, die sich in meinem Herzen finden würde, frei und ohne Anstand folgen wollte.«

Sie hielt einen Augenblick inne, aber bald gab ihr ein vielversprechender Blick des jungen Mannes Mut genug, in ihrem Bekenntnis fortzufahren:

»Eine einzige Bedingung fügte mein Gemahl zu seiner übrigens so nachsichtigen Erlaubnis. Er empfahl mir die äußerste Vorsicht und verlangte ausdrücklich, daß ich mir einen gesetzten, zuverlässigen, klugen und verschwiegenen Freund wählen sollte. Ersparen Sie mir, das übrige zu sagen, mein Herr, ersparen Sie mir die Verwirrung, mit der ich Ihnen bekennen würde, wie sehr ich für Sie eingenommen bin, und erraten Sie aus diesem Zutrauen meine Hoffnungen und meine Wünsche.«

Nach einer kurzen Pause versetzte der junge, liebenswürdige Mann mit gutem Bedachte: »Wie sehr bin ich Ihnen für das Vertrauen verbunden, durch welches Sie mich in einem so hohen Grade ehren und glücklich machen! Ich wünsche nur lebhaft, Sie zu überzeugen, daß Sie sich an keinen Unwürdigen gewendet haben. Lassen Sie mich Ihnen zuerst als Rechtsgelehrter antworten; und

als ein solcher gesteh ich Ihnen, daß ich Ihren Gemahl
bewundere, der sein Unrecht so deutlich gefühlt und eingesehen hat, denn es ist gewiß, daß einer, der ein junges
Weib zurückläßt, um ferne Weltgegenden zu besuchen,
als ein solcher anzusehen ist, der irgendein anderes Besitz-
tum völlig derelinquiert und durch die deutlichste Handlung auf alles Recht daran Verzicht tut. Wie es nun dem
ersten besten erlaubt ist, eine solche völlig ins Freie gefallene Sache wieder zu ergreifen, so muß ich es um so mehr
für natürlich und billig halten, daß eine junge Frau, die
sich in diesem Zustande befindet, ihre Neigung abermals
verschenke und sich einem Freunde, der ihr angenehm
und zuverlässig scheint, ohne Bedenken überlasse.

Tritt nun aber gar wie hier der Fall ein, daß der Ehemann selbst, seines Unrechts sich bewußt, mit ausdrückli-
chen Worten seiner hinterlassenen Frau dasjenige erlaubt,
was er ihr nicht verbieten kann, so bleibt gar kein Zweifel
übrig, um so mehr, da demjenigen kein Unrecht ge-
schieht, der es willig zu ertragen erklärt hat.

Wenn Sie mich nun«, fuhr der junge Mann mit ganz
andern Blicken und dem lebhaftesten Ausdrucke fort, indem er die schöne Freundin bei der Hand nahm, »wenn
Sie mich zu Ihrem Diener erwählen, so machen Sie mich
mit einer Glückseligkeit bekannt, von der ich bisher
keinen Begriff hatte. Sein Sie versichert«, rief er aus, indem er die Hand küßte, »daß Sie keinen ergebnern, zärt-
lichern, treuern und verschwiegenern Diener hätten finden können!«

Wie beruhigt fühlte sich nach dieser Erklärung die
schöne Frau. Sie scheute sich nicht, ihm ihre Zärtlichkeit
aufs lebhafteste zu zeigen; sie drückte seine Hände,
drängte sich näher an ihn und legte ihr Haupt auf seine

Schulter. Nicht lange blieben sie in dieser Lage, als er sich auf eine sanfte Weise von ihr zu entfernen suchte und nicht ohne Betrübnis zu reden begann: »Kann sich wohl ein Mensch in einem seltsamern Verhältnisse befinden? Ich bin gezwungen, mich von Ihnen zu entfernen und mir die größte Gewalt anzutun in einem Augenblicke, da ich mich den süßesten Gefühlen überlassen sollte. Ich darf mir das Glück, das mich in Ihren Armen erwartet, gegenwärtig nicht zueignen. Ach! wenn nur der Aufschub mich nicht um meine schönsten Hoffnungen betriegt!«

Die Schöne fragte ängstlich nach der Ursache dieser sonderbaren Äußerung.

»Eben als ich in Bologna«, versetzte er, »am Ende meiner Studien war und mich aufs äußerste angriff, mich zu meiner künftigen Bestimmung geschickt zu machen, verfiel ich in eine schwere Krankheit, die, wo nicht mein Leben zu zerstören, doch meine körperlichen und Geisteskräfte zu zerrütten drohte. In der größten Not und unter den heftigsten Schmerzen tat ich der Mutter Gottes ein Gelübde, daß ich, wenn sie mich genesen ließe, ein Jahr lang in strengem Fasten zubringen und mich alles Genusses, von welcher Art er auch sei, enthalten wolle. Schon zehn Monate habe ich mein Gelübde auf das treulichste erfüllt, und sie sind mir in Betrachtung der großen Wohltat, die ich erhalten, keinesweges lang geworden, da es mir nicht beschwerlich ward, manches gewohnte und bekannte Gute zu entbehren. Aber zu welcher Ewigkeit werden mir nun zwei Monate, die noch übrig sind, da mir erst nach Verlauf derselben ein Glück zuteil werden kann, welches alle Begriffe übersteigt! Lassen Sie sich die Zeit nicht lang werden und entziehen Sie mir Ihre Gunst nicht, die Sie mir so freiwillig zugedacht haben!«

Die Schöne, mit dieser Erklärung nicht sonderlich zufrieden, faßte doch wieder bessern Mut, als der Freund nach einigem Nachdenken zu reden fortfuhr: »Ich wagte kaum, Ihnen einen Vorschlag zu tun und das Mittel anzuzeigen, wodurch ich früher von meinem Gelübde entbunden werden kann. Wenn ich jemand fände, der so streng und sicher wie ich das Gelübde zu halten übernähme und die Hälfte der noch übrigen Zeit mit mir teilte, so würde ich um so geschwinder frei sein, und nichts würde sich unsern Wünschen entgegenstellen. Sollten Sie nicht, meine süße Freundin, um unser Glück zu beschleunigen, willig sein, einen Teil des Hindernisses, das uns entgegensteht, hinwegzuräumen? Nur der zuverlässigsten Person kann ich einen Anteil an meinem Gelübde übertragen; es ist streng, denn ich darf des Tages nur zweimal Brot und Wasser genießen, darf des Nachts nur wenige Stunden auf einem harten Lager zubringen und muß ungeachtet meiner vielen Geschäfte eine große Anzahl Gebete verrichten. Kann ich, wie es mir heute geschehen ist, nicht vermeiden, bei einem Gastmahl zu erscheinen, so darf ich deswegen doch nicht meine Pflicht hintansetzen, vielmehr muß ich den Reizungen aller Leckerbissen, die an mir vorübergehen, zu widerstehen suchen. Können Sie sich entschließen, einen Monat lang gleichfalls alle diese Gesetze zu befolgen, so werden Sie alsdann sich selbst in dem Besitz eines Freundes desto mehr erfreuen, als Sie ihn durch ein so lobenswürdiges Unternehmen gewissermaßen selbst erworben haben.«

Die schöne Dame vernahm ungern die Hindernisse, die sich ihrer Neigung entgegensetzten; doch war ihre Liebe zu dem jungen Manne durch seine Gegenwart dergestalt vermehrt worden, daß ihr keine Prüfung zu streng schien, wenn ihr nur dadurch der Besitz eines so werten Gutes versichert werden konnte. Sie sagte ihm daher mit den gefälligsten Ausdrücken: »Mein süßer Freund! das Wunder, wodurch Sie Ihre Gesundheit wiedererlangt haben, ist mir selbst so wert und verehrungswürdig, daß ich es mir zur Freude und Pflicht mache, an dem Gelübde teilzunehmen, das Sie dagegen zu erfüllen schuldig sind. Ich freue mich, Ihnen einen so sichern Beweis meiner Neigung zu geben; ich will mich auf das genaueste nach Ihrer Vorschrift richten, und ehe Sie mich lossprechen, soll mich nichts von dem Wege entfernen, auf den Sie mich einleiten.«

Nachdem der junge Mann mit ihr aufs genaueste diejenigen Bedingungen abgeredet, unter welchen sie ihm die Hälfte seines Gelübdes ersparen konnte, entfernte er sich mit der Versicherung, daß er sie bald wieder besuchen und nach der glücklichen Beharrlichkeit in ihrem Vorsatze fragen würde, und so mußte sie ihn gehen lassen, als er ohne Händedruck, ohne Kuß, mit einem kaum bedeutenden Blicke von ihr schied. Ein Glück für sie war die Beschäftigung, die ihr der seltsame Vorsatz gab, denn sie hatte manches zu tun, um ihre Lebensart völlig zu verändern. Zuerst wurden die schönen Blätter und Blumen hinausgekehrt, die sie zu seinem Empfang hatte streuen lassen; dann kam an die Stelle des wohlgepolsterten Ruhebettes ein hartes Lager, auf das sie sich, zum erstenmal in ihrem Leben nur von Wasser und Brot kaum gesättigt, des Abends niederlegte. Des andern Tages war sie beschäftigt, Hemden zuzuschneiden und zu nähen, deren sie eine bestimmte Zahl für ein Armen- und Krankenhaus fertig zu machen versprochen hatte. Bei dieser neuen und unbe-

quemen Beschäftigung unterhielt sie ihre Einbildungskraft immer mit dem Bilde ihres süßen Freundes und mit
der Hoffnung künftiger Glückseligkeit, und bei ebendie-
sen Vorstellungen schien ihre schmale Kost ihr eine herz-
stärkende Nahrung zu gewähren.

So verging eine Woche, und schon am Ende derselben
fingen die Rosen ihrer Wangen an, einigermaßen zu ver-
bleichen. Kleider, die ihr sonst wohl paßten, waren zu
weit und ihre sonst so raschen und muntern Glieder matt
und schwach geworden, als der Freund wieder erschien
und ihr durch seinen Besuch neue Stärke und Leben gab.
Er ermahnte sie, in ihrem Vorsatze zu beharren, munterte
sie durch sein Beispiel auf und ließ von weitem die Hoffnung eines ungestörten Genusses durchblicken. Nur
kurze Zeit hielt er sich auf und versprach, bald wiederzukommen.

Die wohltätige Arbeit ging aufs neue muntrer fort, und
von der strengen Diät ließ man keineswegs nach. Aber
auch, leider! hätte sie durch eine große Krankheit nicht
mehr erschöpft werden können. Ihr Freund, der sie am
Ende der Woche abermals besuchte, sah sie mit dem größten Mitleiden an und stärkte sie durch den Gedanken, daß
die Hälfte der Prüfung nun schon vorüber sei.

Nun ward ihr das ungewohnte Fasten, Beten und
Arbeiten mit jedem Tage lästiger, und die übertriebene
Enthaltsamkeit schien den gesunden Zustand eines an
Ruhe und reichliche Nahrung gewöhnten Körpers gänzlich zu zerrütten. Die Schöne konnte sich zuletzt nicht
mehr auf den Füßen halten und war genötigt, ungeachtet
der warmen Jahrszeit sich in doppelte und dreifache Kleider zu hüllen, um die beinah völlig verschwindende inner-
liche Wärme einigermaßen zusammenzuhalten. Ja sie war

nicht länger imstande, aufrecht zu bleiben, und sogar gezwungen, in der letzten Zeit das Bett zu hüten.

Welche Betrachtungen mußte sie da über ihren Zustand machen! Wie oft ging diese seltsame Begebenheit vor ihrer Seele vorbei, und wie schmerzlich fiel es ihr, als zehn Tage vergingen, ohne daß der Freund erschienen wäre, der sie diese äußersten Aufopferungen kostete! Dagegen aber bereitete sich in diesen trüben Stunden ihre völlige Genesung vor, ja sie ward entschieden. Denn als bald darauf ihr Freund erschien und sich an ihr Bette auf eben dasselbe Taburett setzte, auf dem er ihre erste Erklärung vernommen hatte, und ihr freundlich, ja gewissermaßen zärtlich zusprach, die kurze Zeit noch standhaft auszudauern, unterbrach sie ihn mit Lächeln und sagte: »Es bedarf weiter keines Zuredens, mein werter Freund, und ich werde mein Gelübde diese wenigen Tage mit Geduld und mit der Überzeugung ausdauern, daß Sie es mir zu meinem Besten auferlegt haben. Ich bin jetzt zu schwach, als daß ich Ihnen meinen Dank ausdrücken könnte, wie ich ihn empfinde. Sie haben mich mir selbst erhalten; Sie haben mich mir selbst gegeben, und ich erkenne, daß ich mein ganzes Dasein von nun an Ihnen schuldig bin.

Wahrlich! mein Mann war verständig und klug und kannte das Herz einer Frau; er war billig genug, sie über eine Neigung nicht zu schelten, die durch seine Schuld in ihrem Busen entstehen konnte, ja er war großmütig genug, seine Rechte der Forderung der Natur hintanzusetzen. Aber Sie, mein Herr, Sie sind vernünftig und gut; Sie haben mich fühlen lassen, daß außer der Neigung noch etwas in uns ist, das ihr das Gleichgewicht halten kann, daß wir fähig sind, jedem gewohnten Gut zu entsagen und selbst unsere heißesten Wünsche von uns zu entfernen. Sie haben mich in diese Schule durch Irrtum und Hoffnung geführt; aber beide sind nicht mehr nötig, wenn wir uns erst mit dem guten und mächtigen Ich bekannt gemacht haben, das so still und ruhig in uns wohnt und so lange, bis es die Herrschaft im Hause gewinnt, wenigstens durch zarte Erinnerungen seine Gegenwart unaufhörlich merken läßt. Leben Sie wohl! Ihre Freundin wird Sie künftig mit Vergnügen sehen; wirken Sie auf Ihre Mitbürger wie auf mich; entwickeln Sie nicht allein die Verwirrungen, die nur zu leicht über Besitztümer entstehen, sondern zeigen Sie ihnen auch durch sanfte Anleitung und durch Beispiel, daß in jedem Menschen die Kraft der Tugend im Verborgenen keimt; die allgemeine Achtung wird Ihr Lohn sein, und Sie werden mehr als der erste Staatsmann und der größte Held den Namen Vater des Vaterlandes verdienen.«

Ferdinands Schuld und Wandlung

Man kann in Familien oft die Bemerkung machen, daß Kinder sowohl der Gestalt als dem Geiste nach bald vom Vater, bald von der Mutter Eigenschaften an sich tragen, und so kommt auch manchmal der Fall vor, daß ein Kind die Naturen beider Eltern auf eine besondere und verwundernswürdige Weise verbindet.

Hievon war ein junger Mensch, den ich Ferdinand nennen will, ein auffallender Beweis. Seine Bildung erinnerte an beide Eltern, und ihre Gemütsart konnte man in der seinigen genau unterscheiden. Er hatte den leichten und frohen Sinn des Vaters, so auch den Trieb, den Augenblick zu genießen, und eine gewisse leidenschaftliche Art, bei manchen Gelegenheiten nur sich selbst in Anschlag zu bringen. Von der Mutter aber hatte er, so schien es, ruhige Überlegung, ein Gefühl von Recht und Billigkeit und eine Anlage zur Kraft, sich für andere aufzuopfern. Man sieht hieraus leicht, daß diejenigen, die mit ihm umgingen, oft, um seine Handlungen zu erklären, zu der Hypothese ihre Zuflucht nehmen mußten, daß der junge Mann wohl zwei Seelen haben möchte.

Ich übergehe mancherlei Szenen, die in seiner Jugend vorfielen, und erzähle nur eine Begebenheit, die seinen ganzen Charakter ins Licht setzt und in seinem Leben eine entschiedene Epoche machte.

Er hatte von Jugend auf eine reichliche Lebensart genossen, denn seine Eltern waren wohlhabend, lebten und erzogen ihre Kinder, wie es solchen Leuten geziemt, und wenn der Vater in Gesellschaften, beim Spiel und durch zierliche Kleidung mehr, als billig war, ausgab, so

wußte die Mutter als eine gute Haushälterin dem gewöhnlichen Aufwande solche Grenzen zu setzen, daß im Ganzen ein Gleichgewicht blieb und niemals ein Mangel zum
Vorschein kommen konnte. Dabei war der Vater als Handelsmann glücklich; es gerieten ihm manche Spekulationen, die er sehr kühn unternommen hatte, und weil er
gern mit Menschen lebte, hatte er sich in Geschäften auch
vieler Verbindungen und mancher Beihülfe zu erfreuen.

Die Kinder, als strebende Naturen, wählen sich gewöhnlich im Hause das Beispiel dessen, der am meisten
zu leben und zu genießen scheint. Sie sehen in einem
Vater, der sichs wohl sein läßt, die entschiedene Regel,
wornach sie ihre Lebensart einzurichten haben, und weil
sie schon früh zu dieser Einsicht gelangen, so schreiten
meistenteils ihre Begierden und Wünsche in großer
Disproportion der Kräfte ihres Hauses fort. Sie finden
sich bald überall gehindert, um so mehr, als jede neue
Generation neue und frühere Anforderungen macht und
die Eltern den Kindern dagegen meistenteils nur gewähren möchten, was sie selbst in früherer Zeit genossen,
da noch jedermann mäßiger und einfacher zu leben sich
bequemte.

Ferdinand wuchs mit der unangenehmen Empfindung
heran, daß ihm oft dasjenige fehle, was er an seinen
Gespielen sah. Er wollte in Kleidung, in einer gewissen
Liberalität des Lebens und Betragens hinter niemanden
zurückbleiben, er wollte seinem Vater ähnlich werden,
dessen Beispiel er täglich vor Augen sah und der ihm doppelt als Musterbild erschien: einmal als Vater, für den der
Sohn gewöhnlich ein günstiges Vorurteil hegt, und dann
wieder, weil der Knabe sah, daß der Mann auf diesem
Wege ein vergnügliches und genußreiches Leben führte

und dabei von jedermann geschätzt und geliebt wurde. Ferdinand hatte hierüber, wie man sich leicht denken kann, manchen Streit mit der Mutter, da er dem Vater die abgelegten Röcke nicht nachtragen, sondern selbst immer in der Mode sein wollte. So wuchs er heran, und seine Forderungen wuchsen immer vor ihm her, so daß er zuletzt, da er achtzehn Jahre alt war, ganz außer Verhältnis mit seinem Zustande sich fühlen mußte.

Schulden hatte er bisher nicht gemacht, denn seine Mutter hatte ihm davor den größten Abscheu eingeflößt, sein Vertrauen zu erhalten gesucht und in mehreren Fällen das Äußerste getan, um seine Wünsche zu erfüllen oder ihn aus kleinen Verlegenheiten zu reißen. Unglücklicherweise mußte sie in eben dem Zeitpunkte, wo er nun als Jüngling noch mehr aufs Äußere sah, wo er durch die Neigung zu einem sehr schönen Mädchen, verflochten in größere Gesellschaft, sich andern nicht allein gleichzustellen, sondern vor andern sich hervorzutun und zu gefallen wünschte, in ihrer Haushaltung gedrängter sein als jemals; anstatt also seine Forderungen wie sonst zu befriedigen, fing sie an, seine Vernunft, sein gutes Herz, seine Liebe zu ihr in Anspruch zu nehmen, und setzte ihn, indem sie ihn zwar überzeugte, aber nicht veränderte, wirklich in Verzweiflung.

Er konnte, ohne alles zu verlieren, was ihm so lieb als sein Leben war, die Verhältnisse nicht verändern, in denen er sich befand. Von der ersten Jugend an war er diesem Zustande entgegen-, er war mit allem, was ihn umgab, zusammengewachsen; er konnte keine Faser seiner Verbindungen, Gesellschaften, Spaziergänge und Lustpartien zerreißen, ohne zugleich einen alten Schulfreund, einen Gespielen, eine neue, ehrenvolle Bekannt-

schaft und, was das Schlimmste war, seine Liebe zu verletzen.

Wie hoch und wert er seine Neigung hielt, begreift man
leicht, wenn man erfährt, daß sie zugleich seiner Sinnlichkeit, seinem Geiste, seiner Eitelkeit und seinen lebhaften
Hoffnungen schmeichelte. Eins der schönsten, angenehmsten und reichsten Mädchen der Stadt gab ihm,
wenigstens für den Augenblick, den Vorzug vor seinen
vielen Mitwerbern. Sie erlaubte ihm, mit dem Dienst, den
er ihr widmete, gleichsam zu prahlen, und sie schienen
wechselsweise auf die Ketten stolz zu sein, die sie einander
angelegt hatten. Nun war es ihm Pflicht, ihr überall zu
folgen, Zeit und Geld in ihrem Dienste zu verwenden und
auf jede Weise zu zeigen, wie wert ihm ihre Neigung und
wie unentbehrlich ihm ihr Besitz sei.

Dieser Umgang und dieses Bestreben machte Ferdinanden mehr Aufwand, als es unter andern Umständen natürlich gewesen wäre. Sie war eigentlich von ihren abwesenden Eltern einer sehr wunderlichen Tante anvertraut worden, und es erforderte mancherlei Künste und seltsame
Anstalten, um Ottilien, diese Zierde der Gesellschaft, in
Gesellschaft zu bringen. Ferdinand erschöpfte sich in
Erfindungen, um ihr die Vergnügungen zu verschaffen,
die sie so gern genoß und die sie jedem, der um sie war, zu
erhöhen wußte.

Und in eben diesem Augenblicke von einer geliebten
und verehrten Mutter zu ganz andern Pflichten aufgefordert zu werden, von dieser Seite keine Hülfe zu sehen,
einen so lebhaften Abscheu vor Schulden zu fühlen, die
auch seinen Zustand nicht lange würden gefristet haben,
dabei von jedermann für wohlhabend und freigebig angesehen zu werden und das tägliche und dringende Bedürf-

nis des Geldes zu empfinden, war gewiß eine der peinlichsten Lagen, in der sich ein junges, durch Leidenschaften bewegtes Gemüt befinden kann.

Gewisse Vorstellungen, die ihm früher nur leicht vor der Seele vorübergingen, hielt er nun fester; gewisse Gedanken, die ihn sonst nur Augenblicke beunruhigten, schwebten länger vor seinem Geiste, und gewisse verdrießliche Empfindungen wurden dauernder und bitterer. Hatte er sonst seinen Vater als sein Muster angesehen, so beneidete er ihn nun als seinen Nebenbuhler. Von allem, was der Sohn wünschte, war jener im Besitz; alles, worüber dieser sich ängstigte, ward jenem leicht. Und es war nicht etwa von dem Notwendigen die Rede, sondern von dem, was jeder hätte entbehren können. Da glaubte denn der Sohn, daß der Vater wohl auch manchmal entbehren sollte, um ihn genießen zu lassen. Der Vater dagegen war ganz anderer Gesinnung; er war von denen Menschen, die sich viel erlauben und die deswegen in den Fall kommen, denen, die von ihnen abhängen, viel zu versagen. Er hatte dem Sohne etwas Gewisses ausgesetzt und verlangte genaue Rechenschaft, ja eine regelmäßige Rechnung von ihm darüber.

Nichts schärft das Auge des Menschen mehr, als wenn man ihn einschränkt. Darum sind die Frauen durchaus klüger als die Männer, und auf niemand sind Untergebene aufmerksamer als auf den, der befiehlt, ohne zugleich durch sein Beispiel vorauszugehen. So ward der Sohn auf alle Handlungen seines Vaters aufmerksam, besonders auf solche, die Geldausgaben betrafen. Er horchte genauer auf, wenn er hörte, der Vater habe im Spiel verloren oder gewonnen, er beurteilte ihn strenger, wenn jener sich willkürlich etwas Kostspieliges erlaubte.

»Ist es nicht sonderbar«, sagte er zu sich selbst, »daß Eltern, während sie sich mit Genuß aller Art überfüllen, indem sie bloß nach Willkür ein Vermögen, das ihnen der Zufall gegeben hat, benutzen, ihre Kinder gerade zu der Zeit von jedem billigen Genusse ausschließen, da die Jugend am empfänglichsten dafür ist! Und mit welchem Rechte tun sie es? Und wie sind sie zu diesem Rechte gelangt? Soll der Zufall allein entscheiden, und kann das ein Recht werden, wo der Zufall wirkt? Lebte der Großvater noch, der seine Enkel wie seine Kinder hielt, es würde mir viel besser ergehen; er würde es mir nicht am Notwendigen fehlen lassen; denn ist uns das nicht notwendig, was wir in Verhältnissen brauchen, zu denen wir erzogen und geboren sind? Der Großvater würde mich nicht darben lassen, so wenig er des Vaters Verschwendung zugeben würde. Hätte er länger gelebt, hätte er klar eingesehen, daß sein Enkel auch wert ist zu genießen, so hätte er vielleicht in dem Testament mein früheres Glück entschieden. Sogar habe ich gehört, daß der Großvater eben vom Tode übereilt worden, da er seinen letzten Willen aufzusetzen gedachte, und so hat vielleicht bloß der Zufall mir meinen frühern Anteil an einem Vermögen entzogen, den ich, wenn mein Vater so zu wirtschaften fortfährt, wohl gar auf immer verlieren kann.«

Mit diesen und anderen Sophistereien über Besitz und Recht, über die Frage, ob man ein Gesetz oder eine Einrichtung, zu denen man seine Stimme nicht gegeben, zu befolgen brauche, und inwiefern es dem Menschen erlaubt sei, im stillen von den bürgerlichen Gesetzen abzuweichen, beschäftigte er sich oft in seinen einsamen, verdrießlichsten Stunden, wenn er irgend aus Mangel des baren Geldes eine Lustpartie oder eine andere angenehme

Gesellschaft ausschlagen mußte. Denn schon hatte er kleine Sachen von Wert, die er besaß, vertrödelt, und sein gewöhnliches Taschengeld wollte keinesweges hinreichen.

Sein Gemüt verschloß sich, und man kann sagen, daß er in diesen Augenblicken seine Mutter nicht achtete, die ihm nicht helfen konnte, und seinen Vater haßte, der ihm nach seiner Meinung überall im Wege stand.

Zu eben der Zeit machte er eine Entdeckung, die seinen Unwillen noch mehr erregte. Er bemerkte, daß sein Vater nicht allein kein guter, sondern auch ein unordentlicher Haushälter war. Denn er nahm oft aus seinem Schreibtische in der Geschwindigkeit Geld, ohne es aufzuzeichnen, und fing nachher manchmal wieder an zu zählen und zu rechnen und schien verdrießlich, daß die Summen mit der Kasse nicht übereinstimmen wollten. Der Sohn machte diese Bemerkung mehrmals, und um so empfindlicher ward es ihm, wenn er zu eben der Zeit, da der Vater nur geradezu in das Geld hineingriff, einen entschiedenen Mangel spürte.

Zu dieser Gemütsstimmung traf ein sonderbarer Zufall, der ihm eine reizende Gelegenheit gab, dasjenige zu tun, wozu er nur einen dunkeln und unentschiedenen Trieb gefühlt hatte.

Sein Vater gab ihm den Auftrag, einen Kasten alter Briefe durchzusehen und zu ordnen. Eines Sonntags, da er allein war, trug er ihn durch das Zimmer, wo der Schreibtisch stand, der des Vaters Kasse enthielt. Der Kasten war schwer; er hatte ihn unrecht gefaßt und wollte ihn einen Augenblick absetzen oder vielmehr nur anlehnen. Unvermögend, ihn zu halten, stieß er gewaltsam an die Ecke des Schreibtisches, und der Deckel desselben flog auf. Er sah nun alle die Rollen vor sich liegen, zu denen er manchmal nur hineingeschielt hatte, setzte seinen Kasten nieder und nahm, ohne zu denken und zu überlegen, eine Rolle von der Seite weg, wo der Vater gewöhnlich sein Geld zu willkürlichen Ausgaben herzunehmen schien. Er druckte den Schreibtisch wieder zu und versuchte den Seitenstoß: der Deckel flog jedesmal auf, und es war so gut, als wenn er den Schlüssel zum Pulte gehabt hätte.

Mit Heftigkeit suchte er nunmehr jede Vergnügung wieder, die er bisher hatte entbehren müssen. Er war fleißiger um seine Schöne; alles, was er tat und vornahm, war leidenschaftlicher; seine Lebhaftigkeit und Anmut hatten sich in ein heftiges, ja beinahe wildes Wesen verwandelt, das ihm zwar nicht übel ließ, doch niemanden wohltätig war.

Was der Feuerfunke auf ein geladnes Gewehr, das ist die Gelegenheit zur Neigung, und jede Neigung, die wir gegen unser Gewissen befriedigen, zwingt uns, ein Übermaß von physischer Stärke anzuwenden; wir handeln wieder als wilde Menschen, und es wird schwer, äußerlich diese Anstrengung zu verbergen.

Je mehr ihm seine innere Empfindung widersprach, desto mehr häufte Ferdinand künstliche Argumente aufeinander, und desto mutiger und freier schien er zu handeln, je mehr er sich selbst von einer Seite gebunden fühlte.

Zu derselbigen Zeit waren allerlei Kostbarkeiten ohne Wert Mode geworden. Ottilie liebte sich zu schmücken; er suchte einen Weg, sie ihr zu verschaffen, ohne daß Ottilie selbst eigentlich wußte, woher die Geschenke kamen. Die Vermutung ward auf einen alten Oheim

geworfen, und Ferdinand war doppelt vergnügt, indem
ihm seine Schöne ihre Zufriedenheit über die Geschenke
und ihren Verdacht auf den Oheim zugleich zu erkennen
gab.

Aber um sich und ihr dieses Vergnügen zu machen,
mußte er noch einigemal den Schreibtisch seines Vaters
eröffnen, und er tat es mit desto weniger Sorge, als der
Vater zu verschiedenen Zeiten Geld hineingelegt und herausgenommen hatte, ohne es aufzuschreiben.

Bald darauf sollte Ottilie zu ihren Eltern auf einige
Monate verreisen. Die jungen Leute betrübten sich
äußerst, da sie scheiden sollten, und ein Umstand machte
ihre Trennung noch bedeutender. Ottilie erfuhr durch
einen Zufall, daß die Geschenke von Ferdinanden kamen;
sie setzte ihn darüber zu Rede, und als er es gestand,
schien sie sehr verdrießlich zu werden. Sie bestand darauf,
daß er sie zurücknehmen sollte, und diese Zumutung
machte ihm die bittersten Schmerzen. Er erklärte ihr, daß
er ohne sie nicht leben könne noch wolle; er bat sie, ihm
ihre Neigung zu erhalten, und beschwor sie, ihm ihre
Hand nicht zu versagen, sobald er versorgt und häuslich
eingerichtet sein würde. Sie liebte ihn, sie war gerührt, sie
sagte ihm zu, was er wünschte, und in diesem glücklichen
Augenblicke versiegelten sie ihr Versprechen mit den
lebhaftesten Umarmungen und mit tausend herzlichen
Küssen.

Nach ihrer Abreise schien Ferdinand sich sehr allein.
Die Gesellschaften, in welchen er sie zu sehen pflegte,
reizten ihn nicht mehr, indem sie fehlte. Er besuchte nur
noch aus Gewohnheit sowohl Freunde als Lustörter, und
nur mit Widerwillen griff er noch einigemal in die Kasse
des Vaters, um Ausgaben zu bestreiten, zu denen ihn

keine Leidenschaft nötigten. Er war oft allein, und die
gute Seele schien die Oberhand zu gewinnen. Er erstaunte
über sich selbst bei ruhigem Nachdenken, wie er jene
Sophistereien über Recht und Besitz, über Ansprüche an
fremdes Gut, und wie die Rubriken alle heißen mochten,
bei sich auf eine so kalte und schiefe Weise habe durchfüh-
ren und dadurch eine unerlaubte Handlung beschönigen
können. Es ward ihm nach und nach deutlich, daß nur
Treue und Glauben die Menschen schätzenswert mache,
daß der Gute eigentlich leben müsse, um alle Gesetze zu
beschämen, indem ein anderer sie entweder umgehen oder
zu seinem Vorteil gebrauchen mag.

Inzwischen, ehe diese wahren und guten Begriffe bei
ihm ganz klar wurden und zu herrschenden Entschlüssen
führten, unterlag er doch noch einigemal der Versuchung,
aus der verbotenen Quelle in dringenden Fällen zu schöp-
fen. Niemals tat er es aber ohne Widerwillen, und nur wie
von einem bösen Geiste an den Haaren hingezogen.

Endlich ermannte er sich und faßte den Entschluß, vor
allen Dingen die Handlung sich unmöglich zu machen
und seinen Vater von dem Zustande des Schlosses zu
unterrichten. Er fing es klug an und trug den Kasten mit
den nunmehr geordneten Briefen in Gegenwart seines
Vaters durch das Zimmer, beging mit Vorsatz die Unge-
schicklichkeit, mit dem Kasten wider den Schreibtisch zu
stoßen, und wie erstaunte der Vater, als er den Deckel
auffahren sah! Sie untersuchten beide das Schloß und fanden, daß die Schließhaken durch die Zeit abgenutzt und
die Bänder wandelbar waren. Sogleich ward alles repa-
riert, und Ferdinand hatte seit langer Zeit keinen vergnüg-
tern Augenblick, als da er das Geld in so guter Verwahrung sah.

Aber dies war ihm nicht genug. Er nahm sich sogleich vor, die Summe, die er seinem Vater entwendet hatte und die er noch wohl wußte, wieder zu sammeln und sie ihm auf eine oder die andere Weise zuzustellen. Er fing nun an, aufs genaueste zu leben und von seinem Taschengelde, was nur möglich war, zu sparen. Freilich war das nur wenig, was er hier zurückhalten konnte, gegen das, was er sonst verschwendet hatte; indessen schien die Summe schon groß, da sie ein Anfang war, sein Unrecht wiedergutzumachen. Und gewiß ist ein ungeheurer Unterschied zwischen dem letzten Taler, den man borgt, und zwischen dem ersten, den man abbezahlt.

Nicht lange war er auf diesem guten Wege, als der Vater sich entschloß, ihn in Handelsgeschäften zu verschicken. Er sollte sich mit einer entfernten Fabrikanstalt bekannt machen. Man hatte die Absicht, in einer Gegend, wo die ersten Bedürfnisse und die Handarbeit sehr wohlfeil waren, selbst ein Comptoir zu errichten, einen Kompagnon dorthin zu setzen, den Vorteil, den man gegenwärtig andern gönnen mußte, selbst zu gewinnen und durch Geld und Kredit die Anstalt ins Große zu treiben. Ferdinand sollte die Sache in der Nähe untersuchen und davon einen umständlichen Bericht abstatten. Der Vater hatte ihm ein Reisegeld ausgesetzt und ihm vorgeschrieben, damit auszukommen; es war reichlich, und er hatte sich nicht darüber zu beklagen.

Auch auf seiner Reise lebte Ferdinand sehr sparsam, rechnete und überrechnete und fand, daß er den dritten Teil seines Reisegeldes ersparen könnte, wenn er auf jede Weise sich einzuschränken fortführe. Er hoffte nun auch auf Gelegenheit, zu dem übrigen nach und nach zu gelangen, und er fand sie. Denn die Gelegenheit ist eine gleichgültige Göttin, sie begünstigt das Gute wie das Böse.

In der Gegend, die er besuchen sollte, fand er alles weit vorteilhafter, als man geglaubt hatte. Jedermann ging in dem alten Schlendrian handwerksmäßig fort. Von neuentdeckten Vorteilen hatte man keine Kenntnis, oder man hatte keinen Gebrauch davon gemacht. Man wendete nur mäßige Summen Geldes auf und war mit einem mäßigen Profit zufrieden, und er sah bald ein, daß man mit einem gewissen Kapital, mit Vorschüssen, Einkauf des ersten Materials im großen, mit Anlegung von Maschinen durch die Hülfe tüchtiger Werkmeister eine große und solide Einrichtung würde machen können.

Er fühlte sich durch die Idee dieser möglichen Tätigkeit sehr erhoben. Die herrliche Gegend, in der ihm jeden Augenblick seine geliebte Ottilie vorschwebte, ließ ihn wünschen, daß sein Vater ihn an diesen Platz setzen, ihm das neue Etablissement anvertrauen und ihn so auf eine reichliche und unerwartete Weise ausstatten möchte.

Er sah alles mit größerer Aufmerksamkeit, weil er alles schon als das Seinige ansah. Er hatte zum erstenmal Gelegenheit, seine Kenntnisse, seine Geisteskräfte, sein Urteil anzuwenden. Die Gegend sowohl als die Gegenstände interessierten ihn aufs höchste, sie waren Labsal und Heilung für sein verwundetes Herz; denn nicht ohne Schmerzen konnte er sich des väterlichen Hauses erinnern, in welchem er wie in einer Art von Wahnsinn eine Handlung begehen konnte, die ihm nun das größte Verbrechen zu sein schien.

Ein Freund seines Hauses, ein wackerer, aber kränklicher Mann, der selbst den Gedanken eines solchen Etablissements zuerst in Briefen gegeben hatte, war ihm stets zur Seite, zeigte ihm alles, machte ihn mit seinen Ideen bekannt und freute sich, wenn ihm der junge Mensch entgegen-, ja zuvorkam. Dieser Mann führte ein sehr einfaches Leben teils aus Neigung, teils weil seine Gesundheit es so forderte. Er hatte keine Kinder, eine Nichte pflegte ihn, der er sein Vermögen zugedacht hatte, der er einen wackern und tätigen Mann wünschte, um mit Unterstützung eines fremden Kapitals und frischer Kräfte dasjenige ausgeführt zu sehen, wovon er zwar einen Begriff hatte, wovon ihn aber seine physischen und ökonomischen Umstände zurückhielten.

Kaum hatte er Ferdinanden gesehen, als ihm dieser sein Mann zu sein schien, und seine Hoffnung wuchs, als er soviel Neigung des jungen Menschen zum Geschäft und zu der Gegend bemerkte. Er ließ seiner Nichte seine Gedanken merken, und diese schien nicht abgeneigt. Sie war ein junges, wohlgebildetes, gesundes und auf jede Weise gutgeartetes Mädchen. Die Sorgfalt für ihres Oheims Haushaltung erhielt sie immer rasch und tätig und die Sorge für seine Gesundheit immer weich und gefällig. Man konnte sich zur Gattin keine vollkommnere Person wünschen.

Ferdinand, der nur die Liebenswürdigkeit und die Liebe Ottiliens vor Augen hatte, sah über das gute Landmädchen hinweg oder wünschte, wenn Ottilie einst als seine Gattin in diesen Gegenden wohnen würde, ihr eine solche Haushälterin und Beschließerin beigeben zu können. Er erwiderte die Freundlichkeit und Gefälligkeit des Mädchens auf eine sehr ungezwungene Weise, er lernte sie näher kennen und sie schätzen; er begegnete ihr bald mit mehrerer Achtung, und sowohl sie als ihr Oheim legten sein Betragen nach ihren Wünschen aus.

Ferdinand hatte sich nunmehr genau umgesehen und von allem unterrichtet. Er hatte mit Hülfe des Oheims einen Plan gemacht und nach seiner gewöhnlichen Leichtigkeit nicht verborgen, daß er darauf rechne, selbst den Plan auszuführen. Zugleich hatte er der Nichte viele Artigkeiten gesagt und jede Haushaltung glücklich gepriesen, die einer so sorgfältigen Wirtin überlassen werden könnte. Sie und ihr Onkel glaubten daher, daß er wirklich Absichten habe, und waren in allem um desto gefälliger gegen ihn.

Nicht ohne Zufriedenheit hatte Ferdinand bei seinen Untersuchungen gefunden, daß er nicht allein auf die Zukunft vieles von diesem Platze zu hoffen habe, sondern daß er auch gleich jetzt einen vorteilhaften Handel schließen, seinem Vater die entwendete Summe wiedererstatten und sich also von dieser drückenden Last auf einmal befreien könne. Er eröffnete seinem Freunde die Absicht seiner Spekulation, der eine außerordentliche Freude darüber hatte und ihm alle mögliche Beihülfe leistete; ja er wollte seinem jungen Freunde alles auf Kredit verschaffen, das dieser jedoch nicht annahm, sondern einen Teil davon sogleich von dem Überschusse des Reisegeldes bezahlte und den andern in gehöriger Frist abzutragen versprach.

Mit welcher Freude er die Waren packen und laden ließ, war nicht auszusprechen; mit welcher Zufriedenheit er seinen Rückweg antrat, läßt sich denken. Denn die höchste Empfindung, die der Mensch haben kann, ist die, wenn er sich von einem Hauptfehler, ja von einem Verbrechen durch eigne Kraft erhebt und losmacht. Der gute Mensch, der ohne auffallende Abweichung vom rechten Pfade vor sich hinwandelt, gleicht einem ruhigen, lobens-

würdigen Bürger, da hingegen jener als ein Held und
Überwinder Bewunderung und Preis verdient, und in diesem Sinne scheint das paradoxe Wort gesagt zu sein, daß
die Gottheit selbst an einem zurückkehrenden Sünder
mehr Freude habe als an neunundneunzig Gerechten.

Aber leider konnte Ferdinand durch seine guten Ent-
schlüsse, durch seine Besserung und Wiedererstattung die
traurigen Folgen der Tat nicht aufheben, die ihn erwarteten und die sein schon wieder beruhigtes Gemüt aufs neue
schmerzlich kränken sollten. Während seiner Abwesenheit hatte sich das Gewitter zusammengezogen, das
gerade bei seinem Eintritte in das väterliche Haus losbre-
chen sollte.

Ferdinands Vater war, wie wir wissen, was seine Privat-
kasse betraf, nicht der Ordentlichste, die Handlungs-
sachen hingegen wurden von einem geschickten und
genauen Associé sehr richtig besorgt. Der Alte hatte das
Geld, das ihm der Sohn entwendete, nicht eben gemerkt,
außer daß unglücklicherweise darunter ein Paket einer in
diesen Gegenden ungewöhnlichen Münzsorte gewesen
war, die er einem Fremden im Spiel abgewonnen hatte.
Diese vermißte er, und der Umstand schien ihm bedenklich. Allein was ihn äußerst beunruhigte, war, daß ihm
einige Rollen, jede mit hundert Dukaten, fehlten, die er
vor einiger Zeit verborgt, aber gewiß wiedererhalten
hatte. Er wußte, daß der Schreibtisch sonst durch einen
Stoß aufgegangen war, er sah als gewiß an, daß er beraubt
sei, und geriet darüber in die äußerste Heftigkeit. Sein
Argwohn schweifte auf allen Seiten herum. Unter den
fürchterlichsten Drohungen und Verwünschungen erzählte er den Vorfall seiner Frau; er wollte das Haus um
und um kehren, alle Bedienten, Mägde und Kinder verhö-

ren lassen, niemand blieb von seinem Argwohn frei. Die
gute Frau tat ihr möglichstes, ihren Gatten zu beruhigen;
sie stellte ihm vor, in welche Verlegenheit und Diskredit
diese Geschichte ihn und sein Haus bringen könnte, wenn
sie ruchbar würde, daß niemand an dem Unglück, das uns
betreffe, Anteil nehme als nur, um uns durch sein Mitleiden zu demütigen, daß bei einer solchen Gelegenheit
weder er noch sie verschont werden würden, daß man
noch wunderlichere Anmerkungen machen könnte, wenn
nichts herauskäme, daß man vielleicht den Täter entdek-
ken und, ohne ihn auf zeitlebens unglücklich zu machen,
das Geld wiedererhalten könne. Durch diese und andere
Vorstellungen bewog sie ihn endlich, ruhig zu bleiben und
durch stille Nachforschung der Sache näher zu kommen.

Und leider war die Entdeckung schon nahe genug.
Ottiliens Tante war von dem wechselseitigen Versprechen
der jungen Leute unterrichtet. Sie wußte von den Ge-
schenken, die ihre Nichte angenommen hatte. Das ganze
Verhältnis war ihr nicht angenehm, und sie hatte nur
geschwiegen, weil ihre Nichte abwesend war. Eine sichere
Verbindung mit Ferdinand schien ihr vorteilhaft, ein
ungewisses Abenteuer war ihr unerträglich. Da sie also
vernahm, daß der junge Mensch bald zurückkommen
sollte, da sie auch ihre Nichte täglich wieder erwartete,
eilte sie, von dem, was geschehen war, den Eltern Nachricht zu geben und ihre Meinung darüber zu hören, zu
fragen, ob eine baldige Versorgung für Ferdinand zu hoffen sei und ob man in eine Heirat mit ihrer Nichte willige.

Die Mutter verwunderte sich nicht wenig, als sie von
diesen Verhältnissen hörte. Sie erschrak, als sie vernahm,
welche Geschenke Ferdinand an Ottilien gegeben hatte.
Sie verbarg ihr Erstaunen, bat die Tante, ihr einige Zeit zu

lassen, um gelegentlich mit ihrem Manne über die Sache zu sprechen, versicherte, daß sie Ottilien für eine vorteilhafte Partie halte und daß es nicht unmöglich sei, ihren Sohn nächstens auf eine schickliche Weise auszustatten.

Als die Tante sich entfernt hatte, hielt sie es nicht für rätlich, ihrem Manne die Entdeckung zu vertrauen. Ihr lag nur daran, das unglückliche Geheimnis aufzuklären, of Ferdinand, wie sie fürchtete, die Geschenke von dem entwendeten Geld gemacht habe. Sie eilte zu dem Kaufmann, der diese Art Geschmeide vorzüglich verkaufte, feilschte um ähnliche Dinge und sagte zuletzt, er müsse sie nicht übersteuern, denn ihrem Sohn, der eine solche Kommission gehabt, habe er die Sachen wohlfeiler gegeben. Der Handelsmann beteuerte: nein! zeigte die Preise genau an und sagte dabei, man müsse noch das Agio der Geldsorte hinzurechnen, in der Ferdinand zum Teil bezahlt habe. Er nannte ihr zu ihrer größten Betrübnis die Sorte; es war die, die dem Vater fehlte.

Sie ging nun, nachdem sie sich zum Scheine die nächsten Preise aufsetzen lassen, mit sehr bedrängtem Herzen hinweg. Ferdinands Verirrung war zu deutlich, die Rechnung der Summe, die dem Vater fehlte, war groß, und sie sah nach ihrer sorglichen Gemütsart die schlimmste Tat und die fürchterlichsten Folgen. Sie hatte die Klugheit, die Entdeckung vor ihrem Manne zu verbergen; sie erwartete die Zurückkunft ihres Sohnes mit geteilter Furcht und Verlangen. Sie wünschte sich aufzuklären und fürchtete, das Schlimmste zu erfahren.

Endlich kam er mit großer Heiterkeit zurück. Er konnte Lob für seine Geschäfte erwarten und brachte zugleich in seinen Waren heimlich das Lösegeld mit, wo-

durch er sich von dem geheimen Verbrechen zu befreien
gedachte.

Der Vater nahm seine Relation gut, doch nicht mit solchem Beifall auf, wie er hoffte, denn der Vorgang mit dem
Gelde machte den Mann zerstreut und verdrießlich, um so
mehr, als er einige ansehnliche Posten in diesem Augenblicke zu bezahlen hatte. Diese Laune des Vaters drückte
ihn sehr, noch mehr die Gegenwart der Wände, der Mobi-
lien, des Schreibtisches, die Zeugen seines Verbrechens
gewesen waren. Seine ganze Freude war hin, seine Hoffnungen und Ansprüche; er fühlte sich als einen gemeinen,
ja als einen schlechten Menschen.

Er wollte sich eben nach einem stillen Vertriebe der
Waren, die nun bald ankommen sollten, umsehen und
sich durch die Tätigkeit aus seinem Elende herausreißen,
als die Mutter ihn beiseite nahm und ihm mit Liebe und
Ernst sein Vergehen vorhielt und ihm auch nicht den mindesten Ausweg zum Leugnen offen ließ. Sein weiches
Herz war zerrissen; er warf sich unter tausend Tränen zu
ihren Füßen, bekannte, bat um Verzeihung, beteuerte,
daß nur die Neigung zu Ottilien ihn verleiten können und
daß sich keine anderen Laster zu diesem jemals gesellt
hätten. Er erzählte darauf die Geschichte seiner Reue, daß
er vorsätzlich dem Vater die Möglichkeit, den Schreibtisch zu eröffnen, entdeckt und daß er durch Ersparnis auf
der Reise und durch eine glückliche Spekulation sich
imstande sehe, alles wieder zu ersetzen.

Die Mutter, die nicht gleich nachgeben konnte, bestand
darauf, zu wissen, wo er mit den großen Summen hingekommen sei, denn die Geschenke betrügen den geringsten
Teil. Sie zeigte ihm zu seinem Entsetzen eine Berechnung
dessen, was dem Vater fehlte; er konnte sich nicht einmal

ganz zu dem Silber bekennen, und hoch und teuer schwur
er, von dem Golde nichts angerührt zu haben. Hierüber
war die Mutter äußerst zornig. Sie verwies ihm, daß er in
dem Augenblicke, da er durch aufrichtige Reue seine Besserung und Bekehrung wahrscheinlich machen sollte,
seine liebevolle Mutter noch mit Leugnen, Lügen und
Märchen aufzuhalten gedenke, daß sie gar wohl wisse:
wer des einen fähig sei, sei auch alles übrigen fähig. Wahrscheinlich habe er unter seinen liederlichen Kameraden
Mitschuldige, wahrscheinlich sei der Handel, den er
geschlossen, mit dem entwendeten Gelde gemacht, und
schwerlich würde er davon etwas erwähnt haben, wenn
die Übeltat nicht zufällig wäre entdeckt worden. Sie
drohte ihm mit dem Zorne des Vaters, mit bürgerlichen
Strafen, mit völliger Verstoßung; doch nichts kränkte ihn
mehr, als daß sie ihn merken ließ, eine Verbindung zwischen ihm und Ottilien sei eben zur Sprache gekommen.
Mit gerührtem Herzen verließ sie ihn in dem traurigsten
Zustande. Er sah seinen Fehler entdeckt, er sah sich in
dem Verdachte, der sein Verbrechen vergrößerte. Wie
wollte er seine Eltern überreden, daß er das Gold nicht
angegriffen? Bei der heftigen Gemütsart seines Vaters
mußte er einen öffentlichen Ausbruch befürchten; er sah
sich im Gegensatze von allem dem, was er sein konnte.
Die Aussicht auf ein tätiges Leben, auf eine Verbindung
mit Ottilien verschwand. Er sah sich verstoßen, flüchtig
und in fremden Weltgegenden allem Ungemach ausgesetzt.

Aber selbst alles dieses, was seine Einbildungskraft verwirrte, seinen Stolz verletzte, seine Liebe kränkte, war
ihm nicht das Schmerzlichste. Am tiefsten verwundete ihn
der Gedanke, daß sein redlicher Vorsatz, sein männlicher

Entschluß, sein befolgter Plan, das Geschehene wiedergutzumachen, ganz verkannt, ganz geleugnet, gerade zum
Gegenteil ausgelegt werden sollte. Wenn ihn jene Vorstellungen zu einer dunkeln Verzweiflung brachten, indem er
bekennen mußte, daß er sein Schicksal verdient habe, so
ward er durch diese aufs innigste gerührt, indem er die
traurige Wahrheit erfuhr, daß eine Übeltat selbst gute
Bemühungen zugrunde zu richten imstande ist. Diese
Rückkehr auf sich selbst, diese Betrachtung, daß das edelste Streben vergebens sein sollte, machte ihn weich; er
wünschte nicht mehr zu leben.

In diesen Augenblicken dürstete seine Seele nach einem
höhern Beistand. Er fiel an seinem Stuhle nieder, den er
mit seinen Tränen benetzte, und forderte Hülfe vom göttlichen Wesen. Sein Gebet war eines erhörenswerten In-
halts: der Mensch, der sich selbst vom Laster wieder erhebt, habe Anspruch auf eine unmittelbare Hülfe; derjenige, der keine seiner Kräfte ungebraucht lasse, könne
sich da, wo sie eben ausgehen, wo sie nicht hinreichen, auf
den Beistand des Vaters im Himmel berufen.

In dieser Überzeugung, in dieser dringenden Bitte ver-
harrte er eine Zeitlang und bemerkte kaum, daß seine Türe
sich öffnete und jemand hereintrat. Es war die Mutter, die
mit heiterm Gesichte auf ihn zukam, seine Verwirrung sah
und ihn mit tröstlichen Worten anredete. »Wie glücklich
bin ich«, sagte sie, »daß ich dich wenigstens als keinen
Lügner finde und daß ich deine Reue für wahr halten
kann. Das Gold hat sich gefunden; der Vater, als er es von
einem Freunde wiedererhielt, gab es dem Kassier aufzu-
heben, und durch die vielen Beschäftigungen des Tages
zerstreut, hat er es vergessen. Mit dem Silber stimmt deine
Angabe ziemlich zusammen, die Summe ist nun viel ge-

ringer. Ich konnte die Freude meines Herzens nicht verbergen und versprach dem Vater, die fehlende Summe wieder zu verschaffen, wenn er sich zu beruhigen und weiter nach der Sache nicht zu fragen verspräche.«

Ferdinand ging sogleich zur größten Freude über. Er eilte, sein Handelsgeschäft zu vollbringen, stellte bald der Mutter das Geld zu, ersetzte selbst das, was er nicht genommen hatte, wovon er wußte, daß es bloß durch die Unordnung des Vaters in seinen Ausgaben vermißt wurde. Er war fröhlich und heiter, doch hatte dieser ganze Vorfall eine sehr ernste Wirkung bei ihm zurückgelassen. Er hatte sich überzeugt, daß der Mensch Kraft habe, das Gute zu wollen und zu vollbringen; er glaubte nun auch, daß dadurch der Mensch das göttliche Wesen für sich interessieren und sich dessen Beistand versprechen könne, den er soeben unmittelbar erfahren hatte. Mit großer Freudigkeit entdeckte er nun dem Vater seinen Plan, sich in jenen Gegenden niederzulassen. Er stellte die Anstalt in ihrem ganzen Werte und Umfange vor; der Vater war nicht abgeneigt, und die Mutter entdeckte heimlich ihrem Gatten das Verhältnis Ferdinands zu Ottilien. Diesem gefiel eine so glänzende Schwiegertochter, und die Aussicht, seinen Sohn ohne Kosten ausstatten zu können, war ihm sehr angenehm.

»Diese Geschichte gefällt mir«, sagte Luise, als der Alte geendigt hatte, »und ob sie gleich aus dem gemeinen Leben genommen ist, so kommt sie mir doch nicht alltäglich vor. Denn wenn wir uns selbst fragen und andere beobachten, so finden wir, daß wir selten durch uns selbst bewogen werden, diesem oder jenem Wunsche zu ent

sagen; meist sind es die äußern Umstände, die uns dazu
nötigen.«

»Ich wünschte«, sagte Karl, »daß wir gar nicht nötig
hätten, uns etwas zu versagen, sondern daß wir dasjenige
gar nicht kennten, was wir nicht besitzen sollen. Leider ist
in unsern Zuständen alles zusammengedrängt, alles ist
bepflanzt, alle Bäume hängen voller Früchte, und wir sollen nur immer drunter weggehen, uns an dem Schatten
begnügen und auf die schönsten Genüsse Verzicht tun.«

»Lassen Sie uns«, sagte Luise zum Alten, »nun Ihre
Geschichte weiterhören!«

Der Alte. »Sie ist wirklich schon aus.«

Luise. »Die Entwicklung haben wir freilich gehört;
nun möchten wir aber auch gerne das Ende vernehmen.«

Der Alte. »Sie unterscheiden richtig, und da Sie sich
für das Schicksal meines Freundes interessieren, so will
ich Ihnen, wie es ihm ergangen, noch kürzlich erzählen.

Befreit von der drückenden Last eines so häßlichen Verge-
hens, nicht ohne bescheidne Zufriedenheit mit sich selbst
dachte er nun an sein künftiges Glück und erwartete sehnsuchtsvoll die Rückkunft Ottiliens, um sich zu erklären
und sein gegebenes Wort im ganzen Umfange zu erfüllen.
Sie kam in Gesellschaft ihrer Eltern; er eilte zu ihr, er fand
sie schöner und heiterer als jemals. Mit Ungeduld erwartete er den Augenblick, in welchem er sie allein sprechen
und ihr seine Aussichten vorlegen könnte. Die Stunde
kam, und mit aller Freude und Zärtlichkeit der Liebe
erzählte er ihr seine Hoffnungen, die Nähe seines Glücks
und den Wunsch, es mit ihr zu teilen. Allein wie verwundert war er, ja wie bestürzt, als sie die ganze Sache sehr

leichtsinnig, ja, man dürfte beinahe sagen, höhnisch aufnahm. Sie scherzte nicht ganz fein über die Einsiedelei, die
er sich ausgesucht habe, über die Figur, die sie beide spielen würden, wenn sie sich als Schäfer und Schäferin unter
ein Strohdach flüchteten, und was dergleichen mehr war.

Betroffen und erbittert kehrte er in sich zurück; ihr
Betragen hatte ihn verdrossen, und er ward einen Augenblick kalt. Sie war ungerecht gegen ihn gewesen, und nun
bemerkte er Fehler an ihr, die ihm sonst verborgen geblieben waren. Auch brauchte es kein sehr helles Auge, um zu
sehen, daß ein sogenannter Vetter, der mitangekommen
war, ihre Aufmerksamkeit auf sich zog und einen großen
Teil ihrer Neigung gewonnen hatte.

Bei dem unleidlichen Schmerz, den Ferdinand empfand, nahm er sich doch bald zusammen, und die Über-
windung, die ihm schon einmal gelungen war, schien ihm
zum zweitenmale möglich. Er sah Ottilien oft und gewann über sich, sie zu beobachten; er tat freundlich, ja
zärtlich gegen sie und sie nicht weniger gegen ihn; allein
ihre Reize hatten ihre größte Macht verloren, und er
fühlte bald, daß selten bei ihr etwas aus dem Herzen kam,
daß sie vielmehr nach Belieben zärtlich und kalt, reizend
und abstoßend, angenehm und launisch sein konnte. Sein
Gemüt machte sich nach und nach von ihr los, und er
entschloß sich, auch noch die letzten Fäden entzweizu-
reißen.

Diese Operation war schmerzhafter, als er sich vorge-
stellt hatte. Er fand sie eines Tages allein und nahm sich ein
Herz, sie an ihr gegebenes Wort zu erinnern und jene
Augenblicke ihr ins Gedächtnis zurückzurufen, in denen
sie beide, durch das zarteste Gefühl gedrungen, eine
Abrede auf ihr künftiges Leben genommen hatten. Sie

war freundlich, ja man kann fast sagen, zärtlich; er ward
weicher und wünschte in diesem Augenblicke, daß alles
anders sein möchte, als er es sich vorgestellt hatte. Doch
nahm er sich zusammen und trug ihr die Geschichte seines
bevorstehenden Etablissements mit Ruhe und Liebe vor.
Sie schien sich darüber zu freuen und gewissermaßen nur
zu bedauern, daß dadurch ihre Verbindung weiter hinausgeschoben werde. Sie gab zu erkennen, daß sie nicht die
mindeste Lust habe, die Stadt zu verlassen; sie ließ ihre
Hoffnung sehen, daß er sich durch einige Jahre Arbeit in
jenen Gegenden in den Stand setzen könnte, auch unter
seinen jetzigen Mitbürgern eine große Figur zu spielen.
Sie ließ ihn nicht undeutlich merken, daß sie von ihm
erwarte, daß er künftig noch weiter als sein Vater gehen
und sich in allem noch ansehnlicher und rechtlicher zeigen
werde.

Nur zu sehr fühlte Ferdinand, daß er von einer solchen
Verbindung kein Glück zu erwarten habe, und doch war
es schwer, so vielen Reizen zu entsagen. Ja vielleicht wäre
er ganz unschlüssig von ihr weggegangen, hätte ihn nicht
der Vetter abgelöst und in seinem Betragen allzuviel Ver-
traulichkeit gegen Ottilien gezeigt. Ferdinand schrieb ihr
darauf einen Brief, worin er ihr nochmals versicherte, daß
sie ihn glücklich machen würde, wenn sie ihm zu seiner
neuen Bestimmung folgen wollte, daß er aber für beide
nicht rätlich hielte, eine entfernte Hoffnung auf künftige
Zeiten zu nähren und sich auf eine ungewisse Zukunft
durch ein Versprechen zu binden.

Noch auf diesen Brief wünschte er eine günstige Antwort; allein sie kam nicht wie sein Herz, sondern wie sie
seine Vernunft billigen mußte. Ottilie gab ihm auf eine
sehr zierliche Art sein Wort zurück, ohne sein Herz ganz

loszulassen, und eben so sprach das Billet auch von ihren Empfindungen; dem Sinne nach war sie gebunden und ihren Worten nach frei.

Was soll ich nun weiter umständlich sein? Ferdinand eilte in jene friedlichen Gegenden zurück, seine Einrichtung war bald gemacht; er war ordentlich und fleißig und ward es nur um so mehr, als das gute, natürliche Mädchen, die wir schon kennen, ihn als Gattin beglückte und der alte Oheim alles tat, seine häusliche Lage zu sichern und bequem zu machen.

Ich habe ihn in spätern Jahren kennenlernen, umgeben von einer zahlreichen, wohlgebildeten Familie. Er hat mir seine Geschichte selbst erzählt, und wie es Menschen zu gehen pflegt, denen irgend etwas Bedeutendes in früherer Zeit begegnet, so hatte sich auch jene Geschichte so tief bei ihm eingedrückt, daß sie einen großen Einfluß auf sein Leben hatte. Selbst als Mann und Hausvater pflegte er sich manchmal etwas, das ihm Freude würde gemacht haben, zu versagen, um nur nicht aus der Übung einer so schönen Tugend zu kommen, und seine ganze Erziehung bestand gewissermaßen darin, daß seine Kinder sich gleichsam aus dem Stegreife etwas mußten versagen können.

Auf eine Weise, die ich im Anfang nicht billigen konnte, untersagte er zum Beispiel einem Knaben bei Tische, von einer beliebten Speise zu essen. Zu meiner Verwunderung blieb der Knabe heiter, und es war, als wenn weiter nichts geschehen wäre.

Und so ließen die Ältesten aus eigener Bewegung manchmal ein edles Obst oder sonst einen Leckerbissen vor sich vorbeigehen; dagegen erlaubte er ihnen, ich möchte wohl sagen, alles, und es fehlte nicht an Arten und Unarten in seinem Hause. Er schien über alles gleichgültig

zu sein und ließ ihnen eine fast unbändige Freiheit, nur fiel
es ihm die Woche einmal ein, daß alles auf die Minute
geschehen mußte. Alsdann wurden des Morgens gleich
die Uhren reguliert, ein jeder erhielt seine Ordre für den
Tag, Geschäfte und Vergnügungen wurden gehäuft, und
niemand durfte eine Sekunde fehlen. Ich könnte Sie stun-
denlang von seinen Gesprächen und Anmerkungen über
diese sonderbare Art der Erziehung unterhalten. Er
scherzte mit mir als einem katholischen Geistlichen über
meine Gelübde und behauptete, daß eigentlich jeder
Mensch sowohl sich selbst Enthaltsamkeit als andern
Gehorsam geloben sollte, nicht um sie immer, sondern
um sie zur rechten Zeit auszuüben. «

Die Geschichte von Mignons Eltern

»Meinen Vater«, sagte der Marchese, »muß ich, so viel Welt ich auch gesehen habe, immer für einen der wunderbarsten Menschen halten. Sein Charakter war edel und gerade, seine Ideen weit, und man darf sagen groß; er war streng gegen sich selbst; in allen seinen Planen fand man eine unbestechliche Folge, an allen seinen Handlungen eine ununterbrochene Schrittmäßigkeit. So gut sich daher von einer Seite mit ihm umgehen und ein Geschäft verhandeln ließ, so wenig konnte er um eben dieser Eigenschaften willen sich in die Welt finden, da er vom Staate, von seinen Nachbarn, von Kindern und Gesinde die Beobachtung aller der Gesetze forderte, die er sich selbst auferlegt hatte. Seine mäßigsten Forderungen wurden übertrieben durch seine Strenge, und er konnte nie zum Genuß gelangen, weil nichts auf die Weise entstand, wie er sich's gedacht hatte. Ich habe ihn in dem Augenblicke, da er einen Palast bauete, einen Garten anlegte, ein großes neues Gut in der schönsten Lage erwarb, innerlich mit dem ernstesten Ingrimm überzeugt gesehen, das Schicksal habe ihn verdammt, enthaltsam zu sein und zu dulden. In seinem Äußerlichen beobachtete er die größte Würde; wenn er scherzte, zeigte er nur die Überlegenheit seines Verstandes; es war ihm unerträglich, getadelt zu werden, und ich habe ihn nur einmal in meinem Leben ganz außer aller Fassung gesehen, da er hörte, daß man von einer seiner Anstalten wie von etwas Lächerlichem sprach. In eben diesem Geiste hatte er über seine Kinder und sein Vermögen disponiert. Mein ältester Bruder ward als ein Mann erzogen, der künftig große Güter zu hoffen hatte;

ich sollte den geistlichen Stand ergreifen, und der Jüngste Soldat werden. Ich war lebhaft, feurig, tätig, schnell, zu allen körperlichen Übungen geschickt. Der Jüngste schien zu einer Art von schwärmerischer Ruhe geneigter, den Wissenschaften, der Musik und der Dichtkunst ergeben. Nur nach dem härtsten Kampf, nach der völligsten Überzeugung der Unmöglichkeit gab der Vater, wiewohl mit Widerwillen, nach, daß wir unsern Beruf umtauschen dürften, und ob er gleich jeden von uns beiden zufrieden sah, so konnte er sich doch nicht drein finden und versicherte, daß nichts Gutes daraus entstehen werde. Je älter er ward, desto abgeschnittener fühlte er sich von aller Gesellschaft. Er lebte zuletzt fast ganz allein. Nur ein alter Freund, der unter den Deutschen gedient, im Feldzuge seine Frau verloren und eine Tochter mitgebracht hatte, die ungefähr zehn Jahre alt war, blieb sein einziger Umgang. Dieser kaufte sich ein artiges Gut in der Nachbarschaft, sah meinen Vater zu bestimmten Tagen und Stunden der Woche, in denen er auch manchmal seine Tochter mitbrachte. Er widersprach meinem Vater niemals, der sich zuletzt völlig an ihn gewöhnte und ihn als den einzigen erträglichen Gesellschafter duldete. Nach dem Tode unseres Vaters merkten wir wohl, daß dieser Mann von unserm Alten trefflich ausgestattet worden war und seine Zeit nicht umsonst zugebracht hatte; er erweiterte seine Güter, seine Tochter konnte eine schöne Mitgift erwarten. Das Mädchen wuchs heran und war von sonderbarer Schönheit; mein älterer Bruder scherzte oft mit mir, daß ich mich um sie bewerben sollte.

Indessen hatte Bruder Augustin im Kloster seine Jahre in dem sonderbarsten Zustande zugebracht; er überließ sich ganz dem Genuß einer heiligen Schwärmerei, jenen halb geistigen, halb physischen Empfindungen, die, wie sie ihn eine Zeitlang in den dritten Himmel erhuben, bald darauf in einen Abgrund von Ohnmacht und leeres Elend versinken ließen. Bei meines Vaters Lebzeiten war an keine Veränderung zu denken, und was hätte man wünschen oder vorschlagen sollen? Nach dem Tode unsers Vaters besuchte er uns fleißig; sein Zustand, der uns im Anfang jammerte, ward nach und nach um vieles erträglicher, denn die Vernunft hatte gesiegt. Allein je sicherer sie ihm völlige Zufriedenheit und Heilung auf dem reinen Wege der Natur versprach, desto lebhafter verlangte er von uns, daß wir ihn von seinen Gelübden befreien sollten; er gab zu verstehen, daß seine Absicht auf Sperata, unsere Nachbarin, gerichtet sei.

Mein älterer Bruder hatte zu viel durch die Härte unseres Vaters gelitten, als daß er ungerührt bei dem Zustande des jüngsten hätte bleiben können. Wir sprachen mit dem Beichtvater unserer Familie, einem alten würdigen Manne, entdeckten ihm die doppelte Absicht unseres Bruders und baten ihn, die Sache einzuleiten und zu befördern. Wider seine Gewohnheit zögerte er, und als endlich unser Bruder in uns drang, und wir die Angelegenheit dem Geistlichen lebhafter empfahlen, mußte er sich entschließen, uns die sonderbare Geschichte zu entdecken.

Sperata war unsre Schwester, und zwar sowohl von Vater als Mutter; Neigung und Sinnlichkeit hatten den Mann in späteren Jahren nochmals überwältigt, in welchen das Recht der Ehegatten schon verloschen zu sein scheint; über einen ähnlichen Fall hatte man sich kurz vorher in der Gegend lustig gemacht, und mein Vater, um sich nicht gleichfalls dem Lächerlichen auszusetzen, be-

schloß, diese späte gesetzmäßige Frucht der Liebe mit
eben der Sorgfalt zu verheimlichen, als man sonst die frühern zufälligen Früchte der Neigung zu verbergen pflegt.
Unsere Mutter kam heimlich nieder, das Kind wurde aufs
Land gebracht, und der alte Hausfreund, der nebst dem
Beichtvater allein um das Geheimnis wußte, ließ sich
leicht bereden, sie für seine Tochter auszugeben. Der
Beichtvater hatte sich nur ausbedungen, im äußersten Fall
das Geheimnis entdecken zu dürfen. Der Vater war
gestorben, das zarte Mädchen lebte unter der Aufsicht
einer alten Frau; wir wußten, daß Gesang und Musik
unsern Bruder schon bei ihr eingeführt hatten, und da er
uns wiederholt aufforderte, seine alten Bande zu trennen,
um das neue zu knüpfen, so war es nötig, ihn so bald
als möglich von der Gefahr zu unterrichten, in der er
schwebte.

Er sah uns mit wilden, verachtenden Blicken an. ›Spart
eure unwahrscheinlichen Märchen‹, rief er aus, ›für Kinder und leichtgläubige Toren! mir werdet ihr Speraten
nicht vom Herzen reißen, sie ist mein. Verleugnet sogleich euer schreckliches Gespenst, das mich nur vergebens ängstigen würde. Sperata ist nicht meine Schwester,
sie ist mein Weib!‹ – Er beschrieb uns mit Entzücken, wie
ihn das himmlische Mädchen aus dem Zustande der unna-
türlichen Absonderung von den Menschen in das wahre
Leben geführt, wie beide Gemüter gleich beiden Kehlen
zusammen stimmten, und wie er alle seine Leiden und
Verirrungen segnete, weil sie ihn von allen Frauen bis
dahin entfernt gehalten, und weil er nun ganz und gar
sich dem liebenswürdigsten Mädchen ergeben könne. Wir
entsetzten uns über die Entdeckung, uns jammerte sein
Zustand, wir wußten uns nicht zu helfen, er versicherte

uns mit Heftigkeit, daß Sperata ein Kind von ihm im Busen trage. Unser Beichtvater tat alles, was ihm seine Pflicht eingab, aber dadurch ward das Übel nur schlimmer. Die Verhältnisse der Natur und der Religion, der sittlichen Rechte und der bürgerlichen Gesetze wurden von meinem Bruder aufs heftigste durchgefochten. Nichts schien ihm heilig als das Verhältnis zu Sperata, nichts schien ihm würdig als der Name Vater und Gattin. ›Diese allein‹, rief er aus, ›sind der Natur gemäß, alles andere sind Grillen und Meinungen. Gab es nicht edle Völker, die eine Heirat mit der Schwester billigten? Nennt eure Götter nicht‹, rief er aus, ›ihr braucht die Namen nie, als wenn ihr uns betören, uns von dem Wege der Natur abführen und die edelsten Triebe durch schändlichen Zwang zu Verbrechen entstellen wollt. Zur größten Verwirrung des Geistes, zum schändlichsten Mißbrauch des Körpers nötigt ihr die Schlachtopfer, die ihr lebendig begrabt.

Ich darf reden, denn ich habe gelitten wie keiner, von der höchsten, süßesten Fülle der Schwärmerei bis zu den fürchterlichen Wüsten der Ohnmacht, der Leerheit, der Vernichtung und Verzweiflung, von den höchsten Ahnungen überirdischer Wesen bis zu dem völligsten Unglauben, dem Unglauben an mir selbst. Allen diesen entsetzlichen Bodensatz des am Rande schmeichelnden Kelchs habe ich ausgetrunken, und mein ganzes Wesen war bis in sein Innerstes vergiftet. Nun, da mich die gütige Natur durch ihre größten Gaben, durch die Liebe, wieder geheilt hat, da ich an dem Busen eines himmlischen Mädchens wieder fühle, daß ich bin, daß sie ist, daß wir eins sind, daß aus dieser lebendigen Verbindung ein Drittes entstehen und uns entgegenlächeln soll, nun eröffnet ihr die Flammen eurer Höllen, eurer Fegefeuer, die nur eine

kranke Einbildungskraft versengen können, und stellt sie
dem lebhaften, wahren, unzerstörlichen Genuß der reinen Liebe entgegen! Begegnet uns unter jenen Zypressen,
die ihre ernsthaften Gipfel gen Himmel wenden, besucht
uns an jenen Spalieren, wo die Zitronen und Pomeranzen
neben uns blühn, wo die zierliche Myrte uns ihre zarten
Blumen darreicht, und dann wagt es, uns mit euren trüben, grauen, von Menschen gesponnenen Netzen zu ängstigen!‹

So bestand er lange Zeit auf einem hartnäckigen
Unglauben unserer Erzählung, und zuletzt, da wir ihm
die Wahrheit derselben beteuerten, da sie ihm der Beichtvater selbst versicherte, ließ er sich doch dadurch nicht
irremachen, vielmehr rief er aus: ›Fragt nicht den Wider-
hall eurer Kreuzgänge, nicht euer vermodertes Perga-
ment, nicht eure verschränkten Grillen und Verordnungen, fragt die Natur und euer Herz, sie wird euch lehren,
vor was ihr zu schaudern habt, sie wird euch mit dem
strengsten Finger zeigen, worüber sie ewig und unwiderruflich ihren Fluch ausspricht. Seht die Lilien an: ent-
springt nicht Gatte und Gattin auf e i n e m Stengel? Verbindet beide nicht die Blume, die beide gebar, und ist die
Lilie nicht das Bild der Unschuld, und ist ihre geschwi-
sterliche Vereinigung nicht fruchtbar? Wenn die Natur
verabscheut, so spricht sie es laut aus; das Geschöpf, das
nicht sein soll, kann nicht werden, das Geschöpf, das
falsch lebt, wird früh zerstört. Unfruchtbarkeit, kümmer-
liches Dasein, frühzeitiges Zerfallen, das sind ihre Flüche,
die Kennzeichen ihrer Strenge. Nur durch unmittelbare
Folgen straft sie. Da! seht um euch her, und was verboten,
was verflucht ist, wird euch in die Augen fallen. In der
Stille des Klosters und im Geräusche der Welt sind tau-

send Handlungen geheiligt und geehrt, auf denen ihr
Fluch ruht. Auf bequemen Müßiggang so gut als über-
strengte Arbeit, auf Willkür und Überfluß wie auf Not
und Mangel sieht sie mit traurigen Augen nieder, zur
Mäßigkeit ruft sie, wahr sind alle ihre Verhältnisse und
ruhig alle ihre Wirkungen. Wer gelitten hat wie ich, hat
das Recht, frei zu sein. Sperata ist mein; nur der Tod soll
mir sie nehmen. Wie ich sie behalten kann, wie ich glücklich werden kann, das ist eure Sorge! Jetzt gleich geh' ich
zu ihr, um mich nicht wieder von ihr zu trennen.‹

Er wollte nach dem Schiffe, um zu ihr überzusetzen;
wir hielten ihn ab und baten ihn, daß er keinen Schritt tun
möchte, der die schrecklichsten Folgen haben könnte. Er
solle überlegen, daß er nicht in der freien Welt seiner
Gedanken und Vorstellungen, sondern in einer Verfas-
sung lebe, deren Gesetze und Verhältnisse die Unbe-
zwinglichkeit eines Naturgesetzes angenommen haben.
Wir mußten dem Beichtvater versprechen, daß wir den
Bruder nicht aus den Augen, noch weniger aus dem
Schlosse lassen wollten; darauf ging er weg und versprach,
in einigen Tagen wiederzukommen. Was wir vorausgesehen hatten, traf ein; der Verstand hatte unsern Bruder
stark gemacht, aber sein Herz war weich; die frühern Eindrücke der Religion wurden lebhaft, und die entsetzlichsten Zweifel bemächtigten sich seiner. Er brachte zwei
fürchterliche Tage und Nächte zu; der Beichtvater kam
ihm wieder zu Hülfe, umsonst! Der ungebundene freie
Verstand sprach ihn los; sein Gefühl, seine Religion, alle
gewohnten Begriffe erklärten ihn für einen Verbrecher.

Eines Morgens fanden wir sein Zimmer leer, ein Blatt
lag auf dem Tische, worin er uns erklärte, daß er, da wir
ihn mit Gewalt gefangenhielten, berechtigt sei, seine Frei-

heit zu suchen; er entfliehe, er gehe zu Sperata, er hoffe
mit ihr zu entkommen, er sei auf alles gefaßt, wenn man
sie trennen wolle.

Wir erschraken nicht wenig, allein der Beichtvater bat
uns, ruhig zu sein. Unser armer Bruder war nahe genug
beobachtet worden; die Schiffer, anstatt ihn überzusetzen, führten ihn in sein Kloster. Ermüdet von einem vier-
zigstündigen Wachen, schlief er ein, sobald ihn der Kahn
im Mondenscheine schaukelte, und erwachte nicht früher, als bis er sich in den Händen seiner geistlichen Brüder
sah; er erholte sich nicht eher, als bis er die Klosterpforte
hinter sich zuschlagen hörte.

Schmerzlich gerührt von dem Schicksal unseres Bruders, machten wir unserm Beichtvater die lebhaftesten
Vorwürfe; allein dieser ehrwürdige Mann wußte uns bald
mit den Gründen des Wundarztes zu überreden, daß
unser Mitleid für den armen Kranken tödlich sei. Er
handle nicht aus eigner Willkür, sondern auf Befehl des
Bischofs und des hohen Rates. Die Absicht war, alles
öffentliche Ärgernis zu vermeiden und den traurigen Fall
mit dem Schleier einer geheimen Kirchenzucht zu verdek-
ken. Sperata sollte geschont werden, sie sollte nicht erfahren, daß ihr Geliebter zugleich ihr Bruder sei. Sie ward
einem Geistlichen anempfohlen, dem sie vorher schon
ihren Zustand vertraut hatte. Man wußte ihre Schwanger-
schaft und Niederkunft zu verbergen. Sie war als Mutter
in dem kleinen Geschöpfe ganz glücklich. So wie die meisten unserer Mädchen konnte sie weder schreiben noch
Geschriebenes lesen; sie gab daher dem Pater Aufträge,
was er ihrem Geliebten sagen sollte. Dieser glaubte den
frommen Betrug einer säugenden Mutter schuldig zu sein,
er brachte ihr Nachrichten von unserm Bruder, den er

niemals sah, ermahnte sie in seinem Namen zur Ruhe, bat sie, für sich und das Kind zu sorgen und wegen der Zukunft Gott zu vertrauen.

Sperata war von Natur zur Religiosität geneigt. Ihr Zustand, ihre Einsamkeit vermehrten diesen Zug, der Geistliche unterhielt ihn, um sie nach und nach auf eine ewige Trennung vorzubereiten. Kaum war das Kind entwöhnt, kaum glaubte er ihren Körper stark genug, die ängstlichsten Seelenleiden zu ertragen, so fing er an, das Vergehen ihr mit schrecklichen Farben vorzumalen, das Vergehen, sich einem Geistlichen ergeben zu haben, das er als eine Art Sünde gegen die Natur, als einen Inzest behandelte. Denn er hatte den sonderbaren Gedanken, ihre Reue jener Reue gleich zu machen, die sie empfunden haben würde, wenn sie das wahre Verhältnis ihres Fehltritts erfahren hätte. Er brachte dadurch so viel Jammer und Kummer in ihr Gemüt, er erhöhte die Idee der Kirche und ihres Oberhauptes so sehr vor ihr, er zeigte ihr die schrecklichen Folgen für das Heil aller Seelen, wenn man in solchen Fällen nachgeben und die Straffälligen durch eine rechtmäßige Verbindung noch gar belohnen wolle; er zeigte ihr, wie heilsam es sei, einen solchen Fehler in der Zeit abzubüßen und dafür dereinst die Krone der Herrlichkeit zu erwerben, daß sie endlich wie eine arme Sünderin ihren Nacken dem Beil willig darreichte und inständig bat, daß man sie auf ewig von unserm Bruder entfernen möchte. Als man so viel von ihr erlangt hatte, ließ man ihr, doch unter einer gewissen Aufsicht, die Freiheit, bald in ihrer Wohnung, bald in dem Kloster zu sein, je nachdem sie es für gut hielte.

Ihr Kind wuchs heran und zeigte bald eine sonderbare Natur. Es konnte sehr früh laufen und sich mit aller

Geschicklichkeit bewegen, es sang bald sehr artig und lernte die Zither gleichsam von sich selbst. Nur mit Worten konnte es sich nicht ausdrücken, und es schien das Hindernis mehr in seiner Denkungsart als in den Sprachwerkzeugen zu liegen. Die arme Mutter fühlte indessen ein trauriges Verhältnis zu dem Kinde; die Behandlung des Geistlichen hatte ihre Vorstellungsart so verwirrt, daß sie, ohne wahnsinnig zu sein, sich in den seltsamsten Zuständen befand. Ihr Vergehen schien ihr immer schrecklicher und straffälliger zu werden; das oft wiederholte Gleichnis des Geistlichen vom Inzest hatte sich so tief bei ihr eingeprägt, daß sie einen solchen Abscheu empfand, als wenn ihr das Verhältnis selbst bekannt gewesen wäre. Der Beichtvater dünkte sich nicht wenig über das Kunststück, wodurch er das Herz eines unglücklichen Geschöpfes zerriß. Jämmerlich war es anzusehen, wie die Mutterliebe, die über das Dasein des Kindes sich so herzlich zu erfreuen geneigt war, mit dem schrecklichen Gedanken stritt, daß dieses Kind nicht da sein sollte. Bald stritten diese beiden Gefühle zusammen, bald war der Abscheu über die Liebe gewaltig.

Man hatte das Kind schon lange von ihr weggenommen und zu guten Leuten unten am See gegeben, und in der mehrern Freiheit, die es hatte, zeigte sich bald seine besondere Lust zum Klettern. Die höchsten Gipfel zu ersteigen, auf den Rändern der Schiffe wegzulaufen und den Seiltänzern, die sich manchmal in dem Orte sehen ließen, die wunderlichsten Kunststücke nachzumachen, war ein natürlicher Trieb.

Um das alles leichter zu üben, liebte sie, mit den Knaben die Kleider zu wechseln, und ob es gleich von ihren

Pflegeeltern höchst unanständig und unzulässig gehalten wurde, so ließen wir ihr doch soviel als möglich nachsehen. Ihre wunderlichen Wege und Sprünge führten sie manchmal weit; sie verirrte sich, sie blieb aus und kam immer wieder. Meistenteils, wenn sie zurückkehrte, setzte sie sich unter die Säulen des Portals vor einem Landhause in der Nachbarschaft; man suchte sie nicht mehr, man erwartete sie. Dort schien sie auf den Stufen auszuruhen, dann lief sie in den großen Saal, besah die Statuen, und wenn man sie nicht besonders aufhielt, eilte sie nach Hause.

Zuletzt ward denn doch unser Hoffen getäuscht und unsere Nachsicht bestraft. Das Kind blieb aus, man fand seinen Hut auf dem Wasser schwimmen, nicht weit von dem Orte, wo ein Gießbach sich in den See stürzt. Man vermutete, daß es bei seinem Klettern zwischen den Felsen verunglückt sei; bei allem Nachforschen konnte man den Körper nicht finden.

Durch das unvorsichtige Geschwätz ihrer Gesellschafterinnen erfuhr Sperata bald den Tod ihres Kindes; sie schien ruhig und heiter und gab nicht undeutlich zu verstehen, sie freue sich, daß Gott das arme Geschöpf zu sich genommen und so bewahrt habe, ein größeres Unglück zu erdulden oder zu stiften.

Bei dieser Gelegenheit kamen alle Märchen zur Sprache, die man von unsern Wassern zu erzählen pflegt. Es hieß: der See müsse alle Jahre ein unschuldiges Kind haben; er leide keinen toten Körper und werfe ihn früh oder spät ans Ufer, ja sogar das letzte Knöchelchen, wenn es zu Grunde gesunken sei, müsse wieder heraus. Man erzählte die Geschichte einer untröstlichen Mutter, deren Kind im See ertrunken sei, und die Gott und seine Heili-

gen angerufen habe, ihr nur wenigstens die Gebeine zum
Begräbnis zu gönnen; der nächste Sturm habe den Schä-
del, der folgende den Rumpf ans Ufer gebracht, und nachdem alles beisammen gewesen, habe sie sämtliche Gebeine
in einem Tuch zur Kirche getragen, aber, o Wunder! als
sie in den Tempel getreten, sei das Paket immer schwerer
geworden, und endlich, als sie es auf die Stufen des Altars
gelegt, habe das Kind zu schreien angefangen und sich zu
jedermanns Erstaunen aus dem Tuche losgemacht; nur ein
Knöchelchen des kleinen Fingers an der rechten Hand
habe gefehlt, welches denn die Mutter nachher noch sorgfältig aufgesucht und gefunden, das denn auch noch zum
Gedächtnis unter andern Reliquien in der Kirche aufgehoben werde.

Auf die arme Mutter machten diese Geschichten großen Eindruck; ihre Einbildungskraft fühlte einen neuen
Schwung und begünstigte die Empfindung ihres Herzens.
Sie nahm an, daß das Kind nunmehr für sich und seine
Eltern abgebüßt habe, daß Fluch und Strafe, die bisher auf
ihnen geruht, nunmehr gänzlich gehoben sei; daß es nur
darauf ankomme, die Gebeine des Kindes wiederzufinden, um sie nach Rom zu bringen, so würde das Kind auf
den Stufen des großen Altars der Peterskirche wieder, mit
seiner schönen frischen Haut umgeben, vor dem Volke
dastehn. Es werde mit seinen eignen Augen wieder Vater
und Mutter schauen, und der Papst, von der Einstimmung
Gottes und seiner Heiligen überzeugt, werde unter dem
lauten Zuruf des Volks den Eltern die Sünde vergeben, sie
lossprechen und sie verbinden.

Nun waren ihre Augen und ihre Sorgfalt immer nach
dem See und dem Ufer gerichtet. Wenn nachts im Mondglanz sich die Wellen umschlugen, glaubte sie, jeder

blinkende Saum treibe ihr Kind hervor; es mußte zum
Scheine jemand hinablaufen, um es am Ufer aufzufangen.

So war sie auch des Tages unermüdet an den Stellen, wo
das kiesichte Ufer flach in die See ging; sie sammelte in ein
Körbchen alle Knochen, die sie fand. Niemand durfte ihr
sagen, daß es Tierknochen seien; die großen begrub sie,
die kleinen hub sie auf. In dieser Beschäftigung lebte sie
unablässig fort. Der Geistliche, der durch die unerläßliche
Ausübung seiner Pflicht ihren Zustand verursacht hatte,
nahm sich auch ihrer nun aus allen Kräften an. Durch
seinen Einfluß ward sie in der Gegend für eine Entzückte,
nicht für eine Verrückte gehalten; man stand mit gefalte-
ten Händen, wenn sie vorbeiging, und die Kinder küßten
ihr die Hand.

Ihrer alten Freundin und Begleiterin war von dem
Beichtvater die Schuld, die sie bei der unglücklichen
Verbindung beider Personen gehabt haben mochte, nur
unter der Bedingung erlassen, daß sie unablässig treu ihr
ganzes künftiges Leben die Unglückliche begleiten solle, und sie hat mit einer bewundernswürdigen Geduld
und Gewissenhaftigkeit ihre Pflichten bis zuletzt aus-
geübt.

Wir hatten unterdessen unsern Bruder nicht aus den
Augen verloren; weder die Ärzte noch die Geistlichkeit
seines Klosters wollten uns erlauben, vor ihm zu erscheinen; allein um uns zu überzeugen, daß es ihm nach seiner
Art wohl gehe, konnten wir ihn, so oft wir wollten, in
dem Garten, in den Kreuzgängen, ja durch ein Fenster an
der Decke seines Zimmers belauschen.

Nach vielen schrecklichen und sonderbaren Epochen,
die ich übergehe, war er in einen seltsamen Zustand der
Ruhe des Geistes und der Unruhe des Körpers geraten. Er

saß fast niemals, als wenn er seine Harfe nahm und darauf spielte, da er sie denn meistens mit Gesang begleitete. Übrigens war er immer in Bewegung und in allem äußerst lenksam und folgsam; denn alle seine Leidenschaften schienen sich in der einzigen Furcht des Todes aufgelöst zu haben. Man konnte ihn zu allem in der Welt bewegen, wenn man ihm mit einer gefährlichen Krankheit oder mit dem Tode drohte.

Außer dieser Sonderbarkeit, daß er unermüdet im Kloster hin und her ging und nicht undeutlich zu verstehen gab, daß es noch besser sein würde, über Berg und Täler so zu wandeln, sprach er auch von einer Erscheinung, die ihn gewöhnlich ängstigte. Er behauptete nämlich, daß bei seinem Erwachen zu jeder Stunde der Nacht ein schöner Knabe unten an seinem Bette stehe und ihm mit einem blanken Messer drohe. Man versetzte ihn in ein anderes Zimmer, allein er behauptete, auch da, und zuletzt sogar an andern Stellen des Klosters stehe der Knabe im Hinterhalt. Sein Auf- und Abwandeln ward unruhiger, ja man erinnerte sich nachher, daß er in der Zeit öfter als sonst an dem Fenster gestanden und über den See hinübergesehen habe.

Unsere arme Schwester indessen schien von dem einzigen Gedanken, von der beschränkten Beschäftigung nach und nach aufgerieben zu werden, und unser Arzt schlug vor, man sollte ihr nach und nach unter ihre übrigen Gebeine die Knochen eines Kinderskeletts mischen, um dadurch ihre Hoffnung zu vermehren. Der Versuch war zweifelhaft, doch schien wenigstens so viel dabei gewonnen, daß man sie, wenn alle Teile beisammen wären, von dem ewigen Suchen abbringen und ihr zu einer Reise nach Rom Hoffnung machen könnte.

Es geschah, und ihre Begleiterin vertauschte unmerklich die ihr anvertrauten kleinen Reste mit den gefundenen, und eine unglaubliche Wonne verbreitete sich über die arme Kranke, als die Teile sich nach und nach zusammenfanden und man diejenigen bezeichnen konnte, die noch fehlten. Sie hatte mit großer Sorgfalt jeden Teil, wo er hingehörte, mit Fäden und Bändern befestigt; sie hatte, wie man die Körper der Heiligen zu ehren pflegt, mit Seide und Stickerei die Zwischenräume ausgefüllt.

So hatte man die Glieder zusammenkommen lassen, es fehlten nur wenige der äußeren Enden. Eines Morgens, als sie noch schlief, und der Medikus gekommen war, nach ihrem Befinden zu fragen, nahm die Alte die verehrten Reste aus dem Kästchen weg, das in der Schlafkammer stand, um dem Arzte zu zeigen, wie sich die gute Kranke beschäftige. Kurz darauf hörte man sie aus dem Bette springen, sie hob das Tuch auf und fand das Kästchen leer. Sie warf sich auf ihre Knie; man kam und hörte ihr freudiges, inbrünstiges Gebet. ›Ja! es ist wahr‹, rief sie aus, ›es war kein Traum, es ist wirklich! Freuet euch, meine Freunde, mit mir! Ich habe das gute, schöne Geschöpf wieder lebendig gesehen. Es stand auf und warf den Schleier von sich, sein Glanz erleuchtete das Zimmer, seine Schönheit war verklärt, es konnte den Boden nicht betreten, ob es gleich wollte. Leicht ward es emporgehoben und konnte mir nicht einmal seine Hand reichen. Da rief es mich zu sich und zeigte mir den Weg, den ich gehen soll. Ich werde ihm folgen, und bald folgen, ich fühl' es, und es wird mir so leicht ums Herz. Mein Kummer ist verschwunden, und schon das Anschauen meines Wiederauferstandenen hat mir einen Vorgeschmack der himmlischen Freude gegeben.‹

Von der Zeit an war ihr ganzes Gemüt mit den heitersten Aussichten beschäftigt, auf keinen irdischen Gegenstand richtete sie ihre Aufmerksamkeit mehr, sie genoß nur wenige Speisen, und ihr Geist machte sich nach und nach von den Banden des Körpers los. Auch fand man sie zuletzt unvermutet erblaßt und ohne Empfindung; sie öffnete die Augen nicht wieder, sie war, was wir tot nennen.

Der Ruf ihrer Vision hatte sich bald unter das Volk verbreitet, und das ehrwürdige Ansehn, das sie in ihrem Leben genoß, verwandelte sich nach ihrem Tode schnell in den Gedanken, daß man sie sogleich für selig, ja für heilig halten müsse.

Als man sie zu Grabe bestatten wollte, drängten sich viele Menschen mit unglaublicher Heftigkeit hinzu; man wollte ihre Hand, man wollte wenigstens ihr Kleid berühren. In dieser leidenschaftlichen Erhöhung fühlten verschiedene Kranke die Übel nicht, von denen sie sonst gequält wurden; sie hielten sich für geheilt, sie bekannten's, sie priesen Gott und seine neue Heilige. Die Geistlichkeit war genötigt, den Körper in eine Kapelle zu stellen, das Volk verlangte Gelegenheit, seine Andacht zu verrichten, der Zudrang war unglaublich; die Bergbewohner, die ohnedies zu lebhaften religiösen Gefühlen gestimmt sind, drangen aus ihren Tälern herbei; die Andacht, die Wunder, die Anbetung vermehrten sich mit jedem Tage. Die bischöflichen Verordnungen, die einen solchen neuen Dienst einschränken und nach und nach niederschlagen sollten, konnten nicht zur Ausführung gebracht werden; bei jedem Widerstand war das Volk heftig und gegen jeden Ungläubigen bereit, in Tätlichkeiten auszubrechen. ›Wandelte nicht auch‹, riefen sie, ›der hei-

lige Borromäus unter unsern Vorfahren? Erlebte seine
Mutter nicht die Wonne seiner Seligsprechung? Hat man
nicht durch jenes große Bildnis auf dem Felsen bei Arona
uns seine geistige Größe sinnlich vergegenwärtigen wollen? Leben die Seinigen nicht noch unter uns? Und hat
Gott nicht zugesagt, unter einem gläubigen Volke seine
Wunder stets zu erneuern?‹

Als der Körper nach einigen Tagen keine Zeichen der
Fäulnis von sich gab und eher weißer und gleichsam
durchsichtig ward, erhöhte sich das Zutrauen der Menschen immer mehr, und es zeigten sich unter der Menge
verschiedene Kuren, die der aufmerksame Beobachter
selbst nicht erklären und auch nicht geradezu als Betrug
ansprechen konnte. Die ganze Gegend war in Bewegung,
und wer nicht selbst kam, hörte wenigstens eine Zeitlang
von nichts anderem reden.

Das Kloster, worin mein Bruder sich befand, erscholl
so gut als die übrige Gegend von diesen Wundern, und
man nahm sich um so weniger in acht, in seiner Gegenwart davon zu sprechen, als er sonst auf nichts aufzumer-
ken pflegte, und sein Verhältnis niemanden bekannt war.
Diesmal schien er aber mit großer Genauigkeit gehört zu
haben; er führte seine Flucht mit solcher Schlauheit aus,
daß niemals jemand hat begreifen können, wie er aus dem
Kloster herausgekommen sei. Man erfuhr nachher, daß er
sich mit einer Anzahl Wallfahrer übersetzen lassen, und
daß er die Schiffer, die weiter nichts Verkehrtes an ihm
wahrnahmen, nur um die größte Sorgfalt gebeten, daß das
Schiff nicht umschlagen möchte. Tief in der Nacht kam er
in jene Kapelle, wo seine unglückliche Geliebte von ihrem
Leiden ausruhte; nur wenig Andächtige knieten in den
Winkeln, ihre alte Freundin saß zu ihren Häupten, er trat

hinzu und grüßte sie und fragte, wie sich ihre Gebieterin befände. ›Ihr seht es‹, versetzte diese nicht ohne Verlegenheit. Er blickte den Leichnam nur von der Seite an. Nach einigem Zaudern nahm er ihre Hand. Erschreckt von der Kälte, ließ er sie sogleich wieder fahren, er sah sich unruhig um und sagte zu der Alten: ›Ich kann jetzt nicht bei ihr bleiben, ich habe noch einen sehr weiten Weg zu machen, ich will aber zur rechten Zeit schon wieder da sein; sag' ihr das, wenn sie aufwacht!‹

So ging er hinweg, wir wurden nur spät von diesem Vorgange benachrichtigt, man forschte nach, wo er hingekommen sei, aber vergebens! Wie er sich durch Berge und Täler durchgearbeitet haben mag, ist unbegreiflich. Endlich nach langer Zeit fanden wir in Graubünden eine Spur von ihm wieder, allein zu spät, und sie verlor sich bald. Wir vermuteten, daß er nach Deutschland sei, allein der Krieg hatte solche schwache Fußtapfen gänzlich verwischt.«

Die wunderlichen Nachbarskinder

Novelle

Zwei Nachbarskinder von bedeutenden Häusern, Knabe und Mädchen, in verhältnismäßigem Alter, um dereinst Gatten zu werden, ließ man in dieser angenehmen Aussicht miteinander aufwachsen, und die beiderseitigen Eltern freuten sich einer künftigen Verbindung. Doch man bemerkte gar bald, daß die Absicht zu mißlingen schien, indem sich zwischen den beiden trefflichen Naturen ein sonderbarer Widerwille hervortat. Vielleicht waren sie einander zu ähnlich. Beide in sich selbst gewendet, deutlich in ihrem Wollen, fest in ihren Vorsätzen; jedes einzeln geliebt und geehrt von seinen Gespielen; immer Widersacher, wenn sie zusammen waren, immer aufbauend für sich allein, immer wechselsweise zerstörend, wo sie sich begegneten, nicht wetteifernd nach einem Ziel, aber immer kämpfend um einen Zweck; gutartig durchaus und liebenswürdig und nur hassend, ja bösartig, indem sie sich aufeinander bezogen.

Dieses wunderliche Verhältnis zeigte sich schon bei kindischen Spielen, es zeigte sich bei zunehmenden Jahren. Und wie die Knaben Krieg zu spielen, sich in Parteien zu sondern, einander Schlachten zu liefern pflegen, so stellte sich das trotzig mutige Mädchen einst an die Spitze des einen Heers und focht gegen das andre mit solcher Gewalt und Erbitterung, daß dieses schimpflich wäre in die Flucht geschlagen worden, wenn ihr einzelner Widersacher sich nicht sehr brav gehalten und seine Gegnerin doch noch zuletzt entwaffnet und gefangengenommen

hätte. Aber auch da noch wehrte sie sich so gewaltsam,
daß er, um seine Augen zu erhalten und die Feindin doch
nicht zu beschädigen, sein seidenes Halstuch abreißen
und ihr die Hände damit auf den Rücken binden mußte.

Dies verzieh sie ihm nie, ja sie machte so heimliche
Anstalten und Versuche, ihn zu beschädigen, daß die
Eltern, die auf diese seltsamen Leidenschaften schon
längst achtgehabt, sich miteinander verständigten und
beschlossen, die beiden feindlichen Wesen zu trennen und
jene lieblichen Hoffnungen aufzugeben.

Der Knabe tat sich in seinen neuen Verhältnissen bald
hervor. Jede Art von Unterricht schlug bei ihm an. Gönner und eigene Neigung bestimmten ihn zum Soldaten-
stande. Überall, wo er sich fand, war er geliebt und
geehrt. Seine tüchtige Natur schien nur zum Wohlsein,
zum Behagen anderer zu wirken, und er war in sich, ohne
deutliches Bewußtsein, recht glücklich, den einzigen
Widersacher verloren zu haben, den die Natur ihm zugedacht hatte.

Das Mädchen dagegen trat auf einmal in einen veränderten Zustand. Ihre Jahre, eine zunehmende Bildung
und mehr noch ein gewisses inneres Gefühl zogen sie von
den heftigen Spielen hinweg, die sie bisher in Gesellschaft
der Knaben auszuüben pflegte. Im ganzen schien ihr
etwas zu fehlen, nichts war um sie herum, das wert gewesen wäre, ihren Haß zu erregen. Liebenswürdig hatte sie
noch niemanden gefunden.

Ein junger Mann, älter als ihr ehemaliger nachbarlicher
Widersacher, von Stand, Vermögen und Bedeutung, beliebt in der Gesellschaft, gesucht von Frauen, wendete
ihr seine ganze Neigung zu. Es war das erstemal, daß sich
ein Freund, ein Liebhaber, ein Diener um sie bemühte.

Der Vorzug, den er ihr vor vielen gab, die älter, gebildeter, glänzender und anspruchsreicher waren als sie, tat ihr
gar zu wohl. Seine fortgesetzte Aufmerksamkeit, ohne
daß er zudringlich gewesen wäre, sein treuer Beistand bei
verschiedenen unangenehmen Zufällen, sein gegen ihre
Eltern zwar ausgesprochnes, doch ruhiges und nur hoff-
nungsvolles Werben, da sie freilich noch sehr jung war:
das alles nahm sie für ihn ein, wozu die Gewohnheit, die
äußern, nun von der Welt als bekannt angenommenen
Verhältnisse das Ihrige beitrugen. Sie war so oft Braut
genannt worden, daß sie sich endlich selbst dafür hielt,
und weder sie noch irgend jemand dachte daran, daß
noch eine Prüfung nötig sei, als sie den Ring mit demjenigen wechselte, der so lange Zeit für ihren Bräutigam
galt.

Der ruhige Gang, den die ganze Sache genommen hatte,
war auch durch das Verlöbnis nicht beschleunigt worden.
Man ließ eben von beiden Seiten alles so fortgewähren,
man freute sich des Zusammenlebens und wollte die gute
Jahreszeit durchaus noch als einen Frühling des künftigen
ernsteren Lebens genießen.

Indessen hatte der Entfernte sich zum schönsten ausgebildet, eine verdiente Stufe seiner Lebensbestimmung
erstiegen und kam mit Urlaub, die Seinigen zu besuchen.
Auf eine ganz natürliche, aber doch sonderbare Weise
stand er seiner schönen Nachbarin abermals entgegen. Sie
hatte in der letzten Zeit nur freundliche, bräutliche Fami-
lienempfindungen bei sich genährt, sie war mit allem, was
sie umgab, in Übereinstimmung; sie glaubte glücklich
zu sein und war es auch auf gewisse Weise. Aber nun
stand ihr zum erstenmal seit langer Zeit wieder etwas entgegen: es war nicht hassenswert; sie war des Hasses un-

fähig geworden, ja der kindische Haß, der eigentlich nur
ein dunkles Anerkennen des inneren Wertes gewesen,
äußerte sich nun in frohem Erstaunen, erfreulichem
Betrachten, gefälligem Eingestehen, halb willigem halb
unwilligem und doch notwendigem Annahen, und das
alles war wechselseitig. Eine lange Entfernung gab zu längeren Unterhaltungen Anlaß. Selbst jene kindische Unvernunft diente den Aufgeklärteren zu scherzhafter Erinnerung, und es war, als wenn man sich jenen neckischen
Haß wenigstens durch eine freundschaftliche, aufmerksame Behandlung vergüten müsse, als wenn jenes gewaltsame Verkennen nunmehr nicht ohne ein ausgesprochnes
Anerkennen bleiben dürfe.

Von seiner Seite blieb alles in einem verständigen, wün-
schenswerten Maß. Sein Stand, seine Verhältnisse, sein
Streben, sein Ehrgeiz beschäftigten ihn so reichlich, daß er
die Freundlichkeit der schönen Braut als eine dankens-
werte Zugabe mit Behaglichkeit aufnahm, ohne sie deshalb in irgendeinem Bezug auf sich zu betrachten oder sie
ihrem Bräutigam zu mißgönnen, mit dem er übrigens in
den besten Verhältnissen stand.

Bei ihr hingegen sah es ganz anders aus. Sie schien sich
wie aus einem Traum erwacht. Der Kampf gegen ihren
jungen Nachbar war die erste Leidenschaft gewesen, und
dieser heftige Kampf war doch nur, unter der Form des
Widerstrebens, eine heftige, gleichsam angeborne Neigung. Auch kam es ihr in der Erinnerung nicht anders vor,
als daß sie ihn immer geliebt habe. Sie lächelte über jenes
feindliche Suchen mit den Waffen in der Hand; sie wollte
sich des angenehmsten Gefühls erinnern, als er sie ent-
waffnete; sie bildete sich ein, die größte Seligkeit empfunden zu haben, da er sie band, und alles, was sie zu seinem

Schaden und Verdruß unternommen hatte, kam ihr nur
als unschuldiges Mittel vor, seine Aufmerksamkeit auf
sich zu ziehen. Sie verwünschte jene Trennung, sie bejammerte den Schlaf, in den sie verfallen, sie verfluchte die
schleppende, träumerische Gewohnheit, durch die ihr ein
so unbedeutender Bräutigam hatte werden können; sie
war verwandelt, doppelt verwandelt, vorwärts und rückwärts, wie man es nehmen will.

Hätte jemand ihre Empfindungen, die sie ganz geheim
hielt, entwickeln und mit ihr teilen können, so würde
er sie nicht gescholten haben; denn freilich konnte der
Bräutigam die Vergleichung mit dem Nachbar nicht aushalten, sobald man sie nebeneinander sah. Wenn man
dem einen ein gewisses Zutrauen nicht versagen konnte,
so erregte der andere das vollste Vertrauen; wenn man
den einen gern zur Gesellschaft mochte, so wünschte
man sich den andern zum Gefährten; und dachte man gar
an höhere Teilnahme, an außerordentliche Fälle, so hätte
man wohl an dem einen gezweifelt, wenn einem der
andere vollkommene Gewißheit gab. Für solche Verhältnisse ist den Weibern ein besonderer Takt angeboren,
und sie haben Ursache sowie Gelegenheit, ihn auszubilden.

Je mehr die schöne Braut solche Gesinnungen bei sich
ganz heimlich nährte, je weniger nur irgend jemand dasjenige auszusprechen im Fall war, was zugunsten des Bräutigams gelten konnte, was Verhältnisse, was Pflicht anzuraten und zu gebieten, ja was eine unabänderliche Notwendigkeit unwiderruflich zu fordern schien, desto mehr
begünstigte das schöne Herz seine Einseitigkeit; und
indem sie von der einen Seite durch Welt und Familie,
Bräutigam und eigne Zusage unauflöslich gebunden war,

von der andern der emporstrebende Jüngling gar kein
Geheimnis von seinen Gesinnungen, Planen und Aussichten machte, sich nur als ein treuer und nicht einmal zärt-
licher Bruder gegen sie bewies und nun gar von seiner unmittelbaren Abreise die Rede war, so schien es, als ob
ihr früher kindischer Geist mit allen seinen Tücken und
Gewaltsamkeiten wiedererwachte und sich nun auf einer
höheren Lebensstufe mit Unwillen rüstete, bedeutender
und verderblicher zu wirken. Sie beschloß zu sterben, um
den ehemals Gehaßten und nun so heftig Geliebten für
seine Unteilnahme zu strafen und sich, indem sie ihn nicht
besitzen sollte, wenigstens mit seiner Einbildungskraft,
seiner Reue auf ewig zu vermählen. Er sollte ihr totes Bild
nicht loswerden, er sollte nicht aufhören, sich Vorwürfe
zu machen, daß er ihre Gesinnungen nicht erkannt, nicht
erforscht, nicht geschätzt habe.

Dieser seltsame Wahnsinn begleitete sie überallhin. Sie
verbarg ihn unter allerlei Formen; und ob sie den Menschen gleich wunderlich vorkam, so war niemand aufmerksam oder klug genug, die innere, wahre Ursache zu
entdecken.

Indessen hatten sich Freunde, Verwandte, Bekannte in
Anordnungen von mancherlei Festen erschöpft. Kaum
verging ein Tag, daß nicht irgend etwas Neues und Unerwartetes angestellt worden wäre. Kaum war ein schöner
Platz der Landschaft, den man nicht ausgeschmückt und
zum Empfang vieler froher Gäste bereitet hätte. Auch
wollte unser junger Ankömmling noch vor seiner Abreise
das Seinige tun und lud das junge Paar mit einem engeren
Familienkreise zu einer Wasserlustfahrt. Man bestieg ein
großes, schönes, wohlausgeschmücktes Schiff, eine der
Jachten, die einen kleinen Saal und einige Zimmer anbie-

ten und auf das Wasser die Bequemlichkeit des Landes
überzutragen suchen.

Man fuhr auf dem großen Strome mit Musik dahin; die
Gesellschaft hatte sich bei heißer Tageszeit in den untern
Räumen versammelt, um sich an Geistes- und Glücks-
spielen zu ergötzen. Der junge Wirt, der niemals untätig
bleiben konnte, hatte sich ans Steuer gesetzt, den alten
Schiffsmeister abzulösen, der an seiner Seite eingeschlafen
war; und eben brauchte der Wachende alle seine Vorsicht,
da er sich einer Stelle nahte, wo zwei Inseln das Flußbette
verengten und, indem sie ihre flachen Kiesufer bald an der
einen, bald an der andern Seite hereinstreckten, ein
gefährliches Fahrwasser zubereiteten. Fast war der sorg-
same und scharfblickende Steurer in Versuchung, den
Meister zu wecken, aber er getraute sichs zu und fuhr
gegen die Enge. In dem Augenblick erschien auf dem Verdeck seine schöne Feindin mit einem Blumenkranz in den
Haaren. Sie nahm ihn ab und warf ihn auf den Steuernden.
»Nimm dies zum Andenken!« rief sie aus. »Störe mich
nicht!« rief er ihr entgegen, indem er den Kranz auffing;
»ich bedarf aller meiner Kräfte und meiner Aufmerksamkeit.« – »Ich störe dich nicht weiter«, rief sie; »du siehst
mich nicht wieder!« Sie sprachs und eilte nach dem Vor-
derteil des Schiffs, von da sie ins Wasser sprang. Einige
Stimmen riefen: »Rettet! rettet! sie ertrinkt.« Er war in der
entsetzlichsten Verlegenheit. Über dem Lärm erwacht der
alte Schiffsmeister, will das Ruder ergreifen, der jüngere
es ihm übergeben, aber es ist keine Zeit, die Herrschaft zu
wechseln: das Schiff strandet, und in eben dem Augenblick, die lästigsten Kleidungsstücke wegwerfend, stürzte
er sich ins Wasser und schwamm der schönen Feindin
nach.

Das Wasser ist ein freundliches Element für den, der
damit bekannt ist und es zu behandeln weiß. Es trug ihn,
und der geschickte Schwimmer beherrschte es. Bald hatte
er die vor ihm fortgerissene Schöne erreicht; er faßte sie,
wußte sie zu heben und zu tragen; beide wurden vom
Strom gewaltsam fortgerissen, bis sie die Inseln, die Werder weit hinter sich hatten und der Fluß wieder breit und
gemächlich zu fließen anfing. Nun erst ermannte, nun
erholte er sich aus der ersten zudringenden Not, in der er
ohne Besinnung nur mechanisch gehandelt; er blickte mit
emporstrebendem Haupt umher und ruderte nach Vermögen einer flachen, buschichten Stelle zu, die sich angenehm und gelegen in den Fluß verlief. Dort brachte er
seine schöne Beute aufs Trockne; aber kein Lebenshauch
war in ihr zu spüren. Er war in Verzweiflung, als ihm ein
betretener Pfad, der durchs Gebüsch lief, in die Augen
leuchtete. Er belud sich aufs neue mit der teuren Last, er
erblickte bald eine einsame Wohnung und erreichte sie.
Dort fand er gute Leute, ein junges Ehepaar. Das Unglück, die Not sprach sich geschwind aus. Was er nach
einiger Besinnung forderte, ward geleistet. Ein lichtes
Feuer brannte, wollne Decken wurden über ein Lager
gebreitet, Pelze, Felle und was Erwärmendes vorrätig
war, schnell herbeigetragen. Hier überwand die Begierde
zu retten jede andre Betrachtung. Nichts ward versäumt,
den schönen, halbstarren, nackten Körper wieder ins
Leben zu rufen. Es gelang. Sie schlug die Augen auf, sie
erblickte den Freund, umschlang seinen Hals mit ihren
himmlischen Armen. So blieb sie lange; ein Tränenstrom
stürzte aus ihren Augen und vollendete ihre Genesung.
»Willst du mich verlassen«, rief sie aus, »da ich dich so
wiederfinde?« – »Niemals«, rief er, »niemals!« und wußte

nicht, was er sagte noch was er tat. »Nur schone dich«, rief er hinzu, »schone dich! denke an dich um deinet- und meinetwillen.«

Sie dachte nun an sich und bemerkte jetzt erst den Zustand, in dem sie war. Sie konnte sich vor ihrem Liebling, ihrem Retter nicht schämen; aber sie entließ ihn gern, damit er für sich sorgen möge; denn noch war, was ihn umgab, naß und triefend.

Die jungen Eheleute beredeten sich; er bot dem Jüngling und sie der Schönen das Hochzeitskleid an, das noch vollständig dahing, um ein Paar von Kopf zu Fuß und von innen heraus zu bekleiden. In kurzer Zeit waren die beiden Abenteurer nicht nur angezogen, sondern ganz geputzt. Sie sahen allerliebst aus, staunten einander an, als sie zusammentraten, und fielen sich mit unmäßiger Leidenschaft, und doch halb lächelnd über die Vermummung, gewaltsam in die Arme. Die Kraft der Jugend und die Regsamkeit der Liebe stellten sie in wenigen Augenblicken völlig wieder her, und es fehlte nur die Musik, um sie zum Tanz aufzufordern.

Sich vom Wasser zur Erde, vom Tode zum Leben, aus dem Familienkreise in eine Wildnis, aus der Verzweiflung zum Entzücken, aus der Gleichgültigkeit zur Neigung, zur Leidenschaft gefunden zu haben, alles in einem Augenblick – der Kopf wäre nicht hinreichend, das zu fassen; er würde zerspringen oder sich verwirren. Hiebei muß das Herz das Beste tun, wenn eine solche Überraschung ertragen werden soll.

Ganz verloren eins ins andere, konnten sie erst nach einiger Zeit an die Angst, an die Sorgen der Zurückgelassenen denken, und fast konnten sie selbst nicht ohne Angst, ohne Sorge daran denken, wie sie jenen wiederbe-

gegnen wollten. »Sollen wir fliehen? sollen wir uns verbergen?« sagte der Jüngling. »Wir wollen zusammenblei-
ben«, sagte sie, indem sie an seinem Hals hing.

Der Landmann, der von ihnen die Geschichte des
gestrandeten Schiffs vernommen hatte, eilte, ohne weiter
zu fragen, nach dem Ufer. Das Fahrzeug kam glücklich
einhergeschwommen; es war mit vieler Mühe losgebracht
worden. Man fuhr aufs ungewisse fort, in Hoffnung, die
Verlornen wiederzufinden. Als daher der Landmann mit
Rufen und Winken die Schiffenden aufmerksam machte,
an eine Stelle lief, wo ein vorteilhafter Landungsplatz sich
zeigte, und mit Winken und Rufen nicht aufhörte, wandte
sich das Schiff nach dem Ufer, und welch ein Schauspiel
ward es, da sie landeten! Die Eltern der beiden Verlobten
drängten sich zuerst ans Ufer; den liebenden Bräutigam
hatte fast die Besinnung verlassen. Kaum hatten sie vernommen, daß die lieben Kinder gerettet seien, so traten
diese in ihrer sonderbaren Verkleidung aus dem Busch
hervor. Man erkannte sie nicht eher, als bis sie ganz heran-
getreten waren. »Wen seh ich?« riefen die Mütter. »Was
seh ich?« riefen die Väter. Die Geretteten warfen sich vor
ihnen nieder. »Eure Kinder!« riefen sie aus, »ein Paar.« –
»Verzeiht!« rief das Mädchen. »Gebt uns Euren Segen!«
rief der Jüngling. »Gebt uns Euren Segen!« riefen beide,
da alle Welt staunend verstummte. »Euren Segen!«
ertönte es zum drittenmal, und wer hätte den versagen
können!

Der neue Paris

Knabenmärchen

Mir träumte neulich in der Nacht vor Pfingstsonntag, als stünde ich vor einem Spiegel und beschäftigte mich mit den neuen Sommerkleidern, welche mir die lieben Eltern auf das Fest hatten machen lassen. Der Anzug bestand, wie ihr wißt, in Schuhen von sauberem Leder, mit großen silbernen Schnallen, feinen baumwollnen Strümpfen, schwarzen Unterkleidern von Sarsche, und einem Rock von grünem Berkan mit goldnen Balletten. Die Weste dazu, von Goldstoff, war aus meines Vaters Bräutigamsweste geschnitten. Ich war frisiert und gepudert, die Locken standen mir wie Flügelchen vom Kopfe; aber ich konnte mit dem Anziehen nicht fertig werden, weil ich immer die Kleidungsstücke verwechselte, und weil mir immer das erste vom Leibe fiel, wenn ich das zweite umzunehmen gedachte. In dieser großen Verlegenheit trat ein junger schöner Mann zu mir und begrüßte mich aufs freundlichste. »Ei, seid mir willkommen!« sagte ich, »es ist mir ja gar lieb, daß ich Euch hier sehe.« – »Kennt Ihr mich denn?« versetzte jener lächelnd. – »Warum nicht?« war meine gleichfalls lächelnde Antwort. »Ihr seid Merkur, und ich habe Euch oft genug abgebildet gesehen.« – »Das bin ich«, sagte jener, »und von den Göttern mit einem wichtigen Auftrag an dich gesandt. Siehst du diese drei Äpfel?« – Er reichte seine Hand her und zeigte mir drei Äpfel, die sie kaum fassen konnte, und die ebenso wundersam schön als groß waren, und zwar der eine von roter, der andere von gelber, der dritte von grüner Farbe.

Man mußte sie für Edelsteine halten, denen man die Form von Früchten gegeben. Ich wollte darnach greifen; er aber zog zurück und sagte: »Du mußt erst wissen, daß sie nicht für dich sind. Du sollst sie den drei schönsten jungen Leuten von der Stadt geben, welche sodann, jeder nach seinem Lose, Gattinnen finden sollen, wie sie solche nur wünschen können. Nimm, und mach deine Sachen gut!« sagte er scheidend, und gab mir die Äpfel in meine offnen Hände; sie schienen mir noch größer geworden zu sein. Ich hielt sie darauf in die Höhe, gegen das Licht, und fand sie ganz durchsichtig; aber gar bald zogen sie sich aufwärts in die Länge und wurden zu drei schönen, schönen Frauenzimmerchen in mäßiger Puppengröße, deren Kleider von der Farbe der vorherigen Äpfel waren. So gleiteten sie sacht an meinen Fingern hinauf, und als ich nach ihnen haschen wollte, um wenigstens eine festzuhalten, schwebten sie schon weit in der Höhe und Ferne, daß ich nichts als das Nachsehen hatte. Ich stand ganz verwundert und versteinert da, hatte die Hände noch in der Höhe und beguckte meine Finger, als wäre daran etwas zu sehen gewesen. Aber mit einmal erblickte ich auf meinen Fingerspitzen ein allerliebstes Mädchen herumtanzen, kleiner als jene, aber gar niedlich und munter; und weil sie nicht wie die andern fortflog, sondern verweilte, und bald auf diese bald auf jene Fingerspitze tanzend hin und her trat, so sah ich ihr eine Zeitlang verwundert zu. Da sie mir aber gar so wohl gefiel, glaubte ich sie endlich haschen zu können und dachte geschickt genug zuzugreifen; allein in dem Augenblick fühlte ich einen Schlag an den Kopf, so daß ich ganz betäubt niederfiel, und aus dieser Betäubung nicht eher erwachte, als bis es Zeit war mich anzuziehen und in die Kirche zu gehen.

Unter dem Gottesdienst wiederholte ich mir jene Bilder oft genug; auch am großelterlichen Tische, wo ich zu Mittag speiste. Nachmittags wollte ich einige Freunde besuchen, sowohl um mich in meiner neuen Kleidung, den Hut unter dem Arm und den Degen an der Seite, sehen zu lassen, als auch weil ich ihnen Besuche schuldig war. Ich fand niemanden zu Hause, und da ich hörte, daß sie in die Gärten gegangen, so gedachte ich ihnen zu folgen und den Abend vergnügt zuzubringen. Mein Weg führte mich den Zwinger hin, und ich kam in die Gegend, welche mit Recht den Namen »schlimme Mauer« führt: denn es ist dort niemals ganz geheuer. Ich ging nur langsam und dachte an meine drei Göttinnen, besonders aber an die kleine Nymphe, und hielt meine Finger manchmal in die Höhe, in Hoffnung, sie würde so artig sein, wieder darauf zu balancieren. In diesen Gedanken vorwärts gehend erblickte ich, linker Hand, in der Mauer ein Pförtchen, das ich mich nicht erinnerte je gesehen zu haben. Es schien niedrig, aber der Spitzbogen drüber hätte den größten Mann hindurch gelassen. Bogen und Gewände waren aufs zierlichste vom Steinmetz und Bildhauer ausgemeißelt, die Türe selbst aber zog erst recht meine Aufmerksamkeit an sich. Braunes uraltes Holz, nur wenig verziert, war mit breiten, sowohl erhaben als vertieft gearbeiteten Bändern von Erz beschlagen, deren Laubwerk, worin die natürlichsten Vögel saßen, ich nicht genug bewundern konnte. Doch was mir das Merkwürdigste schien, kein Schlüsselloch war zu sehen, keine Klinke, kein Klopfer, und ich vermutete daraus, daß diese Türe nur von innen aufgemacht werde. Ich hatte mich nicht geirrt: denn als ich ihr näher trat, um die Zieraten zu befühlen, tat sie sich hineinwärts auf, und es erschien ein Mann, dessen Kleidung

etwas Langes, Weites und Sonderbares hatte. Auch ein
ehrwürdiger Bart umwölkte sein Kinn; daher ich ihn für
einen Juden zu halten geneigt war. Er aber, eben als wenn
er meine Gedanken erraten hätte, machte das Zeichen des
heiligen Kreuzes, wodurch er mir zu erkennen gab, daß er
ein guter katholischer Christ sei. – »Junger Herr, wie
kommt Ihr hieher, und was macht Ihr da?« sagte er mit
freundlicher Stimme und Gebärde. – »Ich bewundre«,
versetzte ich, »die Arbeit dieser Pforte: denn ich habe
dergleichen noch niemals gesehen; es müßte denn sein auf
kleinen Stücken in den Kunstsammlungen der Liebhaber.« – »Es freut mich«, versetzte er darauf, »daß Ihr
solche Arbeit liebt. Inwendig ist die Pforte noch viel schöner: tretet herein, wenn es Euch gefällt.« Mir war bei der
Sache nicht ganz wohl zu Mute. Die wunderliche Kleidung des Pförtners, die Abgelegenheit und ein sonst
ich weiß nicht was, das in der Luft zu liegen schien,
beklemmte mich. Ich verweilte daher, unter dem Vor-
wande, die Außenseite noch länger zu betrachten, und
blickte dabei verstohlen in den Garten: denn ein Garten
war es, der sich vor mir eröffnet hatte. Gleich hinter der
Pforte sah ich einen großen beschatteten Platz; alte Linden, regelmäßig von einander abstehend, bedeckten ihn
völlig mit ihren dicht in einander greifenden Ästen, so daß
die zahlreichsten Gesellschaften in der größten Tageshitze
sich darunter hätten erquicken können. Schon war ich auf
die Schwelle getreten, und der Alte wußte mich immer um
einen Schritt weiter zu locken. Ich widerstand auch
eigentlich nicht: denn ich hatte jederzeit gehört, daß ein
Prinz oder Sultan in solchem Falle niemals fragen müsse,
ob Gefahr vorhanden sei. Hatte ich doch auch meinen
Degen an der Seite; und sollte ich mit dem Alten nicht

fertig werden, wenn er sich feindlich erweisen wollte? Ich
trat also ganz gesichert hinein; der Pförtner drückte die
Türe zu, die so leise einschnappte, daß ich es kaum spürte.
Nun zeigte er mir die inwendig angebrachte, wirklich
noch viel kunstreichere Arbeit, legte sie mir aus, und
bewies mir dabei ein besonderes Wohlwollen. Hiedurch
nun völlig beruhigt, ließ ich mich in dem belaubten
Raume an der Mauer, die sich ins Runde zog, weiter führen, und fand manches an ihr zu bewundern. Nischen, mit
Muscheln, Korallen und Metallstufen künstlich ausgeziert, gaben aus Tritonenmäulern reichliches Wasser in
marmorne Becken; dazwischen waren Vogelhäuser angebracht und andre Vergitterungen, worin Eichhörnchen
herumhüpften, Meerschweinchen hin und wider liefen,
und was man nur sonst von artigen Geschöpfen wünschen
kann. Die Vögel riefen und sangen uns an, wie wir vor-
schritten; die Stare besonders schwätzten das närrischste
Zeug; der eine rief immer: »Paris, Paris«, und der andre:
»Narziß, Narziß«, so deutlich, als es ein Schulknabe nur
aussprechen kann. Der Alte schien mich immer ernsthaft
anzusehen, indem die Vögel dieses riefen; ich tat aber
nicht, als wenn ich's merkte, und hatte auch wirklich nicht
Zeit, auf ihn Acht zu geben: denn ich konnte wohl gewahr
werden, daß wir in die Runde gingen, und daß dieser
beschattete Raum eigentlich ein großer Kreis sei, der einen
andern viel bedeutendern umschließe. Wir waren auch
wirklich wieder bis ans Pförtchen gelangt, und es schien,
als wenn der Alte mich hinauslassen wolle; allein meine
Augen blieben auf ein goldnes Gitter gerichtet, welches
die Mitte dieses wunderbaren Gartens zu umzäunen
schien, und das ich auf unserm Gange hinlänglich zu
beobachten Gelegenheit fand, ob mich der Alte gleich

immer an der Mauer und also ziemlich entfernt von der
Mitte zu halten wußte. Als er nun eben auf das Pförtchen
losging, sagte ich zu ihm, mit einer Verbeugung: »Ihr seid
so äußerst gefällig gegen mich gewesen, daß ich wohl noch
eine Bitte wagen möchte, ehe ich von Euch scheide.
Dürfte ich nicht jenes goldne Gitter näher besehen, das in
einem sehr weiten Kreise das Innere des Gartens einzu-
schließen scheint?« – »Recht gern«, versetzte jener; »aber
sodann müßt Ihr Euch einigen Bedingungen unterwer-
fen.« – »Worin bestehen sie?« fragte ich hastig. – »Ihr
müßt Euren Hut und Degen hier zurücklassen, und dürft
mir nicht von der Hand, indem ich Euch begleite.« –
»Herzlich gern!« erwiderte ich, und legte Hut und Degen
auf die erste beste steinerne Bank. Sogleich ergriff er mit
seiner Rechten meine Linke, hielt sie fest, und führte mich
mit einiger Gewalt gerade vorwärts. Als wir ans Gitter
kamen, verwandelte sich meine Verwunderung in Erstaunen: so etwas hatte ich nie gesehen. Auf einem hohen
Sockel von Marmor standen unzählige Spieße und Partisanen neben einander gereiht, die durch ihre seltsam verzierten oberen Enden zusammenhingen und einen ganzen
Kreis bildeten. Ich schaute durch die Zwischenräume,
und sah gleich dahinter ein sanft fließendes Wasser, auf
beiden Seiten mit Marmor eingefaßt, das in seinen klaren
Tiefen eine große Anzahl von Gold- und Silberfischen
sehen ließ, die sich bald sachte bald geschwind, bald einzeln bald zugweise hin und her bewegten. Nun hätte ich
aber auch gern über den Kanal gesehen, um zu erfahren,
wie es in dem Herzen des Gartens beschaffen sei; allein da
fand ich zu meiner großen Betrübnis, daß an der Gegenseite das Wasser mit einem gleichen Gitter eingefaßt war,
und zwar so künstlicher Weise, daß auf einen Zwischen-

raum diesseits gerade ein Spieß oder eine Partisane jenseits
paßte, und man also, die übrigen Zieraten mitgerechnet,
nicht hindurchsehen konnte, man mochte sich stellen, wie
man wollte. Überdies hinderte mich der Alte, der mich
noch immer festhielt, daß ich mich nicht frei bewegen
konnte. Meine Neugier wuchs indes, nach allem, was ich
gesehen, immer mehr, und ich nahm mir ein Herz, den
Alten zu fragen, ob man nicht auch hinüber kommen
könne. – »Warum nicht?« versetzte jener; »aber auf neue
Bedingungen.« – Als ich nach diesen fragte, gab er mir zu
erkennen, daß ich mich umkleiden müsse. Ich war es sehr
zufrieden; er führte mich zurück nach der Mauer in einen
kleinen reinlichen Saal, an dessen Wänden mancherlei
Kleidungen hingen, die sich sämtlich dem orientalischen
Kostüm zu nähern schienen. Ich war geschwind umge-
kleidet; er streifte meine gepuderten Haare unter ein bun-
tes Netz, nachdem er sie zu meinem Entsetzen gewaltig
ausgestäubt hatte. Nun fand ich mich vor einem großen
Spiegel in meiner Vermummung gar hübsch, und gefiel
mir besser als in meinem steifen Sonntagskleide. Ich
machte einige Gebärden und Sprünge, wie ich sie von den
Tänzern auf dem Meßtheater gesehen hatte. Unter diesem
sah ich in den Spiegel und erblickte zufällig das Bild einer
hinter mir befindlichen Nische. Auf ihrem weißen
Grunde hingen drei grüne Strickchen, jedes in sich auf
eine Weise verschlungen, die mir in der Ferne nicht deutlich werden wollte. Ich kehrte mich daher etwas hastig
um, und fragte den Alten nach der Nische so wie nach den
Strickchen. Er, ganz gefällig, holte eins herunter und
zeigte es mir. Es war eine grünseidene Schnur von mäßiger
Stärke, deren beide Enden, durch ein zwiefach durch-
schnittenes grünes Leder geschlungen, ihr das Ansehn

gaben, als sei es ein Werkzeug zu einem eben nicht sehr
erwünschten Gebrauch. Die Sache schien mir bedenklich,
und ich fragte den Alten nach der Bedeutung. Er antwortete mir ganz gelassen und gütig: es sei dieses für diejenigen, welche das Vertrauen mißbrauchten, das man ihnen
hier zu schenken bereit sei. Er hing die Schnur wieder an
ihre Stelle und verlangte sogleich, daß ich ihm folgen solle:
denn diesmal faßte er mich nicht an, und so ging ich frei
neben ihm her.

Meine größte Neugier war nunmehr, wo die Türe, wo
die Brücke sein möchte, um durch das Gitter, um über
den Kanal zu kommen: denn ich hatte dergleichen bis jetzt
noch nicht ausfindig machen können. Ich betrachtete
daher die goldene Umzäunung sehr genau, als wir darauf
zueilten; allein augenblicklich verging mir das Gesicht:
denn unerwartet begannen Spieße, Speere, Hellebarden,
Partisanen sich zu rütteln und zu schütteln, und diese
seltsame Bewegung endigte damit, daß die sämtlichen
Spitzen sich gegen einander senkten, eben als wenn zwei
altertümliche, mit Piken bewaffnete Heerhaufen gegen
einander losgehen wollten. Die Verwirrung fürs Auge,
das Geklirr für die Ohren war kaum zu ertragen, aber
unendlich überraschend der Anblick, als sie völlig niedergelassen den Kreis des Kanals bedeckten und die herrlichste Brücke bildeten, die man sich denken kann: denn nun
lag das bunteste Gartenparterre vor meinem Blick. Es war
in verschlungene Beete geteilt, welche zusammen betrachtet ein Labyrinth von Zieraten bildeten; alle mit grünen
Einfassungen von einer niedrigen, wollig wachsenden
Pflanze, die ich nie gesehen; alle mit Blumen, jede Abtei-
lung von verschiedener Farbe, die, ebenfalls niedrig und
am Boden, den vorgezeichneten Grundriß leicht verfol-

gen ließen. Dieser köstliche Anblick, den ich in vollem
Sonnenschein genoß, fesselte ganz meine Augen; aber ich
wußte fast nicht, wo ich den Fuß hinsetzen sollte: denn
die schlängelnden Wege waren aufs reinlichste von
blauem Sande gezogen, der einen dunklern Himmel, oder
einen Himmel im Wasser, an der Erde zu bilden schien;
und so ging ich, die Augen auf den Boden gerichtet, eine
Zeitlang neben meinem Führer, bis ich zuletzt gewahr
ward, daß in der Mitte von diesem Beeten- und Blumen-
rund ein großer Kreis von Zypressen oder pappelartigen
Bäumen stand, durch den man nicht hindurchsehen
konnte, weil die untersten Zweige aus der Erde hervorzu-
treiben schienen. Mein Führer, ohne mich gerade auf den
nächsten Weg zu drängen, leitete mich doch unmittelbar
nach jener Mitte, und wie war ich überrascht, als ich, in
den Kreis der hohen Bäume tretend, die Säulenhalle eines
köstlichen Gartengebäudes vor mir sah, das nach den
übrigen Seiten hin ähnliche Ansichten und Eingänge zu
haben schien. Noch mehr aber als dieses Muster der Bau-
kunst entzückte mich eine himmlische Musik, die aus dem
Gebäude hervordrang. Bald glaubte ich eine Laute, bald
eine Harfe, bald eine Zither zu hören, und bald noch
etwas Klimperndes, das keinem von diesen drei Instru-
menten gemäß war. Die Pforte, auf die wir zugingen,
eröffnete sich bald nach einer leisen Berührung des Alten;
aber wie erstaunt war ich, als die heraustretende Pförtne-
rin ganz vollkommen dem niedlichen Mädchen glich, das
mir im Traume auf den Fingern getanzt hatte. Sie grüßte
mich auch auf eine Weise, als wenn wir schon bekannt
wären, und bat mich hereinzutreten. Der Alte blieb
zurück, und ich ging mit ihr durch einen gewölbten und
schön verzierten kurzen Gang nach dem Mittelsaal, des-

sen herrliche domartige Höhe beim Eintritt meinen Blick auf sich zog und mich in Verwunderung setzte. Doch konnte mein Auge nicht lange dort verweilen, denn es ward durch ein reizenderes Schauspiel herabgelockt. Auf einem Teppich, gerade unter der Mitte der Kuppel, saßen drei Frauenzimmer im Dreieck, in drei verschiedene Farben gekleidet, die eine rot, die andre gelb, die dritte grün; die Sessel waren vergoldet, und der Teppich ein vollkommenes Blumenbeet. In ihren Armen lagen die drei Instrumente, die ich draußen hatte unterscheiden können: denn durch meine Ankunft gestört, hatten sie mit Spielen inne gehalten. – »Seid uns willkommen!« sagte die mittlere, die nämlich, welche mit dem Gesicht nach der Türe saß, im roten Kleide und mit der Harfe. »Setzt Euch zu Alerten und hört zu, wenn Ihr Liebhaber von der Musik seid.« Nun sah ich erst, daß unten quervor ein ziemlich langes Bänkchen stand, worauf eine Mandoline lag. Das artige Mädchen nahm sie auf, setzte sich und zog mich an ihre Seite. Jetzt betrachtete ich auch die zweite Dame zu meiner Rechten; sie hatte das gelbe Kleid an, und eine Zither in der Hand; und wenn jene Harfenspielerin ansehnlich von Gestalt, groß von Gesichtszügen, und in ihrem Betragen majestätisch war, so konnte man der Zitherspielerin ein leicht anmutiges heitres Wesen anmerken. Sie war eine schlanke Blondine, da jene dunkelbraunes Haar schmückte. Die Mannigfaltigkeit und Übereinstimmung ihrer Musik konnte mich nicht abhalten, nun auch die dritte Schönheit im grünen Gewande zu betrachten, deren Lautenspiel etwas Rührendes und zugleich Auffallendes für mich hatte. Sie war diejenige, die am meisten auf mich Acht zu geben und ihr Spiel an mich zu richten schien; nur konnte ich aus ihr nicht klug werden: denn sie kam mir

bald zärtlich, bald wunderlich, bald offen, bald eigensinnig vor, je nachdem sie die Mienen und ihr Spiel veränderte. Bald schien sie mich rühren, bald mich necken zu
wollen. Doch mochte sie sich stellen wie sie wollte, so
gewann sie mir wenig ab: denn meine kleine Nachbarin,
mit der ich Ellbogen an Ellbogen saß, hatte mich ganz für
sich eingenommen; und wenn ich in jenen drei Damen
ganz deutlich die Sylphiden meines Traums und die Farben der Äpfel erblickte, so begriff ich wohl, daß ich keine
Ursache hätte, sie festzuhalten. Die artige Kleine hätte ich
lieber angepackt, wenn mir nur nicht der Schlag, den sie
mir im Traume versetzt hatte, gar zu erinnerlich gewesen
wäre. Sie hielt sich bisher mit ihrer Mandoline ganz ruhig;
als aber ihre Gebieterinnen aufgehört hatten, so befahlen
sie ihr, einige lustige Stückchen zum besten zu geben.
Kaum hatte sie einige Tanzmelodien gar aufregend abge-
klimpert, so sprang sie in die Höhe; ich tat das gleiche. Sie
spielte und tanzte; ich ward hingerissen, ihre Schritte zu
begleiten, und wir führten eine Art von kleinem Ballett
auf, womit die Damen zufrieden zu sein schienen: denn
sobald wir geendigt, befahlen sie der Kleinen, mich der-
weil mit etwas Gutem zu erquicken, bis das Nachtessen
herankäme. Ich hatte freilich vergessen, daß außer diesem
Paradiese noch etwas anderes in der Welt wäre. Alerte
führte mich sogleich in den Gang zurück, durch den ich
hereingekommen war. An der Seite hatte sie zwei wohl-
eingerichtete Zimmer; in dem einen, wo sie wohnte,
setzte sie mir Orangen, Feigen, Pfirschen und Trauben
vor, und ich genoß sowohl die Früchte fremder Länder,
als auch die der erst kommenden Monate mit großem
Appetit. Zuckerwerk war im Überfluß; auch füllte sie
einen Pokal von geschliffnem Kristall mit schäumendem

Wein: doch zu trinken bedurfte ich nicht, denn ich hatte mich an den Früchten hinreichend gelabt. – »Nun wollen wir spielen«, sagte sie und führte mich in das andere Zimmer. Hier sah es nun aus wie auf einem Christmarkt; aber so kostbare und feine Sachen hat man niemals in einer Weihnachtsbude gesehen. Da waren alle Arten von Puppen, Puppenkleidern und Puppengerätschaften; Küchen, Wohnstuben und Läden; und einzelne Spielsachen in Unzahl. Sie führte mich an allen Glasschränken herum: denn in solchen waren diese künstlichen Arbeiten aufbewahrt. Die ersten Schränke verschloß sie aber bald wieder und sagte: »Das ist nichts für Euch, ich weiß es wohl. Hier aber«, sagte sie, »könnten wir Baumaterialien finden, Mauern und Türme, Häuser, Paläste, Kirchen, um eine große Stadt zusammenzustellen. Das unterhält mich aber nicht; wir wollen zu etwas anderem greifen, das für Euch und mich gleich vergnüglich ist.« – Sie brachte darauf einige Kasten hervor, in denen ich kleines Kriegsvolk über einander geschichtet erblickte, von dem ich sogleich bekennen mußte, daß ich niemals so etwas Schönes gesehen hätte. Sie ließ mir die Zeit nicht, das einzelne näher zu betrachten, sondern nahm den einen Kasten unter den Arm, und ich packte den andern auf. »Wir wollen auf die goldne Brücke gehen«, sagte sie; »dort spielt sich's am besten mit Soldaten: die Spieße geben gleich die Richtung, wie man die Armeen gegen einander zu stellen hat.« Nun waren wir auf dem goldnen schwankenden Boden angelangt; unter mir hörte ich das Wasser rieseln und die Fische plätschern, indem ich niederkniete, meine Linien aufzustellen. Es war alles Reiterei, wie ich nunmehr sah. Sie rühmte sich, die Königin der Amazonen zum Führer ihres weiblichen Heeres zu besitzen; ich dagegen fand den

Achill und eine sehr stattliche griechische Reiterei. Die Heere standen gegen einander, und man konnte nichts Schöneres sehen. Es waren nicht etwa flache bleierne Reiter, wie die unsrigen, sondern Mann und Pferd rund und körperlich, und auf das feinste gearbeitet; auch konnte man kaum begreifen, wie sie sich im Gleichgewicht hielten: denn sie standen für sich, ohne ein Fußbrettchen zu haben.

Wir hatten nun jedes mit großer Selbstzufriedenheit unsere Heerhaufen beschaut, als sie mir den Angriff verkündigte. Wir hatten auch Geschütz in unsern Kästen gefunden; es waren nämlich Schachteln voll kleiner wohlpolierter Achatkugeln. Mit diesen sollten wir aus einer gewissen Entfernung gegen einander kämpfen, wobei jedoch ausdrücklich bedungen war, daß nicht stärker geworfen werde, als nötig sei, die Figuren umzustürzen: denn beschädigt sollte keine werden. Wechselseitig ging nun die Kanonade los, und im Anfang wirkte sie zu unser beider Zufriedenheit. Allein als meine Gegnerin bemerkte, daß ich doch besser zielte als sie, und zuletzt den Sieg, der von der Überzahl der Stehngebliebenen abhing, gewinnen möchte, trat sie näher, und ihr mädchenhaftes Werfen hatte denn auch den erwünschten Erfolg. Sie streckte mir eine Menge meiner besten Truppen nieder, und je mehr ich protestierte, desto eifriger warf sie. Dies verdroß mich zuletzt, und ich erklärte, daß ich ein gleiches tun würde. Ich trat auch wirklich nicht allein näher heran, sondern warf im Unmut viel heftiger, da es denn nicht lange währte, als ein paar ihrer kleinen Zentaurinnen in Stücke sprangen. In ihrem Eifer bemerkte sie es nicht gleich; aber ich stand versteinert, als die zerbrochnen Figürchen sich von selbst wieder zusam-

menfügten, Amazone und Pferd wieder ein Ganzes, auch
zugleich völlig lebendig wurden, im Galopp von der goldnen Brücke unter die Linden setzten, und, in Karriere hin
und wider rennend, sich endlich gegen die Mauer, ich
weiß nicht wie, verloren. Meine schöne Gegnerin war das
kaum gewahr worden, als sie in ein lautes Weinen und
Jammern ausbrach und rief: daß ich ihr einen unersetz-
lichen Verlust zugefügt, der weit größer sei, als es sich
aussprechen lasse. Ich aber, der ich schon erbost war,
freute mich ihr etwas zu Leide zu tun, und warf noch ein
paar mir übrig gebliebene Achatkugeln blindlings mit Gewalt unter ihren Heerhaufen. Unglücklicherweise traf ich
die Königin, die bisher bei unserm regelmäßigen Spiel
ausgenommen gewesen. Sie sprang in Stücken, und ihre
nächsten Adjutanten wurden auch zerschmettert; aber
schnell stellten sie sich wieder her und nahmen Reißaus
wie die ersten, galoppierten sehr lustig unter den Linden
herum und verloren sich gegen die Mauer.

Meine Gegnerin schalt und schimpfte; ich aber, nun
einmal im Gange, bückte mich, einige Achatkugeln auf-
zuheben, welche an den goldnen Spießen herumrollten.
Mein ergrimmter Wunsch war, ihr ganzes Heer zu ver-
nichten; sie dagegen, nicht faul, sprang auf mich los und
gab mir eine Ohrfeige, daß mir der Kopf summte. Ich, der
ich immer gehört hatte, auf die Ohrfeige eines Mädchens
gehöre ein derber Kuß, faßte sie bei den Ohren und küßte
sie zu wiederholten Malen. Sie aber tat einen solchen
durchdringenden Schrei, der mich selbst erschreckte; ich
ließ sie fahren, und das war mein Glück: denn in dem
Augenblick wußte ich nicht, wie mir geschah. Der Boden
unter mir fing an zu beben und zu rasseln; ich merkte
geschwind, daß sich die Gitter wieder in Bewegung setz-

ten allein ich hatte nicht Zeit zu überlegen, noch konnte ich Fuß fassen, um zu fliehen. Ich fürchtete jeden Augenblick gespießt zu werden: denn die Partisanen und Lanzen, die sich aufrichteten, zerschlitzten mir schon die Kleider; genug, ich weiß nicht, wie mir geschah, mir verging Hören und Sehen, und ich erholte mich aus meiner Betäubung, von meinem Schrecken am Fuß einer Linde, wider den mich das aufschnellende Gitter geworfen hatte. Mit dem Erwachen erwachte auch meine Bosheit, die sich noch heftig vermehrte, als ich von drüben die Spottworte und das Gelächter meiner Gegnerin vernahm, die an der andern Seite, etwas gelinder als ich, mochte zur Erde gekommen sein. Daher sprang ich auf, und als ich rings um mich das kleine Heer nebst seinem Anführer Achill, welche das auffahrende Gitter mit mir herüber geschnellt hatte, zerstreut sah, ergriff ich den Helden zuerst und warf ihn wider einen Baum. Seine Wiederherstellung und seine Flucht gefielen mir nun doppelt, weil sich die Schadenfreude zu dem artigsten Anblick von der Welt gesellte, und ich war im Begriff, die sämtlichen Griechen ihm nachzuschicken, als auf einmal zischende Wasser von allen Seiten her, aus Steinen und Mauern, aus Boden und Zweigen hervorsprühten, und, wo ich mich hinwendete, kreuzweise auf mich lospeitschten. Mein leichtes Gewand war in kurzer Zeit völlig durchnäßt; zerschlitzt war es schon, und ich säumte nicht, es mir ganz vom Leibe zu reißen. Die Pantoffeln warf ich von mir, und so eine Hülle nach der andern; ja ich fand es endlich bei dem warmen Tage sehr angenehm, ein solches Strahlbad über mich ergehen zu lassen. Ganz nackt schritt ich nun gravitätisch zwischen diesen willkommnen Gewässern einher, und dachte, mich lange so wohl befinden zu können. Mein

Zorn verkühlte sich, und ich wünschte nichts mehr als
eine Versöhnung mit meiner kleinen Gegnerin. Doch in
einem Nu schnappten die Wasser ab, und ich stand nun
feucht auf einem durchnäßten Boden. Die Gegenwart des
alten Mannes, der unvermutet vor mich trat, war mir keineswegs willkommen; ich hätte gewünscht, mich, wo
nicht verbergen, doch wenigstens verhüllen zu können.
Die Beschämung, der Frostschauer, das Bestreben, mich
einigermaßen zu bedecken, ließen mich eine höchst er-
bärmliche Figur spielen; der Alte benutzte den Augenblick, um mir die größesten Vorwürfe zu machen. »Was
hindert mich«, rief er aus, »daß ich nicht eine der grünen
Schnuren ergreife und sie, wo nicht Eurem Hals, doch
Eurem Rücken anmesse!« Diese Drohung nahm ich
höchst übel. »Hütet Euch«, rief ich aus, »vor solchen
Worten, ja nur vor solchen Gedanken: denn sonst seid Ihr
und Eure Gebieterinnen verloren!« – »Wer bist denn du«,
fragte er trutzig, »daß du so reden darfst?« – »Ein Liebling
der Götter«, sagte ich, »von dem es abhängt, ob jene
Frauenzimmer würdige Gatten finden und ein glückliches
Leben führen sollen, oder ob er sie will in ihrem Zauber-
kloster verschmachten und veralten lassen.« – Der Alte
trat einige Schritte zurück. »Wer hat dir das offenbart?«
fragte er erstaunt und bedenklich. – »Drei Äpfel«, sagte
ich, »drei Juwelen.« – »Und was verlangst du zum Lohn?«
rief er aus. – »Vor allen Dingen das kleine Geschöpf«,
versetzte ich, »die mich in diesen verwünschten Zustand
gebracht hat.« – Der Alte warf sich vor mir nieder, ohne
sich vor der noch feuchten und schlammigen Erde zu
scheuen; dann stand er auf, ohne benetzt zu sein, nahm
mich freundlich bei der Hand, führte mich in jenen Saal,
kleidete mich behend wieder an, und bald war ich wieder

sonntägig geputzt und frisiert wie vorher. Der Pförtner sprach kein Wort weiter; aber ehe er mich über die Schwelle ließ, hielt er mich an, und deutete mir auf einige Gegenstände an der Mauer drüben über den Weg, indem er zugleich rückwärts auf das Pförtchen zeigte. Ich verstand ihn wohl; er wollte nämlich, daß ich mir die Gegenstände einprägen möchte, um das Pförtchen desto gewisser wieder zu finden, welches sich unversehens hinter mir zuschloß. Ich merkte mir nun wohl, was mir gegenüber stand. Über eine hohe Mauer ragten die Äste uralter Nußbäume herüber, und bedeckten zum Teil das Gesims, womit sie endigte. Die Zweige reichten bis an eine steinerne Tafel, deren verzierte Einfassung ich wohl erkennen, deren Inschrift ich aber nicht lesen konnte. Sie ruhte auf dem Kragstein einer Nische, in welcher ein künstlich gearbeiteter Brunnen, von Schale zu Schale, Wasser in ein großes Becken goß, das wie einen kleinen Teich bildete und sich in die Erde verlor. Brunnen, Inschrift, Nußbäume, alles stand senkrecht über einander; ich wollte es malen, wie ich es gesehn habe.

Nun läßt sich wohl denken, wie ich diesen Abend und manchen folgenden Tag zubrachte, und wie oft ich mir diese Geschichten, die ich kaum selbst glauben konnte, wiederholte. Sobald mir's nur irgend möglich war, ging ich wieder zur »schlimmen Mauer«, um wenigstens jene Merkzeichen im Gedächtnis anzufrischen und das köstliche Pförtchen zu beschauen. Allein zu meinem größten Erstaunen fand ich alles verändert. Nußbäume ragten wohl über die Mauer, aber sie standen nicht unmittelbar neben einander. Eine Tafel war auch eingemauert, aber von den Bäumen weit rechts, ohne Verzierung, und mit einer leserlichen Inschrift. Eine Nische mit einem Brunnen findet sich weit links, der aber jenem, den ich gesehen, durchaus nicht zu vergleichen ist; so daß ich beinahe glauben muß, das zweite Abenteuer sei so gut als das erste ein Traum gewesen: denn von dem Pförtchen findet sich überhaupt gar keine Spur. Das einzige, was mich tröstet, ist die Bemerkung, daß jene drei Gegenstände stets den Ort zu verändern scheinen: denn bei wiederholtem Besuch jener Gegend glaube ich bemerkt zu haben, daß die Nußbäume etwas zusammenrücken, und daß Tafel und Brunnen sich ebenfalls zu nähern scheinen. Wahrscheinlich, wenn alles wieder zusammentrifft, wird auch die Pforte von neuem sichtbar sein, und ich werde mein mögliches tun, das Abenteuer wieder anzuknüpfen. Ob ich euch erzählen kann, was weiter begegnet, oder ob es mir ausdrücklich verboten wird, weiß ich nicht zu sagen.

Sankt Joseph der Zweite

Schon hatte der Wanderer, seinem Boten auf dem Fuße folgend, steile Felsen hinter und über sich gelassen, schon durchstrichen sie ein sanfteres Mittelgebirg und eilten durch manchen wohlbestandnen Wald, durch manchen freundlichen Wiesengrund immer vorwärts, bis sie sich endlich an einem Abhange befanden und in ein sorgfältig bebautes, von Hügeln rings umschlossenes Tal hinabschauten. Ein großes, halb in Trümmern liegendes, halb wohlerhaltenes Klostergebäude zog sogleich die Aufmerksamkeit an sich. »Dies ist Sankt Joseph«, sagte der Bote; »jammerschade für die schöne Kirche! Seht nur, wie ihre Säulen und Pfeiler durch Gebüsch und Bäume noch so wohlerhalten durchsehen, ob sie gleich schon viele hundert Jahre im Schutt liegt.«

»Die Klostergebäude hingegen«, versetzte Wilhelm, »sehe ich, sind noch wohl erhalten.« – »Ja«, sagte der andere, »es wohnt ein Schaffner daselbst, der die Wirtschaft besorgt, die Zinsen und Zehnten einnimmt, welche man weit und breit hierher zu zahlen hat.«

Unter diesen Worten waren sie durch das offene Tor in den geräumigen Hof gelangt, der, von ernsthaften, wohlerhaltenen Gebäuden umgeben, sich als Aufenthalt einer ruhigen Sammlung ankündigte. Seinen Felix mit den Engeln von gestern sah er sogleich beschäftigt um einen Tragkorb, den eine rüstige Frau vor sich gestellt hatte; sie waren im Begriff, Kirschen zu handeln; eigentlich aber feilschte Felix, der immer etwas Geld bei sich führte. Nun machte er sogleich als Gast den Wirt, spendete reichliche Früchte an seine Gespielen, selbst dem Vater war die

Erquickung angenehm, mitten in diesen unfruchtbaren
Mooswäldern, wo die farbigen, glänzenden Früchte noch
einmal so schön erschienen. Sie trage solche weit herauf
aus einem großen Garten, bemerkte die Verkäuferin, um
den Preis annehmlich zu machen, der den Käufern etwas
zu hoch geschienen hatte. Der Vater werde bald zurückkommen, sagten die Kinder, er solle nur einstweilen in
den Saal gehen und dort ausruhen.

Wie verwundert war jedoch Wilhelm, als die Kinder ihn
zu dem Raume führten, den sie den Saal nannten. Gleich
aus dem Hofe ging es zu einer großen Tür hinein, und
unser Wanderer fand sich in einer sehr reinlichen, wohlerhaltenen Kapelle, die aber, wie er wohl sah, zum häuslichen Gebrauch des täglichen Lebens eingerichtet war. An
der einen Seite stand ein Tisch, ein Sessel, mehrere Stühle
und Bänke, an der andern Seite ein wohlgeschnitztes
Gerüst mit bunter Töpferware, Krügen und Gläsern. Es
fehlte nicht an einigen Truhen und Kisten und, so ordentlich alles war, doch nicht an dem Einladenden des häuslichen, täglichen Lebens. Das Licht fiel von hohen Fenstern
an der Seite herein. Was aber die Aufmerksamkeit des
Wanderers am meisten erregte, waren farbige, auf die
Wand gemalte Bilder, die unter den Fenstern in ziemlicher
Höhe, wie Teppiche, um drei Teile der Kapelle herum-
reichten und bis auf ein Getäfel herabgingen, das die
übrige Wand bis zur Erde bedeckte. Die Gemälde stellten
die Geschichte des heiligen Joseph vor. Hier sah man ihn
mit einer Zimmerarbeit beschäftigt; hier begegnete er
Marien, und eine Lilie sproßte zwischen beiden aus dem
Boden, indem einige Engel sie lauschend umschwebten.
Hier wird er getraut; es folgt der englische Gruß. Hier
sitzt er mißmutig zwischen angefangener Arbeit, läßt die

Axt ruhen und sinnt darauf, seine Gattin zu verlassen.
Zunächst erscheint ihm aber der Engel im Traum, und
seine Lage ändert sich. Mit Andacht betrachtet er das neu-
geborene Kind im Stalle zu Bethlehem und betet es an.
Bald darauf folgt ein wundersam schönes Bild. Man sieht
mancherlei Holz gezimmert; eben soll es zusammenge-
setzt werden, und zufälligerweise bilden ein paar Stücke
ein Kreuz. Das Kind ist auf dem Kreuze eingeschlafen, die
Mutter sitzt daneben und betrachtet es mit inniger Liebe,
und der Pflegevater hält mit der Arbeit inne, um den
Schlaf nicht zu stören. Gleich darauf folgt die Flucht nach
Ägypten. Sie erregte bei dem beschauenden Wanderer ein
Lächeln, indem er die Wiederholung des gestrigen lebendigen Bildes hier an der Wand sah.

Nicht lange war er seinen Betrachtungen überlassen, so
trat der Wirt herein, den er sogleich als den Führer der
heiligen Karawane wiedererkannte. Sie begrüßten sich
aufs herzlichste, mancherlei Gespräche folgten; doch Wil-
helms Aufmerksamkeit blieb auf die Gemälde gerichtet.
Der Wirt merkte das Interesse seines Gastes und fing
lächelnd an: »Gewiß, Ihr bewundert die Übereinstimmung dieses Gebäudes mit seinen Bewohnern, die Ihr
gestern kennenlerntet. Sie ist aber vielleicht noch sonderbarer, als man vermuten sollte: das Gebäude hat eigentlich
die Bewohner gemacht. Denn wenn das Leblose lebendig
ist, so kann es auch wohl Lebendiges hervorbringen.«

»O ja!« versetzte Wilhelm. »Es sollte mich wundern,
wenn der Geist, der vor Jahrhunderten in dieser Bergöde
so gewaltig wirkte und einen so mächtigen Körper von
Gebäuden, Besitzungen und Rechten an sich zog und
dafür mannigfaltige Bildung in der Gegend verbreitete, es
sollte mich wundern, wenn er nicht auch aus diesen

Trümmern noch seine Lebenskraft auf ein lebendiges Wesen ausübte. Laßt uns jedoch nicht im Allgemeinen verharren, macht mich mit Eurer Geschichte bekannt, damit ich erfahre, wie es möglich war, daß ohne Spielerei und Anmaßung die Vergangenheit sich wieder in Euch darstellt und das, was vorüberging, abermals herantritt.«

Eben als Wilhelm belehrende Antwort von den Lippen seines Wirtes erwartete, rief eine freundliche Stimme im Hofe den Namen Joseph. Der Wirt hörte darauf und ging nach der Tür.

»Also heißt er auch Joseph!« sagte Wilhelm zu sich selbst. »Das ist doch sonderbar genug und doch eben nicht so sonderbar, als daß er seinen Heiligen im Leben darstellt.« Er blickte zu gleicher Zeit nach der Türe und sah die Mutter Gottes von gestern mit dem Manne sprechen. Sie trennten sich endlich: die Frau ging nach der gegenüberstehenden Wohnung. »Marie!« rief er ihr nach, »nur noch ein Wort!« – »Also heißt sie auch Marie!« dachte Wilhelm; »es fehlt nicht viel, so fühle ich mich achtzehnhundert Jahre zurückversetzt.« Er dachte sich das ernsthaft eingeschlossene Tal, in dem er sich befand, die Trümmer und die Stille, und eine wundersam altertümliche Stimmung überfiel ihn. Es war Zeit, daß der Wirt und die Kinder hereintraten. Die letztern forderten Wilhelm zu einem Spaziergange auf, indes der Wirt noch einigen Geschäften vorstehen wollte. Nun ging es durch die Ruinen des säulenreichen Kirchengebäudes, dessen hohe Giebel und Wände sich in Wind und Wetter zu befestigen schienen, indessen sich starke Bäume von alters her auf den breiten Mauerrücken eingewurzelt hatten und in Gesellschaft von mancherlei Gras, Blumen und Moos kühn in der Luft hängende Gärten vorstellten. Sanfte

Wiesenpfade führten einen lebhaften Bach hinan, und von einiger Höhe konnte der Wanderer nun das Gebäude nebst seiner Lage mit so mehr Interesse überschauen, als ihm dessen Bewohner immer merkwürdiger geworden und durch die Harmonie mit ihrer Umgebung seine lebhafteste Neugier erregt hatten.

Man kehrte zurück und fand in dem frommen Saal einen Tisch gedeckt. Obenan stand ein Lehnsessel, in den sich die Hausfrau niederließ. Neben sich hatte sie einen hohen Korb stehen, in welchem das kleine Kind lag; den Vater sodann zur linken Hand und Wilhelm zur rechten. Die drei Kinder besetzten den untern Raum des Tisches. Eine alte Magd brachte ein wohlzubereitetes Essen. Speise- und Trinkgeschirr deuteten gleichfalls auf vergangene Zeit. Die Kinder gaben Anlaß zur Unterhaltung, indessen Wilhelm die Gestalt und das Betragen seiner heiligen Wirtin nicht genugsam beobachten konnte.

Nach Tische zerstreute sich die Gesellschaft; der Wirt führte seinen Gast an eine schattige Stelle der Ruine, wo man von einem erhöhten Platze die angenehme Aussicht das Tal hinab vollkommen vor sich hatte und die Berghöhen des untern Landes mit ihren fruchtbaren Abhängen und waldigen Rücken hintereinander hinausgeschoben sah. »Es ist billig«, sagte der Wirt, »daß ich Ihre Neugierde befriedige, um so mehr, als ich an Ihnen fühle, daß Sie imstande sind, auch das Wunderliche ernsthaft zu nehmen, wenn es auf einem ernsten Grunde beruht. Diese geistliche Anstalt, von der Sie noch die Reste sehen, war der heiligen Familie gewidmet und vor alters als Wallfahrt wegen mancher Wunder berühmt. Die Kirche war der Mutter und dem Sohne geweiht. Sie ist schon seit mehreren Jahrhunderten zerstört. Die Kapelle, dem heiligen

Pflegevater gewidmet, hat sich erhalten, so auch der
brauchbare Teil der Klostergebäude. Die Einkünfte bezieht schon seit geraumen Jahren ein weltlicher Fürst, der
seinen Schaffner hier oben hält, und der bin ich, Sohn des
vorigen Schaffners, der gleichfalls seinem Vater in dieser
Stelle nachfolgte.

Der heilige Joseph, obgleich jede kirchliche Verehrung
hier oben lange aufgehört hatte, war gegen unsere Familie
so wohltätig gewesen, daß man sich nicht verwundern
darf, wenn man sich besonders gut gegen ihn gesinnt
fühlte; und daher kam es, daß man mich in der Tau-
fe Joseph nannte und dadurch gewissermaßen meine
Lebensweise bestimmte. Ich wuchs heran, und wenn ich
mich zu meinem Vater gesellte, indem er die Einnahmen
besorgte, so schloß ich mich ebenso gern, ja noch lieber an
meine Mutter an, welche nach Vermögen gern ausspen-
dete und durch ihren guten Willen und durch ihre Wohl-
taten im ganzen Gebirge bekannt und geliebt war. Sie
schickte mich bald da-, bald dorthin, bald zu bringen,
bald zu bestellen, bald zu besorgen, und ich fand mich
sehr leicht in diese Art von frommem Gewerbe.

Überhaupt hat das Gebirgsleben etwas Menschlicheres
als das Leben auf dem flachen Lande. Die Bewohner sind
einander näher und, wenn man will, auch ferner; die
Bedürfnisse geringer, aber dringender. Der Mensch ist
mehr auf sich gestellt, seinen Händen, seinen Füßen muß
er vertrauen lernen. Der Arbeiter, der Bote, der Lastträ-
ger, alle vereinigen sich in e i n e r Person; auch steht jeder
dem andern näher, begegnet ihm öfter und lebt mit ihm in
einem gemeinsamen Treiben.

Da ich noch jung war und meine Schultern nicht viel zu
schleppen vermochten, fiel ich darauf, einen kleinen Esel

mit Körben zu versehen und vor mir her die steilen Fußpfade hinauf und hinab zu treiben. Der Esel ist im Gebirg
kein so verächtlich Tier als im flachen Lande, wo der
Knecht, der mit Pferden pflügt, sich für besser hält als den
andern, der den Acker mit Ochsen umreißt. Und ich ging
um so mehr ohne Bedenken hinter meinem Tiere her, als
ich in der Kapelle früh bemerkt hatte, daß es zu der Ehre
gelangt war, Gott und seine Mutter zu tragen. Doch war
diese Kapelle damals nicht in dem Zustande, in welchem
sie sich gegenwärtig befindet. Sie ward als ein Schuppen,
ja fast wie ein Stall behandelt. Brennholz, Stangen, Gerätschaften, Tonnen und Leitern, und was man nur
wollte, war übereinander geschoben. Glücklicherweise,
daß die Gemälde so hoch stehen und die Täfelung etwas
aushält. Aber schon als Kind erfreute ich mich besonders, über alles das Gehölz hin und her zu klettern und
die Bilder zu betrachten, die mir niemand recht auslegen
konnte. Genug, ich wußte, daß der Heilige, dessen Leben oben gezeichnet war, mein Pate sei, und ich erfreute
mich an ihm, als ob er mein Onkel gewesen wäre. Ich
wuchs heran, und weil es eine besondere Bedingung war,
daß der, welcher an das einträgliche Schaffneramt
Anspruch machen wollte, ein Handwerk ausüben
mußte, so sollte ich, dem Willen meiner Eltern gemäß,
welche wünschten, daß künftig diese gute Pfründe auf
mich erben möchte, ein Handwerk lernen, und zwar ein
solches, das zugleich hier oben in der Wirtschaft nützlich
wäre.

Mein Vater war Bötticher und schaffte alles, was von
dieser Arbeit nötig war, selbst, woraus ihm und dem Ganzen großer Vorteil erwuchs. Allein ich konnte mich nicht
entschließen, ihm darin nachzufolgen. Mein Verlangen

zog mich unwiderstehlich nach dem Zimmerhandwerke,
wovon ich das Arbeitszeug so umständlich und genau,
von Jugend auf, neben meinem Heiligen gemalt gesehen.
Ich erklärte meinen Wunsch; man war mir nicht entgegen,
um so weniger, als bei so mancherlei Baulichkeiten der
Zimmermann oft von uns in Anspruch genommen ward,
ja bei einigem Geschick und Liebe zu feinerer Arbeit,
besonders in Waldgegenden, die Tischler- und sogar die
Schnitzerkünste ganz nahe liegen. Und was mich noch
mehr in meinen höhern Aussichten bestärkte, war jenes
Gemälde, das leider nunmehr fast ganz verloschen ist.
Sobald Sie wissen, was es vorstellen soll, so werden Sie
sich's entziffern können, wenn ich Sie nachher davor
führe. Dem heiligen Joseph war nichts Geringeres aufgetragen, als einen Thron für den König Herodes
zu machen. Zwischen zwei gegebenen Säulen soll der
Prachtsitz aufgeführt werden. Joseph nimmt sorgfältig
das Maß von Breite und Höhe und arbeitet einen köstlichen Königsthron. Aber wie erstaunt ist er, wie verlegen,
als er den Prachtsessel herbeischafft: er findet sich zu hoch
und nicht breit genug. Mit König Herodes war, wie
bekannt, nicht zu spaßen; der fromme Zimmermeister ist
in der größten Verlegenheit. Das Christkind, gewohnt,
ihn überallhin zu begleiten, ihm in kindlich demütigem
Spiel die Werkzeuge nachzutragen, bemerkt seine Not
und ist gleich mit Rat und Tat bei der Hand. Das Wunder-
kind verlangt vom Pflegevater, er solle den Thron an der
einen Seite fassen; es greift in die andere Seite des Schnitz-
werks, und beide fangen an zu ziehen. Sehr leicht und
bequem, als wär' er von Leder, zieht sich der Thron in die
Breite, verliert verhältnismäßig an der Höhe und paßt
ganz vortrefflich an Ort und Stelle, zum größten Troste

des beruhigten Meisters und zur vollkommenen Zufriedenheit des Königs.

Jener Thron war in meiner Jugend noch recht gut zu sehen, und an den Resten der einen Seite werden Sie bemerken können, daß am Schnitzwerk nichts gespart war, das freilich dem Maler leichter fallen mußte, als es dem Zimmermann gewesen wäre, wenn man es von ihm verlangt hätte.

Hieraus zog ich aber keine Bedenklichkeit, sondern ich erblickte das Handwerk, dem ich mich gewidmet hatte, in einem so ehrenvollen Lichte, daß ich nicht erwarten konnte, bis man mich in die Lehre tat; welches um so leichter auszuführen war, als in der Nachbarschaft ein Meister wohnte, der für die ganze Gegend arbeitete und mehrere Gesellen und Lehrbursche beschäftigen konnte. Ich blieb also in der Nähe meiner Eltern und setzte gewissermaßen mein voriges Leben fort, indem ich Feierstunden und Feiertage zu den wohltätigen Botschaften, die mir meine Mutter aufzutragen fortfuhr, verwendete.«

Die Heimsuchung

»So vergingen einige Jahre«, fuhr der Erzähler fort. »Ich begriff die Vorteile des Handwerks sehr bald, und mein Körper, durch Arbeit ausgebildet, war imstande, alles zu übernehmen, was dabei gefordert wurde. Nebenher versah ich meinen alten Dienst, den ich der guten Mutter, oder vielmehr Kranken und Notdürftigen leistete. Ich zog mit meinem Tier durchs Gebirg, verteilte die Ladung pünktlich und nahm von Krämern und Kaufleuten rückwärts mit, was uns hier oben fehlte. Mein Meister war

zufrieden mit mir und meine Eltern auch. Schon hatte ich
das Vergnügen, auf meinen Wanderungen manches Haus
zu sehen, das ich mit aufgeführt, das ich verziert hatte.
Denn besonders dieses letzte Einkerben der Balken, dieses Einschneiden von gewissen einfachen Formen, dieses
Einbrennen zierender Figuren, dieses Rotmalen einiger
Vertiefungen, wodurch ein hölzernes Berghaus den so
lustigen Anblick gewährt, solche Künste waren mir
besonders übertragen, weil ich mich am besten aus der
Sache zog, der ich immer den Thron Herodes' und seine
Zieraten im Sinne hatte.

Unter den hilfsbedürftigen Personen, für die meine
Mutter eine vorzügliche Sorge trug, standen besonders
junge Frauen obenan, die sich guter Hoffnung befanden,
wie ich nach und nach wohl bemerken konnte, ob man
schon in solchen Fällen die Botschaften gegen mich
geheimnisvoll zu behandeln pflegte. Ich hatte dabei niemals einen unmittelbaren Auftrag, sondern alles ging
durch ein gutes Weib, welche nicht fern das Tal hinab
wohnte und Frau Elisabeth genannt wurde. Meine Mutter, selbst in der Kunst erfahren, die so manchen gleich
beim Eintritt in das Leben zum Leben rettet, stand mit
Frau Elisabeth in fortdauernd gutem Vernehmen, und ich
mußte oft von allen Seiten hören, daß mancher unserer
rüstigen Bergbewohner diesen beiden Frauen sein Dasein
zu danken habe. Das Geheimnis, womit mich Elisabeth
jederzeit empfing, die bündigen Antworten auf meine
rätselhaften Fragen, die ich selbst nicht verstand, erregten
mir sonderbare Ehrfurcht für sie, und ihr Haus, das
höchst reinlich war, schien mir eine Art von kleinem Hei-
ligtume vorzustellen.

Indessen hatte ich durch meine Kenntnisse und Handwerkstätigkeit in der Familie ziemlichen Einfluß gewonnen. Wie mein Vater als Böttcher für den Keller gesorgt hatte, so sorgte ich nun für Dach und Fach und verbesserte manchen schadhaften Teil der alten Gebäude. Besonders wußte ich einige verfallene Scheuern und Remisen für den häuslichen Gebrauch wieder nutzbar zu machen; und kaum war dieses geschehen, als ich meine geliebte Kapelle zu räumen und zu reinigen anfing. In wenigen Tagen war sie in Ordnung, fast wie Ihr sie sehet; wobei ich mich bemühte, die fehlenden oder beschädigten Teile des Täfelwerks dem Ganzen gleich wiederherzustellen. Auch solltet Ihr diese Flügeltüren des Eingangs wohl für alt genug halten; sie sind aber von meiner Arbeit. Ich habe mehrere Jahre zugebracht, sie in ruhigen Stunden zu schnitzen, nachdem ich sie vorher aus starken eichenen Bohlen im ganzen tüchtig zusammengefügt hatte. Was bis zu dieser Zeit von Gemälden nicht beschädigt oder verloschen war, hat sich auch noch erhalten, und ich half dem Glasmeister bei einem neuen Bau, mit der Bedingung, daß er bunte Fenster herstellte.

Hatten jene Bilder und die Gedanken an das Leben des Heiligen meine Einbildungskraft beschäftigt, so drückte sich das alles nur viel lebhafter bei mir ein, als ich den Raum wieder für ein Heiligtum ansehen, darin, besonders zur Sommerszeit, verweilen und über das, was ich sah oder vermutete, mit Muße nachdenken konnte. Es lag eine unwiderstehliche Neigung in mir, diesem Heiligen nachzufolgen; und da sich ähnliche Begebenheiten nicht leicht herbeirufen ließen, so wollte ich wenigstens von unten auf anfangen, ihm zu gleichen: wie ich denn wirklich durch den Gebrauch des lastbaren Tiers schon lange begonnen hatte. Das kleine Geschöpf, dessen ich mich

bisher bedient, wollte mir nicht mehr genügen; ich suchte
mir einen viel stattlicheren Träger aus, sorgte für einen
wohlgebauten Sattel, der zum Reiten wie zum Packen
gleich bequem war. Ein paar neue Körbe wurden ange-
schafft, und ein Netz von bunten Schnüren, Flocken und
Quasten, mit klingenden Metallstiften untermischt, zierte
den Hals des langohrigen Geschöpfs, das sich nun bald
neben seinem Musterbilde an der Wand zeigen durfte.
Niemanden fiel ein, über mich zu spotten, wenn ich in
diesem Aufzuge durchs Gebirge kam: denn man erlaubt ja
gern der Wohltätigkeit eine wunderliche Außenseite.

Indessen hatte sich der Krieg, oder vielmehr die Folge
desselben, unserer Gegend genähert, indem verschiedene-
mal gefährliche Rotten von verlaufenem Gesindel sich
versammelten und hie und da manche Gewalttätigkeit,
manchen Mutwillen ausübten. Durch die gute Anstalt der
Landmiliz, durch Streifungen und augenblickliche Wach-
samkeit wurde dem Übel zwar bald gesteuert; doch verfiel
man zu geschwind wieder in Sorglosigkeit, und ehe man
sich's versah, brachen wieder neue Übeltaten hervor.

Lange war es in unserer Gegend still gewesen, und ich
zog mit meinem Saumrosse ruhig die gewohnten Pfade,
bis ich eines Tages über die frisch besäte Waldblöße kam
und an dem Rande des Hegegrabens eine weibliche
Gestalt sitzend oder vielmehr liegend fand. Sie schien zu
schlafen oder ohnmächtig zu sein. Ich bemühte mich um
sie, und als sie ihre schönen Augen aufschlug und sich in
die Höhe richtete, rief sie mit Lebhaftigkeit aus: ›Wo ist
er? habt Ihr ihn gesehen?‹ Ich fragte: ›Wen?‹ Sie versetzte:
›Meinen Mann!‹ Bei ihrem höchst jugendlichen Ansehen
war mir diese Antwort unerwartet; doch fuhr ich nur um
desto lieber fort, ihr beizustehen und sie meiner Teil-

nahme zu versichern. Ich vernahm, daß die beiden Reisenden sich wegen der beschwerlichen Fuhrwege von
ihrem Wagen entfernt gehabt, um einen nähern Fußweg
einzuschlagen. In der Nähe seien sie von Bewaffneten
überfallen worden, ihr Mann habe sich fechtend entfernt,
sie habe ihm nicht weit folgen können und sei an dieser
Stelle liegengeblieben, sie wisse nicht wie lange. Sie bitte
mich inständig, sie zu verlassen und ihrem Manne nachzueilen. Sie richtete sich auf ihre Füße, und die schönste,
liebenswürdigste Gestalt stand vor mir; doch konnte ich
leicht bemerken, daß sie sich in einem Zustande befinde,
in welchem sie die Beihülfe meiner Mutter und der Frau
Elisabeth wohl bald bedürfen möchte. Wir stritten uns
eine Weile: denn ich verlangte, sie erst in Sicherheit zu
bringen; sie verlangte zuerst Nachricht von ihrem Manne.
Sie wollte sich von seiner Spur nicht entfernen, und alle
meine Vorstellungen hätten vielleicht nicht gefruchtet,
wenn nicht eben ein Kommando unserer Miliz, welche
durch die Nachricht von neuen Übeltaten rege geworden
war, sich durch den Wald her bewegt hätte. Diese wurden
unterrichtet, mit ihnen das Nötige verabredet, der Ort des
Zusammentreffens bestimmt und so für diesmal die Sache
geschlichtet. Geschwind versteckte ich meine Körbe in
eine benachbarte Höhle, die mir schon öfters zur Niederlage gedient hatte, richtete meinen Sattel zum bequemen
Sitz und hob, nicht ohne eine sonderbare Empfindung,
die schöne Last auf mein williges Tier, das die gewohnten
Pfade sogleich von selbst zu finden wußte und mir Gelegenheit gab, nebenher zu gehen.

Ihr denkt, ohne daß ich es weitläufig beschreibe, wie
wunderlich mir zumute war. Was ich so lange gesucht,
hatte ich wirklich gefunden. Es war mir, als wenn ich

träumte, und dann gleich wieder, als ob ich aus einem Traume erwachte. Diese himmlische Gestalt, wie ich sie gleichsam in der Luft schweben und vor den grünen Bäumen sich her bewegen sah, kam mir jetzt wie ein Traum vor, der durch jene Bilder in der Kapelle sich in meiner Seele erzeugte. Bald schienen mir jene Bilder nur Träume gewesen zu sein, die sich hier in eine schöne Wirklichkeit auflösten. Ich fragte sie manches, sie antwortete mir sanft und gefällig, wie es einer anständig Betrübten ziemt. Oft bat sie mich, wenn wir auf eine entblößte Höhe kamen, stillezuhalten, mich umzusehen, zu horchen. Sie bat mich mit solcher Anmut, mit einem solchen tief wünschenden Blick unter ihren langen schwarzen Augenwimpern hervor, daß ich alles tun mußte, was nur möglich war; ja ich erkletterte eine freistehende, hohe, astlose Fichte. Nie war mir dieses Kunststück meines Handwerks willkommener gewesen; nie hatte ich mit mehr Zufriedenheit von ähnlichen Gipfeln, bei Festen und Jahrmärkten, Bänder und seidene Tücher heruntergeholt. Doch kam ich diesesmal leider ohne Ausbeute; auch oben sah und hörte ich nichts. Endlich rief sie selbst mir, herabzukommen, und winkte gar lebhaft mit der Hand; ja, als ich endlich beim Herabgleiten mich in ziemlicher Höhe losließ und heruntersprang, tat sie einen Schrei, und eine süße Freundlichkeit verbreitete sich über ihr Gesicht, da sie mich unbeschädigt vor sich sah.

Was soll ich Euch lange von den hundert Aufmerksamkeiten unterhalten, womit ich ihr den ganzen Weg über angenehm zu werden, sie zu zerstreuen suchte. Und wie könnte ich es auch! denn das ist eben die Eigenschaft der wahren Aufmerksamkeit, daß sie im Augenblick das Nichts zu Allem macht. Für mein Gefühl waren die Blumen, die ich ihr brach, die fernen Gegenden, die ich ihr zeigte, die Berge, die Wälder, die ich ihr nannte, so viel kostbare Schätze, die ich ihr zuzueignen dachte, um mich mit ihr in Verhältnis zu setzen, wie man es durch Geschenke zu tun sucht.

Schon hatte sie mich für das ganze Leben gewonnen, als wir in dem Orte vor der Türe jener guten Frau anlangten und ich schon eine schmerzliche Trennung vor mir sah. Nochmals durchlief ich ihre ganze Gestalt, und als meine Augen an den Fuß herabkamen, bückte ich mich, als wenn ich etwas am Gurte zu tun hätte, und küßte den niedlichsten Schuh, den ich in meinem Leben gesehen hatte, doch ohne daß sie es merkte. Ich half ihr herunter, sprang die Stufen hinauf und rief in die Haustüre: ›Frau Elisabeth, Ihr werdet heimgesucht!‹ Die Gute trat hervor, und ich sah ihr über die Schultern zum Hause hinaus, wie das schöne Wesen die Stufen heraufstieg, mit anmutiger Trauer und innerlichem schmerzlichem Selbstgefühl, dann meine würdige Alte freundlich umarmte und sich von ihr in das bessere Zimmer leiten ließ. Sie schlossen sich ein, und ich stand bei meinem Esel vor der Tür, wie einer, der kostbare Waren abgeladen hat und wieder ein ebenso armer Treiber ist als vorher.«

Der Lilienstengel

»Ich zauderte noch, mich zu entfernen, denn ich war unschlüssig, was ich tun sollte, als Frau Elisabeth unter die Türe trat und mich ersuchte, meine Mutter zu ihr zu berufen, alsdann umherzugehen und wo möglich von dem Manne Nachricht zu geben. ›Marie läßt Euch gar sehr darum ersuchen‹, sagte sie. – ›Kann ich sie nicht noch einmal selbst sprechen?‹ versetzte ich. – ›Das geht nicht an‹, sagte Frau Elisabeth, und wir trennten uns. In kurzer Zeit erreichte ich unsere Wohnung; meine Mutter war bereit, noch diesen Abend hinabzugehen und der jungen Fremden hülfreich zu sein. Ich eilte nach dem Lande hinunter und hoffte, bei dem Amtmann die sichersten Nachrichten zu erhalten. Allein er war noch selbst in Ungewißheit, und weil er mich kannte, hieß er mich die Nacht bei ihm verweilen. Sie ward mir unendlich lang, und immer hatte ich die schöne Gestalt vor Augen, wie sie auf dem Tiere schwankte und so schmerzhaft freundlich zu mir heruntersah. Jeden Augenblick hofft' ich auf Nachricht. Ich gönnte und wünschte dem guten Ehemann das Leben, und doch mochte ich sie mir so gern als Witwe denken. Das streifende Kommando fand sich nach und nach zusammen, und nach mancherlei abwechselnden Gerüchten zeigte sich endlich die Gewißheit, daß der Wagen gerettet, der unglückliche Gatte aber an seinen Wunden in dem benachbarten Dorfe gestorben sei. Auch vernahm ich, daß nach der früheren Abrede einige gegangen waren, diese Trauerbotschaft der Frau Elisabeth zu verkündigen. Also hatte ich dort nichts mehr zu tun noch zu leisten, und doch trieb mich eine unendliche Ungeduld, ein unermeßliches Verlangen durch Berg und Wald wieder vor ihre Türe. Es war Nacht, das Haus verschlossen, ich sah Licht in den Zimmern, ich sah Schatten sich an den Vorhängen bewegen, und so saß ich gegenüber auf einer Bank, immer im Begriff anzuklopfen und immer von mancherlei Betrachtungen zurückgehalten.

Jedoch was erzähl' ich umständlich weiter, was eigentlich kein Interesse hat. Genug, auch am folgenden Mor-

gen nahm man mich nicht ins Haus auf. Man wußte die
traurige Nachricht, man bedurfte meiner nicht mehr; man
schickte mich zu meinem Vater, an meine Arbeit; man
antwortete nicht auf meine Fragen; man wollte mich los
sein.

Acht Tage hatte man es so mit mir getrieben, als mich
endlich Frau Elisabeth hereinrief. ›Tretet sachte auf, mein
Freund‹, sagte sie, ›aber kommt getrost näher!‹ Sie führte
mich in ein reinliches Zimmer, wo ich in der Ecke durch
halbgeöffnete Bettvorhänge meine Schöne aufrecht sitzen
sah. Frau Elisabeth trat zu ihr, gleichsam um mich zu
melden, hub etwas vom Bette auf und brachte mir's entgegen: in das weißeste Zeug gewickelt den schönsten Knaben. Frau Elisabeth hielt ihn gerade zwischen mich und
die Mutter, und auf der Stelle fiel mir der Lilienstengel ein,
der sich auf dem Bilde zwischen Maria und Joseph als
Zeuge eines reinen Verhältnisses aus der Erde hebt. Von
dem Augenblicke an war mir aller Druck vom Herzen
genommen; ich war meiner Sache, ich war meines Glücks
gewiß. Ich konnte mit Freiheit zu ihr treten, mit ihr sprechen, ihr himmlisches Auge ertragen, den Knaben auf den
Arm nehmen und ihm einen herzlichen Kuß auf die Stirn
drücken.

›Wie danke ich Euch für Eure Neigung zu diesem ver-
waisten Kinde!‹ sagte die Mutter. – Unbedachtsam und
lebhaft rief ich aus: ›Es ist keine Waise mehr, wenn Ihr
wollt!‹

Frau Elisabeth, klüger als ich, nahm mir das Kind ab
und wußte mich zu entfernen.

Noch immer dient mir das Andenken jener Zeit zur
glücklichsten Unterhaltung, wenn ich unsere Berge und
Täler zu durchwandern genötigt bin. Noch weiß ich mir

den kleinsten Umstand zurückzurufen, womit ich Euch jedoch, wie billig, verschone. Wochen gingen vorüber; Maria hatte sich erholt, ich konnte sie öfter sehen, mein Umgang mit ihr war eine Folge von Diensten und Aufmerksamkeiten. Ihre Familienverhältnisse erlaubten ihr einen Wohnort nach Belieben. Erst verweilte sie bei Frau Elisabeth; dann besuchte sie uns, meiner Mutter und mir für so vielen und freundlichen Beistand zu danken. Sie gefiel sich bei uns, und ich schmeichelte mir, es geschehe zum Teil um meinetwillen. Was ich jedoch so gern gesagt hätte und nicht zu sagen wagte, kam auf eine sonderbare und liebliche Weise zur Sprache, als ich sie in die Kapelle führte, die ich schon damals zu einem wohnbaren Saal umgeschaffen hatte. Ich zeigte und erklärte ihr die Bilder, eins nach dem andern, und entwickelte dabei die Pflichten eines Pflegevaters auf eine so lebendige und herzliche Weise, daß ihr die Tränen in die Augen traten und ich mit meiner Bilderdeutung nicht zu Ende kommen konnte. Ich glaubte ihrer Neigung gewiß zu sein, ob ich gleich nicht stolz genug war, das Andenken ihres Mannes so schnell auslöschen zu wollen. Das Gesetz verpflichtet die Witwen zu einem Trauerjahre, und gewiß ist eine solche Epoche, die den Wechsel aller irdischen Dinge in sich begreift, einem fühlenden Herzen nötig, um die schmerzlichen Eindrücke eines großen Verlustes zu mildern. Man sieht die Blumen welken und die Blätter fallen, aber man sieht auch Früchte reifen und neue Knospen keimen. Das Leben gehört den Lebendigen an, und wer lebt, muß auf Wechsel gefaßt sein.

Ich sprach nun mit meiner Mutter über die Angelegenheit, die mir so sehr am Herzen lag. Sie entdeckte mir darauf, wie schmerzlich Marien der Tod ihres Mannes gewesen und wie sie sich ganz allein durch den Gedanken, daß sie für das Kind leben müsse, wieder aufgerichtet habe. Meine Neigung war den Frauen nicht unbekannt geblieben, und schon hatte sich Marie an die Vorstellung gewöhnt, mit uns zu leben. Sie verweilte noch eine Zeitlang in der Nachbarschaft; dann zog sie zu uns herauf, und wir lebten noch eine Weile in dem frömmsten und glücklichsten Brautstande. Endlich verbanden wir uns. Jenes erste Gefühl, das uns zusammengeführt hatte, verlor sich nicht. Die Pflichten und Freuden des Pflegevaters und Vaters vereinigten sich; und so überschritt zwar unsere kleine Familie, indem sie sich vermehrte, ihr Vorbild an Zahl der Personen, aber die Tugenden jenes Musterbildes an Treue und Reinheit der Gesinnungen wurden von uns heilig bewahrt und geübt. Und so erhalten wir auch mit freundlicher Gewohnheit den äußern Schein, zu dem wir zufällig gelangt und der so gut zu unserm Innern paßt: denn ob wir gleich alle gute Fußgänger und rüstige Träger sind, so bleibt das lastbare Tier doch immer in unserer Gesellschaft, um eine oder die andere Bürde fortzubringen, wenn uns ein Geschäft oder Besuch durch diese Berge und Täler nötigt. Wie Ihr uns gestern angetroffen habt, so kennt uns die ganze Gegend, und wir sind stolz darauf, daß unser Wandel von der Art ist, um jenen heiligen Namen und Gestalten, zu deren Nachahmung wir uns bekennen, keine Schande zu machen.«

Die pilgernde Törin

Herr von Revanne, ein reicher Privatmann, besitzt die schönsten Ländereien seiner Provinz. Nebst Sohn und Schwester bewohnt er ein Schloß, das eines Fürsten würdig wäre; und in der Tat, wenn sein Park, seine Wasser, seine Pachtungen, seine Manufakturen, sein Hauswesen auf sechs Meilen umher die Hälfte der Einwohner ernähren, so ist er durch sein Ansehn und durch das Gute, das er stiftet, wirklich ein Fürst.

Vor einigen Jahren spazierte er an den Mauern seines Parks hin auf der Heerstraße, und ihm gefiel, in einem Lustwäldchen auszuruhen, wo der Reisende gern verweilt. Hochstämmige Bäume ragen über junges, dichtes Gebüsch; man ist vor Wind und Sonne geschützt; ein sauber gefaßter Brunnen sendet sein Wasser über Wurzeln, Steine und Rasen. Der Spazierende hatte wie gewöhnlich Buch und Flinte bei sich. Nun versuchte er zu lesen, öfters durch Gesang der Vögel, manchmal durch Wanderschritte angenehm abgezogen und zerstreut.

Ein schöner Morgen war im Vorrücken, als jung und liebenswürdig ein Frauenzimmer sich gegen ihn her bewegte. Sie verließ die Straße, indem sie sich Ruhe und Erquickung an dem frischen Orte zu versprechen schien, wo er sich befand. Sein Buch fiel ihm aus den Händen, überrascht wie er war. Die Pilgerin mit den schönsten Augen von der Welt und einem Gesicht, durch Bewegung angenehm belebt, zeichnete sich an Körperbau, Gang und Anstand dergestalt aus, daß er unwillkürlich von seinem Platze aufstand und nach der Straße blickte, um das Gefolge kommen zu sehen, das er hinter ihr vermutete.

Dann zog die Gestalt abermals, indem sie sich edel gegen ihn verbeugte, seine Aufmerksamkeit an sich, und ehrerbietig erwiderte er den Gruß. Die schöne Reisende setzte sich an den Rand des Quells, ohne ein Wort zu sagen und mit einem Seufzer.

»Seltsame Wirkung der Sympathie!« rief Herr von Revanne, als er mir die Begebenheit erzählte, »dieser Seufzer ward in der Stille von mir erwidert. Ich blieb stehen, ohne zu wissen, was ich sagen oder tun sollte. Meine Augen waren nicht hinreichend, diese Vollkommenheiten zu fassen. Ausgestreckt wie sie lag, auf einen Ellbogen gelehnt, es war die schönste Frauengestalt, die man sich denken konnte! Ihre Schuhe gaben mir zu eigenen Betrachtungen Anlaß; ganz bestaubt, deuteten sie auf einen langen zurückgelegten Weg, und doch waren ihre seidenen Strümpfe so blank, als wären sie eben unter dem Glättstein hervorgegangen. Ihr aufgezogenes Kleid war nicht zerdrückt; ihre Haare schienen diesen Morgen erst gelockt; feines Weißzeug, feine Spitzen; sie war angezogen, als wenn sie zum Balle gehen sollte. Auf eine Landstreicherin deutete nichts an ihr, und doch war sie's; aber eine beklagenswerte, eine verehrungswürdige.

Zuletzt benutzte ich einige Blicke, die sie auf mich warf, sie zu fragen, ob sie allein reise. ›Ja, mein Herr‹, sagte sie, ›ich bin allein auf der Welt.‹ – ›Wie? Madame, Sie sollten ohne Eltern, ohne Bekannte sein?‹ – ›Das wollte ich eben nicht sagen, mein Herr. Eltern hab' ich, und Bekannte genug; aber keine Freunde.‹ – ›Daran‹, fuhr ich fort, ›können Sie wohl unmöglich schuld sein. Sie haben eine Gestalt und gewiß auch ein Herz, denen sich viel vergeben läßt.‹

Sie fühlte die Art von Vorwurf, den mein Kompliment verbarg, und ich machte mir einen guten Begriff von ihrer Erziehung. Sie öffnete gegen mich zwei himmlische Augen vom vollkommensten, reinsten Blau, durchsichtig und glänzend; hierauf sagte sie mit edlem Tone: sie könne es einem Ehrenmanne, wie ich zu sein scheine, nicht verdenken, wenn er ein junges Mädchen, das er allein auf der Landstraße treffe, einigermaßen verdächtig halte: ihr sei das schon öfter entgegen gewesen; aber ob sie gleich fremd sei, obgleich niemand das Recht habe, sie auszuforschen, so bitte sie doch zu glauben, daß die Absicht ihrer Reise mit der gewissenhaftesten Ehrbarkeit bestehen könne. Ursachen, von denen sie niemand Rechenschaft schuldig sei, nötigten sie, ihre Schmerzen in der Welt umherzuführen. Sie habe gefunden, daß die Gefahren, die man für ihr Geschlecht befürchte, nur eingebildet seien und daß die Ehre eines Weibes, selbst unter Straßenräubern, nur bei Schwäche des Herzens und der Grundsätze Gefahr laufe.

Übrigens gehe sie nur zu Stunden und auf Wegen, wo sie sich sicher glaube, spreche nicht mit jedermann und verweile manchmal an schicklichen Orten, wo sie ihren Unterhalt erwerben könne durch Dienstleistung in der Art, wonach sie erzogen worden. Hier sank ihre Stimme, ihre Augenlider neigten sich, und ich sah einige Tränen ihre Wangen herabfallen.

Ich versetzte darauf, daß ich keineswegs an ihrem guten Herkommen zweifle, so wenig als an einem achtungswerten Betragen. Ich bedaure sie nur, daß irgendeine Notwendigkeit sie zu dienen zwinge, da sie so wert scheine, Diener zu finden; und daß ich, ungeachtet einer lebhaften Neugierde, nicht weiter in sie dringen wolle, vielmehr mich durch ihre nähere Bekanntschaft zu überzeugen wünsche, daß sie überall für ihren Ruf ebenso besorgt sei als für ihre Tugend. Diese Worte schienen sie abermals zu verletzen, denn sie antwortete: Namen und Vaterland verberge sie, eben um des Rufs willen, der denn doch am Ende meistenteils weniger Wirkliches als Mutmaßliches enthalte. Biete sie ihre Dienste an, so weise sie Zeugnisse der letzten Häuser vor, wo sie etwas geleistet habe, und verhehle nicht, daß sie über Vaterland und Familie nicht befragt sein wolle. Darauf bestimme man sich und stelle dem Himmel oder ihrem Worte die Unschuld ihres ganzen Lebens und ihre Redlichkeit anheim.«

Äußerungen dieser Art ließen keine Geistesverwirrung bei der schönen Abenteurerin argwohnen. Herr von Revanne, der einen solchen Entschluß, in die Welt zu laufen, nicht gut begreifen konnte, vermutete nun, daß man sie vielleicht gegen ihre Neigung habe verheiraten wollen. Hernach fiel er darauf, ob es nicht etwa gar Verzweiflung aus Liebe sei; und wunderlich genug, wie es aber mehr zu gehen pflegt, indem er ihr Liebe für einen andern zutraute, verliebte er sich selbst und fürchtete, sie möchte weiterreisen. Er konnte seine Augen nicht von dem schönen Gesicht wegwenden, das von einem grünen Halblichte verschönert war. Niemals zeigte, wenn es je Nymphen gab, auf den Rasen sich eine schönere hingestreckt; und die etwas romanhafte Art dieser Zusammenkunft verbreitete einen Reiz, dem er nicht zu widerstehen vermochte.

Ohne daher die Sache viel näher zu betrachten, bewog Herr von Revanne die schöne Unbekannte, sich nach dem Schlosse führen zu lassen. Sie macht keine Schwierigkeit, sie geht mit und zeigt sich als eine Person, der die große Welt bekannt ist. Man bringt Erfrischungen, welche sie

annimmt, ohne falsche Höflichkeit und mit dem anmutigsten Dank. In Erwartung des Mittagessens zeigt man ihr
das Haus. Sie bemerkt nur, was Auszeichnung verdient,
es sei an Möbeln, Malereien, oder es betreffe die schickliche Einteilung der Zimmer. Sie findet eine Bibliothek,
sie kennt die guten Bücher und spricht darüber mit Geschmack und Bescheidenheit. Kein Geschwätz, keine
Verlegenheit. Bei Tafel ein ebenso edles und natürliches
Betragen und den liebenswürdigsten Ton der Unterhaltung. So weit ist alles verständig in ihrem Gespräch, und
ihr Charakter scheint so liebenswürdig wie ihre Person.

Nach der Tafel machte sie ein kleiner mutwilliger Zug
noch schöner, und indem sie sich an Fräulein Revanne mit
einem Lächeln wendet, sagt sie: es sei ihr Brauch, ihr
Mittagsmahl durch eine Arbeit zu bezahlen und, sooft es
ihr an Geld fehle, Nähnadeln von den Wirtinnen zu verlangen. »Erlauben Sie«, fügte sie hinzu, »daß ich eine
Blume auf einem Ihrer Stickrahmen lasse, damit Sie künftig bei deren Anblick der armen Unbekannten sich erinnern mögen.« Fräulein von Revanne versetzte darauf, daß
es ihr sehr leid tue, keinen aufgezogenen Grund zu haben,
und deshalb das Vergnügen, ihre Geschicklichkeit zu
bewundern, entbehren müsse. Alsbald wendete die Pilgerin ihren Blick auf das Klavier. »So will ich denn«, sagte
sie, »meine Schuld mit Windmünze abtragen, wie es auch
ja sonst schon die Art umherstreifender Sänger war.« Sie
versuchte das Instrument mit zwei oder drei Vorspielen,
die eine sehr geübte Hand ankündigten. Man zweifelte
nicht mehr, daß sie ein Frauenzimmer von Stande sei,
ausgestattet mit allen liebenswürdigen Geschicklichkeiten. Zuerst war ihr Spiel aufgeweckt und glänzend; dann
ging sie zu ernsten Tönen über, zu Tönen einer tiefen

Trauer, die man zugleich in ihren Augen erblickte. Sie netzten sich mit Tränen, ihr Gesicht verwandelte sich, ihre Finger hielten an; aber auf einmal überraschte sie jedermann, indem sie ein mutwilliges Lied, mit der schönsten Stimme von der Welt, lustig und lächerlich vorbrachte. Da man in der Folge Ursache hatte zu glauben, daß diese burleske Romanze sie etwas näher angehe, so verzeiht man mir wohl, wenn ich sie hier einschalte.

> Woher im Mantel so geschwinde,
> Da kaum der Tag in Osten graut?
> Hat wohl der Freund beim scharfen Winde
> Auf einer Wallfahrt sich erbaut?
> Wer hat ihm seinen Hut genommen?
> Mag er mit Willen barfuß gehn?
> Wie ist er in den Wald gekommen
> Auf den beschneiten, wilden Höhn?
>
> Gar wunderlich von warmer Stätte,
> Wo er sich bessern Spaß versprach,
> Und wenn er nicht den Mantel hätte,
> Wie gräßlich wäre seine Schmach!
> So hat ihn jener Schalk betrogen
> Und ihm das Bündel abgepackt:
> Der arme Freund ist ausgezogen,
> Beinah wie Adam bloß und nackt.
>
> Warum auch ging er solche Wege
> Nach jenem Apfel voll Gefahr,
> Der freilich schön im Mühlgehege
> Wie sonst im Paradiese war!
> Er wird den Scherz nicht leicht erneuen;
> Er drückte schnell sich aus dem Haus,
> Und bricht auf einmal nun im Freien
> In bittre, laute Klagen aus:

»Ich las in ihren Feuerblicken
Doch keine Silbe von Verrat!
Sie schien mit mir sich zu entzücken
Und sann auf solche schwarze Tat!
Konnt ich in ihren Armen träumen,
Wie meuchlerisch der Busen schlug?
Sie hieß den raschen Amor säumen,
Und günstig war er uns genug.

Sich meiner Liebe zu erfreuen,
Der Nacht, die nie ein Ende nahm,
Und erst die Mutter anzuschreien
Jetzt eben, als der Morgen kam!
Da drang ein Dutzend Anverwandten
Herein, ein wahrer Menschenstrom!
Da kamen Brüder, guckten Tanten,
Da stand ein Vetter und ein Ohm!

Das war ein Toben, war ein Wüten!
Ein jeder schien ein andres Tier.
Da forderten sie Kranz und Blüten
Mit gräßlichem Geschrei von mir.
›Was dringt ihr alle wie von Sinnen
Auf den unschuld'gen Jüngling ein!
Denn solche Schätze zu gewinnen,
Da muß man viel behender sein.

Weiß Amor seinem schönen Spiele
Doch immer zeitig nachzugehn:
Er läßt fürwahr nicht in der Mühle
Die Blumen sechzehn Jahre stehn.‹ –
Da raubten sie das Kleiderbündel
Und wollten auch den Mantel noch.
Wie nur so viel verflucht Gesindel
Im engen Hause sich verkroch!

Da sprang ich auf und tobt' und fluchte,
Gewiß, durch alle durchzugehn.
Ich sah noch einmal die Verruchte,
Und ach! sie war noch immer schön.
Sie alle wichen meinem Grimme,
Doch flog noch manches wilde Wort;
So macht' ich mich mit Donnerstimme
Noch endlich aus der Höhle fort.

Man soll euch Mädchen auf dem Lande
Wie Mädchen aus den Städten fliehn!
So lasset doch den Fraun von Stande
Die Lust, die Diener auszuziehn!
Doch seid ihr auch von den Geübten
Und kennt ihr keine zarte Pflicht,
So ändert immer die Geliebten,
Doch sie verraten müßt ihr nicht.«

So singt er in der Winterstunde,
Wo nicht ein armes Hälmchen grünt.
Ich lache seiner tiefen Wunde,
Denn wirklich ist sie wohlverdient;
So geh' es jedem, der am Tage
Sein edles Liebchen frech belügt
Und nachts, mit allzu kühner Wage,
Zu Amors falscher Mühle kriecht.

Wohl war es bedenklich, daß sie sich auf eine solche
Weise vergessen konnte, und dieser Ausfall mochte für ein
Anzeichen eines Kopfes gelten, der sich nicht immer
gleich war. »Aber«, sagte mir Herr von Revanne, »auch
wir vergaßen alle Betrachtungen, die wir hätten machen
können, ich weiß nicht, wie es zuging. Uns mußte die
unaussprechliche Anmut, womit sie diese Possen vorbrachte, bestochen haben. Sie spielte neckisch, aber mit
Einsicht. Ihre Finger gehorchten ihr vollkommen, und

ihre Stimme war wirklich bezaubernd. Da sie geendigt hatte, erschien sie so gesetzt wie vorher, und wir glaubten, sie habe nur den Augenblick der Verdauung erheitern wollen.

Bald darauf bat sie um die Erlaubnis, ihren Weg wieder anzutreten; aber auf meinen Wink sagte meine Schwester: wenn sie nicht zu eilen hätte und die Bewirtung ihr nicht mißfiele, so würde es uns ein Fest sein, sie mehrere Tage bei uns zu sehen. Ich dachte ihr eine Beschäftigung anzubieten, da sie sich's einmal gefallen ließ zu bleiben. Doch diesen ersten Tag und den folgenden führten wir sie nur umher. Sie verleugnete sich nicht einen Augenblick: sie war die Vernunft, mit aller Anmut begabt. Ihr Geist war fein und treffend, ihr Gedächtnis so wohl ausgeziert und ihr Gemüt so schön, daß sie gar oft unsere Bewunderung erregte und alle unsere Aufmerksamkeit festhielt. Dabei kannte sie die Gesetze eines guten Betragens und übte sie gegen einen jeden von uns, nicht weniger gegen einige Freunde, die uns besuchten, so vollkommen aus, daß wir nicht mehr wußten, wie wir jene Sonderbarkeiten mit einer solchen Erziehung vereinigen sollten.

Ich wagte wirklich nicht mehr, ihr Dienstvorschläge für mein Haus zu tun. Meine Schwester, der sie angenehm war, hielt es gleichfalls für Pflicht, das Zartgefühl der Unbekannten zu schonen. Zusammen besorgten sie die häuslichen Dinge, und hier ließ sich das gute Kind öfters bis zur Handarbeit herunter und wußte sich gleich darauf in alles zu schicken, was höhere Anordnung und Berechnung erheischte.

In kurzer Zeit stellte sie eine Ordnung her, die wir bis jetzt im Schlosse gar nicht vermißt hatten. Sie war eine sehr verständige Haushälterin; und da sie damit angefan-

gen hatte, bei uns mit an Tafel zu sitzen, so zog sie sich
nunmehr nicht etwa aus falscher Bescheidenheit zurück,
sondern speiste mit uns ohne Bedenken fort; aber sie
rührte keine Karte, kein Instrument an, als bis sie die
übernommenen Geschäfte zu Ende gebracht hatte.

Nun muß ich freilich gestehen, daß mich das Schicksal
dieses Mädchens innigst zu rühren anfing. Ich bedauerte
die Eltern, die wahrscheinlich eine solche Tochter sehr
vermißten; ich seufzte, daß so sanfte Tugenden, so viele
Eigenschaften verlorengehen sollten. Schon lebte sie mehrere Monate mit uns, und ich hoffte, das Vertrauen, das
wir ihr einzuflößen suchten, würde zuletzt das Geheimnis
auf ihre Lippen bringen. War es ein Unglück, wir konnten
helfen; war es ein Fehler, so ließ sich hoffen, unsere Vermittlung, unser Zeugnis würden ihr Vergebung eines vorübergehenden Irrtums verschaffen können; aber alle
unsere Freundschaftsversicherungen, unsre Bitten selbst
waren unwirksam. Bemerkte sie die Absicht, einige Aufklärung von ihr zu gewinnen, so versteckte sie sich hinter
allgemeine Sittensprüche, um sich zu rechtfertigen, ohne
uns zu belehren. Zum Beispiel, wenn wir von ihrem
Unglücke sprachen: ›Das Unglück‹, sagte sie, ›fällt über
Gute und Böse. Es ist eine wirksame Arzenei, welche die
guten Säfte zugleich mit den üblen angreift.‹

Suchten wir die Ursache ihrer Flucht aus dem väterlichen Hause zu entdecken: ›Wenn das Reh flieht‹, sagte sie
lächelnd, ›so ist es darum nicht schuldig.‹ Fragten wir, ob
sie Verfolgungen erlitten: ›Das ist das Schicksal mancher
Mädchen von guter Geburt, Verfolgungen zu erfahren
und auszuhalten. Wer über eine Beleidigung weint, dem
werden mehrere begegnen.‹ Aber wie hatte sie sich entschließen können, ihr Leben der Roheit der Menge auszu-

setzen, oder es wenigstens manchmal ihrem Erbarmen zu
verdanken? Darüber lachte sie wieder und sagte: ›Dem
Armen, der den Reichen bei Tafel begrüßt, fehlt es nicht
an Verstand.‹ Einmal, als die Unterhaltung sich zum
Scherze neigte, sprachen wir ihr von Liebhabern und fragten sie: ob sie den frostigen Helden ihrer Romanze nicht
kenne? Ich weiß noch recht gut, dieses Wort schien sie zu
durchbohren. Sie öffnete gegen mich ein Paar Augen, so
ernst und streng, daß die meinigen einen solchen Blick
nicht aushalten konnten; und sooft man auch nachher von
Liebe sprach, so konnte man erwarten, die Anmut ihres
Wesens und die Lebhaftigkeit ihres Geistes getrübt zu
sehen. Gleich fiel sie in ein Nachdenken, das wir für Grü-
beln hielten und das doch wohl nur Schmerz war. Doch
blieb sie im ganzen munter, nur ohne große Lebhaftigkeit,
edel, ohne sich ein Ansehn zu geben, gerade ohne Offen-
herzigkeit, zurückgezogen ohne Ängstlichkeit, eher
duldsam als sanftmütig, und mehr erkenntlich als herzlich
bei Liebkosungen und Höflichkeiten. Gewiß war es ein
Frauenzimmer, gebildet, einem großen Hause vorzu-
stehn; und doch schien sie nicht älter als einundzwanzig
Jahre.

So zeigte sich diese junge, unerklärliche Person, die
mich ganz eingenommen hatte, binnen zwei Jahren, die es
ihr gefiel bei uns zu verweilen, bis sie mit einer Torheit
schloß, die viel seltsamer ist, als ihre Eigenschaften ehrwürdig und glänzend waren. Mein Sohn, jünger als ich,
wird sich trösten können; was mich betrifft, so fürchte
ich, schwach genug zu sein, sie immer zu vermissen.«

Nun will ich die Torheit eines verständigen Frauenzim-
mers erzählen, um zu zeigen, daß Torheit oft nichts weiter
sei als Vernunft unter einem andern Äußern. Es ist wahr,

man wird einen seltsamen Widerspruch finden zwischen dem edlen Charakter der Pilgerin und der komischen List, deren sie sich bediente; aber man kennt ja schon zwei ihrer Ungleichheiten, die Pilgerschaft selbst und das Lied.

Es ist wohl deutlich, daß Herr von Revanne in die Unbekannte verliebt war. Nun mochte er sich freilich auf sein funfzigjähriges Gesicht nicht verlassen, ob er so schon frisch und wacker aussah als ein Dreißiger; vielleicht aber hoffte er, durch seine reine, kindliche Gesundheit zu gefallen, durch die Güte, Heiterkeit, Sanftheit, Großmut seines Charakters; vielleicht auch durch sein Vermögen, ob er gleich zart genug gesinnt war, um zu fühlen, daß man das nicht erkauft, was keinen Preis hat.

Aber der Sohn von der andern Seite, liebenswürdig, zärtlich, feurig, ohne sich mehr als sein Vater zu bedenken, stürzte sich über Hals und Kopf in das Abenteuer. Erst suchte er vorsichtig die Unbekannte zu gewinnen, die ihm durch seines Vaters und seiner Tante Lob und Freundschaft erst recht wert geworden. Er bemühte sich aufrichtig um ein liebenswürdiges Weib, die seiner Leidenschaft weit über den gegenwärtigen Zustand erhöht schien. Ihre Strenge mehr als ihr Verdienst und ihre Schönheit entflammte ihn; er wagte zu reden, zu unternehmen, zu versprechen.

Der Vater, ohne es selbst zu wollen, gab seiner Bewerbung immer ein etwas väterliches Ansehn. Er kannte sich, und als er seinen Rival erkannt hatte, hoffte er nicht, über ihn zu siegen, wenn er nicht zu Mitteln greifen wollte, die einem Manne von Grundsätzen nicht geziemen. Dessenungeachtet verfolgte er seinen Weg, ob ihm gleich nicht unbekannt war, daß Güte, ja Vermögen selbst, nur Reizungen sind, denen sich ein Frauenzimmer mit Vorbedacht hingibt, die jedoch unwirksam bleiben, sobald Liebe sich mit den Reizen und in Begleitung der Jugend zeigt. Auch machte Herr von Revanne noch andere Fehler, die er später bereute. Bei einer hochachtungsvollen Freundschaft sprach er von einer dauerhaften, geheimen, gesetzmäßigen Verbindung. Er beklagte sich auch wohl und sprach das Wort Undankbarkeit aus. Gewiß kannte er die nicht, die er liebte, als er eines Tages zu ihr sagte, daß viele Wohltäter Übles für Gutes zurückerhielten. Ihm antwortete die Unbekannte mit Geradheit: »Viele Wohltäter möchten ihren Begünstigten sämtliche Rechte gern abhandeln für eine Linse.«

Die schöne Fremde, in die Bewerbung zweier Gegner verwickelt, durch unbekannte Beweggründe geleitet, scheint keine andere Absicht gehabt zu haben, als sich und andern alberne Streiche zu ersparen, indem sie in diesen bedenklichen Umständen einen wunderlichen Ausweg ergriff. Der Sohn drängte mit der Kühnheit seines Alters und drohte, wie gebräuchlich, sein Leben der Unerbittlichen aufzuopfern. Der Vater, etwas weniger unvernünftig, war doch ebenso dringend; aufrichtig beide. Dieses liebenswürdige Wesen hätte sich hier wohl eines verdienten Zustandes versichern können: denn beide Herren von Revanne beteuern, ihre Absicht sei gewesen, sie zu heiraten.

Aber an dem Beispiele dieses Mädchens mögen die Frauen lernen, daß ein redliches Gemüt, hätte sich auch der Geist durch Eitelkeit oder wirklichen Wahnsinn verirrt, die Herzenswunden nicht unterhält, die es nicht heilen will. Die Pilgerin fühlte, daß sie auf einem äußersten Punkte stehe, wo es ihr wohl nicht leicht sein würde, sich lange zu verteidigen. Sie war in der Gewalt zweier Liebenden, welche jede Zudringlichkeit durch die Reinheit ihrer Absichten entschuldigen konnten, indem sie im Sinne hatten, ihre Verwegenheit durch ein feierliches Bündnis zu rechtfertigen. So war es, und so begriff sie es.

Sie konnte sich hinter Fräulein von Revanne verschanzen; sie unterließ es, ohne Zweifel aus Schonung, aus Achtung für ihre Wohltäter. Sie kommt nicht aus der Fassung, sie erdenkt ein Mittel, jedermann seine Tugend zu erhalten, indem sie die ihrige bezweifeln läßt. Sie ist wahnsinnig vor Treue, die ihr Liebhaber gewiß nicht verdient, wenn er nicht alle die Aufopferungen fühlt, und sollten sie ihm auch unbekannt bleiben.

Eines Tages, als Herr von Revanne die Freundschaft, die Dankbarkeit, die sie ihm bezeigte, etwas zu lebhaft erwiderte, nahm sie auf einmal ein naives Wesen an, das ihm auffiel. »Ihre Güte, mein Herr«, sagte sie, »ängstigt mich; und lassen Sie mich aufrichtig entdecken, warum. Ich fühle wohl, nur Ihnen bin ich meine ganze Dankbarkeit schuldig; aber freilich –« – »Grausames Mädchen!« sagte Herr von Revanne, »ich verstehe Sie. Mein Sohn hat Ihr Herz gerührt.« – »Ach! mein Herr, dabei ist es nicht geblieben. Ich kann nur durch meine Verwirrung ausdrücken –« – »Wie? Mademoiselle, Sie wären –« – »Ich denke wohl ja«, sagte sie, indem sie sich tief verneigte und eine Träne vorbrachte: denn niemals fehlt es Frauen an einer Träne bei ihren Schalkheiten, niemals an einer Entschuldigung ihres Unrechts.

So verliebt Herr von Revanne war, so mußte er doch diese neue Art von unschuldiger Aufrichtigkeit unter dem Mutterhäubchen bewundern, und er fand die Verneigung sehr am Platze. – »Aber, Mademoiselle, das ist mir ganz unbegreiflich –« – »Mir auch«, sagte sie, und ihre Tränen flossen reichlicher. Sie flossen so lange, bis Herr von Revanne, am Schluß eines sehr verdrießlichen Nachdenkens, mit ruhiger Miene das Wort wieder aufnahm und sagte: »Dies klärt mich auf! Ich sehe, wie lächerlich meine Forderungen sind. Ich mache Ihnen keine Vorwürfe, und als einzige Strafe für den Schmerz, den Sie mir verursachen, verspreche ich Ihnen von seinem Erbteile so viel, als nötig ist, um zu erfahren, ob er Sie so sehr liebt als ich.« – »Ach! mein Herr, erbarmen Sie sich meiner Unschuld und sagen ihm nichts davon.«

Verschwiegenheit fordern ist nicht das Mittel, sie zu erlangen. Nach diesen Schritten erwartete nun die unbekannte Schöne, ihren Liebhaber voll Verdruß und höchst aufgebracht vor sich zu sehen. Bald erschien er mit einem Blicke, der niederschmetternde Worte verkündigte. Doch er stockte und konnte nichts weiter hervorbringen als: »Wie? Mademoiselle, ist es möglich?« – »Nun was denn, mein Herr?« sagte sie mit einem Lächeln, das bei einer solchen Gelegenheit zum Verzweifeln bringen kann. – »Wie? was denn? Gehen Sie, Mademoiselle, Sie sind mir ein schönes Wesen! Aber wenigstens sollte man rechtmäßige Kinder nicht enterben; es ist schon genug, sie anzuklagen. Ja, Mademoiselle, ich durchdringe Ihr Komplott mit meinem Vater. Sie geben mir beide einen Sohn, und es ist mein Bruder, das bin ich gewiß!«

Mit ebenderselben ruhigen und heitern Stirne antwortete ihm die schöne Unkluge: »Von nichts sind Sie gewiß; es ist weder Ihr Sohn noch Ihr Bruder. Die Knaben sind bösartig; ich habe keinen gewollt; es ist ein armes Mädchen, das ich weiterführen will, weiter, ganz weit von den Menschen, den Bösen, den Toren und den Ungetreuen.«

Darauf Ihrem Herzen Luft machend: »Leben Sie
wohl!« fuhr sie fort, »leben Sie wohl, lieber Revanne! Sie
haben von Natur ein redliches Herz; erhalten Sie die
Grundsätze der Aufrichtigkeit. Diese sind nicht gefährlich bei einem gegründeten Reichtum. Sein Sie gut gegen
Arme. Wer die Bitte bekümmerter Unschuld verachtet,
wird einst selbst bitten und nicht erhört werden. Wer
sich kein Bedenken macht, das Bedenken eines schutzlo-
sen Mädchens zu verachten, wird das Opfer werden von
Frauen ohne Bedenken. Wer nicht fühlt, was ein ehrba-
res Mädchen empfinden muß, wenn man um sie wirbt,
der verdient sie nicht zu erhalten. Wer gegen alle Vernunft, gegen die Absichten, gegen den Plan seiner Familie, zugunsten seiner Leidenschaften Entwürfe schmie-
det, verdient die Früchte seiner Leidenschaft zu entbehren und der Achtung seiner Familie zu ermangeln. Ich
glaube wohl, Sie haben mich aufrichtig geliebt; aber,
mein lieber Revanne, die Katze weiß wohl, wem sie den
Bart leckt; und werden Sie jemals der Geliebte eines
würdigen Weibes, so erinnern Sie sich der Mühle des
Ungetreuen. Lernen Sie an meinem Beispiel sich auf die
Standhaftigkeit und Verschwiegenheit Ihrer Geliebten
verlassen. Sie wissen, ob ich untreu bin, Ihr Vater weiß
es auch. Ich gedachte durch die Welt zu rennen und
mich allen Gefahren auszusetzen. Gewiß diejenigen sind
die größten, die mich in diesem Hause bedrohen. Aber
weil Sie jung sind, sage ich es Ihnen allein und im Vertrauen: Männer und Frauen sind nur mit Willen unge-
treu; und das wollt' ich dem Freunde von der Mühle
beweisen, der mich vielleicht wieder sieht, wenn sein
Herz rein genug sein wird, zu vermissen, was er verloren
hat.«

Der junge Revanne hörte noch zu, da sie schon ausgesprochen hatte. Er stand wie vom Blitz getroffen; Tränen öffneten zuletzt seine Augen, und in dieser Rührung lief er zur Tante, zum Vater, ihnen zu sagen: Mademoiselle gehe weg, Mademoiselle sei ein Engel, oder vielmehr ein Dämon, herumirrend in der Welt, um alle Herzen zu peinigen. Aber die Pilgerin hatte so gut sich vorgesehen, daß man sie nicht wiederfand. Und als Vater und Sohn sich erklärt hatten, zweifelte man nicht mehr an ihrer Unschuld, ihren Talenten, ihrem Wahnsinn. So viel Mühe sich auch Herr von Revanne seit der Zeit gegeben, war es ihm doch nicht gelungen, sich die mindeste Aufklärung über diese schöne Person zu verschaffen, die so flüchtig wie die Engel und so liebenswürdig erschienen war.

Wer ist der Verräter?

»Nein! nein!« rief er aus, als er heftig und eilig ins ange-
wiesene Schlafzimmer trat und das Licht niedersetzte;
»nein! es ist nicht möglich! Aber wohin soll ich mich wenden? Das erstemal denk' ich anders als er, das erstemal
empfind' ich, will ich anders. – O mein Vater! Könntest
du unsichtbar gegenwärtig sein, mich durch und durch
schauen, du würdest dich überzeugen, daß ich noch derselbe bin, immer der treue, gehorsame liebevolle Sohn. –
Nein zu sagen! des Vaters liebstem, lange gehegtem
Wunsch zu widerstreben! wie soll ich's offenbaren? wie
soll ich's ausdrücken? Nein, ich kann Julien nicht heiraten. – Indem ich's ausspreche, erschrecke ich. Und wie
soll ich vor ihn treten, es ihm eröffnen, dem guten, lieben
Vater? Er blickt mich staunend an und schweigt, er schüt-
telt den Kopf; der einsichtige, kluge, gelehrte Mann weiß
keine Worte zu finden. Weh mir! – O ich wüßte wohl,
wem ich diese Pein, diese Verlegenheit vertraute, wen ich
mir zum Fürsprecher ausgriffe! Aus allen dich, Lucinde!
und dir möcht' ich zuerst sagen, wie ich dich liebe, wie ich
mich dir hingebe, und dich flehentlich bitten: ›Vertritt
mich, und kannst du mich lieben, willst du mein sein, so
vertritt uns beide!‹«

Dieses kurze, herzlich-leidenschaftliche Selbstgespräch
aufzuklären, wird es aber viele Worte kosten.

Professor N. zu N. hatte einen einzigen Knaben von
wundersamer Schönheit, den er bis in das achte Jahr der
Vorsorge seiner Gattin, der würdigsten Frau, überließ;
diese leitete die Stunden und Tage des Kindes zum Leben,
Lernen und zu allem guten Betragen. Sie starb, und im

Augenblicke fühlte der Vater, daß er diese Sorgfalt persönlich nicht weiter fortsetzen könne. Bisher war alles
Übereinkunft zwischen den Eltern; sie arbeiteten auf
e i n e n Zweck, beschlossen zusammen für die nächste
Zeit, was zu tun sei, und die Mutter verstand alles weislich auszuführen. Doppelt und dreifach war nun die Sorge
des Witwers, welcher wohl wußte und täglich vor Augen
sah, daß für Söhne der Professoren auf Akademien selbst
nur durch ein Wunder eine glückliche Bildung zu hoffen
sei.

In dieser Verlegenheit wendete er sich an seinen
Freund, den Oberamtmann zu R., mit dem er schon frühere Plane näherer Familienverbindungen durchgesprochen hatte. Dieser wußte zu raten und zu helfen, daß
der Sohn in eine der guten Lehranstalten aufgenommen
wurde, die in Deutschland blühten und worin für den
ganzen Menschen, für Leib, Seele und Geist, möglichst
gesorgt ward.

Untergebracht war nun der Sohn, der Vater jedoch fand
sich gar zu allein: seiner Gattin beraubt, der lieblichen
Gegenwart des Knaben entfremdet, den er, ohne selbsteigenes Bemühen, so erwünscht heraufgebildet gesehn.
Auch hier kam die Freundschaft des Oberamtmanns zustatten; die Entfernung ihrer Wohnorte verschwand vor
der Neigung, der Lust, sich zu bewegen, sich zu zerstreuen. Hier fand nun der verwaiste Gelehrte in einem
gleichfalls mutterlosen Familienkreis zwei schöne, verschiedenartig liebenswürdige Töchter heranwachsen; wo
denn beide Väter sich immer mehr und mehr bestärkten in
dem Gedanken, in der Aussicht, ihre Häuser dereinst aufs
erfreulichste verbunden zu sehn.

Sie lebten in einem glücklichen Fürstenlande; der tüchtige Mann war seiner Stelle lebenslänglich gewiß und ein gewünschter Nachfolger wahrscheinlich. Nun sollte, nach einem verständigen Familien- und Ministerialplan, sich Lucidor zu dem wichtigen Posten des künftigen Schwiegervaters bilden. Dies gelang ihm auch von Stufe zu Stufe. Man versäumte nichts, ihm alle Kenntnisse zu überliefern, alle Fähigkeiten an ihm zu entwickeln, deren der Staat jederzeit bedarf: die Pflege des strengen gerichtlichen Rechts, des läßlichern, wo Klugheit und Gewandtheit dem Ausübenden zur Hand geht; der Kalkül zum Tagesgebrauch, die höheren Übersichten nicht ausgeschlossen, aber alles unmittelbar am Leben, wie es gewiß und unausbleiblich zu gebrauchen wäre.

In diesem Sinne hatte Lucidor seine Schuljahre vollbracht und ward nun durch Vater und Gönner zur Akademie vorbereitet. Er zeigte das schönste Talent zu allem und verdankte der Natur auch noch das seltene Glück, aus Liebe zum Vater, aus Ehrfurcht für den Freund seine Fähigkeiten gerade dahin lenken zu wollen, wohin man deutete, erst aus Gehorsam, dann aus Überzeugung. Auf eine auswärtige Akademie ward er gesendet und ging daselbst, sowohl nach eigener brieflicher Rechenschaft als nach Zeugnis seiner Lehrer und Aufseher, den Gang, der ihn zum Ziele führen sollte. Nur konnte man nicht billigen, daß er in einigen Fällen zu ungeduldig brav gewesen. Der Vater schüttelte hierüber den Kopf, der Oberamtmann nickte. Wer hätte sich nicht einen solchen Sohn gewünscht!

Indessen wuchsen die Töchter heran, Julie und Lucinde. Jene, die jüngere, neckisch, lieblich, unstät, höchst unterhaltend; die andere zu bezeichnen schwer, weil sie in Geradheit und Reinheit dasjenige darstellte, was wir an

allen Frauen wünschenswert finden. Man besuchte sich
wechselseitig, und im Hause des Professors fand Julie die
unerschöpflichste Unterhaltung.

Geographie, die er durch Topographie zu beleben
wußte, gehörte zu seinem Fach, und sobald Julie nur
einen Band gewahr worden, dergleichen aus der Homan-
nischen Offizin eine ganze Reihe dastanden, so wurden
sämtliche Städte gemustert, beurteilt, vorgezogen oder
zurückgewiesen; alle Häfen besonders erlangten ihre
Gunst; andere Städte, welche nur einigermaßen ihren Beifall erhalten wollten, mußten sich mit viel Türmen, Kuppeln und Minaretten fleißig hervorheben.

Der Vater ließ sie wochenlang bei dem geprüften
Freunde; sie nahm wirklich zu an Wissenschaft und Einsicht und kannte so ziemlich die bewohnte Welt nach
Hauptbezügen, Punkten und Orten. Auch war sie auf
Trachten fremder Nationen sehr aufmerksam, und wenn
ihr Pflegvater manchmal scherzhaft fragte: ob ihr denn
von den vielen jungen, hübschen Leuten, die da vor dem
Fenster hin und wider gingen, nicht einer oder der andere
wirklich gefalle? so sagte sie: »Ja freilich, wenn er recht
seltsam aussieht!« – Da nun unsere jungen Studierenden es
niemals daran fehlen lassen, so hatte sie oft Gelegenheit,
an einem oder dem andern teilzunehmen; sie erinnerte
sich an ihm irgendeiner fremden Nationaltracht, versicherte jedoch zuletzt, es müsse wenigstens ein Grieche,
völlig nationell ausstaffiert, herbeikommen, wenn sie ihm
vorzügliche Aufmerksamkeit widmen sollte; deswegen
sie sich auch auf die Leipziger Messe wünschte, wo dergleichen auf der Straße zu sehen wären.

Nach seinen trocknen und manchmal verdrießlichen
Arbeiten hatte nun unser Lehrer keine glücklichern Au-

genblicke, als wenn er sie scherzend unterrichtete und
dabei heimlich triumphierte, sich eine so liebenswürdige,
immer unterhaltene, immer unterhaltende Schwiegertochter zu erziehen. Die beiden Väter waren übrigens ein-
verstanden, daß die Mädchen nichts von der Absicht vermuten sollten, auch Lucidorn hielt man sie verborgen.

So waren Jahre vergangen, wie sie denn gar leicht vergehen: Lucidor stellte sich dar, vollendet, alle Prüfungen
bestehend, selbst zur Freude der obern Vorgesetzten, die
nichts mehr wünschten, als die Hoffnung alter, würdiger,
begünstigter, gunstwerter Diener mit gutem Gewissen
erfüllen zu können.

Und so war denn die Angelegenheit mit ordnungsge-
mäßem Schritt endlich dahin gediehen, daß Lucidor,
nachdem er sich in untergeordneten Stellen musterhaft
betragen, nunmehr einen gar vorteilhaften Sitz nach Verdienst und Wunsch erlangen sollte, gerade mittewegs zwischen der Akademie und dem Oberamtmann gelegen.

Der Vater sprach nunmehr mit dem Sohn von Julien,
auf die er bisher nur hingedeutet hatte, als von dessen
Braut und Gattin, ohne weiteren Zweifel und Bedingung,
das Glück preisend, solch ein lebendiges Kleinod sich
angeeignet zu haben. Er sah seine Schwiegertochter im
Geiste schon wieder von Zeit zu Zeit bei sich, mit Karten,
Planen und Städtebildern beschäftigt; der Sohn dagegen
erinnerte sich des allerliebsten, heitern Wesens, das ihn zu
kindlicher Zeit durch Neckerei wie durch Freundlichkeit
immer ergötzt hatte. Nun sollte Lucidor zu dem Oberamtmann hinüberreiten, die herangewachsene Schöne
näher betrachten, sich einige Wochen, zu Gewohnheit
und Bekanntschaft, mit dem Gesamthause ergehen. Würden die jungen Leute, wie zu hoffen, bald einig, so sollte

man's melden, der Vater würde sogleich erscheinen, damit ein feierliches Verlöbnis das gehoffte Glück für ewig sicherstelle.

Lucidor kommt an, er wird freundlichst empfangen, ein Zimmer ihm angewiesen, er richtet sich ein und erscheint. Da findet er denn, außer den uns schon bekannten Familienmitgliedern, noch einen halberwachsenen Sohn, verzogen, geradezu, aber gescheit und gutmütig, so daß, wenn man ihn für den lustigen Rat nehmen wollte, er gar nicht übel zum Ganzen paßte. Dann gehörte zum Haus ein sehr alter, aber gesunder, frohmütiger Mann, still, fein, klug, auslebend nun hie und da auszuhelfen. Gleich nach Lucidor kam noch ein Fremder hinzu, nicht mehr jung, von bedeutendem Ansehn, würdig, lebensgewandt und durch Kenntnis der weitesten Weltgegenden höchst unterhaltend. Sie hießen ihn Antoni.

Julie empfing ihren angekündigten Bräutigam schicklich, aber zuvorkommend, Lucinde dagegen machte die Ehre des Hauses wie jene ihrer Person. So verging der Tag ausgezeichnet angenehm für alle, nur für Lucidorn nicht; er, ohnehin schweigsam, mußte von Zeit zu Zeit, um nicht gar zu verstummen, sich fragend verhalten; wobei denn niemand zum Vorteil erscheint.

Zerstreut war er durchaus: denn er hatte vom ersten Augenblick an nicht Abneigung noch Widerwillen, aber Entfremdung gegen Julien gefühlt; Lucinde dagegen zog ihn an, daß er zitterte, wenn sie ihn mit ihren vollen, reinen, ruhigen Augen ansah.

So bedrängt, erreichte er den ersten Abend sein Schlafzimmer und ergoß sich in jenem Monolog, mit dem wir begonnen haben. Um aber auch diesen zu erklären, und wie die Heftigkeit einer solchen Redefülle zu demjenigen paßt, was wir schon von ihm wissen, wird eine kurze Mitteilung nötig.

Lucidor war von tiefem Gemüt und hatte meist etwas anders im Sinn, als was die Gegenwart erheischte; deswegen Unterhaltung und Gespräch ihm nie recht glücken wollte; er fühlte das und wurde schweigsam, außer wenn von bestimmten Fächern die Rede war, die er durchstudiert hatte, davon ihm jederzeit zu Diensten stand, was er bedurfte. Dazu kam, daß er, früher auf der Schule, später auf der Universität, sich an Freunden betrogen und seinen Herzenserguß unglücklich vergeudet hatte; jede Mitteilung war ihm daher bedenklich; Bedenken aber hebt jede Mitteilung auf. Zu seinem Vater war er nur gewohnt unisono zu sprechen, und sein volles Herz ergoß sich daher in Monologen, sobald er allein war.

Den andern Morgen hatte er sich zusammengenommen und wäre doch beinahe außer Fassung gerückt, als ihm Julie noch freundlicher, heiterer und freier entgegenkam. Sie wußte viel zu fragen, nach seinen Land- und Wasserfahrten, wie er, als Student, mit dem Bündelchen auf'm Rücken die Schweiz durchstreift und durchstiegen, ja über die Alpen gekommen. Da wollte sie nun von der schönen Insel auf dem großen südlichen See vieles wissen; rückwärts aber mußte der Rhein, von seinem ersten Ursprung an, erst durch höchst unerfreuliche Gegenden begleitet werden, und so hinabwärts durch manche Abwechselung; wo es denn freilich zuletzt, zwischen Mainz und Koblenz, noch der Mühe wert ist, den Fluß ehrenvoll aus seiner letzten Beschränkung in die weite Welt, ins Meer zu entlassen.

Lucidor fühlte sich hiebei sehr erleichtert, erzählte gern und gut, so daß Julie entzückt ausrief: so was müsse man

selbander sehen. Worüber denn Lucidor abermals erschrak, weil er darin eine Anspielung auf ihr gemeinsames
Wandern durchs Leben zu spüren glaubte.

Von seiner Erzählerpflicht jedoch wurde er bald abgelöst; denn der Fremde, den sie Antoni hießen, verdun-
kelte gar geschwind alle Bergquellen, Felsufer, einge-
zwängte, freigelassene Flüsse: nun hier ging's unmittelbar
nach Genua; Livorno lag nicht weit, das Interessanteste
im Lande nahm man auf den Raub so mit; Neapel mußte
man, ehe man stürbe, gesehen haben, dann aber blieb
freilich Konstantinopel noch übrig, das doch auch nicht
zu versäumen sei. Die Beschreibung, die Antoni von der
weiten Welt machte, riß die Einbildungskraft aller mit
sich fort, ob er gleich weniger Feuer darein zu legen hatte.
Julie, ganz außer sich, war aber noch keineswegs befriedigt, sie fühlte noch Lust nach Alexandrien, Kairo, besonders aber zu den Pyramiden, von denen sie ziemlich aus-
langende Kenntnisse durch ihres vermutlichen Schwiegervaters Unterricht gewonnen hatte.

Lucidor, des nächsten Abends (er hatte kaum die Türe
angezogen, das Licht noch nicht niedergesetzt), rief aus:
»Nun besinne dich denn! es ist Ernst. Du hast viel Ern-
stes gelernt und durchdacht; was soll denn Rechtsgelehr-
samkeit, wenn du jetzt nicht gleich als Rechtsmann han-
delst? Siehe dich als einen Bevollmächtigten an, vergiß
dich selbst und tue, was du für einen andern zu tun schuldig wärst. Es verschränkt sich aufs fürchterlichste! Der
Fremde ist offenbar um Lucindens willen da, sie bezeigt
ihm die schönsten, edelsten gesellig-häuslichen Aufmerksamkeiten; die kleine Närrin möchte mit jedem durch die
Welt laufen, für nichts und wieder nichts. Überdies noch
ist sie ein Schalk, ihr Anteil an Städten und Ländern

ist eine Posse, wodurch sie uns zum Schweigen bringt. Warum aber seh' ich diese Sache so verwirrt und verschränkt an? Ist der Oberamtmann nicht selbst der verständigste, der einsichtigste, liebevollste Vermittler? Du willst ihm sagen, wie du fühlst und denkst, und er wird mitdenken, wenn auch nicht mitfühlen. Er vermag alles über den Vater. Und ist nicht eine wie die andere seine Tochter? Was will denn der Anton Reiser mit Lucinden, die für das Haus geboren ist, um glücklich zu sein und Glück zu schaffen? hefte sich doch das zapplige Quecksilber an den ewigen Juden, das wird eine allerliebste Partie werden.«

Des Morgens ging Lucidor festen Entschlusses hinab, mit dem Vater zu sprechen und ihn deshalb in bekannten freien Stunden unverzüglich anzugehn. Wie groß war sein Schmerz, seine Verlegenheit, als er vernahm: der Oberamtmann, in Geschäften verreist, werde erst übermorgen zurückerwartet. Julie schien heute so recht ganz ihren Reisetag zu haben, sie hielt sich an den Weltwanderer und überließ mit einigen Scherzreden, die sich auf Häuslichkeit bezogen, Lucidor an Lucinden. Hatte der Freund vorher das edle Mädchen aus gewisser Ferne gesehen, nach einem allgemeinen Eindruck, und sie sich schon herzlichst angeeignet, so mußte er in der nächsten Nähe alles doppelt und dreifach entdecken, was ihn erst im allgemeinen anzog.

Der gute alte Hausfreund, an der Stelle des abwesenden Vaters, tat sich nun hervor; auch er hatte gelebt, geliebt und war, nach manchen Quetschungen des Lebens, noch endlich an der Seite des Jugendfreundes aufgefrischt und wohlbehalten. Er belebte das Gespräch und verbreitete sich besonders über Verirrungen in der Wahl eines Gat-

ten, erzählte merkwürdige Beispiele von zeitiger und ver-
späteter Erklärung. Lucinde erschien in ihrem völligen
Glanze, sie gestand, daß im Leben das Zufällige jeder Art,
und so auch in Verbindungen, das Allerbeste bewirken
könne; doch sei es schöner, herzerhebender, wenn der
Mensch sich sagen dürfe: er sei sein Glück sich selbst, der
stillen, ruhigen Überzeugung seines Herzens, einem
edlen Vorsatz und raschen Entschlusse schuldig geworden. Lucidorn standen die Tränen in den Augen, als er
Beifall gab, worauf die Frauenzimmer sich bald entfernten. Der alte Vorsitzende mochte sich in Wechselge-
schichten gern ergehen, und so verbreitete sich die Unterhaltung in heitere Beispiele, die jedoch unsern Helden so
nahe berührten, daß nur ein so rein gebildeter Jüngling
nicht herauszubrechen über sich gewinnen konnte; das
geschah aber, als er allein war.

»Ich habe mich gehalten!« rief er aus. »Mit solcher Verwirrung will ich meinen guten Vater nicht kränken; ich
habe an mich gehalten: denn ich sehe in diesem würdigen
Hausfreunde den Stellvertretenden beider Väter; zu ihm
will ich reden, ihm alles entdecken, er wird's gewiß ver-
mitteln und hat beinahe schon ausgesprochen, was ich
wünsche. Sollte er im einzelnen Falle schelten, was er
überhaupt billigt? Morgen früh such' ich ihn auf; ich muß
diesem Drange Luft machen.«

Beim Frühstück fand sich der Greis nicht ein; er hatte,
hieß es, gestern abend zu viel gesprochen, zu lange gesessen und einige Tropfen Wein über Gewohnheit getrun-
ken. Man erzählte viel zu seinem Lobe, und zwar gerade
solche Reden und Handlungen, die Lucidorn zur Verzweiflung brachten, daß er sich nicht sogleich an ihn
gewendet. Dieses unangenehme Gefühl ward nur noch

geschärft, als er vernahm: bei solchen Anfällen lasse der
gute Alte sich manchmal in acht Tagen gar nicht sehen.

Ein ländlicher Aufenthalt hat für geselliges Zusammen-
sein gar große Vorteile, besonders wenn die Bewirtenden
sich, als denkende, fühlende Personen, mehrere Jahre ver-
anlaßt gefunden, der natürlichen Anlage ihrer Umgebung
zu Hülfe zu kommen. So war es hier geglückt. Der Oberamtmann, erst unverheiratet, dann in einer langen, glücklichen Ehe, selbst vermögend, an einem einträglichen
Posten, hatte nach eignem Blick und Einsicht, nach Lieb-
haberei seiner Frau, ja zuletzt nach Wünschen und Grillen
seiner Kinder erst größere und kleinere abgesonderte
Anlagen besorgt und begünstigt, welche, mit Gefühl all-
mählich durch Pflanzungen und Wege verbunden, eine
allerliebste, verschiedentlich abweichende, charakteristische Szenenfolge dem Durchwandelnden darstellten.
Eine solche Wallfahrt ließen denn auch unsere jungen
Familienglieder ihren Gast antreten, wie man seine Anlagen dem Fremden gerne vorzeigt, damit er das, was uns
gewöhnlich geworden, auffallend erblicke und den günstigen Eindruck davon für immer behalte.

Die nächste so wie die fernere Gegend war zu beschei-
denen Anlagen und eigentlich ländlichen Einzelheiten
höchst geeignet. Fruchtbare Hügel wechselten mit wohl-
bewässerten Wiesengründen, so daß das Ganze von Zeit
zu Zeit zu sehen war, ohne flach zu sein; und wenn Grund
und Boden vorzüglich dem Nutzen gewidmet erschien, so
war doch das Anmutige, das Reizende nicht ausgeschlossen.

An die Haupt- und Wirtschaftsgebäude fügten sich
Lust-, Obst- und Grasgärten, aus denen man sich unversehens in ein Hölzchen verlor, das ein breiter, fahrbarer

Weg auf und ab, hin und wider durchschlängelte. Hier in
der Mitte war, auf der bedeutendsten Höhe, ein Saal
erbaut, mit anstoßenden Gemächern. Wer zur Haupttüre
hereintrat, sah im großen Spiegel die günstigste Aussicht,
welche die Gegend nur gewähren mochte, und kehrte sich
geschwind wieder um, an der Wirklichkeit von dem unerwarteten Bilde Erholung zu nehmen: denn das Heran-
kommen war künstlich genug eingerichtet und alles klüg-
lich verdeckt, was Überraschung bewirken sollte. Niemand trat herein, ohne daß er von dem Spiegel zur Natur
und von der Natur zum Spiegel sich nicht gern hin und
wider gewendet hätte.

Am schönsten, heitersten, längsten Tage einmal auf
dem Wege, hielt man einen sinnigen Flurzug um und
durch das Ganze. Hier wurde das Abendplätzchen der
guten Mutter bezeichnet, wo eine herrliche Buche rings
umher sich freien Raum gehalten hatte. Bald nachher
wurde Lucindens Morgenandacht von Julien halb nek-
kisch angedeutet, in der Nähe eines Wässerchens zwischen Pappeln und Erlen, an hinabstreichenden Wiesen,
hinaufziehenden Äckern. Es war nicht zu beschreiben,
wie hübsch! schon überall glaubte man es gesehen zu
haben, aber nirgends in seiner Einfalt so bedeutend und so
willkommen. Dagegen zeigte der Junker, auch halb wider
Willen Juliens, die kleinlichen Lauben und kindischen
Gärtchenanstalten, die, nächst einer vertraulich gelegenen
Mühle, kaum noch zu bemerken; sie schrieben sich aus
einer Zeit her, wo Julie, etwa in ihrem zehnten Jahre, sich
in den Kopf gesetzt hatte, Müllerin zu werden und, nach
dem Abgang der beiden alten Leute, selbst einzutreten
und sich einen braven Mühlknappen auszusuchen.

»Das war zu einer Zeit«, rief Julie, »wo ich noch nichts

von Städten wußte, die an Flüssen liegen, oder gar am
Meer, von Genua nichts u. s. w. Ihr guter Vater, Lucidor,
hat mich bekehrt, seit der Zeit komm' ich nicht leicht
hierher.« Sie setzte sich neckisch auf ein Bänkchen, das
sie kaum noch trug, unter einen Holunderstrauch, der
sich zu tief gebeugt hatte. »Pfui übers Hocken!« rief sie,
sprang auf und lief mit dem lustigen Bruder voran.

Das zurückgebliebene Paar unterhielt sich verständig,
und in solchen Fällen nähert sich der Verstand auch wohl
dem Gefühl. Abwechselnd einfache, natürliche Gegenstände zu durchwandern, mit Ruhe zu betrachten, wie der
verständige, kluge Mensch ihnen etwas abzugewinnen
weiß, wie die Einsicht ins Vorhandene, zum Gefühl seiner
Bedürfnisse sich gesellend, Wunder tut, um die Welt erst
bewohnbar zu machen, dann zu bevölkern und endlich zu
übervölkern, das alles konnte hier im einzelnen zur Sprache kommen. Lucinde gab von allem Rechenschaft und
konnte, so bescheiden sie war, nicht verbergen, daß die
bequemlich angenehmen Verbindungen entfernter Par-
tien ihr Werk seien, unter Angabe, Leitung oder Vergünstigung einer verehrten Mutter.

Da sich aber denn doch der längste Tag endlich zum
Abend bequemt, so mußte man auf Rückkehr denken,
und als man auf einen angenehmen Umweg sann, verlangte der lustige Bruder: man solle den kürzern, obgleich
nicht erfreulichen, wohl gar beschwerlichern Weg ein-
schlagen. »Denn«, rief er aus, »ihr habt mit euren Anlagen
und Anschlägen geprahlt, wie ihr die Gegend für maleri-
sche Augen und für zärtliche Herzen verschönert und
verbessert; laßt mich aber auch zu Ehren kommen.«

Nun mußte man über geackerte Stellen und holprichte
Pfade, ja wohl auch auf zufällig hingeworfenen Steinen

über Moorflecke wandern und sah, schon in einer gewissen Ferne, allerlei Maschinenwerk verworren aufgetürmt. Näher betrachtet, war ein großer Lust- und Spielplatz, nicht ohne Verstand, mit einem gewissen Volkssinn eingerichtet. Und so standen hier, in gehörigen Entfernungen zusammengeordnet, das große Schaukelrad, wo die Auf- und Absteigenden immer gleich horizontal ruhig sitzen bleiben, andere Schaukeleien, Schwungseile, Lusthebel, Kegel- und Zellenbahnen, und was nur alles erdacht werden kann, um auf einem großen Triftraum eine Menge Menschen verschiedentlichst und gleichmäßig zu beschäftigen und zu erlustigen. »Dies«, rief er aus, »ist meine Erfindung, meine Anlage! und obgleich der Vater das Geld und ein gescheiter Kerl den Kopf dazu hergab, so hätte doch ohne mich, den ihr oft unvernünftig nennt, Verstand und Geld sich nicht zusammengefunden.«

So heiter gestimmt kamen alle vier mit Sonnenuntergang wieder nach Hause. Antoni fand sich ein; die Kleine jedoch, die an diesem bewegten Tage noch nicht genug hatte, ließ einspannen und fuhr über Land zu einer Freundin, in Verzweiflung, sie seit zwei Tagen nicht gesehen zu haben. Die vier Zurückgebliebenen fühlten sich verlegen, ehe man sich's versah, und es ward sogar ausgesprochen, daß des Vaters Ausbleiben die Angehörigen beunruhigte. Die Unterhaltung fing an zu stocken, als auf einmal der lustige Junker aufsprang und gar bald mit einem Buche zurückkam, sich zum Vorlesen erbietend. Lucinde enthielt sich nicht zu fragen, wie er auf den Einfall komme, den er seit einem Jahre nicht gehabt; worauf er munter versetzte: »Mir fällt alles zur rechten Zeit ein, dessen könnt ihr euch nicht rühmen.« Er las eine Folge echter Märchen, die den Menschen aus sich selbst hinausführen, seinen Wünschen schmeicheln und ihn jede Bedingung vergessen machen, zwischen welche wir, selbst in den glücklichsten Momenten, doch immer noch eingeklemmt sind.

»Was beginne ich nun!« rief Lucidor, als er sich endlich allein fand: »die Stunde drängt; zu Antoni hab' ich kein Vertrauen, er ist weltfremd, ich weiß nicht, wer er ist, wie er ins Haus kommt, noch was er will; um Lucinden scheint er sich zu bemühen, und was könnte ich daher von ihm hoffen? Mir bleibt nichts übrig, als Lucinden selbst anzugehn; sie muß es wissen, sie zuerst. Dies war ja mein erstes Gefühl; warum lassen wir uns auf Klugheitswege verleiten! Das Erste soll nun das Letzte sein, und ich hoffe, zum Ziel zu gelangen.«

Sonnabend morgen ging Lucidor, zeitig angekleidet, in seinem Zimmer auf und ab, was er Lucinden zu sagen hätte hin und her bedenkend, als er eine Art von scherzhaftem Streit vor seiner Tür vernahm, die auch alsobald aufging. Da schob der lustige Junker einen Knaben vor sich hin, mit Kaffee und Backwerk für den Gast; er selbst trug kalte Küche und Wein. »Du sollst vorangehen«, rief der Junker, »denn der Gast muß zuerst bedient werden, ich bin gewohnt, mich selbst zu bedienen. Mein Freund! heute komme ich etwas früh und tumultuarisch; genießen wir unser Frühstück in Ruhe, und dann wollen wir sehen, was wir anfangen: denn von der Gesellschaft haben wir wenig zu hoffen. Die Kleine ist von ihrer Freundin noch nicht zurück; diese müssen gegeneinander wenigstens alle vierzehn Tage ihr Herz ausschütten, wenn es nicht springen soll. Sonnabend ist Lucinde ganz unbrauchbar, sie liefert dem Vater pünktlich ihre Haushaltungsrechnung: da hab' ich mich auch einmischen sollen, aber Gott be-

wahre mich! Wenn ich weiß, was eine Sache kostet, so
schmeckt mir kein Bissen. Gäste werden auf morgen erwartet, der Alte hat sich noch nicht wieder ins Gleichgewicht gestellt, Antoni ist auf die Jagd, wir wollen das
gleiche tun.«

Flinten, Taschen und Hunde waren bereit, als sie in den
Hof kamen, und nun ging es an den Feldern weg, wo denn
doch allenfalls ein junger Hase und ein armer, gleichgülti-
ger Vogel geschossen wurde. Indessen besprach man sich
von häuslichen und gegenwärtig geselligen Verhältnissen.
Antoni ward genannt, und Lucidor verfehlte nicht, sich
nach ihm näher zu erkundigen. Der lustige Junker, mit
einiger Selbstgefälligkeit, versicherte: jenen wunderlichen
Mann, so geheimnisvoll er auch tue, habe er schon durch
und durch geblickt. »Er ist«, fuhr er fort, »gewiß der Sohn
aus einem reichen Handelshause, das gerade in dem
Augenblick fallierte, als er, in der Fülle seiner Jugend, teil
an großen Geschäften mit Kraft und Munterkeit zu nehmen, daneben aber die sich reichlich darbietenden Genüsse zu teilen gedachte. Von der Höhe seiner Hoffnungen heruntergestürzt, raffte er sich zusammen und leistete, anderen dienend, dasjenige, was er für sich und die
Seinigen nicht mehr bewirken konnte. So durchreiste er
die Welt, lernte sie und ihren wechselseitigen Verkehr aufs
genaueste kennen und vergaß dabei seines Vorteils nicht.
Unermüdete Tätigkeit und erprobte Rechtlichkeit brachten und erhielten ihm von vielen ein unbedingtes Vertrauen. So erwarb er sich allerorten Bekannte und
Freunde, ja es läßt sich gar wohl merken, daß sein Vermögen so weit in der Welt umher verteilt ist, als seine
Bekanntschaft reicht, weshalb denn auch seine Gegenwart
in allen vier Teilen der Welt von Zeit zu Zeit nötig ist.«

Umständlicher und naiver hatte dies der lustige Junker erzählt und so manche possenhafte Bemerkung eingeschlossen, eben als wenn er sein Märchen recht weitläufig auszuspinnen gedächte.

»Wie lange steht er nicht schon mit meinem Vater in Verbindung! Die meinen, ich sehe nichts, weil ich mich um nichts bekümmere; aber eben deswegen seh' ich's nur desto besser, weil mich's nichts angeht. Vieles Geld hat er bei meinem Vater niedergelegt, der es wieder sicher und vorteilhaft unterbrachte. Erst gestern steckte er dem Alten ein Juwelenkästchen zu; einfacher, schöner und kostbarer hab' ich nichts gesehen, obgleich nur mit einem Blick, denn es wird verheimlicht. Wahrscheinlich soll es der Braut zu Vergnügen, Lust und künftiger Sicherheit verehrt werden. Antoni hat sein Zutrauen auf Lucinden gesetzt! Wenn ich sie aber so zusammen sehe, kann ich sie nicht für ein wohl assortiertes Paar halten. Die Ruschliche wäre besser für ihn, ich glaube auch, sie nimmt ihn lieber als die Älteste; sie blickt auch wirklich manchmal nach dem alten Knasterbart so munter und teilnehmend hinüber, als wenn sie sich mit ihm in den Wagen setzen und auf und davon fliegen wolle.« Lucidor faßte sich zusammen; er wußte nicht, was zu erwidern wäre, alles, was er vernahm, hatte seinen innerlichen Beifall. Der Junker fuhr fort: »Überhaupt hat das Mädchen eine verkehrte Neigung zu alten Leuten; ich glaube, sie hätte Ihren Vater so frisch weg geheiratet wie den Sohn.«

Lucidor folgte seinem Gefährten, wo ihn dieser auch über Stock und Stein hinführte; beide vergaßen die Jagd, die ohnehin nicht ergiebig sein konnte. Sie kehrten auf einem Pachthofe ein, wo, gut aufgenommen, der eine Freund sich mit Essen, Trinken und Schwätzen unter-

hielt, der andere aber in Gedanken und Überlegungen sich
versenkte, wie er die gemachte Entdeckung für sich und
seinen Vorteil benutzen möchte.

Lucidor hatte nach allen diesen Erzählungen und Eröff-
nungen so viel Vertrauen zu Antoni gewonnen, daß er
gleich beim Eintritt in den Hof nach ihm fragte und in den
Garten eilte, wo er zu finden sein sollte. Er durchstrich die
sämtlichen Gänge des Parks bei heiterer Abendsonne;
umsonst! Nirgends keine Seele war zu sehen; endlich trat
er in die Türe des großen Saals, und wundersam genug, die
untergehende Sonne, aus dem Spiegel zurückscheinend,
blendete ihn dergestalt, daß er die beiden Personen, die
auf dem Kanapee saßen, nicht erkennen, wohl aber unterscheiden konnte, daß einem Frauenzimmer von einer
neben ihr sitzenden Mannsperson die Hand sehr feurig
geküßt wurde. Wie groß war daher sein Entsetzen, als
er bei hergestellter Augenruhe Lucinden und Antoni vor
sich sahe. Er hätte versinken mögen, stand aber wie ange-
wurzelt, als ihn Lucinde freundlichst und unbefangen
willkommen hieß, zurückte und ihn bat, zu ihrer rechten
Seite zu sitzen: Unbewußt ließ er sich nieder, und wie sie
ihn anredete, nach dem heutigen Tage sich erkundigte,
Vergebung bat häuslicher Abhaltungen, da konnte er ihre
Stimme kaum ertragen. Antoni stand auf und empfahl sich
Lucinden; als sie, sich gleichfalls erhebend, den Zurückgebliebenen zum Spaziergang einlud. Neben ihr herge-
hend, war er schweigsam und verlegen; auch sie schien
beunruhigt; und wenn er nur einigermaßen bei sich gewesen wäre, so hätte ihm ein tiefes Atemholen verraten müssen, daß sie herzliche Seufzer zu verbergen habe. Sie beur-
laubte sich zuletzt, als sie sich dem Hause näherten, er
aber wandte sich, erst langsam, dann heftig, gegen das

Freie. Der Park war ihm zu eng, er eilte durchs Feld, nur
die Stimme seines Herzens vernehmend, ohne Sinn für die
Schönheiten des vollkommensten Abends. Als er sich
allein sah und seine Gefühle sich im beruhigenden Trä-
nenerguß Luft machten, rief er aus:

»Schon einigemal im Leben, aber nie so grausam hab'
ich den Schmerz empfunden, der mich nun ganz elend
macht: wenn das gewünschteste Glück endlich Hand in
Hand, Arm in Arm zu uns tritt und zugleich sein Scheiden
für ewig ankündet. Ich saß bei ihr, ging neben ihr, das
bewegte Kleid berührte mich, und ich hatte sie schon verloren! Zähle dir das nicht vor, drösele dir's nicht auf,
schweig und entschließe dich!«

Er hatte sich selbst den Mund verboten, er schwieg und
sann, durch Felder, Wiesen und Busch, nicht immer auf
den wegsamsten Pfaden hinschreitend. Nur als er spät in
sein Zimmer trat, hielt er sich nicht und rief: »Morgen
früh bin ich fort, solch einen Tag will ich nicht wieder
erleben!«

Und so warf er sich angekleidet aufs Lager. – Glückliche, gesunde Jugend! Er schlief schon; die abmüdende
Bewegung des Tages hatte ihm die süßeste Nachtruhe verdient. Aus tröstlichen Morgenträumen jedoch weckte ihn
die allerfrühste Sonne; es war eben der längste Tag, der
ihm überlang zu werden drohte. Wenn er die Anmut des
beruhigenden Abendgestirns gar nicht empfunden, so
fühlte er die aufregende Schönheit des Morgens nur, um
zu verzweifeln. Er sah die Welt so herrlich als je, seinen
Augen war sie es noch; sein Inneres aber widersprach: das
gehörte ihm alles nicht mehr an, er hatte Lucinden verloren.

Der Mantelsack war schnell gepackt, den er wollte liegen-
lassen; keinen Brief schrieb er dazu, nur mit wenig Worten sollte sein Ausbleiben vom Tisch, vielleicht auch vom
Abend, durch den Reitknecht entschuldigt werden, den er
ohnehin aufwecken mußte. Diesen aber fand er unten,
schon vor dem Stalle, mit großen Schritten auf und ab
gehend. »Sie wollen doch nicht reiten?« rief der sonst
gutmütige Mensch mit einigem Verdruß. »Ihnen darf ich
es wohl sagen, aber der junge Herr wird alle Tage uner-
träglicher. Hatte er sich doch gestern in der Gegend her-
umgetrieben, daß man glauben sollte, er danke Gott,
einen Sonntagmorgen zu ruhen. Kommt er nicht heute
frühe vor Tag, rumort im Stalle, und wie ich aufspringe,
sattelt und zäumt er Ihr Pferd, ist durch keine Vorstellung
abzuhalten; er schwingt sich drauf und ruft: ›Bedenke nur
das gute Werk, das ich tue! Dies Geschöpf geht immer nur
gelassen einen juristischen Trab, ich will sehen, daß ich
ihn zu einem raschen Lebensgalopp anrege.‹ Er sagte ungefähr so und verführte andere wunderliche Reden.«

Lucidor war doppelt und dreifach betroffen, er liebte
das Pferd, als seinem eigenen Charakter, seiner Lebensweise zusagend; ihn verdroß, das gute, verständige Geschöpf in den Händen eines Wildfangs zu wissen. Sein
Plan war zerstört, seine Absicht, zu einem Universitäts-
freunde, mit dem er in froher, herzlicher Verbindung
gelebt, in dieser Krise zu flüchten. Das alte Zutrauen war
erwacht, die dazwischenliegenden Meilen wurden nicht
gerechnet, er glaubte schon bei dem wohlwollenden, verständigen Freunde Rat und Linderung zu finden. Diese
Aussicht war nun abgeschnitten; doch sie war's nicht,
wenn er es wagte, auf frischen Wanderfüßen, die ihm zu
Gebote standen, sein Ziel zu erreichen.

Vor allen Dingen suchte er nun aus dem Park ins freie Feld, auf den Weg, der ihn zum Freunde führen sollte, zu gelangen. Er war seiner Richtung nicht ganz gewiß, als ihm, linker Hand, über dem Gebüsch hervorragend, auf wunderlichem Zimmerwerk die Einsiedelei, aus der man ihm früher ein Geheimnis gemacht hatte, in die Augen fiel und er, jedoch zu seiner größten Verwunderung, auf der Galerie unter dem chinesischen Dache den guten Alten, der einige Tage für krank gehalten worden, munter um sich blickend erschaute. Dem freundlichsten Gruße, der dringenden Einladung heraufzukommen widerstand Lucidor mit Ausflüchten und eiligen Gebärden. Nur Teilnahme für den guten Alten, der, die steile Treppe schwankenden Tritts heruntereilend, herabzustürzen drohte, konnte ihn vermögen, entgegenzugehen und sodann sich hinaufziehen zu lassen. Mit Verwunderung betrat er das anmutige Sälchen: es hatte nur drei Fenster gegen das Land, eine allerliebste Aussicht; die übrigen Wände waren verziert oder vielmehr verdeckt von hundert und aber hundert Bildnissen, in Kupfer gestochen, allenfalls auch gezeichnet, auf die Wand nebeneinander in gewisser Ordnung aufgeklebt, durch farbige Säume und Zwischenräume gesondert.

»Ich begünstige Sie, mein Freund, wie nicht jeden; dies ist das Heiligtum, in dem ich meine letzten Tage vergnüglich zubringe. Hier erhol' ich mich von allen Fehlern, die mich die Gesellschaft begehen läßt, hier bring' ich meine Diätfehler wieder ins Gleichgewicht.«

Lucidor besah sich das Ganze, und in der Geschichte wohl erfahren, sah er alsbald klar, daß eine historische Neigung zugrunde liege.

»Hier oben in der Friese«, sagte der Alte, »finden Sie

die Namen vortrefflicher Männer aus der Urzeit, dann aus
der näheren auch nur die Namen, denn wie sie ausgese-
hen, möchte schwerlich auszumitteln sein. Hier aber im
Hauptfelde geht eigentlich mein Leben an, hier sind die
Männer, die ich noch nennen gehört als Knabe. Denn
etwa funfzig Jahre bleibt der Name vorzüglicher Menschen in der Erinnerung des Volks, weiterhin verschwindet er oder wird märchenhaft. – Obgleich von deutschen
Eltern, bin ich in Holland geboren, und für mich ist Wilhelm von Oranien, als Statthalter und König von Eng-
land, der Urvater aller außerordentlichen Männer und
Helden.

Nun sehen Sie aber Ludwig den Vierzehnten gleich
neben ihm, als welcher« – wie gern hätte Lucidor den
guten Alten unterbrochen, wenn es sich geschickt hätte,
wie es sich uns, den Erzählenden, wohl ziemen mag: denn
ihn bedrohte die neue und neueste Geschichte, wie sich an
den Bildern Friedrichs des Großen und seiner Generale,
nach denen er hinschielte, gar wohl bemerken ließ.

Ehrte nun auch der gute Jüngling die lebendige Teilnahme des Alten an seiner nächsten Vor- und Mitzeit,
konnten ihm einzelne individuelle Züge und Ansichten als
interessant nicht entgehen, so hatte er doch auf Akademien schon die neuere und neueste Geschichte gehört,
und was man einmal gehört hat, glaubt man für immer zu
wissen. Sein Sinn stand in die Ferne, er hörte nicht, er sah
kaum und war eben im Begriff, auf die ungeschickteste
Weise zur Türe hinaus und die lange, fatale Treppe hinunter zu poltern, als ein Händeklatschen von unten heftig zu
vernehmen war.

Indessen sich Lucidor zurückhielt, fuhr der Kopf des
Alten zum Fenster hinaus, und von unten ertönte eine

wohlbekannte Stimme: »Kommen Sie herunter, um 's Himmels willen, aus Ihrem historischen Bildersaal, alter Herr! Schließen Sie Ihre Fasten und helfen mir unsern jungen Freund begütigen – wenn er's erfährt. Lucidors Pferd hab' ich etwas unvernünftig angegriffen, es hat ein Eisen verloren, und ich mußte es stehen lassen. Was wird er sagen? Es ist doch gar zu absurd, wenn man absurd ist.«

»Kommen Sie herauf!« sagte der Alte und wendete sich herein zu Lucidor: »Nun, was sagen Sie?« Lucidor schwieg, und der wilde Junker trat herein. Das Hin- und Widerreden gab eine lange Szene; genug, man beschloß, den Reitknecht sogleich hinzuschicken, um für das Pferd Sorge zu tragen.

Den Greis zurücklassend, eilten beide jungen Leute nach dem Hause, wohin sich Lucidor nicht ganz unwillig ziehen ließ; es mochte daraus werden, was wollte, wenigstens war in diesen Mauern der einzige Wunsch seines Herzens eingeschlossen. In solchem verzweifelten Falle vermissen wir ohnehin den Beistand unseres freien Willens und fühlen uns erleichtert für einen Augenblick, wenn von irgendwoher Bestimmung und Nötigung eingreift. Jedoch fand er sich, da er sein Zimmer betrat, in dem wunderlichsten Zustande, eben als wenn jemand in ein Gasthofsgemach, das er soeben verließ, unerwünscht wieder einzukehren genötigt ist, weil ihm eine Achse gebrochen.

Der lustige Junker machte sich nun über den Mantelsack, um alles recht ordentlich auszupacken, vorzüglich legte er zusammen, was von festlichen Kleidungsstücken, obgleich reisemäßig, vorhanden war; er nötigte Lucidorn, Schuh und Strümpfe anzuziehen, richtete dessen vollkrause, braune Locken zurecht und putzte ihn aufs beste heraus. Sodann rief er hinwegtretend, unsern Freund und sein Machwerk vom Kopf bis zum Fuße beschauend: »Nun seht Ihr doch, Freundchen, einem Menschen gleich, der einigen Anspruch auf hübsche Kinder macht, und ernsthaft genug dabei, um sich nach einer Braut umzusehn. Nur einen Augenblick! und Ihr sollt erfahren, wie ich mich hervorzutun weiß, wenn die Stunde schlägt. Das hab' ich Offiziern abgelernt, nach denen die Mädchen immer schielen, und da hab' ich mich zu einer gewissen Soldateska selbst enrolliert, und nun sehen sie mich auch an und wieder an, weil keine weiß, was sie aus mir machen soll. Da entsteht nun aus dem Hin- und Hersehen, aus Verwunderung und Aufmerksamkeit oft etwas gar Artiges, das, wär' es auch nicht dauerhaft, doch wert ist, daß man ihm den Augenblick gönne.

Aber nun kommen Sie, Freund, und erweisen mir den gleichen Dienst! Wenn Sie mich Stück für Stück in meine Hülle schlüpfen sehen, so werden Sie Witz und Erfindungsgabe dem leichtfertigen Knaben nicht absprechen.«

Nun zog er den Freund mit sich fort, durch lange, weitläufige Gänge des alten Schlosses. »Ich habe mich«, rief er aus, »ganz hinten hingebettet. Ohne mich verbergen zu wollen, bin ich gern allein; denn man kann's den andern doch nicht recht machen.«

Sie kamen an der Kanzlei vorbei, eben als ein Diener heraustrat und ein Urvater-Schreibzeug, schwarz, groß und vollständig, heraustrug; Papier war auch nicht vergessen.

»Ich weiß schon, was da wieder gekleckst werden soll«, rief der Junker; »geh hin und laß mir den Schlüssel. Tun Sie einen Blick hinein, Lucidor! es unterhält Sie wohl, bis ich angezogen bin. Einem Rechtsfreund ist ein solches

Lokale nicht verhaßt wie einem Stallverwandten«; und so schob er Lucidorn in den Gerichtssaal.

Der Jüngling fühlte sich sogleich in einem bekannten, ansprechenden Elemente: die Erinnerung der Tage, wo er, aufs Geschäft erpicht, an solchem Tische saß, hörend und schreibend sich übte. Auch blieb ihm nicht verborgen, daß hier eine alte, stattliche Hauskapelle zum Dienste der Themis, bei veränderten Religionsbegriffen, verwandelt sei. In den Reposituren fand er Rubriken und Akten, ihm früher bekannt; er hatte selbst in diesen Angelegenheiten, von der Hauptstadt her, gearbeitet. Einen Faszikel aufschlagend, fiel ihm ein Reskript in die Hände, das er selbst mundiert, ein anderes, wovon er der Konzipient gewesen. Handschrift und Papier, Kanzleisiegel und des Vorsitzenden Unterschrift, alles rief ihm jene Zeit eines rechtlichen Strebens jugendlicher Hoffnung hervor. Und wenn er sich dann umsah und den Sessel des Oberamtmanns erblickte, ihm zugedacht und bestimmt, einen so schönen Platz, einen so würdigen Wirkungskreis, den er zu verschmähen, zu entbehren Gefahr lief, das alles bedrängte ihn doppelt und dreifach, indem die Gestalt Lucindens zu gleicher Zeit sich von ihm zu entfernen schien.

Er wollte das Freie suchen, fand sich aber gefangen. Der wunderliche Freund hatte, leichtsinnig oder schalkhaft, die Türe verschlossen hinter sich gelassen; doch blieb unser Freund nicht lange in dieser peinlichsten Beklemmung, denn der andere kam wieder, entschuldigte sich und erregte wirklich guten Humor durch seine seltsame Gegenwart. Eine gewisse Verwegenheit der Farben und des Schnitts seiner Kleidung war durch natürlichen Geschmack gedämpft; wie wir ja selbst tatouierten In-

diern einen gewissen Beifall nicht versagen. »Heute«, rief
er aus, »soll uns die Langeweile vergangener Tage vergütet
werden; gute Freunde, muntere Freunde sind angekommen, hübsche Mädchen, neckische, verliebte Wesen, und
dann auch mein Vater, und Wunder über Wunder! Ihr
Vater auch; das wird ein Fest werden, alles ist im Saale
schon versammelt beim Frühstück.«

Lucidorn war's auf einmal zumute, als wenn er in tiefe
Nebel hineinsähe, alle die angemeldeten bekannten und
unbekannten Gestalten erschienen ihm gespenstig; doch
sein Charakter in Begleitung eines reinen Herzens hielt
ihn aufrecht, in wenigen Sekunden fühlte er sich schon
allem gewachsen. Nun folgte er dem eilenden Freunde mit
sicherem Tritt, fest entschlossen, abzuwarten, es geschehe, was da wolle, sich zu erklären, es entstehe, was da
wolle.

Und doch war er auf der Schwelle des Saals betroffen.
In einem großen Halbkreis rings an den Fenstern umher
entdeckte er sogleich seinen Vater neben dem Oberamtmann, beide stattlich angezogen. Die Schwestern, Antoni
und sonst noch Bekannte und Unbekannte übersah er mit
einem Blick, der ihm trübe werden wollte. Schwankend
näherte er sich seinem Vater, der ihn höchst freundlich
willkommen hieß, jedoch mit einer gewissen Förmlichkeit, die ein vertrauendes Annähern kaum begünstigte.
Vor so vielen Personen stehend suchte er sich für den
Augenblick einen schicklichen Platz; er hätte sich neben
Lucinden stellen können, aber Julie, dem gespannten
Anstand zuwider, machte eine Wendung, daß er zu ihr
treten mußte; Antoni blieb neben Lucinden.

In diesem bedeutenden Momente fühlte sich Lucidor
abermals als Beauftragten, und gestählt von seiner ganzen

Rechtswissenschaft, rief er sich jene schöne Maxime zu seinen eignen Gunsten heran: »Wir sollen anvertraute Geschäfte der Fremden wie unsere eigenen behandeln, warum nicht die unsrigen in eben dem Sinne?« – In Geschäftsvorträgen wohl geübt, durchlief er schnell, was er zu sagen habe. Indessen schien die Gesellschaft, in einen förmlichen Halbzirkel gebildet, ihn zu überflügeln. Den Inhalt seines Vortrags kannte er wohl, den Anfang konnte er nicht finden. Da bemerkte er, in einer Ecke aufgetischt, das große Tintenfaß, Kanzleiverwandte dabei; der Oberamtmann machte eine Bewegung, seine Rede vorzubereiten; Lucidor wollte ihm zuvorkommen, und in demselben Augenblicke drückte Julie ihm die Hand. Dies brachte ihn aus aller Fassung, er überzeugte sich, daß alles entschieden, alles für ihn verloren sei.

Nun war an gegenwärtigen sämtlichen Lebensverhältnissen, diesen Familienverbindungen, Gesellschafts- und Anstandsbezügen nichts mehr zu schonen; er sah vor sich hin, entzog seine Hand Julien und war so schnell zur Türe hinaus, daß die Versammlung ihn unversehens vermißte und er sich selbst draußen nicht wiederfinden konnte.

Scheu vor dem Tageslichte, das im höchsten Glanze über ihn herabschien, die Blicke begegnender Menschen vermeidend, aufsuchende fürchtend, schritt er vorwärts und gelangte zu dem großen Gartensaal. Dort wollten ihm die Kniee versagen, er stürzte hinein und warf sich trostlos auf den Sofa unter dem Spiegel: mitten in der sittlich-bürgerlichen Gesellschaft in solcher Verworrenheit befangen, die sich wogenhaft um ihn, in ihm hin und her schlug. Sein vergangenes Dasein kämpfte mit dem gegenwärtigen, es war ein greulicher Augenblick.

Und so lag er eine Zeit, mit dem Gesichte in das Kissen versenkt, auf welchem gestern Lucindens Arm geruht hatte. Ganz in seinen Schmerz versunken, fuhr er, sich berührt fühlend, schnell in die Höhe, ohne die Annäherung irgendeiner Person gespürt zu haben: da erblickt' er Lucinden, die ihm nahe stand.

Vermutend, man habe sie gesendet, ihn abzuholen, ihr aufgetragen, ihn mit schicklichen, schwesterlichen Worten in die Gesellschaft, seinem widerlichen Schicksal entgegen zu führen, rief er aus: »Sie hätte man nicht senden müssen, Lucinde, denn Sie sind es, die mich von dort vertrieb; ich kehre nicht zurück! Geben Sie mir, wenn Sie irgendeines Mitleids fähig sind, schaffen Sie mir Gelegenheit und Mittel zur Flucht. Denn, damit Sie von mir zeugen können, wie unmöglich es sei, mich zurückzubringen, so nehmen Sie den Schlüssel zu meinem Betragen, das Ihnen und allen wahnsinnig vorkommen muß. Hören Sie den Schwur, den ich mir im Innern getan und den ich unauflöslich laut wiederhole: Nur mit Ihnen wollt' ich leben, meine Jugend nutzen, genießen, und so das Alter im treuen, redlichen Ablauf. Dies aber sei so fest und sicher als irgend etwas, was vor dem Altar je geschworen worden, was ich jetzt schwöre, indem ich Sie verlasse, der bedauernswürdigste aller Menschen.«

Er machte eine Bewegung zu entschlüpfen, ihr, die so gedrängt vor ihm stand; aber sie faßte ihn sanft in ihren Arm. – »Was machen Sie!« rief er aus. – »Lucidor!« rief sie, »nicht zu bedauern, wie Sie wohl wähnen, Sie sind mein, ich die Ihre; ich halte Sie in meinen Armen, zaudern Sie nicht, die Ihrigen um mich zu schlagen. Ihr Vater ist alles zufrieden; Antoni heiratet meine Schwester.« Erstaunt zog er sich von ihr zurück. »Das wäre wahr?«

Lucinde lächelte und nickte, er entzog sich ihren Armen. »Lassen Sie mich noch einmal in der Ferne sehen, was so nah, so nächst mir angehören soll.« Er faßte ihre Hände, Blick in Blick! »Lucinde, sind Sie mein?« – Sie versetzte: »Nun ja doch«, die süßesten Tränen in dem treusten Auge; er umschlang sie und warf sein Haupt hinter das ihre, hing wie am Uferfelsen ein Schiffbrüchiger; der Boden bebte noch unter ihm. Nun aber sein entzückter Blick, sich wieder öffnend, fiel in den Spiegel. Da sah er sie in seinen Armen, sich von den ihren umschlungen; er blickte wieder und wieder hin. Solche Gefühle begleiten den Menschen durchs ganze Leben. Zugleich sah er auch auf der Spiegelfläche die Landschaft, die ihm gestern so greulich und ahnungsvoll erschienen war, glänzender und herrlicher als je; und sich in solcher Stellung, auf solchem Hintergrunde! Genugsame Vergeltung aller Leiden.

»Wir sind nicht allein«, sagte Lucinde, und kaum hatte er sich von seinem Entzücken erholt, so erschienen geputzt und bekränzt Mädchen und Knaben, Kränze tragend, den Ausgang versperrend. »Das sollte alles anders werden«, rief Lucinde; »wie artig war es eingerichtet, und nun geht's tumultuarisch durcheinander!« Ein munterer Marsch tönte von weitem, und man sah die Gesellschaft den breiten Weg her feierlich heiter heranziehen. Er zauderte entgegenzugehen und schien seiner Schritte nur an ihrem Arm gewiß; sie blieb neben ihm, die feierliche Szene des Wiedersehens, des Danks für eine schon vollendete Vergebung von Augenblick zu Augenblick erwartend.

Anders war's jedoch von den launischen Göttern beschlossen; eines Posthorns lustig schmetternder Ton, von der Gegenseite, schien den ganzen Anstand in Verwirrung zu setzen. »Wer mag kommen?« rief Lucinde. Lucidorn schauderte vor einer fremden Gegenwart, und auch der Wagen schien ganz fremd. Eine zweisitzige, neue, ganz neuste Reisechaise! Sie fuhr an den Saal an. Ein ausgezeichneter, anständiger Knabe sprang hinten herunter, öffnete den Schlag, aber niemand stieg heraus; die Chaise war leer, der Knabe stieg hinein, mit einigen geschickten Handgriffen warf er die Spriegel zurück, und so war in einem Nu das niedlichste Gebäude zur lustigen Spazierfahrt vor den Augen aller Anwesenden bereitet, die indessen herankamen. Antoni, den übrigen voreilend, führte Julien zu dem Wagen. »Versuchen Sie«, sprach er, »ob Ihnen das Fuhrwerk gefallen kann, um darin mit mir auf den besten Wegen durch die Welt zu rollen; ich werde Sie keinen andern führen, und wo es irgend not tut, wollen wir uns zu helfen wissen. Über das Gebirg sollen uns Saumrosse tragen, und den Wagen dazu.«

»Sie sind allerliebst!« rief Julie. Der Knabe trat heran und zeigte mit Taschenspielergewandtheit alle Bequemlichkeiten, kleine Vorteile und Behendigkeiten des ganzen leichten Baues.

»Auf der Erde weiß ich keinen Dank«, rief Julie, »nur auf diesem kleinen, beweglichen Himmel, aus dieser Wolke, in die Sie mich erheben, will ich Ihnen herzlich danken.« Sie war schon eingesprungen, ihm Blick und Kußhand freundlich zuwerfend. »Gegenwärtig dürfen Sie noch nicht zu mir herein, da ist aber ein anderer, den ich auf dieser Probefahrt mitzunehmen gedenke, er hat auch noch eine Probe zu bestehen.« Sie rief nach Lucidor, der, eben mit Vater und Schwiegervater in stummer Unterhaltung begriffen, sich gern in das leichte Fuhrwerk nötigen ließ, da er ein unausweichlich Bedürfnis fühlte, nur einen

Augenblick auf irgendeine Weise sich zu zerstreuen. Er saß neben ihr, sie rief dem Postillon zu, wie er fahren solle. Flugs entfernten sie sich, in Staub gehüllt, aus den Augen der verwundert Nachschauenden.

Julie setzte sich recht fest und bequem ins Eckchen. – »Rücken Sie nun auch dorthin, Herr Schwager, daß wir uns recht bequem in die Augen sehen.«

Lucidor. Sie empfinden meine Verwirrung, meine Verlegenheit; ich bin noch immer wie im Traume, helfen Sie mir heraus.

Julie. Sehen Sie die hübschen Bauersleute, wie sie freundlich grüßen! Bei Ihrem Hiersein sind Sie ja nicht ins obere Dorf gekommen. Alles wohlhabende Leute, die mir alle gewogen sind. Es ist niemand zu reich, dem man nicht einmal wohlwollend einen bedeutenden Dienst erweisen könne. Diesen Weg, den wir so bequem fahren, hat mein Vater angelegt und auch dieses Gute gestiftet.

Lucidor. Ich glaub' es gern und geb' es zu; aber was sollen die Äußerlichkeiten gegen die Verworrenheit meines Innern!

Julie. Nur Geduld, ich will Ihnen die Reiche der Welt und ihre Herrlichkeit zeigen. Nun sind wir oben! Wie klar das ebene Land gegen das Gebirg hinliegt! Alle diese Dörfer verdanken meinem Vater gar viel, und Mutter und Töchtern wohl auch. Die Flur jenes Städtchens dort hinten macht erst die Grenze.

Lucidor. Ich finde Sie in einer wunderlichen Stimmung; Sie scheinen nicht recht zu sagen, was Sie sagen wollten.

Julie. Nun sehen Sie hier links hinunter, wie schön sich das alles entwickelt! Die Kirche mit ihren hohen Linden, das Amthaus mit seinen Pappeln hinter dem

Dorfhügel her. Auch die Gärten liegen vor uns und der Park.

Der Postillon fuhr schärfer.

Julie. Jenen Saal dort droben kennen Sie; er sieht sich von hier aus ebenso gut an wie die Gegend von dort her. Hier am Baume wird gehalten; nun gerade hier spiegeln wir uns oben in der großen Glasfläche, man sieht uns dort recht gut, wir aber können uns nicht erkennen. – Fahre zu! – Dort haben sich vor kurzem wahrscheinlich ein Paar Leute näher bespiegelt und, ich müßte mich sehr irren, mit großer wechselseitiger Zufriedenheit.

Lucidor, verdrießlich, erwiderte nichts; sie fuhren eine Zeitlang stillschweigend vor sich hin, es ging sehr schnell. »Hier«, sagte Julie, »fängt der schlechte Weg an, um den mögen Sie sich einmal verdient machen. Eh es hinabgeht, schauen Sie noch hinüber, die Buche meiner Mutter ragt mit ihrem herrlichen Gipfel über alles hervor. Du fährst«, fuhr sie zum Kutschenden fort, »den schlechten Weg hin, wir nehmen den Fußpfad durchs Tal und sind eher drüben wie du.« Im Aussteigen rief sie aus: »Das gestehen Sie doch, der ewige Jude, der unruhige Anton Reiser, weiß noch seine Wallfahrten bequem genug einzurichten, für sich und seine Genossen: es ist ein sehr schöner, bequemer Wagen.«

Und so war sie auch schon den Hügel drunten; Lucidor folgte sinnend und fand sie auf einer wohlgelegenen Bank sitzend, es war Lucindens Plätzchen. Sie lud ihn zu sich.

Julie. Nun sitzen wir hier und gehen einander nichts an, das hat denn doch so sein sollen. Das kleine Quecksilber wollte Ihnen gar nicht anstehen. Nicht lieben konnten Sie ein solches Wesen, verhaßt war es Ihnen.

Lucidors Verwunderung nahm zu.

Julie. Aber freilich Lucinde! Sie ist der Inbegriff aller Vollkommenheiten, und die niedliche Schwester war ein für allemal ausgestochen. Ich seh' es, auf Ihren Lippen schwebt die Frage, wer uns so genau unterrichtet hat?

Lucidor. Es steckt ein Verrat dahinter! –

Julie. Jawohl! ein Verräter ist im Spiele.

Lucidor. Nennen Sie ihn.

Julie. Der ist bald entlarvt. Sie selbst! – Sie haben die löbliche oder unlöbliche Gewohnheit, mit sich selbst zu reden, und da will ich denn in unser aller Namen bekennen, daß wir Sie wechselsweise behorcht haben.

Lucidor (aufspringend). Eine saubere Gastfreundschaft, auf diese Weise den Fremden eine Falle zu stellen!

Julie. Keineswegs; wir dachten nicht daran, Sie zu belauschen, so wenig als irgendeinen andern. Sie wissen, Ihr Bett steht in einem Verschlag der Wand, von der Gegenseite geht ein anderer herein, der gewöhnlich nur zu häuslicher Niederlage dient. Da hatten wir einige Tage vorher unsern Alten genötigt zu schlafen, weil wir für ihn in seiner abgelegenen Einsiedelei viele Sorge trugen; nun fuhren Sie gleich den ersten Abend mit einem solchen leidenschaftlichen Monolog ins Zeug, dessen Inhalt er uns den andern Morgen angelegentlichst entdeckte.

Lucidor hatte nicht Lust, sie zu unterbrechen. Er entfernte sich.

Julie (aufgestanden ihm folgend). Wie war uns mit dieser Erklärung gedient! Denn ich gestehe gern: wenn Sie mir auch nicht gerade zuwider waren, so blieb doch der Zustand, der mich erwartete, mir keineswegs wünschenswert. Frau Oberamtmännin zu sein, welche schreckliche Lage! Einen tüchtigen, braven Mann zu haben, der den Leuten Recht sprechen soll und vor lauter Recht nicht zur

Gerechtigkeit kommen kann! der es weder nach oben noch unten recht macht und, was das Schlimmste ist, sich selbst nicht. Ich weiß, was meine Mutter ausgestanden hat von der Unbestechlichkeit, Unerschütterlichkeit meines Vaters. Endlich, leider nach ihrem Tod, ging ihm eine gewisse Mildigkeit auf, er schien sich in die Welt zu finden, an ihr sich auszugleichen, die er sich bisher vergeblich bekämpft hatte.

Lucidor (höchst unzufrieden über den Vorfall, ärgerlich über die leichtsinnige Behandlung, stand still). Für den Scherz eines Abends mochte das hingehen, aber eine solche beschämende Mystifikation Tage und Nächte lang gegen einen unbefangenen Gast zu verüben, ist nicht verzeihlich.

Julie. Wir alle haben uns die Schuld geteilt, wir haben Sie alle behorcht; ich aber allein büße die Schuld des Horchens.

Lucidor. Alle! desto unverzeihlicher! Und wie konnten Sie mich den Tag über ohne Beschämung ansehen, den Sie des Nachts schmählich-unerlaubt überlisteten? Doch ich sehe jetzt ganz deutlich mit einem Blick, daß Ihre Tagesanstalten nur darauf berechnet waren, mich zum besten zu haben. Eine löbliche Familie! und wo bleibt die Gerechtigkeitsliebe Ihres Vaters? – Und Lucinde! –

Julie. Und Lucinde! – Was war das für ein Ton! Nicht wahr, Sie wollten sagen: wie tief es Sie schmerzt, von Lucinden übel zu denken, Lucinden mit uns allen in *eine* Klasse zu werfen?

Lucidor. Lucinden begreif' ich nicht.

Julie. Sie wollen sagen: diese reine, edle Seele, dieses ruhig gefaßte Wesen, die Güte, das Wohlwollen selbst, diese Frau, wie sie sein sollte, verbindet sich mit einer leichtsinnigen Gesellschaft, mit einer überhinfahrenden Schwester, einem verzogenen Jungen und gewissen geheimnisvollen Personen! das ist unbegreiflich.

Lucidor. Jawohl ist das unbegreiflich.

Julie. So begreifen Sie es denn! Lucinden wie uns allen waren die Hände gebunden. Hätten Sie die Verlegenheit bemerken können, wie sie sich kaum zurückhielt, Ihnen alles zu offenbaren, Sie würden sie doppelt und dreifach lieben, wenn nicht jede wahre Liebe an und für sich zehn- und hundertfach wäre; auch versichere ich Sie, uns allen ist der Spaß am Ende zu lang geworden.

Lucidor. Warum endigten Sie ihn nicht?

Julie. Das ist nun auch aufzuklären. Nachdem Ihr erster Monolog dem Vater bekannt geworden und er gar bald bemerken konnte, daß alle seine Kinder nichts gegen einen solchen Tausch einzuwenden hätten, so entschloß er sich, alsbald zu Ihrem Vater zu reisen. Die Wichtigkeit des Geschäfts war ihm bedenklich. Ein Vater allein fühlt den Respekt, den man einem Vater schuldig ist. – »Er muß es zuerst wissen«, sagte der meine, »um nicht etwan hintendrein, wenn wir einig sind, eine ärgerlich-erzwungene Zustimmung zu geben. Ich kenne ihn genau, ich weiß, wie er einen Gedanken, eine Neigung, einen Vorsatz festhält, und es ist mir bange genug. Er hat sich Julien, seine Karten und Prospekte so zusammen gedacht, daß er sich schon vornahm, das alles zuletzt hierher zu stiften, wenn der Tag käme, wo das junge Paar sich hier niederließe und Ort und Stelle so leicht nicht verändern könnte: da wollt' er alle Ferien uns zuwenden, und was er für Liebes und Gutes im Sinne hatte. Er muß zuerst erfahren, was die Natur uns für einen Streich gespielt, da noch nichts

eigentlich erklärt, noch nichts entschieden ist.« Hierauf
nahm er uns allen den feierlichsten Handschlag ab, daß
wir Sie beobachten und, es geschehe, was da wolle, Sie
hinhalten sollten. Wie sich die Rückreise verzögert, wie es
Kunst, Mühe und Beharrlichkeit gekostet, Ihres Vaters
Einwilligung zu erlangen, das mögen Sie von ihm selbst
hören. Genug, die Sache ist abgetan, Lucinde ist Ihnen
gegönnt. –

Und so waren beide, vom ersten Sitze lebhaft sich ent-
fernend, unterwegs anhaltend, immer fortsprechend und
langsam weitergehend, über die Wiesen hin auf die Erhöhung gekommen an einen andern wohlgebahnten Kunst-
weg. Der Wagen fuhr schnell heran; augenblicks machte
sie ihren Nachbar aufmerksam auf ein seltsames Schauspiel. Die ganze Maschinerie, worauf sich der Bruder so
viel zugute tat, war belebt und bewegt; schon führten die
Räder eine Menschenzahl auf und nieder, schon wog-
ten die Schaukeln, Mastbäume wurden erklettert, und
was man nicht alles für kühnen Schwung und Sprung
über den Häuptern einer unzählbaren Menge gewagt sah!
Alles das hatte der Junker in Bewegung gesetzt, damit
nach Tafel die Gäste fröhlich unterhalten würden. »Du
fährst noch durchs untere Dorf«, rief Julie, »die Leute
wollen mir wohl, und sie sollen sehen, wie wohl es mir
geht.«

Das Dorf war öde, die Jüngern sämtlich hatten schon
den Lustplatz ereilt, alte Männer und Frauen zeigten sich,
durch das Posthorn erregt, an Tür und Fenstern, alles
grüßte, segnete, rief: »O das schöne Paar!«

Julie. Nun, da haben Sie's! Wir hätten am Ende doch
wohl zusammengepaßt; es kann Sie noch reuen.

Lucidor. Jetzt aber, liebe Schwägerin! –

Julie. Nicht wahr, jetzt »lieb«, da Sie mich los sind.

Lucidor. Nur ein Wort! Auf Ihnen lastet eine schwere Verantwortlichkeit; was sollte der Händedruck, da Sie meine überschreckliche Stellung kannten und fühlen mußten? So gründlich Boshaftes ist mir in der Welt noch nichts vorgekommen.

Julie. Danken Sie Gott, nun wär's abgebüßt, alles ist verziehen. Ich wollte Sie nicht, das ist wahr, aber daß Sie mich ganz und gar nicht wollten, das verzeiht kein Mädchen, und dieser Händedruck war, merken Sie sich's! für den Schalk. Ich gestehe, es war schalkischer als billig, und ich verzeihe mir nur, indem ich Ihnen vergebe, und so sei denn alles vergeben und vergessen! Hier meine Hand.

Er schlug ein, sie rief: »Da sind wir schon wieder! in unserm Park schon wieder, und so geht's bald um die weite Welt und auch wohl zurück; wir treffen uns wieder.«

Sie waren vor dem Gartensaal schon angelangt, er schien leer; die Gesellschaft hatte sich, im Unbehagen, die Tafelzeit überlang verschoben zu sehen, zum Spazieren bewegt. Antoni aber und Lucinde traten hervor. Julie warf sich aus dem Wagen ihrem Freund entgegen, sie dankte in einer herzlichen Umarmung und enthielt sich nicht der freudigsten Tränen. Des edlen Mannes Wange rötete sich, seine Züge traten entfaltet hervor, sein Auge blickte feucht, und ein schöner, bedeutender Jüngling erschien aus der Hülle.

Und so zogen beide Paare zur Gesellschaft, mit Gefühlen, die der schönste Traum nicht zu geben vermöchte.

Der Mann von funfzig Jahren

Der Major war in den Gutshof hereingeritten, und Hilarie, seine Nichte, stand schon, um ihn zu empfangen, außen auf der Treppe, die zum Schloß hinaufführte. Kaum erkannte er sie; denn schon war sie wieder größer und schöner geworden. Sie flog ihm entgegen, er drückte sie an seine Brust mit dem Sinn eines Vaters, und sie eilten hinauf zu ihrer Mutter.

Der Baronin, seiner Schwester, war er gleichfalls willkommen, und als Hilarie schnell hinwegging, das Frühstück zu bereiten, sagte der Major freudig: »Diesmal kann ich mich kurz fassen und sagen, daß unser Geschäft beendigt ist. Unser Bruder, der Obermarschall, sieht wohl ein, daß er weder mit Pächtern noch Verwaltern zurechtkommt. Er tritt bei seinen Lebzeiten die Güter uns und unsern Kindern ab; das Jahrgehalt, das er sich ausbedingt, ist freilich stark; aber wir können es ihm immer geben: wir gewinnen doch noch für die Gegenwart viel und für die Zukunft alles. Die neue Einrichtung soll bald in Ordnung sein. Da ich zunächst meinen Abschied erwarte, so sehe ich doch wieder ein tätiges Leben vor mir, das uns und den Unsrigen einen entschiedenen Vorteil bringen kann. Wir sehen ruhig zu, wie unsre Kinder emporwachsen, und es hängt von uns, von ihnen ab, ihre Verbindung zu beschleunigen.«

»Das wäre alles recht gut«, sagte die Baronin, »wenn ich dir nur nicht ein Geheimnis zu entdecken hätte, das ich selbst erst gewahr worden bin. Hilariens Herz ist nicht mehr frei; von d e r Seite hat dein Sohn wenig oder nichts zu hoffen.«

»Was sagst du?« rief der Major; »ist's möglich? indessen
wir uns alle Mühe geben, uns ökonomisch vorzusehen, so
spielt uns die Neigung einen solchen Streich! Sag' mir,
Liebe, sag' mir geschwind, wer ist es, der das Herz Hilariens fesseln konnte? Oder ist es denn auch schon so arg?
Ist es nicht vielleicht ein flüchtiger Eindruck, den man
wieder auszulöschen hoffen kann?«

»Du mußt erst ein wenig sinnen und raten«, versetzte
die Baronin und vermehrte dadurch seine Ungeduld. Sie
war schon aufs höchste gestiegen, als Hilarie, mit den
Bedienten, welche das Frühstück trugen, hereintretend,
eine schnelle Auflösung des Rätsels unmöglich machte.

Der Major selbst glaubte das schöne Kind mit andern
Augen anzusehn als kurz vorher. Es war ihm beinahe, als
wenn er eifersüchtig auf den Beglückten wäre, dessen Bild
sich in einem so schönen Gemüt hatte eindrücken können. Das Frühstück wollte ihm nicht schmecken, und er
bemerkte nicht, daß alles genau so eingerichtet war, wie er
es am liebsten hatte und wie er es sonst zu wünschen und
zu verlangen pflegte.

Über dieses Schweigen und Stocken verlor Hilarie
fast selbst ihre Munterkeit. Die Baronin fühlte sich verlegen und zog ihre Tochter ans Klavier; aber ihr geistreiches und gefühlvolles Spiel konnte dem Major kaum
einigen Beifall ablocken. Er wünschte das schöne Kind
und das Frühstück je eher je lieber entfernt zu sehen,
und die Baronin mußte sich entschließen, aufzubrechen
und ihrem Bruder einen Spaziergang in den Garten vorzuschlagen.

Kaum waren sie allein, so wiederholte der Major dringend seine vorige Frage; worauf seine Schwester nach
einer Pause lächelnd versetzte: »Wenn du den Glückli-

chen finden willst, den sie liebt, so brauchst du nicht weit
zu gehen, er ist ganz in der Nähe: dich liebt sie.«

Der Major stand betroffen, dann rief er aus: »Es wäre
ein sehr unzeitiger Scherz, wenn du mich etwas überreden
wolltest, das mich im Ernst so verlegen wie unglücklich
machen würde. Denn ob ich gleich Zeit brauche, mich
von meiner Verwunderung zu erholen, so sehe ich doch
mit einem Blicke voraus, wie sehr unsere Verhältnisse
durch ein so unerwartetes Ereignis gestört werden müßten. Das einzige, was mich tröstet, ist die Überzeugung,
daß Neigungen dieser Art nur scheinbar sind, daß ein
Selbstbetrug dahinter verborgen liegt, und daß eine echte,
gute Seele von dergleichen Fehlgriffen oft durch sich
selbst oder doch wenigstens mit einiger Beihülfe verständiger Personen gleich wieder zurückkommt.«

»Ich bin dieser Meinung nicht«, sagte die Baronin;
»denn nach allen Symptomen ist es ein sehr ernstliches
Gefühl, von welchem Hilarie durchdrungen ist.«

»Etwas so Unnatürliches hätte ich ihrem natürlichen
Wesen nicht zugetraut«, versetzte der Major.

»Es ist so unnatürlich nicht«, sagte die Schwester. »Aus
meiner Jugend erinnere ich mich selbst einer Leidenschaft
für einen älteren Mann, als du bist. Du hast funfzig Jahre;
das ist immer noch nicht gar zu viel für einen Deutschen,
wenn vielleicht andere, lebhaftere Nationen früher al-
tern.«

»Wodurch willst du aber deine Vermutung bekräfti-
gen?« sagte der Major.

»Es ist keine Vermutung, es ist Gewißheit. Das Nähere
sollst du nach und nach vernehmen.«

Hilarie gesellte sich zu ihnen, und der Major fühlte sich,
wider seinen Willen, abermals verändert. Ihre Gegenwart

deuchte ihn noch lieber und werter als vorher; ihr Betragen schien ihm liebevoller, und schon fing er an, den Worten seiner Schwester Glauben beizumessen. Die Empfindung war für ihn höchst angenehm, ob er sich gleich solche weder gestehen noch erlauben wollte. Freilich war Hilarie höchst liebenswürdig, indem sich in ihrem Betragen die zarte Scheu gegen einen Liebhaber und die freie Bequemlichkeit gegen einen Oheim auf das innigste verband; denn sie liebte ihn wirklich und von ganzer Seele. Der Garten war in seiner vollen Frühlingspracht, und der Major, der so viele alte Bäume sich wieder belauben sah, konnte auch an die Wiederkehr seines eignen Frühlings glauben. Und wer hätte sich nicht in der Gegenwart des liebenswürdigsten Mädchens dazu verführen lassen!

So verging ihnen der Tag zusammen; alle häuslichen Epochen wurden mit der größten Gemütlichkeit durchlebt; abends nach Tisch setzte sich Hilarie wieder ans Klavier; der Major hörte mit andern Ohren als heute früh; eine Melodie schlang sich in die andere, ein Lied schloß sich ans andere, und kaum vermochte die Mitternacht die kleine Gesellschaft zu trennen.

Als der Major auf seinem Zimmer ankam, fand er alles nach seiner alten, gewohnten Bequemlichkeit eingerichtet; sogar einige Kupferstiche, bei denen er gern verweilte, waren aus andern Zimmern herübergehängt; und da er einmal aufmerksam geworden war, so sah er sich bis auf jeden einzelnen kleinen Umstand versorgt und geschmeichelt.

Nur wenige Stunden Schlaf bedurfte er diesmal; seine Lebensgeister waren früh aufgeregt. Aber nun merkte er auf einmal, daß eine neue Ordnung der Dinge manches Unbequeme nach sich ziehe. Er hatte seinem alten Reitknecht, der zugleich die Stelle des Bedienten und Kammerdieners vertrat, seit mehreren Jahren kein böses Wort gegeben: denn alles ging in der strengsten Ordnung seinen gewöhnlichen Gang; die Pferde waren versorgt und die Kleidungsstücke zu rechter Stunde gereinigt; aber der Herr war früher aufgestanden, und nichts wollte passen.

Sodann gesellte sich noch ein anderer Umstand hinzu, um die Ungeduld und eine Art böser Laune des Majors zu vermehren. Sonst war ihm alles an sich und seinem Diener recht gewesen; nun aber fand er sich, als er vor den Spiegel trat, nicht so, wie er zu sein wünschte. Einige graue Haare konnte er nicht leugnen, und von Runzeln schien sich auch etwas eingefunden zu haben. Er wischte und puderte mehr als sonst und mußte es doch zuletzt lassen, wie es sein konnte. Auch mit der Kleidung und ihrer Sauberkeit war er nicht zufrieden. Da sollten sich immer noch Fasern auf dem Rock und noch Staub auf den Stiefeln finden. Der Alte wußte nicht, was er sagen sollte, und war erstaunt, einen so veränderten Herrn vor sich zu sehen.

Ungeachtet aller dieser Hindernisse war der Major schon früh genug im Garten. Hilarien, die er zu finden hoffte, fand er wirklich. Sie brachte ihm einen Blumenstrauß entgegen, und er hatte nicht den Mut, sie wie sonst zu küssen und an sein Herz zu drücken. Er befand sich in der angenehmsten Verlegenheit von der Welt und überließ sich seinen Gefühlen, ohne zu denken, wohin das führen könne.

Die Baronin gleichfalls säumte nicht lange zu erscheinen, und indem sie ihrem Bruder ein Billet wies, das ihr eben ein Bote gebracht hatte, rief sie aus: »Du rätst nicht, wen uns dieses Blatt anzumelden kommt.« – »So entdecke es nur bald!« versetzte der Major; und er erfuhr, daß ein alter theatralischer Freund nicht weit von dem Gute vorbeireise und für einen Augenblick einzukehren gedenke. »Ich bin neugierig, ihn wiederzusehen«, sagte der Major; »er ist kein Jüngling mehr, und ich höre, daß er noch immer die jungen Rollen spielt.« – »Er muß um zehn Jahre älter sein als du«, versetzte die Baronin. – »Ganz gewiß«, erwiderte der Major, »nach allem, was ich mich erinnere.«

Es währte nicht lange, so trat ein munterer, wohlgebauter, gefälliger Mann herzu. Man stutzte einen Augenblick, als man sich wiedersah. Doch sehr bald erkannten sich die Freunde, und Erinnerungen aller Art belebten das Gespräch. Hierauf ging man zu Erzählungen, zu Fragen und zu Rechenschaft über; man machte sich wechselsweise mit den gegenwärtigen Lagen bekannt und fühlte sich bald, als wäre man nie getrennt gewesen.

Die geheime Geschichte sagt uns, daß dieser Mann in früherer Zeit, als ein sehr schöner und angenehmer Jüngling, einer vornehmen Dame zu gefallen das Glück oder Unglück gehabt habe; daß er dadurch in große Verlegenheit und Gefahr geraten, woraus ihn der Major eben im Augenblick, als ihn das traurigste Schicksal bedrohte, glücklich herausriß. Ewig blieb er dankbar, dem Bruder sowohl als der Schwester; denn diese hatte durch zeitige Warnung zur Vorsicht Anlaß gegeben.

Einige Zeit vor Tische ließ man die Männer allein. Nicht ohne Bewunderung, ja gewissermaßen mit Erstaunen hatte der Major das äußere Behaben seines alten Freundes im ganzen und einzelnen betrachtet. Er schien gar nicht verändert zu sein, und es war kein Wunder, daß er noch immer als jugendlicher Liebhaber auf dem Theater erscheinen konnte. – »Du betrachtest mich aufmerksamer

als billig ist«, sprach er endlich den Major an; »ich fürchte
sehr, du findest den Unterschied gegen vorige Zeit nur
allzu groß.« – »Keineswegs«, versetzte der Major, »vielmehr bin ich voll Verwunderung, dein Aussehen frischer
und jünger zu finden als das meine; da ich doch weiß, daß
du schon ein gemachter Mann warst, als ich, mit der
Kühnheit eines wagehalsigen Gelbschnabels, dir in gewissen Verlegenheiten beistand.« – »Es ist deine Schuld«,
versetzte der andere, »es ist die Schuld aller deinesgleichen; und ob ihr schon darum nicht zu schelten seid, so
seid ihr doch zu tadeln. Man denkt immer nur ans Notwendige; man will sein und nicht scheinen. Das ist recht
gut, solange man etwas ist. Wenn aber zuletzt das Sein mit
dem Scheinen sich zu empfehlen anfängt und der Schein
noch flüchtiger als das Sein ist, so merkt denn doch ein
jeder, daß er nicht übel getan hätte, das Äußere über dem
Innern nicht ganz zu vernachlässigen.« – »Du hast recht«,
versetzte der Major und konnte sich fast eines Seufzers
nicht enthalten. – »Vielleicht nicht ganz recht«, sagte der
bejahrte Jüngling; »denn freilich bei meinem Handwerke
wäre es ganz unverzeihlich, wenn man das Äußere nicht
so lange aufstutzen wollte, als nur möglich ist. Ihr andern
aber habt Ursache, auf andere Dinge zu sehen, die bedeutender und nachhaltiger sind.« – »Doch gibt es Gelegenheiten«, sagte der Major, »wo man sich innerlich frisch
fühlt und sein Äußeres auch gar zu gern wieder auffri-
schen möchte.«

Da der Ankömmling die wahre Gemütslage des Majors
nicht ahnen konnte, so nahm er diese Äußerung im Solda-
tensinne und ließ sich weitläufig darüber aus: wie viel
beim Militär aufs Äußere ankomme und wie der Offizier,
der so manches auf seine Kleidung zu wenden habe, doch

auch einige Aufmerksamkeit auf Haut und Haare wenden könne.

»Es ist zum Beispiel unverantwortlich«, fuhr er fort, »daß Eure Schläfe schon grau sind, daß hie und da sich Runzeln zusammenziehen und daß Euer Scheitel kahl zu werden droht. Seht mich alten Kerl einmal an! betrachtet, wie ich mich erhalten habe! und das alles ohne Hexerei und mit weit weniger Mühe und Sorgfalt, als man täglich anwendet, um sich zu beschädigen oder wenigstens Langeweile zu machen.«

Der Major fand bei dieser zufälligen Unterredung zu sehr seinen Vorteil, als daß er sie so bald hätte abbrechen sollen; doch ging er leise und selbst gegen einen alten Bekannten mit Behutsamkeit zu Werke. – »Das habe ich nun leider versäumt!« rief er aus, »und nachzuholen ist es nicht; ich muß mich nun schon darein ergeben, und Ihr werdet deshalb nicht schlimmer von mir denken.«

»Versäumt ist nichts!« erwiderte jener, »wenn ihr andern ernsthaften Herren nur nicht so starr und steif wäret, nicht gleich einen jeden, der sein Äußeres bedenkt, für eitel erklären und euch dadurch selbst die Freude verkümmern möchtet, in gefälliger Gesellschaft zu sein und selbst zu gefallen.« – »Wenn es auch keine Zauberei ist«, lächelte der Major, »wodurch ihr andern euch jung erhaltet, so ist es doch ein Geheimnis, oder wenigstens sind es Arcana, dergleichen oft in den Zeitungen gepriesen werden, von denen ihr aber die besten herauszuproben wißt.« – »Du magst im Scherz oder im Ernst reden«, versetzte der Freund, »so hast du's getroffen. Unter den vielen Dingen, die man von jeher versucht hat, um dem Äußeren einige Nahrung zu geben, das oft viel früher als das Innere abnimmt, gibt es wirklich unschätzbare, einfache sowohl

als zusammengesetzte Mittel, die mir von Kunstgenossen
mitgeteilt, für bares Geld oder durch Zufall überliefert
und von mir selbst ausgeprobt worden. Dabei bleib' ich
und verharre nun, ohne deshalb meine weitern Forschun-
gen aufzugeben. So viel kann ich dir sagen, und ich über-
treibe nicht: ein Toilettenkästchen führe ich bei mir, über
allen Preis! ein Kästchen, dessen Wirkungen ich wohl an
dir erproben möchte, wenn wir nur vierzehn Tage zusam-
menblieben.«

Der Gedanke, etwas dieser Art sei möglich und diese
Möglichkeit werde ihm gerade in dem rechten Augenblicke so zufällig nahe gebracht, erheiterte den Geist des
Majors dergestalt, daß er wirklich schon frischer und
munterer aussah und, von der Hoffnung, Haupt und Gesicht mit seinem Herzen in Übereinstimmung zu bringen,
belebt, von der Unruhe, die Mittel dazu bald näher kennen zu lernen, in Bewegung gesetzt, bei Tische ein ganz
anderer Mensch erschien, Hilariens anmutigen Aufmerksamkeiten getrost entgegenging und auf sie mit einer gewissen Zuversicht blickte, die ihm heute früh noch sehr
fremd gewesen war.

Hatte nun durch mancherlei Erinnerungen, Erzählungen und glückliche Einfälle der theatralische Freund die
einmal angeregte gute Laune zu erhalten, zu beleben und
zu vermehren gewußt, so wurde der Major um so verlegener, als jener gleich nach Tische sich zu entfernen und
seinen Weg weiter fortzusetzen drohte. Auf alle Weise
suchte er den Aufenthalt seines Freundes, wenigstens
über Nacht, zu erleichtern, indem er Vorspann und Relais
auf morgen früh andringlich zusagte. Genug, die heilsame
Toilette sollte nicht aus dem Hause, bis man von ihrem
Inhalt und Gebrauch näher unterrichtet wäre.

Der Major sah sehr wohl ein, daß hier keine Zeit zu verlieren sei, und suchte daher gleich nach Tische seinen alten Günstling allein zu sprechen. Da er das Herz nicht hatte, ganz gerade auf die Sache loszugehen, so lenkte er von weitem dahin, indem er, das vorige Gespräch wieder auffassend, versicherte: er für seine Person würde gern mehr Sorgfalt auf das Äußere verwenden, wenn nur nicht gleich die Menschen einen jeden, dem sie ein solches Bestreben anmerken, für eitel erklärten und ihm dadurch sogleich wieder an der sittlichen Achtung entzögen, was sie sich genötigt fühlten an der sinnlichen ihm zuzugestehen.

»Mache mich mit solchen Redensarten nicht verdrießlich!« versetzte der Freund; »denn das sind Ausdrücke, die sich die Gesellschaft angewöhnt hat, ohne etwas dabei zu denken, oder, wenn man es strenger nehmen will, wodurch sich ihre unfreundliche und mißwollende Natur ausspricht. Wenn du es recht genau betrachtest: was ist denn das, was man oft als Eitelkeit verrufen möchte? Jeder Mensch soll Freude an sich selbst haben, und glücklich, wer sie hat. Hat er sie aber, wie kann er sich verwehren, dieses angenehme Gefühl merken zu lassen? Wie soll er mitten im Dasein verbergen, daß er eine Freude am Dasein habe? Fände die gute Gesellschaft, denn von der ist doch hier allein die Rede, nur alsdann diese Äußerungen tadelhaft, wenn sie zu lebhaft werden, wenn des einen Menschen Freude an sich und seinem Wesen die andern hindert, Freude an dem ihrigen zu haben und sie zu zeigen, so wäre nichts dabei zu erinnern, und von diesem Übermaß ist auch wohl der Tadel zuerst ausgegangen. Aber was soll eine wunderlich-verneindende Strenge gegen etwas Unvermeidliches? Warum will man nicht eine Äußerung läß-

lich und erträglich finden, die man denn doch mehr oder
weniger sich von Zeit zu Zeit selbst erlaubt? ja, ohne
die eine gute Gesellschaft gar nicht existieren könnte:
denn das Gefallen an sich selbst, das Verlangen, dieses
Selbstgefühl andern mitzuteilen, macht gefällig, das Gefühl eigner Anmut macht anmutig. Wollte Gott, alle
Menschen wären eitel, wären es aber mit Bewußtsein, mit
Maß und im rechten Sinne: so würden wir in der gebildeten Welt die glücklichsten Menschen sein. Die Weiber,
sagt man, sind eitel von Hause aus; doch es kleidet sie, und
sie gefallen uns um desto mehr. Wie kann ein junger Mann
sich bilden, der nicht eitel ist? Eine leere, hohle Natur
wird sich wenigstens einen äußern Schein zu geben wissen, und der tüchtige Mensch wird sich bald von außen
nach innen zu bilden. Was mich betrifft, so habe ich Ursache, mich auch deshalb für den glücklichsten Menschen
zu halten, weil mein Handwerk mich berechtigt, eitel zu
sein, und weil ich, je mehr ich es bin, nur desto mehr
Vergnügen den Menschen schaffe. Ich werde gelobt, wo
man andere tadelt, und habe, gerade auf diesem Wege, das
Recht und das Glück, noch in einem Alter das Publikum
zu ergötzen und zu entzücken, in welchem andere notgedrungen vom Schauplatz abtreten oder nur mit Schmach
darauf verweilen.«

Der Major hörte nicht gerne den Schluß dieser Betrachtungen. Das Wörtchen Eitelkeit, als er es vorbrachte,
sollte nur zu einem Übergang dienen, um dem Freunde
auf eine geschickte Weise seinen Wunsch vorzutragen;
nun fürchtete er, bei einem fortgesetzten Gespräch das
Ziel noch weiter verrückt zu sehen, und eilte daher unmittelbar zum Zweck.

»Für mich«, sagte er, »wäre ich gar nicht abgeneigt,

auch zu deiner Fahne zu schwören, da du es nicht für zu spät hältst und glaubst, daß ich das Versäumte noch einigermaßen nachholen könne. Teile mir etwas von deinen Tinkturen, Pomaden und Balsamen mit, und ich will einen Versuch machen.«

»Mitteilungen«, sagte der andere, »sind schwerer, als man denkt. Denn hier z. B. kommt es nicht allein darauf an, daß ich dir von meinen Fläschchen etwas abfülle und von den besten Ingredienzien meiner Toilette die Hälfte zurücklasse; die Anwendung ist das Schwerste. Man kann das Überlieferte sich nicht gleich zu eigen machen; wie dieses und jenes passe, unter was für Umständen, in welcher Folge die Dinge zu gebrauchen seien, dazu gehört Übung und Nachdenken; ja selbst diese wollen kaum fruchten, wenn man nicht eben zu der Sache, wovon die Rede ist, ein angebornes Talent hat.«

»Du willst, wie es scheint«, versetzte der Major, »nun wieder zurücktreten. Du machst mir Schwierigkeiten, um deine freilich etwas fabelhaften Behauptungen in Sicherheit zu bringen. Du hast nicht Lust, mir einen Anlaß, eine Gelegenheit zu geben, deine Worte durch die Tat zu prüfen.«

»Durch diese Neckereien, mein Freund«, versetzte der andere, »würdest du mich nicht bewegen, deinem Verlangen zu willfahren, wenn ich nicht selbst so gute Gesinnungen gegen dich hätte, wie ich es ja zuerst dir angeboten habe. Dabei bedenke, mein Freund, der Mensch hat gar eine eigne Lust, Proselyten zu machen, dasjenige, was er an sich schätzt, auch außer sich in andern zur Erscheinung zu bringen, sie genießen zu lassen, was er selbst genießt, und sich in ihnen wiederzufinden und darzustellen. Fürwahr, wenn dies auch Egoismus ist, so ist er der liebens-

würdigste und lobenswürdigste, derjenige, der uns zu
Menschen gemacht hat und uns als Menschen erhält. Aus
ihm nehme ich denn auch, abgesehen von der Freundschaft, die ich zu dir hege, die Lust, einen Schüler in der
Verjüngungskunst aus dir zu machen. Weil man aber von
dem Meister erwarten kann, daß er keine Pfuscher ziehen
will, so bin ich verlegen, wie wir es anfangen. Ich sagte
schon: weder Spezereien noch irgendeine Anweisung ist
hinlänglich; die Anwendung kann nicht im Allgemeinen
gelehrt werden. Dir zuliebe und aus Lust, meine Lehre
fortzupflanzen, bin ich zu jeder Aufopferung bereit. Die
größte für den Augenblick will ich dir sogleich anbieten.
Ich lasse dir meinen Diener hier, eine Art von Kammerdiener und Tausendkünstler, der, wenn er gleich nicht
alles zu bereiten weiß, nicht in alle Geheimnisse ein-
geweiht ist, doch die ganze Behandlung recht gut versteht und für den Anfang dir von großem Nutzen sein
wird, bis du dich in die Sache so hineinarbeitest, daß ich
dir die höheren Geheimnisse endlich auch offenbaren
kann.«

»Wie!« rief der Major, »du hast auch Stufen und Grade
deiner Verjüngungskunst? Du hast noch Geheimnisse für
die Eingeweihten?« – »Ganz gewiß!« versetzte jener.
»Das müßte gar eine schlechte Kunst sein, die sich auf
einmal fassen ließe, deren Letztes von demjenigen gleich
geschaut werden könnte, der zuerst hereintritt.«

Man zauderte nicht lange, der Kammerdiener ward an
den Major gewiesen, der ihn gut zu halten versprach. Die
Baronin mußte Schächtelchen, Büchschen und Gläser
hergeben, sie wußte nicht wozu; die Teilung ging vor sich,
man war bis in die Nacht munter und geistreich zusammen. Bei dem späteren Aufgang des Mondes fuhr der

Gast hinweg und versprach, in einiger Zeit zurückzukehren.

Der Major kam ziemlich müde auf sein Zimmer. Er war früh aufgestanden, hatte sich den Tag nicht geschont und glaubte nunmehr das Bett bald zu erreichen. Allein er fand statt eines Dieners nunmehr zwei. Der alte Reitknecht zog ihn nach alter Art und Weise eilig aus; aber nun trat der neue hervor und ließ merken, daß die eigentliche Zeit, Verjüngungs- und Verschönerungsmittel anzubringen, die Nacht sei, damit in einem ruhigen Schlaf die Wirkung desto sicherer vor sich gehe. Der Major mußte sich also gefallen lassen, ·daß sein Haupt gesalbt, sein Gesicht bestrichen, seine Augenbrauen bepinselt und seine Lippen betupft wurden. Außerdem wurden noch verschiedene Zeremonien erfordert; sogar sollte die Nachtmütze nicht unmittelbar aufgesetzt, sondern vorher ein Netz, wo nicht gar eine feine lederne Mütze übergezogen werden.

Der Major legte sich zu Bette mit einer Art von unangenehmer Empfindung, die er jedoch sich deutlich zu machen keine Zeit hatte, indem er gar bald einschlief. Sollen wir aber in seine Seele sprechen, so fühlte er sich etwas mumienhaft, zwischen einem Kranken und einem Einbalsamierten. Allein das süße Bild Hilariens, umgeben von den heitersten Hoffnungen, zog ihn bald in einen erquickenden Schlaf.

Morgens zur rechten Zeit war der Reitknecht bei der Hand. Alles, was zum Anzuge des Herrn gehörte, lag in gewohnter Ordnung auf den Stühlen, und eben war der Major im Begriff, aus dem Bette zu steigen, als der neue Kammerdiener hereintrat und lebhaft gegen eine solche Übereilung protestierte. Man müsse ruhen, man müsse sich abwarten, wenn das Vorhaben gelingen, wenn man für so manche Mühe und Sorgfalt Freude erleben solle. Der Herr vernahm sodann, daß er in einiger Zeit aufzustehen, ein kleines Frühstück zu genießen und alsdann in ein Bad zu steigen habe, welches schon bereitet sei. Den Anordnungen war nicht auszuweichen, sie mußten befolgt werden, und einige Stunden gingen unter diesen Geschäften hin.

Der Major verkürzte die Ruhezeit nach dem Bade, dachte sich geschwind in die Kleider zu werfen; denn er war seiner Natur nach expedit und wünschte noch überdies, Hilarien bald zu begegnen; aber auch hier trat ihm sein neuer Diener entgegen und machte ihm begreiflich, daß man sich durchaus abgewöhnen müsse, fertig werden zu wollen. Alles, was man tue, müsse man langsam und behaglich vollbringen, besonders aber die Zeit des Anziehens habe man als angenehme Unterhaltungsstunde mit sich selbst anzusehen.

Die Behandlungsart des Kammerdieners traf mit seinen Reden völlig überein. Dafür glaubte sich aber auch der Major wirklich besser angezogen denn jemals, als er vor den Spiegel trat und sich auf das schmuckeste herausgeputzt erblickte. Ohne viel zu fragen, hatte der Kammerdiener sogar die Uniform moderner zugestutzt, indem er die Nacht auf diese Verwandlung wendete. Eine so schnell erscheinende Verjüngung gab dem Major einen besonders heitern Sinn, so daß er sich von innen und außen erfrischt fühlte und mit ungeduldigem Verlangen den Seinigen entgegeneilte.

Er fand seine Schwester vor dem Stammbaume stehen, den sie hatte aufhängen lassen, weil abends vorher zwischen ihnen von einigen Seitenverwandten die Rede gewesen, welche, teils unverheiratet, teils in fernen Landen wohnhaft, teils gar verschollen, mehr oder weniger den beiden Geschwistern oder ihren Kindern auf reiche Erbschaften Hoffnung machten. Sie unterhielten sich einige Zeit darüber, ohne des Punktes zu erwähnen, daß sich bisher alle Familiensorgen und Bemühungen bloß auf ihre Kinder bezogen. Durch Hilariens Neigung hatte sich diese ganze Ansicht freilich verändert, und doch mochte weder der Major noch seine Schwester in diesem Augenblick der Sache weiter gedenken.

Die Baronin entfernte sich, der Major stand allein vor dem lakonischen Familiengemälde. Hilarie trat an ihn heran, lehnte sich kindlich an ihn, beschaute die Tafel und fragte: wen er alles von diesen gekannt habe? und wer wohl noch leben und übrig sein möchte?

Der Major begann seine Schilderung von den Ältesten, deren er sich aus seiner Kindheit nur noch dunkel erinnerte. Dann ging er weiter, zeichnete die Charaktere verschiedener Väter, die Ähnlichkeit oder Unähnlichkeit der Kinder mit denselben, bemerkte, daß oft der Großvater im Enkel wieder hervortrete, sprach gelegentlich von dem Einfluß der Weiber, die, aus fremden Familien herüber heiratend, oft den Charakter ganzer Stämme verändern. Er rühmte die Tugend manches Vorfahren und Seitenverwandten und verschwieg ihre Fehler nicht. Mit Stillschweigen überging er diejenigen, deren man sich hätte zu schämen gehabt. Endlich kam er an die untersten Reihen. Da stand nun sein Bruder, der Obermarschall, er und seine Schwester und unten drunter sein Sohn und daneben Hilarie.

»Diese sehen einander gerade genug ins Gesicht«, sagte der Major und fügte nicht hinzu, was er im Sinne hatte.

Nach einer Pause versetzte Hilarie bescheiden, halblaut und fast mit einem Seufzer: »Und doch wird man denjenigen niemals tadeln, der in die Höhe blickt!« Zugleich sah sie mit ein paar Augen an ihm hinauf, aus denen ihre ganze Neigung hervorsprach. – »Versteh' ich dich recht?« sagte der Major, indem er sich zu ihr wendete. – »Ich kann nichts sagen«, versetzte Hilarie lächelnd, »was Sie nicht schon wissen.« – »Du machst mich zum glücklichsten Menschen unter der Sonne!« rief er aus und fiel ihr zu Füßen. »Willst du mein sein?« – »Um Gottes willen stehen Sie auf! Ich bin dein auf ewig.«

Die Baronin trat herein. Ohne überrascht zu sein, stutzte sie. – »Wäre es ein Unglück«, sagte der Major, »Schwester! so ist die Schuld dein; als Glück wollen wir's dir ewig verdanken.«

Die Baronin hatte ihren Bruder von Jugend auf dergestalt geliebt, daß sie ihn allen Männern vorzog, und vielleicht war selbst die Neigung Hilariens aus dieser Vorliebe der Mutter, wo nicht entsprungen, doch gewiß genährt worden. Alle drei vereinigten sich nunmehr in e i n e r Liebe, e i n e m Behagen, und so flossen für sie die glücklichsten Stunden dahin. Nur wurden sie denn doch zuletzt auch wieder die Welt um sich her gewahr, und diese steht selten mit solchen Empfindungen im Einklang.

Nun dachte man auch wieder an den Sohn. Ihm hatte man Hilarien bestimmt, das ihm sehr wohl bekannt war. Gleich nach Beendigung des Geschäfts mit dem Obermarschall sollte der Major seinen Sohn in der Garnison besuchen, alles mit ihm abreden und diese Angelegenheiten zu einem glücklichen Ende führen. Nun war aber durch ein unerwartetes Ereignis der ganze Zustand verruckt; die Verhältnisse, die sonst sich freundlich ineinanderschmiegten, schienen sich nunmehr anzufeinden, und es war schwer vorauszusehen, was die Sache für eine Wendung nehmen, was für eine Stimmung die Gemüter ergreifen würde.

Indessen mußte sich der Major entschließen, seinen Sohn aufzusuchen, dem er sich schon angemeldet hatte. Er machte sich nicht ohne Widerwillen, nicht ohne sonderbare Ahnung, nicht ohne Schmerz, Hilarien auch nur auf kurze Zeit zu verlassen, nach manchem Zaudern auf den Weg, ließ Reitknecht und Pferde zurück und fuhr mit seinem Verjüngungsdiener, den er nun nicht mehr entbehren konnte, der Stadt, dem Aufenthalte seines Sohnes, entgegen.

Beide begrüßten und umarmten sich nach so langer Trennung aufs herzlichste. Sie hatten einander viel zu sagen und sprachen doch nicht sogleich aus, was ihnen zunächst am Herzen lag. Der Sohn erging sich in Hoffnungen eines baldigen Avancements; wogegen ihm der Vater genaue Nachricht gab, was zwischen den ältern Familiengliedern wegen des Vermögens überhaupt, wegen der einzelnen Güter und sonst verhandelt und beschlossen worden.

Das Gespräch fing schon einigermaßen an zu stocken, als der Sohn sich ein Herz faßte und zu dem Vater lächelnd sagte: »Sie behandeln mich sehr zart, lieber Vater, und ich danke Ihnen dafür. Sie erzählen mir von Besitztümern und Vermögen und erwähnen der Bedingung nicht, unter der, wenigstens zum Teil, es mir eigen werden soll; Sie halten mit dem Namen Hilariens zurück, Sie erwarten, daß ich ihn selbst ausspreche, daß ich mein Verlangen zu erkennen gebe, mit dem liebenswürdigen Kinde bald vereinigt zu sein.«

Der Major befand sich bei diesen Worten des Sohnes in großer Verlegenheit; da es aber teils seiner Natur, teils einer alten Gewohnheit gemäß war, den Sinn des andern, mit dem er zu verhandeln hatte, zu erforschen, so schwieg er und blickte den Sohn mit einem zweideutigen Lächeln an. – »Sie erraten nicht, mein Vater, was ich zu sagen habe«, fuhr der Lieutenant fort, »und ich will es nur rasch ein für allemal herausreden. Ich kann mich auf Ihre Güte verlassen, die, bei so vielfacher Sorge für mich, gewiß auch an mein wahres Glück gedacht hat. Einmal muß es gesagt sein, und so sei es gleich gesagt: Hilarie kann mich nicht glücklich machen! Ich gedenke Hilariens als einer liebenswürdigen Anverwandten, mit der ich zeitlebens in den freundschaftlichsten Verhältnissen stehen möchte; aber eine andere hat meine Leidenschaft erregt, meine Neigung gefesselt. Unwiderstehlich ist dieser Hang; Sie werden mich nicht unglücklich machen.«

Nur mit Mühe verbarg der Major die Heiterkeit, die sich über sein Gesicht verbreiten wollte, und fragte den Sohn mit einem milden Ernst: wer denn die Person sei, welche sich seiner so gänzlich bemächtigen können. – »Sie müssen dieses Wesen sehen, mein Vater: denn sie ist so unbeschreiblich als unbegreiflich. Ich fürchte nur, Sie werden selbst von ihr hingerissen, wie jedermann, der sich ihr nähert. Bei Gott! ich erlebe es und sehe Sie als den Rival Ihres Sohnes.«

»Wer ist sie denn?« fragte der Major. »Wenn du ihre Persönlichkeit zu schildern nicht imstande bist, so erzähle mir wenigstens von ihren äußern Umständen: denn diese sind wohl doch eher auszusprechen.« – »Wohl, mein Vater!« versetzte der Sohn; »und doch würden auch diese äußeren Umstände bei einer andern anders sein, anders auf eine andere wirken. Sie ist eine junge Witwe, Erbin eines alten, reichen, vor kurzem verstorbenen Mannes, unabhängig und höchst wert, es zu sein, von vielen umgeben, von ebenso vielen geliebt, von ebenso vielen umworben, doch, wenn ich mich nicht sehr betriege, mir von Herzen angehörig.«

Mit Behaglichkeit, weil der Vater schwieg und kein Zeichen der Mißbilligung äußerte, fuhr der Sohn fort, das Betragen der schönen Witwe gegen ihn zu erzählen, jene unwiderstehliche Anmut, jene zarten Gunstbezeigungen einzeln herzurühmen, in denen der Vater freilich nur die leichte Gefälligkeit einer allgemein gesuchten Frau erkennen konnte, die unter vielen wohl irgendeinen vorzieht, ohne sich eben für ihn ganz und gar zu entscheiden. Unter jeden andern Umständen hätte er gewiß gesucht, einen Sohn, ja nur einen Freund auf den Selbstbetrug aufmerksam zu machen, der wahrscheinlich hier obwalten könnte; aber diesmal war ihm selbst so viel daran gelegen, wenn der Sohn sich nicht täuschen, wenn die Witwe ihn wirklich lieben und sich so schnell als möglich zu seinen Gunsten entscheiden möchte, daß er entweder kein Bedenken hatte oder einen solchen Zweifel bei sich ablehnte, vielleicht auch nur verschwieg.

»Du setzest mich in große Verlegenheit«, begann der Vater nach einiger Pause. »Die ganze Übereinkunft zwischen den übriggebliebenen Gliedern unsers Geschlechts beruht auf der Voraussetzung, daß du dich mit Hilarien verbindest. Heiratet sie einen Fremden, so ist die ganze, schöne, künstliche Vereinigung eines ansehnlichen Vermögens wieder aufgehoben, und du besonders in deinem Teile nicht zum besten bedacht. Es gäbe wohl noch ein Mittel, das aber ein wenig sonderbar klingt und wobei du auch nicht viel gewinnen würdest: ich müßte noch in meinen alten Tagen Hilarien heiraten, wodurch ich dir aber schwerlich ein großes Vergnügen machen würde.«

»Das größte von der Welt!« rief der Lieutenant aus; »denn wer kann eine wahre Neigung empfinden, wer kann das Glück der Liebe genießen oder hoffen, ohne daß er dieses höchste Glück einem jeden Freund, einem jeden gönnte, der ihm wert ist! Sie sind nicht alt, mein Vater; wie liebenswürdig ist nicht Hilarie! und schon der vorüberschwebende Gedanke, ihr die Hand zu bieten, zeugt von einem jugendlichen Herzen, von frischer Mutigkeit. Lassen Sie uns diesen Einfall, diesen Vorschlag aus dem Stegreife ja recht gut durchsinnen und ausdenken. Dann würde ich erst recht glücklich sein, wenn ich Sie glücklich wüßte; dann würde ich mich erst recht freuen, daß Sie für die Sorgfalt, mit der Sie mein Schicksal bedacht, an sich selbst so schön und höchlich belohnt würden. Nun führe ich sie erst mutig, zutraulich und mit recht offnem Herzen zu meiner Schönen. Sie werden meine Empfindungen billigen, weil Sie selbst fühlen; Sie werden dem Glück eines Sohnes nichts in den Weg legen, weil Sie Ihrem eigenen Glück entgegengehen.«

Mit diesen und andern dringenden Worten ließ der Sohn den Vater, der manche Bedenklichkeiten einstreuen wollte, nicht Raum gewinnen, sondern eilte mit ihm zur schönen Witwe, welche sie in einem großen, wohleingerichteten Hause, umgeben von einer zwar nicht zahlreichen, aber ausgesuchten Gesellschaft, in heiterer Unterhaltung antrafen. Sie war eins von den weiblichen Wesen, denen kein Mann entgeht. Mit unglaublicher Gewandtheit wußte sie den Major zum Helden dieses Abends zu machen. Die übrige Gesellschaft schien ihre Familie, der

Major allein der Gast zu sein. Sie kannte seine Verhältnisse recht gut, und doch wußte sie darnach zu fragen, als
wenn sie alles erst von ihm recht erfahren wollte; und
so mußte auch jedes von der Gesellschaft schon irgendeinen Anteil an dem Neuangekommenen zeigen. Der
eine mußte seinen Bruder, der andere seine Güter und
der Dritte sonst wieder etwas gekannt haben, so daß der
Major bei einem lebhaften Gespräch sich immer als den
Mittelpunkt fühlte. Auch saß er zunächst bei der Schönen; ihre Augen waren auf ihn, ihr Lächeln an ihn gerichtet; genug, er fand sich so behaglich, daß er beinahe die
Ursache vergaß, warum er gekommen war. Auch er-
wähnte sie seines Sohnes kaum mit einem Worte, obgleich der junge Mann lebhaft mitsprach; er schien für sie,
wie die übrigen alle, heute nur um des Vaters willen gegenwärtig.

Frauenzimmerliche Handarbeiten, in Gesellschaft unternommen und scheinbar gleichgültig fortgesetzt, erhalten durch Klugheit und Anmut oft eine wichtige Bedeutung. Unbefangen und emsig fortgesetzt, geben solche
Bemühungen einer Schönen das Ansehen völliger Unauf-
merksamkeit auf die Umgebung und erregen in derselben
ein stilles Mißgefühl. Dann aber, gleichsam wie beim Erwachen, ein Wort, ein Blick versetzt die Abwesende
wieder mitten in die Gesellschaft, sie erscheint als neu
willkommen; legt sie aber gar die Arbeit in den Schoß nieder, zeigt sie Aufmerksamkeit auf eine Erzählung, einen
belehrenden Vortrag, in welchem sich die Männer so gern
ergehen, dies wird demjenigen höchst schmeichelhaft,
den sie dergestalt begünstigt.

Unsere schöne Witwe arbeitete auf diese Weise an einer
so prächtigen als geschmackvollen Brieftasche, die sich

noch überdies durch ein größeres Format auszeichnete. Diese ward nun eben von der Gesellschaft besprochen, von dem nächsten Nachbar aufgenommen, unter großen Lobpreisungen der Reihe nach herumgegeben, indessen die Künstlerin sich mit dem Major von ernsten Gegenständen besprach; ein alter Hausfreund rühmte das beinahe fertige Werk mit Übertreibung, doch als solches an den Major kam, schien sie es als seiner Aufmerksamkeit nicht wert von ihm ablehnen zu wollen, wogegen er auf eine verbindliche Weise die Verdienste der Arbeit anzuerkennen verstand, inzwischen der Hausfreund darin ein penelopeisch zauderhaftes Werk zu sehen glaubte.

Man ging in den Zimmern auf und ab und gesellte sich zufällig zusammen. Der Lieutenant trat zu der Schönen und fragte: »Was sagen Sie zu meinem Vater?« Lächelnd versetzte sie: »Mich deucht, daß Sie ihn wohl zum Muster nehmen könnten. Sehn Sie nur, wie nett er angezogen ist! Ob er sich nicht besser trägt und hält als sein lieber Sohn!« So fuhr sie fort, den Vater auf Unkosten des Sohnes zu beschreien und zu loben und eine sehr gemischte Empfindung von Zufriedenheit und Eifersucht in dem Herzen des jungen Mannes hervorzubringen.

Nicht lange, so gesellte sich der Sohn zum Vater und erzählte ihm alles haarklein wieder. Der Vater betrug sich nur desto freundlicher gegen die Witwe, und sie setzte sich gegen ihn schon auf einen lebhafteren, vertraulichern Ton. Kurz, man kann sagen, daß, als es zum Scheiden ging, der Major so gut als die übrigen alle ihr und ihrem Kreise schon angehörte.

Ein stark einfallender Regen hinderte die Gesellschaft, auf die Weise nach Hause zu kehren, wie sie gekommen

war. Einige Equipagen fuhren vor, in welche man die
Fußgänger verteilte; nur der Lieutenant, unter dem Vor-
wande, man sitze ohnehin schon zu enge, ließ den Vater
fortfahren und blieb zurück.

Der Major, als er in sein Zimmer trat, fühlte sich wirklich in einer Art von Taumel, von Unsicherheit seiner
selbst, wie es denen geht, die schnell aus einem Zustande
in den entgegengesetzten übertreten. Die Erde scheint
sich für den zu bewegen, der aus dem Schiffe steigt, und
das Licht zittert noch im Auge dessen, der auf einmal ins
Finstere tritt. So fühlte sich der Major noch von der
Gegenwart des schönen Wesens umgeben. Er wünschte,
sie noch zu sehen, zu hören, sie wieder zu sehen, wieder
zu hören; und nach einiger Besinnung verzieh er seinem
Sohne, ja er pries ihn glücklich, daß er Ansprüche machen
dürfe, so viel Vorzüge zu besitzen.

Aus diesen Empfindungen riß ihn der Sohn, der mit
einer lebhaften Entzückung zur Türe hereinstürzte, den
Vater umarmte und ausrief: »Ich bin der glücklichste
Mensch von der Welt!« Nach solchen und ähnlichen Ausrufen kam es endlich unter beiden zur Aufklärung. Der
Vater bemerkte, daß die schöne Frau im Gespräch gegen
ihn des Sohnes auch nicht mit einer Silbe erwähnt habe. –
»Das ist eben ihre zarte, schweigende, halb schweigende,
halb andeutende Manier, wodurch man seiner Wünsche
gewiß wird und sich doch immer des Zweifels nicht ganz
erwehren kann. So war sie bisher gegen mich; aber Ihre
Gegenwart, mein Vater, hat Wunder getan. Ich gestehe es
gern, daß ich zurückblieb, um sie noch einen Augenblick
zu sehen. Ich fand sie in ihren erleuchteten Zimmern auf
und ab gehen; denn ich weiß wohl, es ist ihre Gewohnheit: wenn die Gesellschaft weg ist, darf kein Licht ausge-

löscht werden. Sie geht allein in ihren Zaubersälen auf und ab, wenn die Geister entlassen sind, die sie hergebannt hat. Sie ließ den Vorwand gelten, unter dessen Schutz ich zurückkam. Sie sprach anmutig, doch von gleichgültigen Dingen. Wir gingen hin und wider durch die offenen Türen die ganze Reihe der Zimmer durch. Wir waren schon einigemale bis ans Ende gelangt, in das kleine Kabinett, das nur von einer trüben Lampe erhellt ist. War sie schön, wenn sie sich unter den Kronleuchtern her bewegte, so war sie es noch unendlich mehr, beleuchtet von dem sanften Schein der Lampe. Wir waren wieder dahin gekommen und standen beim Umkehren einen Augenblick still. Ich weiß nicht, was mir die Verwegenheit abnötigte, ich weiß nicht, wie ich es wagen konnte, mitten im gleichgültigsten Gespräch auf einmal ihre Hand zu fassen, diese zarte Hand zu küssen, sie an mein Herz zu drücken. Man zog sie nicht weg. ›Himmlisches Wesen‹, rief ich, ›verbirg dich nicht länger vor mir. Wenn in diesem schönen Herzen eine Neigung wohnt für den Glücklichen, der vor dir steht, so verhülle sie nicht länger, offenbare sie, gestehe sie! es ist die schönste, es ist die höchste Zeit. Verbanne mich oder nimm mich in deinen Armen auf!‹

Ich weiß nicht, was ich alles sagte, ich weiß nicht, wie ich mich gebärdete. Sie entfernte sich nicht, sie widerstrebte nicht, sie antwortete nicht. Ich wagte es, sie in meine Arme zu fassen, sie zu fragen, ob sie die Meinige sein wolle. Ich küßte sie mit Ungestüm; sie drängte mich weg. – ›Ja doch, ja!‹ oder so etwas sagte sie halblaut und wie verworren. Ich entfernte mich und rief: ›Ich sende meinen Vater, der soll für mich reden!‹ – ›Kein Wort mit ihm darüber!‹ versetzte sie, indem sie mir einige Schritte nachfolgte. ›Entfernen Sie sich, vergessen Sie, was geschehen ist.‹«

Was der Major dachte, wollen wir nicht entwickeln. Er sagte jedoch zum Sohne: »Was glaubt du nun, was zu tun sei? Die Sache ist, dächt' ich, aus dem Stegreife gut genug eingeleitet, daß wir nun etwas förmlicher zu Werke gehen können, daß es vielleicht sehr schicklich ist, wenn ich mich morgen dort melde und für dich anhalte.« – »Um Gottes willen, mein Vater!« rief er aus, »das hieße die ganze Sache verderben. Jenes Betragen, jener Ton will durch keine Förmlichkeit gestört und verstimmt sein. Es ist genug, mein Vater, daß Ihre Gegenwart diese Verbindung beschleunigt, ohne daß Sie ein Wort aussprechen. Ja, Sie sind es, dem ich mein Glück schuldig bin! Die Achtung meiner Geliebten für Sie hat jeden Zweifel besiegt, und niemals würde der Sohn einen so glücklichen Augenblick gefunden haben, wenn ihn der Vater nicht vorbereitet hätte.«

Solche und ähnliche Mitteilungen unterhielten sie bis tief in die Nacht. Sie vereinigten sich wechselseitig über ihre Pläne; der Major wollte bei der schönen Witwe nur noch der Form wegen einen Abschiedsbesuch machen und sodann seiner Verbindung mit Hilarien entgegengehen; der Sohn sollte die seinige befördern und beschleunigen, wie es möglich wäre.

Der schönen Witwe machte unser Major einen Morgenbesuch, um Abschied zu nehmen und, wenn es möglich wäre, die Absicht seines Sohnes mit Schicklichkeit zu för-

dern. Er fand sie in zierlichster Morgenkleidung in Gesellschaft einer ältern Dame, die durch ein höchst gesittetes,
freundliches Wesen ihn alsobald einnahm. Die Anmut der
Jüngern, der Anstand der Älteren setzten das Paar in das
wünschenswerteste Gleichgewicht, auch schien ihr wech-
selseitiges Betragen durchaus dafür zu sprechen, daß sie
einander angehörten.

Die Jüngere schien eine fleißig gearbeitete, uns von
gestern schon bekannte Brieftasche soeben vollendet zu
haben; denn nach den gewöhnlichen Empfangsbegrüßun-
gen und verbindlichen Worten eines willkommenen Er-
scheinens wendete sie sich zur Freundin und reichte das
künstliche Werk hin, gleichsam ein unterbrochenes Gespräch wieder anknüpfend: »Sie sehen also, daß ich doch
fertig geworden bin, wenn es gleich wegen manchen Zö-
gerns und Säumens den Anschein nicht hatte.«

»Sie kommen eben recht, Herr Major«, sagte die
Ältere, »unsern Streit zu entscheiden oder wenigstens sich
für eine oder die andere Partei zu erklären; ich behaupte,
man fängt eine solche weitschichtige Arbeit nicht an, ohne
einer Person zu gedenken, der man sie bestimmt hat, man
vollendet sie nicht ohne einen solchen Gedanken. Beschauen Sie selbst das Kunstwerk, denn so nenn' ich es
billig, ob dergleichen so ganz ohne Zweck unternommen
werden könne.«

Unser Major mußte der Arbeit freilich allen Beifall zu-
sprechen. Teils geflochten, teils gestickt, erregte sie zugleich mit der Bewunderung das Verlangen, zu erfahren,
wie sie gemacht sei. Die bunte Seide waltete vor, doch
war auch das Gold nicht verschmäht, genug, man wußte
nicht, ob man Pracht oder Geschmack mehr bewundern
sollte.

»Es ist doch noch einiges daran zu tun«, versetzte die Schöne, indem sie die Schleife des umgeschlungenen Bandes wieder aufzog und sich mit dem Innern beschäftigte. »Ich will nicht streiten«, fuhr sie fort, »aber erzählen will ich, wie mir bei solchem Geschäft zumute ist. Als junge Mädchen werden wir gewöhnt, mit den Fingern zu tifteln und mit den Gedanken umherzuschweifen; beides bleibt uns, indem wir nach und nach die schwersten und zierlichsten Arbeiten verfertigen lernen, und ich leugne nicht, daß ich an jede Arbeit dieser Art immer Gedanken angeknüpft habe, an Personen, an Zustände, an Freud und Leid. Und so ward mir das Angefangene wert und das Vollendete, ich darf wohl sagen, kostbar. Als ein solches nun durft' ich das Geringste für etwas halten, die leichteste Arbeit gewann einen Wert, und die schwierigste doch auch nur dadurch, daß die Erinnerung dabei reicher und vollständiger war. Freunden und Liebenden, ehrwürdigen und hohen Personen glaubt' ich daher dergleichen immer anbieten zu können; sie erkannten es auch und wußten, daß ich ihnen etwas von meinem Eigensten überreichte, das, vielfach und unaussprechlich, doch zuletzt zu einer angenehmen Gabe vereinigt, immer wie ein freundlicher Gruß wohlgefällig aufgenommen ward.«

Auf ein so liebenswürdiges Bekenntnis war freilich kaum eine Erwiderung möglich; doch wußte die Freundin dagegen etwas in wohlklingende Worte zu fügen. Der Major aber, von jeher gewohnt, die anmutige Weisheit römischer Schriftsteller und Dichter zu schätzen und ihre leuchtenden Ausdrücke dem Gedächtnis einzuprägen, erinnerte sich einiger hierher gar wohl passender Verse, hütete sich aber, um nicht als Pedant zu erscheinen, sie auszusprechen oder auch ihrer nur zu erwähnen; versuchte jedoch, um nicht stumm und geistlos zu erscheinen, aus dem Stegreif eine prosaische Paraphrase, die aber nicht recht gelingen wollte, wodurch das Gespräch beinahe ins Stocken geraten wäre.

Die ältere Dame griff deshalb nach einem bei dem Eintritt des Freundes niedergelegten Buche; es war eine Sammlung von Poesien, welche soeben die Aufmerksamkeit der Freundinnen beschäftigte; dies gab Gelegenheit, von Dichtkunst überhaupt zu sprechen, doch blieb die Unterhaltung nicht lange im Allgemeinen, denn gar bald bekannten die Frauenzimmer zutraulich, daß sie von dem poetischen Talent des Majors unterrichtet seien. Ihnen hatte der Sohn, der selbst auf den Ehrentitel eines Dichters seine Absichten nicht verbarg, von den Gedichten seines Vaters vorgesprochen, auch einiges rezitiert; im Grunde, um sich mit einer poetischen Herkunft zu schmeicheln und, wie es die Jugend gewohnt ist, sich für einen vorschreitenden, die Fähigkeiten des Vaters steigernden Jüngling bescheidentlich geben zu können. Der Major aber, der sich zurückzuziehen suchte, da er bloß als Literator und Liebhaber gelten wollte, suchte, da ihm kein Ausweg gelassen war, wenigstens auszuweichen, indem er die Dichtart, in der er sich allenfalls geübt habe, für subaltern und fast für unecht wollte angesehen wissen; er konnte nicht leugnen, daß er in demjenigen, was man beschreibend und in einem gewissen Sinne belehrend nennt, einige Versuche gemacht habe.

Die Damen, besonders die jüngere, nahmen sich dieser Dichtart an; sie sagte: »Wenn man vernünftig und ruhig leben will, welches denn doch zuletzt eines jeden Menschen Wunsch und Absicht bleibt, was soll uns da das aufgeregte Wesen, das uns willkürlich anreizt, ohne etwas zu geben, das uns beunruhigt, um uns denn doch zuletzt uns wieder selbst zu überlassen; unendlich viel angenehmer ist mir, da ich doch einmal der Dichtung nicht gern entbehren mag, jene, die mich in heitere Gegenden versetzt, wo ich mich wiederzuerkennen glaube, mir den Grundwert des Einfach-Ländlichen zu Gemüte führt, mich durch buschige Haine zum Wald, unvermerkt auf eine Höhe zum Anblick eines Landsees hinführt, da denn auch wohl gegenüber erst angebaute Hügel, sodann waldgekrönte Höhen emporsteigen und die blauen Berge zum Schluß ein befriedigendes Gemälde bilden. Bringt man mir das in klaren Rhythmen und Reimen, so bin ich auf meinem Sofa dankbar, daß der Dichter ein Bild in meiner Imagination entwickelt hat, an dem ich mich ruhiger erfreuen kann, als wenn ich es, nach ermüdender Wanderschaft, vielleicht unter andern, ungünstigen Umständen vor Augen sehe.«

Der Major, der das vorwaltende Gespräch eigentlich nur als Mittel ansah, seine Zwecke zu befördern, suchte sich wieder nach der lyrischen Dichtkunst hinzuwenden, worin sein Sohn wirklich Löbliches geleistet hatte. Man widersprach ihm nicht geradezu, aber man suchte ihn von dem Wege wegzuscherzen, den er eingeschlagen hatte, besonders da er auf leidenschaftliche Gedichte hinzudeuten schien, womit der Sohn der unvergleichlichen Dame die entschiedene Neigung seines Herzens nicht ohne Kraft und Geschick vorzutragen gesucht hatte. »Lieder der Liebenden«, sagte die schöne Frau, »mag ich weder vorgelesen noch vorgesungen; glücklich Liebende beneidet man, eh' man sich's versieht, und die Unglücklichen machen uns immer Langeweile.«

Hierauf nahm die ältere Dame, zu ihrer holden Freundin gewendet, das Wort auf und sagte: »Warum machen wir solche Umschweife, verlieren die Zeit in Umständlichkeiten gegen einen Mann, den wir verehren und lieben? Sollen wir ihm nicht vertrauen, daß wir sein anmutiges Gedicht, worin er die wackere Leidenschaft zur Jagd in allen ihren Einzelheiten vorträgt, schon teilweise zu kennen das Vergnügen haben, und nunmehr ihn bitten, auch das Ganze nicht vorzuenthalten? Ihr Sohn«, fuhr sie fort, »hat uns einige Stellen mit Lebhaftigkeit aus dem Gedächtnis vorgetragen und uns neugierig gemacht, den Zusammenhang zu sehen.« Als nun der Vater abermals auf die Talente des Sohns zurückkehren und diese hervorheben wollte, ließen es die Damen nicht gelten, indem sie es für eine offenbare Ausflucht ansprachen, um die Erfüllung ihrer Wünsche indirekt abzulehnen. Er kam nicht los, bis er unbewunden versprochen hatte, das Gedicht zu senden, sodann aber nahm das Gespräch eine Wendung, die ihn hinderte, zugunsten des Sohnes weiter etwas vorzubringen, besonders da ihm dieser alle Zudringlichkeit abgeraten hatte.

Da es nun Zeit schien, sich zu beurlauben, und der Freund auch deshalb einige Bewegung machte, sprach die Schöne mit einer Art von Verlegenheit, wodurch sie nur noch schöner ward, indem sie die frisch geknüpfte Schleife der Brieftasche sorgfältig zurechtzupfte: »Dichter und Liebhaber sind längst schon leider im Ruf, daß ihren Versprechen und Zusagen nicht viel zu trauen sei; verzeihen Sie daher, wenn ich das Wort eines Ehrenmannes in Zweifel zu ziehen wage und deshalb ein Pfand, einen Treupfennig nicht verlange, sondern gebe. Nehmen Sie diese Brieftasche, sie hat etwas Ähnliches von Ihrem

Jagdgedicht, viel Erinnerungen sind daran geknüpft, manche Zeit verging unter der Arbeit, endlich ist sie fertig; bedienen Sie sich derselben als eines Boten, uns Ihre liebliche Arbeit zu überbringen.«

Bei solch unerwartetem Anerbieten fühlte sich der Major wirklich betroffen; die zierliche Pracht dieser Gabe hatte so gar kein Verhältnis zu dem, was ihn gewöhnlich umgab, zu dem übrigen, dessen er sich bediente, daß er sie sich, obgleich dargereicht, kaum zueignen konnte; doch nahm er sich zusammen, und wie seinem Erinnern ein überliefertes Gute niemals versagte, so trat eine klassische Stelle alsbald ihm ins Gedächtnis. Nur wäre es pedantisch gewesen, sie anzuführen, doch regte sie einen heitern Gedanken bei ihm auf, daß er aus dem Stegreife mit artiger Paraphrase einen freundlichen Dank und ein zierliches Kompliment entgegenzubringen im Falle war; und so schloß sich denn diese Szene auf eine befriedigende Weise für die sämtlichen Unterredenden.

Also fand er sich zuletzt nicht ohne Verlegenheit in ein angenehmes Verhältnis verflochten; er hatte zu senden, zu schreiben zugesagt, sich verpflichtet, und wenn ihm die Veranlassung einigermaßen unangenehm fiel, so mußte er es doch für ein Glück schätzen, auf eine heitere Weise mit dem Frauenzimmer in Verhältnis zu bleiben, das bei ihren großen Vorzügen ihm so nah angehören sollte. Er schied also nicht ohne eine gewisse innere Zufriedenheit; denn wie sollte der Dichter eine solche Aufmunterung nicht empfinden, dessen treufleißiger Arbeit, die so lange unbeachtet geruht, nun ganz unerwartet eine liebenswürdige Aufmerksamkeit zuteil wird.

Gleich nach seiner Rückkehr ins Quartier setzte der Major sich nieder, zu schreiben, seiner guten Schwester alles zu berichten, und da war nichts natürlicher, als daß in seiner Darstellung eine gewisse Exaltation sich hervortat, wie er sie selbst empfand, die aber durch das Einreden seines von Zeit zu Zeit störenden Sohns noch mehr gesteigert wurde.

Auf die Baronin machte dieser Brief einen sehr gemischten Eindruck; denn wenn auch der Umstand, wodurch die Verbindung des Bruders mit Hilarien befördert und beschleunigt werden konnte, geeignet war, sie ganz zufriedenzustellen, so wollte ihr doch die schöne Witwe nicht gefallen, ohne daß sie sich deswegen Rechenschaft zu geben gedacht hätte. Wir machen bei dieser Gelegenheit folgende Bemerkung.

Den Enthusiasmus für irgendeine Frau muß man einer andern niemals anvertrauen; sie kennen sich untereinander zu gut, um sich einer solchen ausschließlichen Verehrung würdig zu halten. Die Männer kommen ihnen vor wie Käufer im Laden, wo der Handelsmann mit seinen Waren, die er kennt, im Vorteil steht, auch sie in dem besten Lichte vorzuzeigen die Gelegenheit wahrnehmen kann; dahingegen der Käufer immer mit einer Art Unschuld hereintritt, er bedarf der Ware, will und wünscht sie und versteht gar selten, sie mit Kenneraugen zu betrachten. Jener weiß recht gut, was er gibt, dieser nicht immer, was er empfängt. Aber es ist einmal im menschlichen Leben und Umgang nicht zu ändern, ja so löblich als notwendig, denn alles Begehren und Freien, alles Kaufen und Tauschen beruht darauf.

In Gefolge solches Empfindens mehr als Betrachtens konnte die Baronesse weder mit der Leidenschaft des Sohns noch mit der günstigen Schilderung des Vaters völlig zufrieden sein; sie fand sich überrascht von der glücklichen Wendung der Sache, doch ließ eine Ahnung wegen doppelter Ungleichheit des Alters sich nicht abweisen. Hilarie ist ihr zu jung für den Bruder, die Witwe für den Sohn nicht jung genug; indessen hat die Sache ihren Gang genommen, der nicht aufzuhalten scheint. Ein frommer Wunsch, daß alles gut gehen möge, stieg mit einem leisen Seufzer empor. Um ihr Herz zu erleichtern, nahm sie die Feder und schrieb an jene menschenkennende Freundin, indem sie nach einem geschichtlichen Eingang also fortfuhr.

»Die Art dieser jungen, verführerischen Witwe ist mir nicht unbekannt; weiblichen Umgang scheint sie abzulehnen und nur eine Frau um sich zu leiden, die ihr keinen Eintrag tut, ihr schmeichelt und, wenn ihre stummen Vorzüge sich nicht klar genug dartäten, sie noch mit Worten und geschickter Behandlung der Aufmerksamkeit zu empfehlen weiß. Zuschauer, Teilnehmer an einer solchen Repräsentation müssen Männer sein, daher entsteht die Notwendigkeit, sie anzuziehen, sie festzuhalten. Ich denke nichts Übles von der schönen Frau, sie scheint anständig und behutsam genug, aber eine solche lüsterne Eitelkeit opfert den Umständen auch wohl etwas auf, und, was ich für das Schlimmste halte: nicht alles ist reflektiert und vorsätzlich, ein gewisses glückliches Naturell leitet und beschützt sie, und nichts ist gefährlicher an so einer gebornen Kokette als eine aus der Unschuld entspringende Verwegenheit.«

Der Major, nunmehr auf den Gütern angelangt, widmete Tag und Stunde der Besichtigung und Untersuchung. Er fand sich in dem Falle, zu bemerken, daß ein richtiger, wohlgefaßter Hauptgedanke in der Ausführung mannigfaltigen Hindernissen und dem Durchkreuzen so vieler Zufälligkeiten unterworfen ist, in dem Grade, daß der erste Begriff beinahe verschwindet und für Augenblicke ganz und gar unterzugehen scheint, bis mitten in allen Verwirrungen dem Geiste die Möglichkeit eines Gelingens sich wieder darstellt, wenn wir die Zeit als den besten Alliierten einer unbesiegbaren Ausdauer uns die Hand bieten sehen.

Und so wäre denn auch hier der traurige Anblick schöner, ansehnlicher, vernachlässigter, mißbrauchter Besitzungen zu einem trostlosen Zustande geworden, hätte man nicht durch das verständige Bemerken einsichtiger Ökonomen zugleich vorausgesehen, daß eine Reihe von Jahren, mit Verstand und Redlichkeit benutzt, hinreichend sein werde, das Abgestorbene zu beleben und das Stockende in Umtrieb zu versetzen, um zuletzt durch Ordnung und Tätigkeit seinen Zweck zu erreichen.

Der behagliche Obermarschall war angelangt, und zwar mit einem ernsten Advokaten, doch gab dieser dem Major weniger Besorgnisse als jener, der zu den Menschen gehörte, die keine Zwecke haben oder, wenn sie einen vor sich sehen, die Mittel dazu ablehnen. Ein täglich- und stündliches Behagen war ihm das unerläßliche Bedürfnis seines Lebens. Nach langem Zaudern ward es ihm endlich Ernst, seine Gläubiger loszuwerden, die Güterlast abzuschütteln, die Unordnung seines Hauswesens in Regel zu setzen, eines anständigen, gesicherten Einkommens ohne Sorge zu genießen, dagegen aber auch nicht das geringste von den bisherigen Bräuchlichkeiten fahren zu lassen.

Im ganzen gestand er alles ein, was die Geschwister in den ungetrübten Besitz der Güter, besonders auch des Hauptgutes, setzen sollte, aber auf einen gewissen benachbarten Pavillon, in welchem er alle Jahr auf seinen Geburtstag die ältesten Freunde und die neusten Bekannten einlud, ferner auf den daran gelegenen Ziergarten, der solchen mit dem Hauptgebäude verband, wollte er die Ansprüche nicht völlig aufgeben. Die Meublen alle sollten in dem Lusthause bleiben, die Kupferstiche an den Wänden sowie auch die Früchte der Spaliere ihm versichert werden. Pfirsiche und Erdbeeren von den ausgesuchtesten Sorten, Birnen und Äpfel, groß und schmackhaft, besonders aber eine gewisse Sorte grauer, kleiner Äpfel, die er seit vielen Jahren der Fürstin Witwe zu verehren gewohnt war, sollten ihm treulich geliefert sein. Hieran schlossen sich noch andere Bedingungen, wenig bedeutend, aber dem Hausherrn, Pächtern, Verwaltern, Gärtnern ungemein beschwerlich.

Der Obermarschall war übrigens von dem besten Humor; denn da er den Gedanken nicht fahren ließ, daß alles nach seinen Wünschen, wie es ihm sein leichtes Temperament vorgespielt hatte, sich endlich einrichten würde, so sorgte er für eine gute Tafel, machte sich einige Stunden auf einer mühelosen Jagd die nötige Bewegung, erzählte Geschichten auf Geschichten und zeigte durchaus das heiterste Gesicht; auch schied er auf gleiche Weise, dankte dem Major zum schönsten, daß er so brüderlich verfahren, verlangte noch etwas Geld, ließ die kleinen vorrätigen grauen Goldäpfel, welche dieses Jahr besonders wohl geraten waren, sorgfältig einpacken und fuhr mit diesem

Schatz, den er als eine willkommene Verehrung der Fürstin zu überreichen gedachte, nach ihrem Witwensitz, wo er denn auch gnädig und freundlich empfangen ward.

Der Major an seiner Seite blieb mit ganz entgegengesetzten Gefühlen zurück und wäre an den Verschränkungen, die er vor sich fand, fast verzweifelt, wäre ihm nicht das Gefühl zu Hülfe gekommen, das einen tätigen Mann freudig aufrichtet, wenn er das Verworrene zu lösen, als entworren vor sich zu sehen hoffen darf.

Glücklicherweise war der Advokat ein rechtlicher Mann, der, weil er sonst viel zu tun hatte, diese Angelegenheit bald beendigte. Ebenso glücklich schlug sich ein Kammerdiener des Obermarschalls hinzu, der gegen mäßige Bedingungen in dem Geschäft mitzuwirken versprach, wodurch man einem gedeihlichen Abschluß entgegensehen durfte. So angenehm aber auch dieses war, so fühlte doch der Major als ein rechtlicher Mann im Hin- und Widerwirken bei dieser Angelegenheit, es bedürfe gar manches Unreinen, um ins Reine zu kommen.

Bei einer Pause des Geschäfts, die ihm einige Freiheit ließ, eilte er auf sein Gut, wo er, des Versprechens eingedenk, das er an die schöne Witwe getan und das ihm nicht aus dem Sinne gekommen war, seine Gedichte vorsuchte, die in guter Ordnung verwahrt lagen; zu gleicher Zeit kamen ihm manche Gedenk- und Erinnerungsbücher, Auszüge beim Lesen alter und neuer Schriftsteller enthaltend, wieder zur Hand. Bei seiner Vorliebe für Horaz und die römischen Dichter war das meiste daher, und es fiel ihm auf, daß die Stellen größtenteils Bedauern vergangner Zeit, vorübergeschwundner Zustände und Empfindungen andeuteten. Statt vieler rücken wir die einzige Stelle hier ein:

»Heu!
Quae mens est hodie, cur eadem non puero fuit?
Vel cur his animis incolumes non redeunt genae!«

»Wie ist heut mir doch zumute?
So vergnüglich und so klar!
Da bei frischem Knabenblute
Mir so wild, so düster war.
Doch wenn mich die Jahre zwacken,
Wie auch wohlgemut ich sei,
Denk’ ich jene roten Backen,
Und ich wünsche sie herbei.«

Nachdem unser Freund nun aus wohlgeordneten Papieren das Jagdgedicht gar bald herausgefunden, erfreute er sich an der sorgfältigen Reinschrift, wie er sie vor Jahren mit lateinischen Lettern, groß Oktav, zierlichst verfaßt hatte. Die köstliche Brieftasche von bedeutender Größe nahm das Werk ganz bequem auf, und nicht leicht hat ein Autor sich so prächtig eingebunden gesehen. Einige Zeilen dazu waren höchst notwendig; Prosaisches aber kaum zulässig. Jene Stelle des Ovid fiel ihm wieder ein, und er glaubte jetzt durch eine poetische Umschreibung, so wie damals durch eine prosaische, sich am besten aus der Sache zu ziehen. Sie hieß:

»Nex factas solum vestes spectare juvabat,
Tum quoque dum fierent; tantus decor adfuit arti.«

Zu Deutsch:

»Ich sah’s in meisterlichen Händen
– Wie denk’ ich gern der schönen Zeit! –
Sich erst entwickeln, dann vollenden
Zu nie gesehner Herrlichkeit.

> Zwar ich besitz' es gegenwärtig,
> Doch soll ich mir nur selbst gestehn:
> Ich wollt', es wäre noch nicht fertig,
> Das Machen war doch gar zu schön!«

Mit diesem Übertragenen war unser Freund nur wenige Zeit zufrieden; er tadelte, daß er das schön flektierte Verbum: dum fierent, in ein traurig abstraktes Substantivum verändert habe, und es verdroß ihn, bei allem Nachdenken die Stelle doch nicht verbessern zu können. Nun ward auf einmal seine Vorliebe zu den alten Sprachen wieder lebendig, und der Glanz des Deutschen Parnasses, auf den er doch auch im stillen hinaufstrebte, schien ihm sich zu verdunkeln.

Endlich aber, da er dieses heitere Kompliment, mit dem Urtexte unverglichen, noch ganz artig fand und glauben durfte, daß ein Frauenzimmer es ganz wohl aufnehmen würde, so entstand eine zweite Bedenklichkeit: daß, da man in Versen nicht galant sein kann, ohne verliebt zu scheinen, er dabei als künftiger Schwiegervater eine wunderliche Rolle spiele. Das Schlimmste jedoch fiel ihm zuletzt ein: jene Ovidischen Verse werden von Arachnen gesagt, einer ebenso geschickten als hübschen und zierlichen Weberin. Wurde nun aber diese durch die neidische Minerva in eine Spinne verwandelt, so war es gefährlich, eine schöne Frau, mit einer Spinne, wenn auch nur von ferne, verglichen, im Mittelpunkte eines ausgebreiteten Netzes schweben zu sehen. Konnte man sich doch unter der geistreichen Gesellschaft, welche unsre Dame umgab, einen Gelehrten denken, welcher diese Nachbildung ausgewittert hätte. Wie sich nun der Freund aus einer solchen Verlegenheit gezogen, ist uns selbst unbekannt geblieben, und wir müssen diesen Fall unter diejenigen rechnen, über welche die Musen auch wohl einen Schleier zu werfen sich die Schalkheit erlauben. Genug, das Jagdgedicht selbst ward abgesendet, von welchem wir jedoch einige Worte nachzubringen haben.

Der Leser desselben belustigt sich an der entschiedenen Jagdliebhaberei und allem, was sie begünstigen mag; erfreulich ist der Jahreszeitenwechsel, der sie mannigfaltig aufruft und anregt. Die Eigenheiten sämtlicher Geschöpfe, denen man nachstellt, die man zu erlegen gesinnt ist, die verschiedenen Charaktere der Jäger, die sich dieser Lust, dieser Mühe hingeben, die Zufälligkeiten, wie sie befördern oder schädigen: alles war, besonders was auf das Geflügel Bezug hatte, mit der besten Laune dargestellt und mit großer Eigentümlichkeit behandelt.

Von der Auerhahnbalz bis zum zweiten Schnepfenstrich und von da bis zur Rabenhütte war nichts versäumt, alles wohl gesehen, klar aufgenommen, leidenschaftlich verfolgt, leicht und scherzhaft, oft ironisch dargestellt.

Jenes elegische Thema klang jedoch durch das Ganze durch; es war mehr als ein Abschied von diesen Lebensfreuden verfaßt, wodurch es zwar einen gefühlvollen Anstrich des heiter Durchlebten gewann und sehr wohltätig wirkte, aber doch zuletzt, wie jene Sinnsprüche, nach dem Genuß ein gewisses Leere empfinden ließ. War es das Umblättern dieser Papiere oder sonst ein augenblickliches Mißbefinden, der Major fühlte sich nicht heiter gestimmt. Daß die Jahre, die zuerst eine schöne Gabe nach der andern bringen, sie alsdann nach und nach wieder entziehen, schien er auf dem Scheidepunkt, wo er sich befand, auf einmal lebhaft zu fühlen. Eine versäumte Badereise, ein ohne Genuß verstrichener Sommer, Mangel an stetiger gewohnter Bewegung, alles ließ ihn gewisse körperliche

Unbequemlichkeiten empfinden, die er für wirkliche
Übel nahm und sich ungeduldiger dabei bewies, als billig
sein mochte.

Wie aber den Frauen der Augenblick, wo ihre bisher
unbestrittene Schönheit zweifelhaft werden will, höchst
peinlich ist, so wird den Männern in gewissen Jahren,
obgleich noch im völligen Vigor, das leiseste Gefühl einer
unzulänglichen Kraft äußerst unangenehm, ja gewissermaßen ängstlich.

Ein anderer eintretender Umstand jedoch, der ihn hätte
beunruhigen sollen, verhalf ihm zu der besten Laune. Sein
kosmetischer Kammerdiener, der ihn auch bei dieser
Landpartie nicht verlassen hatte, schien einige Zeit her
einen andern Weg einzuschlagen, wozu ihn frühes Auf-
stehn des Majors, tägliches Ausreiten und Umhergehen
desselben sowie der Zutritt mancher Beschäftigten, auch
bei der Gegenwart des Obermarschalls mehrerer Ge-
schäftslosen zu nötigen schien. Mit allen Kleinigkeiten,
die nur die Sorgfalt eines Mimen zu beschäftigen das
Recht hatten, ließ er den Major schon einige Zeit verschont, aber desto strenger hielt er auf einige Haupt-
punkte, welche bisher durch ein geringeres Hokuspokus
waren verschleiert gewesen. Alles, was nicht nur den
Schein der Gesundheit bezwecken, sondern was die
Gesundheit selbst aufrechterhalten sollte, ward einge-
schärft, besonders aber Maß in allem und Abwechselung
nach den Vorkommenheiten, Sorgfalt sodann für Haut
und Haare, für Augenbrauen und Zähne, für Hände und
Nägel, für deren zierlichste Form und schicklichste Länge
der Wissende schon länger gesorgt hatte. Dabei wurde
Mäßigung aber- und abermals in allem, was den Menschen aus seinem Gleichgewicht zu bringen pflegt, drin-

gend anempfohlen, worauf denn dieser Schönheits-Erhal-
tungs-Lehrer sich seinen Abschied erbat, weil er seinem
Herrn nichts mehr nütze sei. Indes konnte man denken,
daß er sich doch wohl wieder zu seinem vorigen Patron
zurückwünschen mochte, um den mannigfaltigen Vergnügungen eines theatralischen Lebens fernerhin sich
ergeben zu können.

Und wirklich tat es dem Major sehr wohl, wieder sich
selbst gegeben zu sein. Der verständige Mann braucht sich
nur zu mäßigen, so ist er auch glücklich. Er mochte sich
der herkömmlichen Bewegung des Reitens, der Jagd und
was sich daran knüpft, wieder mit Freiheit bedienen, die
Gestalt Hilariens trat in solchen einsamen Momenten wieder freudig hervor, und er fügte sich in den Zustand des
Bräutigams, vielleicht den anmutigsten, der uns in dem
gesitteten Kreise des Lebens gegönnt ist.

Schon einige Monate waren die sämtlichen Familienglieder ohne besondere Nachricht voneinander geblieben; der Major beschäftigte sich, in der Residenz gewisse
Einwilligungen und Bestätigungen seines Geschäfts abschließlich zu negoziieren; die Baronin und Hilarie richte-
ten ihre Tätigkeit auf die heiterste, reichlichste Ausstattung; der Sohn, seiner Schönen mit Leidenschaft dienst-
pflichtig, schien hierüber alles zu vergessen. Der Winter
war angekommen und umgab alle ländlichen Wohnungen
mit unerfreulichen Sturmregen und frühzeitigen Finster-
nissen.

Wer heute durch eine düstre Novembernacht sich in der
Gegend des adeligen Schlosses verirrt hätte und bei dem
schwachen Lichte eines bedeckten Mondes Äcker, Wiesen, Baumgruppen, Hügel und Gebüsche düster vor sich
liegen sähe, auf einmal aber bei einer schnellen Wendung

um eine Ecke die ganz erleuchtete Fensterreihe eines langen Gebäudes vor sich erblickte, er hätte gewiß geglaubt,
eine festlich geschmückte Gesellschaft dort anzutreffen.
Wie sehr verwundert müßte er aber sein, von wenigen
Bedienten erleuchtete Treppen hinaufgeführt, nur drei
Frauenzimmer, die Baronin, Hilarien und das Kammermädchen, in hellen Zimmern zwischen klaren Wänden,
neben freundlichem Hausrat, durchaus erwärmt und behaglich, zu erblicken.

Da wir nun aber die Baronin in einem festlichen Zustande zu überraschen glauben, so ist es notwendig, zu
bemerken, daß diese glänzende Erleuchtung hier nicht als
außerordentlich anzusehen sei, sondern zu den Eigenheiten gehöre, welche die Dame aus ihrem frühern Leben mit
herübergebracht hatte. Als Tochter einer Oberhofmeiste-
rin, bei Hof erzogen, war sie gewohnt, den Winter allen
übrigen Jahrszeiten vorzuziehen und den Aufwand einer
stattlichen Erleuchtung zum Element aller ihrer Genüsse
zu machen. Zwar an Wachskerzen fehlte es niemals, aber
einer ihrer ältesten Diener hatte so große Lust an Künst-
lichkeiten, daß nicht leicht eine neue Lampenart entdeckt
wurde, die er im Schlosse hie und da einzuführen nicht
wäre bemüht gewesen, wodurch denn zwar die Erhellung
mitunter lebhaft gewann, aber auch wohl gelegentlich hie
und da eine partielle Finsternis eintrat.

Die Baronin hatte den Zustand einer Hofdame durch
Verbindung mit einem bedeutenden Gutsbesitzer und
entschiedenen Landwirt aus Neigung und wohlbedächtig
vertauscht, und ihr einsichtiger Gemahl hatte, da ihr das
Ländliche anfangs nicht zusagte, mit Einstimmung seiner
Nachbarn, ja nach den Anordnungen der Regierung, die
Wege mehrere Meilen ringsumher so gut hergestellt, daß

die nachbarlichen Verbindungen nirgends in so gutem
Stande gefunden wurden; doch war eigentlich bei dieser
löblichen Anstalt die Hauptabsicht, daß die Dame, besonders zur guten Jahrszeit, überall hinrollen konnte;
dagegen aber im Winter gern häuslich bei ihm verweilte, indem er durch Erleuchtung die Nacht dem Tag
gleich zu machen wußte. Nach dem Tode des Gemahls
gab die leidenschaftliche Sorge für ihre Tochter genugsame Beschäftigung, der öftere Besuch des Bruders herzliche Unterhaltung und die gewohnte Klarheit der Umgebung ein Behagen, das einer wahren Befriedigung
gleichsah.

Den heutigen Tag war jedoch diese Erleuchtung recht
am Platze; denn wir sehen in einem der Zimmer eine Art
von Christbescherung aufgestellt, in die Augen fallend
und glänzend. Das kluge Kammermädchen hatte den
Kammerdiener dahin vermocht, die Erleuchtung zu stei-
gern, und dabei alles zusammengelegt und ausgebreitet,
was zur Ausstattung Hilariens bisher vorgearbeitet worden, eigentlich in der listigen Absicht, mehr das Fehlende
zur Sprache zu bringen als dasjenige zu erheben, was
schon geleistet war. Alles Notwendige fand sich, und
zwar aus den feinsten Stoffen und von der zierlichsten
Arbeit; auch an Willkürlichem war kein Mangel, und
doch wußte Ananette überall da noch eine Lücke anschaulich zu machen, wo man ebensogut den schönsten Zusammenhang hätte finden können. Wenn nun alles Weißzeug,
stattlich ausgekramt, die Augen blendete, Leinwand,
Musselin und alle die zarteren Stoffe der Art, wie sie auch
Namen haben mögen, genugsames Licht umherwarfen,
so fehlte doch alles bunte Seidene, mit dessen Ankauf
man weislich zögerte, weil man bei sehr veränderlicher

Mode das Allerneueste als Gipfel und Abschluß hinzu-
fügen wollte.

Nach diesem heitersten Anschauen schritten sie wieder
zu ihrer gewöhnlichen, obgleich mannigfaltigen Abend-
unterhaltung. Die Baronin, die recht gut erkannte, was
ein junges Frauenzimmer, wohin das Schicksal sie auch
führen mochte, bei einem glücklichen Äußern auch von
innen heraus anmutig und ihre Gegenwart wünschenswert macht, hatte in diesem ländlichen Zustande so viele
abwechselnde und bildende Unterhaltungen einzuleiten
gewußt, daß Hilarie bei ihrer großen Jugend schon überall
zu Hause schien, bei keinem Gespräch sich fremd erwies
und doch dabei ihren Jahren völlig gemäß sich erzeigte.
Wie dies geleistet werden konnte, zu entwickeln, würde
zu weitläufig sein; genug, dieser Abend war auch ein
Musterbild des bisherigen Lebens. Ein geistreiches Lesen,
ein anmutiges Pianospiel, ein lieblicher Gesang zog sich
durch die Stunden durch, zwar wie sonst gefällig und
regelmäßig, aber doch mit mehr Bedeutung; man hatte
einen Dritten im Sinne, einen geliebten, verehrten Mann,
dem man dieses und so manches andere zum freundlichsten Empfang vorübte. Es war ein bräutliches Gefühl, das
nicht nur Hilarien mit den süßesten Empfindungen
belebte; die Mutter mit feinem Sinne nahm ihren reinen
Teil daran, und selbst Ananette, sonst nur klug und tätig,
mußte sich gewissen entfernten Hoffnungen hingeben,
die ihr einen abwesenden Freund als zurückkehrend, als
gegenwärtig vorspiegelten. Auf diese Weise hatten sich
die Empfindungen aller drei in ihrer Art liebenswürdigen
Frauen mit der sie umgebenden Klarheit, mit einer wohltätigen Wärme, mit dem behaglichsten Zustande ins gleiche gestellt.

Heftiges Pochen und rufen an dem äußersten Tor, Wort-
wechsel drohender und fordernder Stimmen, Licht- und
Fackelschein im Hofe unterbrachen den zarten Gesang.
Aber gedämpft war der Lärm, ehe man dessen Ursache
erfahren hatte; doch ruhig ward es nicht, auf der Treppe
Geräusch und lebhaftes Hin- und Hersprechen herauf-
kommender Männer. Die Türe sprang auf ohne Meldung,
die Frauen entsetzten sich. Flavio stürzte herein in schau-
derhafter Gestalt, verworrenen Hauptes, auf dem die
Haare teils borstig starrten, teils vom Regen durchnäßt
niederhingen; zerfetzten Kleides, wie eines, der durch
Dorn und Dickicht durchgestürmt, greulich beschmutzt,
als durch Schlamm und Sumpf herangewadet.

»Mein Vater!« rief er aus, »wo ist mein Vater?« Die
Frauen standen bestürzt; der alte Jäger, sein frühster Diener und liebevollster Pfleger, mit ihm eintretend, rief
ihm zu: »Der Vater ist nicht hier, besänftigen Sie sich;
hier ist Tante, hier ist Nichte, sehen Sie hin!« – »Nicht
hier, nun so laßt mich weg, ihn zu suchen; er allein soll's
hören, dann will ich sterben. Laßt mich von den Lichtern weg, von dem Tag, er blendet mich, er vernichtet
mich.«

Der Hausarzt trat ein, ergriff seine Hand, vorsichtig
den Puls fühlend, mehrere Bediente standen ängstlich
umher. – »Was soll ich auf diesen Teppichen, ich verderbe
sie, ich zerstöre sie; mein Unglück träuft auf sie herunter,
mein verworfenes Geschick besudelt sie.« – Er drängte
sich gegen die Türe, man benutzte das Betreben, um ihn
wegzuführen und in das entfernte Gastzimmer zu bringen, das der Vater zu bewohnen pflegte. Mutter und
Tochter standen erstarrt, sie hatten Orest gesehen, von
Furien verfolgt, nicht durch Kunst veredelt, in greulicher,

widerwärtiger Wirklichkeit, die im Kontrast mit einer behaglichen Glanzwohnung im klarsten Kerzenschimmer nur desto fürchterlicher schien. Erstarrt sahen die Frauen sich an, und jede glaubte in den Augen der andern das Schreckbild zu sehen, das sich so tief in die ihrigen eingeprägt hatte.

Mit halber Besonnenheit sendete darauf die Baronin Bedienten auf Bedienten, sich zu erkundigen. Sie erfuhren zu einiger Beruhigung, daß man ihn auskleide, trockne, besorge; halb gegenwärtig, halb unbewußt lasse er alles geschehen. Wiederholtes Anfragen wurde zur Geduld verwiesen.

Endlich vernahmen die beängstigten Frauen, man habe ihm zur Ader gelassen und sonst alles Besänftigende möglichst angewendet; er sei zur Ruhe gebracht, man hoffe Schlaf.

Mitternacht kam heran, die Baronin verlangte, wenn er schlafe, ihn zu sehen; der Arzt widerstand, der Arzt gab nach; Hilarie drängte sich mit der Mutter herein. Das Zimmer war dunkel, nur eine Kerze dämmerte hinter dem grünen Schirm, man sah wenig, man hörte nichts; die Mutter näherte sich dem Bette, Hilarie, sehnsuchtsvoll, ergriff das Licht und beleuchtete den Schlafenden. So lag er abgewendet, aber ein höchst zierliches Ohr, eine volle Wange, jetzt bläßlich, schienen unter den schon wieder sich krausenden Locken auf das anmutigste hervor, eine ruhende Hand und ihre länglichen, zartkräftigen Finger zogen den unsteten Blick an. Hilarie, leise atmend, glaubte selbst einen leisen Atem zu vernehmen, sie näherte die Kerze, wie Psyche in Gefahr, die heilsamste Ruhe zu stören. Der Arzt nahm die Kerze weg und leuchtete den Frauen nach ihren Zimmern.

Wie diese guten, alles Anteils würdigen Personen ihre nächtlichen Stunden zugebracht, ist uns ein Geheimnis geblieben; den andern Morgen aber von früh an zeigten sich beide höchst ungeduldig. Des Anfragens war kein Ende, der Wunsch, den Leidenden zu sehen, bescheiden, doch dringend; nur gegen Mittag erlaubte der Arzt einen kurzen Besuch.

Die Baronin trat hinzu, Flavio reichte die Hand hin – »Verzeihung, liebste Tante, einige Geduld, vielleicht nicht lange« – Hilarie trat hervor, auch ihr gab er die Rechte – »Gegrüßt, liebe Schwester« – das fuhr ihr durchs Herz, er ließ nicht los, sie sahen einander an, das herrlichste Paar, kontrastierend im schönsten Sinne. Des Jünglings schwarze, funkelnde Augen stimmten zu den düstern, verwirrten Locken; dagegen stand sie scheinbar himmlisch in Ruhe, doch zu dem erschütternden Begebnis gesellte sich nun die ahnungsvolle Gegenwart. Die Benennung »Schwester« – ihr Allerinnerstes war aufgeregt. Die Baronin sprach: »Wie geht es, lieber Neffe?« – »Ganz leidlich, aber man behandelt mich übel.« – »Wieso?« – »Da haben sie mir Blut gelassen, das ist grausam; sie haben es weggeschafft, das ist frech; es gehört ja nicht mein, es gehört alles, alles ihre.« Mit diesen Worten schien sich seine Gestalt zu verwandeln, doch mit heißen Tränen verbarg er sein Antlitz ins Kissen.

Hilariens Miene zeigte der Mutter einen furchtbaren Ausdruck, es war, als wenn das liebe Kind die Pforten der Hölle vor sich eröffnet sähe, zum erstenmal ein Ungeheures erblickte und für ewig. Rasch, leidenschaftlich eilte sie durch den Saal, warf sich im letzten Kabinett auf das Sofa, die Mutter folgte und fragte, was sie leider schon begriff. Hilarie, wundersam aufblickend, rief: »Das Blut, das

Blut, es gehört alles ihre, alles ihre, und sie ist es nicht
wert. Der Unglückselige! der Arme!« Mit diesen Worten
erleichterte der bitterste Tränenstrom das bedrängte
Herz.

Wer unternähme es wohl, die aus dem Vorhergehenden
sich entwickelnden Zustände zu enthüllen, an den Tag zu
bringen das innere, aus dieser ersten Zusammenkunft den
Frauen erwachsende Unheil? Auch dem Leidenden war
sie höchst schädlich, so behauptete wenigstens der Arzt,
der zwar oft genug zu berichten und zu trösten kam, aber
sich doch verpflichtet fühlte, alles weitere Annähern zu
verbieten. Dabei fand er auch eine willige Nachgiebigkeit,
die Tochter wagte nicht zu verlangen, was die Mutter
nicht zugegeben hätte, und so gehorchte man dem Gebot
des verständigen Mannes. Dagegen brachte er aber die
beruhigende Nachricht, Flavio habe Schreibzeug verlangt, auch einiges aufgezeichnet, es aber sogleich neben
sich im Bette versteckt. Nun gesellte sich Neugierde zu
der übrigen Unruhe und Ungeduld, es waren peinliche
Stunden. Nach einiger Zeit brachte er jedoch ein Blätt-
chen von schöner, freier Hand, obgleich mit Hast
geschrieben, es enthielt folgende Zeilen:

> »Ein Wunder ist der arme Mensch geboren,
> In Wundern ist der irre Mensch verloren,
> Nach welcher dunklen, schwer entdeckten Schwelle
> Durchtappen pfadlos ungewisse Schritte?
> Dann in lebendigem Himmelsglanz und Mitte
> Gewahr', empfind' ich Nacht und Tod und Hölle.«

Hier nun konnte die edle Dichtkunst abermals ihre heilenden Kräfte erweisen. Innig verschmolzen mit Musik, heilt sie alle Seelenleiden aus dem Grunde, indem sie solche gewaltig anregt, hervorruft und in auflösenden Schmerzen verflüchtigt. Der Arzt hatte sich überzeugt, daß der Jüngling bald wieder herzustellen sei; körperlich gesund, werde er schnell sich wieder froh fühlen, wenn die auf seinem Geist lastende Leidenschaft zu heben oder zu lindern wäre. Hilarie sann auf Erwiderung; sie saß am Flügel und versuchte die Zeilen des Leidenden mit Melodie zu begleiten. Es gelang ihr nicht, in ihrer Seele klang nichts zu so tiefen Schmerzen; doch bei diesem Versuch schmeichelten Rhythmus und Reim sich dergestalt an ihre Gesinnungen an, daß sie jenem Gedicht mit lindernder Heiterkeit entgegnete, indem sie sich Zeit nahm, folgende Strophe auszubilden und abzurunden:

> »Bist noch so tief in Schmerz und Qual verloren,
> So bleibst du doch zum Jugendglück geboren;
> Ermanne dich zu rasch gesundem Schritte,
> Komm in der Freundschaft Himmelsglanz und Helle,
> Empfinde dich in treuer Guten Mitte,
> Da sprieße dir des Lebens heitre Quelle.«

Der ärztliche Hausfreund übernahm die Botschaft, sie gelang, schon erwiderte der Jüngling gemäßigt; Hilarie fuhr mildernd fort, und so schien man nach und nach wieder einen heitern Tag, einen freien Boden zu gewinnen, und vielleicht ist es uns vergönnt, den ganzen Verlauf dieser holden Kur gelegentlich mitzuteilen. Genug, einige Zeit verstrich in solcher Beschäftigung höchst angenehm; ein ruhiges Wiedersehen bereitete sich vor, das der Arzt nicht länger als nötig zu verspäten gedachte.

Indessen hatte die Baronin mit Ordnen und Zurecht-
legen alter Papiere sich beschäftigt, und diese dem gegenwärtigen Zustande ganz angemessene Unterhaltung
wirkte gar wundersam auf den erregten Geist. Sie sah
manche Jahre ihres Lebens zurück, schwere drohende
Leiden waren vorübergegangen, deren Betrachtung den
Mut für den Moment kräftigte; besonders rührte sie die
Erinnerung an ein schönes Verhältnis zu Makarien, und
zwar in bedenklichen Zuständen. Die Herrlichkeit jener
einzigen Frau ward ihr wieder vor die Seele gebracht und
sogleich der Entschluß gefaßt, sich auch diesmal an sie zu
wenden: denn zu wem sonst hätte sie ihre gegenwärtigen
Gefühle richten, wem sonst Furcht und Hoffnung offen
bekennen sollen?

Bei dem Aufräumen fand sie aber auch unter andern des
Bruders Miniaturporträt und mußte über die Ähnlichkeit
mit dem Sohne lächelnd seufzen. Hilarie überraschte sie in
diesem Augenblick, bemächtigte sich des Bildes, und auch
sie ward von jener Ähnlichkeit wundersam betroffen.

So verging einige Zeit; endlich mit Vergünstigung des
Arztes und in seinem Geleite trat Flavio angemeldet zum
Frühstück herein. Die Frauen hatten sich vor dieser ersten
Erscheinung gefürchtet. Wie aber gar oft in bedeutenden,
ja schrecklichen Momenten etwas Heiteres, ja Lächerli-
ches sich zu ereignen pflegt, so glückte es auch hier. Der
Sohn kam völlig in des Vaters Kleidern; denn da von seinem Anzug nichts zu brauchen war, so hatte man sich der
Feld- und Hausgarderobe des Majors bedient, die er, zu
bequemem Jagd- und Familienleben, bei der Schwester in
Verwahrung ließ. Die Baronin lächelte und nahm sich
zusammen; Hilarie war, sie wußte nicht wie, betroffen,
genug, sie wendete das Gesicht weg, und dem jungen

Manne wollte in diesem Augenblick weder ein herzliches Wort von den Lippen noch eine Phrase glücken. Um nun sämtlicher Gesellschaft aus der Verlegenheit zu helfen, begann der Arzt eine Vergleichung beider Gestalten. Der Vater sei etwas größer, hieß es, und deshalb der Rock etwas zu lang; dieser sei etwas breiter, deshalb der Rock über die Schulter zu eng. Beide Mißverhältnisse gaben dieser Maskerade ein komisches Ansehen.

Durch diese Einzelheiten jedoch kam man über das Bedenkliche des Augenblicks hinaus. Für Hilarien freilich blieb die Ähnlichkeit des jugendlichen Vaterbildes mit der frischen Lebensgegenwart des Sohnes unheimlich, ja bedrängend.

Nun aber wünschten wir wohl den nächsten Zeitverlauf von einer zarten Frauenhand umständlich geschildert zu sehen, da wir nach eigener Art und Weise uns nur mit dem Allgemeinsten befassen dürfen. Hier muß denn nun von dem Einfluß der Dichtkunst abermals die Rede sein.

Ein gewisses Talent konnte man unserm Flavio nicht absprechen, es bedurfte jedoch nur zu sehr eines leidenschaftlich-sinnlichen Anlasses, wenn etwas Vorzügliches gelingen sollte; deswegen denn auch fast alle Gedichte, jener unwiderstehlichen Frau gewidmet, höchst eindringend und lobenswert erschienen und nun, einer gegenwärtigen, höchst liebenswürdigen Schönen mit enthusiastischem Ausdruck vorgelesen, nicht geringe Wirkung hervorbringen mußten.

Ein Frauenzimmer, das eine andere leidenschaftlich geliebt sieht, bequemt sich gern zu der Rolle einer Vertrauten; sie hegt ein heimlich, kaum bewußtes Gefühl, daß es nicht unangenehm sein müßte, sich an die Stelle der Angebeteten leise gehoben zu sehen. Auch ging die

Unterhaltung immer mehr und mehr ins Bedeutende. Wechselgedichte, wie sie der Liebende gern verfaßt, weil er sich von seiner Schönen, wenn auch nur bescheiden, halb und halb kann erwidern lassen, was er wünscht und was er aus ihrem schönen Munde zu hören kaum erwarten dürfte. Dergleichen wurden mit Hilarien auch wechselsweise gelesen, und zwar, da es nur aus der einen Handschrift geschah, in welche man beiderseits, um zu rechter Zeit einzufallen, hineinschauen und zu diesem Zweck jedes das Bändchen anfassen mußte, so fand sich, daß man, nahe sitzend, nach und nach Person an Person, Hand an Hand immer näher rückte und die Gelenke sich ganz natürlich zuletzt im verborgenen berührten.

Aber bei diesen schönen Verhältnissen, unter solchen daraus entspringenden allerliebsten Annehmlichkeiten fühlte Flavio eine schmerzliche Sorge, die er schlecht verbarg und, immerfort nach der Ankunft seines Vaters sich sehnend, zu bemerken gab, daß er diesem das Wichtigste zu vertrauen habe. Dieses Geheimnis indes wäre, bei einigem Nachdenken, nicht schwer zu erraten gewesen. Jene reizende Frau mochte in einem bewegten, von dem zudringlichen Jüngling hervorgerufenen Momente den Unglücklichen entschieden abgewiesen und die bisher hartnäckig behauptete Hoffnung aufgehoben und zerstört haben. Eine Szene, wie dies zugegangen, wagten wir nicht zu schildern, aus Furcht, hier möchte uns die jugendliche Glut ermangeln. Genug, er war so wenig bei sich selbst, daß er sich eiligst aus der Garnison ohne Urlaub entfernte und, um seinen Vater aufzusuchen, durch Nacht, Sturm und Regen nach dem Landgut seiner Tante verzweifelnd zu gelangen trachtete, wie wir ihn auch vor kurzem haben ankommen sehen. Die Folgen eines solchen Schrittes fielen ihm nun bei Rückkehr nüchterner Gedanken lebhaft auf, und er wußte, da der Vater immer länger ausblieb und er die einzige mögliche Vermittlung entbehren sollte, sich weder zu fassen noch zu retten.

Wie erstaunt und betroffen war er deshalb, als ihm ein Brief seines Obristen eingehändigt wurde, dessen bekanntes Siegel er mit Zaudern und Bangigkeit auflöste, der aber nach den freundlichsten Worten damit endigte, daß der ihm erteilte Urlaub noch um einen Monat sollte verlängert werden.

So unerklärlich nun auch diese Gunst schien, so ward er doch dadurch von einer Last befreit, die sein Gemüt fast ängstlicher als die verschmähte Liebe selbst zu drücken begann. Er fühlte nun ganz das Glück, bei seinen liebenswürdigen Verwandten so wohl aufgehoben zu sein; er durfte sich der Gegenwart Hilariens erfreuen und war nach kurzem in allen seinen angenehm-geselligen Eigenschaften wiederhergestellt, die ihn der schönen Witwe selbst sowohl als ihrer Umgebung auf eine Zeitlang notwendig gemacht hatten und nur durch eine peremtorische Forderung ihrer Hand für immer verfinstert worden.

In solcher Stimmung konnte man die Ankunft des Vaters gar wohl erwarten, auch wurden sie durch eintretende Naturereignisse zu einer tätigen Lebensweise aufgeregt. Das anhaltende Regenwetter, das sie bisher in dem Schloß zusammenhielt, hatte überall, in großen Wassermassen niedergehend, Fluß um Fluß angeschwellt; es waren Dämme gebrochen, und die Gegend unter dem Schlosse lag als ein blanker See, aus welchem die Dorfschaften, Meierhöfe, größere und kleinere Besitztümer, zwar auf Hügeln gelegen, doch immer nur inselartig hervorschauten.

Auf solche zwar seltene, aber denkbare Fälle war man eingerichtet; die Hausfrau befahl, und die Diener führten aus. Nach der ersten allgemeinsten Beihülfe ward Brot gebacken, Stiere wurden geschlachtet, Fischerkähne fuhren hin und her, Hülfe und Vorsorge nach allen Enden hin verbreitend. Alles fügte sich schön und gut, das freundlich Gegebene ward freudig und dankbar aufgenommen, nur an einem Orte wollte man den austeilenden Gemeindevorstehern nicht trauen; Flavio übernahm das Geschäft und fuhr mit einem wohlbeladenen Kahn eilig und glücklich zur Stelle. Das einfache Geschäft, einfach behandelt, gelang zum besten; auch entledigte sich, weiterfahrend, unser Jüngling eines Auftrags, den ihm Hilarie beim Scheiden gegeben. Gerade in den Zeitpunkt dieser Unglückstage war die Niederkunft einer Frau gefallen, für die sich das schöne Kind besonders interessierte. Flavio fand die Wöchnerin und brachte allgemeinen und diesen besondern Dank mit nach Hause. Dabei konnte es nun an mancherlei Erzählungen nicht fehlen. War auch niemand umgekommen, so hatte man von wunderbaren Rettungen, von seltsamen, scherzhaften, ja lächerlichen Ereignissen viel zu sprechen; manche notgedrungene Zustände wurden interessant beschrieben. Genug, Hilarie empfand auf einmal ein unwiderstehliches Verlangen, gleichfalls eine Fahrt zu unternehmen, die Wöchnerin zu begrüßen, zu beschenken und einige heitere Stunden zu verleben.

Nach einigem Widerstand der guten Mutter siegte endlich der freudige Wille Hilariens, dieses Abenteuer zu bestehen, und wir wollen gern bekennen, in dem Laufe, wie diese Begebenheit uns bekannt geworden, einigermaßen besorgt gewesen zu sein, es möge hier einige Gefahr obschweben, ein Stranden, ein Umschlagen des Kahns,

Lebensgefahr der Schönen, kühne Rettung von seiten des Jünglings, um das lose geknüpfte Band noch fester zu ziehen. Aber von allem diesem war nicht die Rede, die Fahrt lief glücklich ab, die Wöchnerin ward besucht und beschenkt; die Gesellschaft des Arztes blieb nicht ohne gute Wirkung, und wenn hier und da ein kleiner Anstoß sich hervortat, wenn der Anschein eines gefährlichen Moments die Fortrudernden zu beunruhigen schien, so endete solches nur mit neckendem Scherz, daß eins dem andern eine ängstliche Miene, eine größere Verlegenheit, eine furchtsame Gebärde wollte abgemerkt haben. Indessen war das wechselseitige Vertrauen bedeutend gewachsen; die Gewohnheit, sich zu sehen und unter allen Umständen zusammen zu sein, hatte sich verstärkt, und die gefährliche Stellung, wo Verwandtschaft und Neigung zum wechselseitigen Annähern und Festhalten sich berechtigt glauben, ward immer bedenklicher.

Anmutig sollten sie jedoch auf solchen Liebeswegen immer weiter und weiter verlockt werden. Der Himmel klärte sich auf, eine gewaltige Kälte, der Jahreszeit gemäß, trat ein, die Wasser gefroren, ehe sie verlaufen konnten. Da veränderte sich das Schauspiel der Welt vor allen Augen auf einmal; was durch Fluten erst getrennt war, hing nunmehr durch befestigten Boden zusammen, und alsobald tat sich als erwünschte Vermittlerin die schöne Kunst hervor, welche, die ersten raschen Wintertage zu verherrlichen und neues Leben in das Erstarrte zu bringen, im hohen Norden erfunden worden. Die Rüstkammer öffnete sich, jedermann suchte nach seinen gezeichneten Stahlschuhen, begierig, die reine, glatte Fläche, selbst mit einiger Gefahr, als der erste zu beschreiten. Unter den Hausgenossen fanden sich viele zu höchster

Leichtigkeit Geübte; denn dieses Vergnügen ward ihnen fast jedes Jahr auf benachbarten Seen und verbindenden Kanälen, diesmal aber in der fernhin erweiterten Fläche.

Flavio fühlte sich nun erst durch und durch gesund, und Hilarie, seit ihren frühsten Jahren von dem Oheim angeleitet, bewies sich so lieblich als kräftig auf dem neu erschaffenen Boden; man bewegte sich lustig und lustiger, bald zusammen, bald einzeln, bald getrennt, bald vereint. Scheiden und Meiden, was sonst so schwer aufs Herz fällt, ward hier zum kleinen, scherzhaften Frevel, man floh sich, um sich einander augenblicks wieder zu finden.

Aber innerhalb dieser Lust und Freudigkeit bewegte sich auch eine Welt des Bedürfnisses; immer waren bisher noch einige Ortschaften nur halb versorgt geblieben, eilig flogen nunmehr auf tüchtig bespannten Schlitten die nötigsten Waren hin und wider, und was der Gegend noch mehr zugute kam, war, daß man aus manchen der vorübergehenden Hauptstraße allzu fernen Orten nunmehr schnell die Erzeugnisse des Feldbaues und der Landwirtschaft in die nächsten Magazine der kleinen Städte und Flecken bringen und von dorther aller Art Waren zurückführen konnte. Nun war auf einmal eine bedrängte, den bittersten Mangel empfindende Gegend wieder befreit, wieder versorgt, durch eine glatte, dem Geschickten, dem Kühnen geöffnete Fläche verbunden.

Auch das junge Paar unterließ nicht, bei vorwaltendem Vergnügen mancher Pflichten einer liebevollen Anhänglichkeit zu gedenken. Man besuchte jene Wöchnerin, begabte sie mit allem Notwendigen; auch andere wurden heimgesucht: Alte, für deren Gesundheit man besorgt gewesen; Geistliche, mit denen man erbauliche Unterhaltung sittlich zu pflegen gewohnt war und sie jetzt in dieser

Prüfung noch achtenswerter fand; kleinere Gutsbesitzer, die kühn genug vor Zeiten sich in gefährliche Niederungen angebaut, diesmal aber, durch wohlangelegte Dämme geschützt, unbeschädigt geblieben – und nach grenzenloser Angst sich ihres Daseins doppelt erfreuten. Jeder Hof, jedes Haus, jede Familie, jeder einzelne hatte seine Geschichte, er war sich und auch wohl andern eine bedeutende Person geworden, deswegen fiel auch einer dem andern Erzählenden leicht in die Rede. Eilig war jeder im Sprechen und Handeln, Kommen und Gehen, denn es blieb immer die Gefahr, ein plötzliches Tauwetter möchte den ganzen schönen Kreis glücklichen Wechselwirkens zerstören, die Wirte bedrohen und die Gäste vom Hause abschneiden.

War man den Tag in so rascher Bewegung und dem lebhaftesten Interesse beschäftigt, so verlieh der Abend auf ganz andere Weise die angenehmsten Stunden; denn das hat die Eislust vor allen andern körperlichen Bewegungen voraus, daß die Anstrengung nicht erhitzt und die Dauer nicht ermüdet. Sämtliche Glieder scheinen gelenker zu werden und jedes Verwenden der Kraft neue Kräfte zu erzeugen, so daß zuletzt eine selig bewegte Ruhe über uns kommt, in der wir uns zu wiegen immerfort gelockt sind.

Heute nun konnte sich unser junges Paar von dem glatten Boden nicht loslösen, jeder Lauf gegen das erleuchtete Schloß, wo sich schon viele Gesellschaft versammelte, ward plötzlich umgewendet und eine Rückkehr ins Weite beliebt; man mochte sich nicht voneinander entfernen, aus Furcht, sich zu verlieren, man faßte sich bei der Hand, um der Gegenwart ganz gewiß zu sein. Am allersüßesten aber schien die Bewegung, wenn über den Schultern die

Arme verschränkt ruhten und die zierlichen Finger unbewußt in beiderseitigen Locken spielten.

Der volle Mond stieg zu dem glühenden Sternenhimmel
herauf und vollendete das Magische der Umgebung. Sie
sahen sich wieder deutlich und suchten wechselseitig in
den beschatteten Augen Erwiderung wie sonst, aber es
schien anders zu sein. Aus ihren Abgründen schien ein
Licht hervorzublicken und anzudeuten, was der Mund
weislich verschwieg, sie fühlten sich beide in einem festlich behäglichen Zustande.

Alle hochstämmigen Weiden und Erlen an den Gräben,
alles niedrige Gebüsch auf Höhen und Hügeln war deutlich geworden; die Sterne flammten, die Kälte war gewachsen, sie fühlten nichts davon und fuhren dem lang
daherglitzernden Widerschein des Mondes, unmittelbar
dem himmlischen Gestirn selbst entgegen. Da blickten sie
auf und sahen im Geflimmer des Widerscheins die Gestalt
eines Mannes hin und her schweben, der seinen Schatten
zu verfolgen schien und selbst dunkel, vom Lichtglanz
umgeben, auf sie zuschritt: unwillkürlich wendeten sie
sich ab, jemanden zu begegnen wäre widerwärtig gewesen. Sie vermieden die immerfort sich herbewegende
Gestalt, die Gestalt schien sie nicht bemerkt zu haben
und verfolgte ihren geraden Weg nach dem Schlosse.
Doch verließ sie auf einmal diese Richtung und umkreiste
mehrmals das fast beängstigte Paar. Mit einiger Besonnenheit suchten sie für sich die Schattenseite zu gewinnen, im vollen Mondglanz fuhr jener auf sie zu, er stand
nah vor ihnen, es war unmöglich, den Vater zu verkennen.

Hilarie, den Schritt anhaltend, verlor in Überraschung
das Gleichgewicht und stürzte zu Boden, Flavio lag zu

gleicher Zeit auf einem Knie und faßte ihr Haupt in seinen
Schoß auf, sie verbarg ihr Angesicht, sie wußte nicht, wie
ihr geworden war. – »Ich hole einen Schlitten, dort unten
fährt noch einer vorüber, ich hoffe, sie hat sich nicht beschädigt; hier, bei diesen hohen drei Erlen find' ich euch
wieder!« so sprach der Vater und war schon weit hinweg.
Hilarie raffte sich an dem Jüngling empor. – »Laß uns
fliehen«, rief sie, »das ertrag' ich nicht.« – Sie bewegte sich
nach der Gegenseite des Schlosses heftig, daß Flavio sie
nur mit einiger Anstrengung erreichte, er gab ihr die
freundlichsten Worte.

Auszumalen ist nicht die innere Gestalt der drei nunmehr nächtlich auf der glatten Fläche im Mondschein Ver-
irrten, Verwirrten. Genug, sie gelangten spät nach dem
Schlosse, das junge Paar einzeln, sich nicht zu berühren,
sich nicht zu nähern wagend, der Vater mit dem leeren
Schlitten, den er vergebens ins Weite und Breite hülfreich
herumgeführt hatte. Musik und Tanz waren schon im
Gange, Hilarie, unter dem Vorwand schmerzlicher Folgen eines schlimmen Falles, verbarg sich in ihr Zimmer,
Flavio überließ Vortanz und Anordnung sehr gern einigen
jungen Gesellen, die sich deren bei seinem Außenbleiben
schon bemächtigt hatten. Der Major kam nicht zum Vorschein und fand es wunderlich, obgleich nicht unerwartet,
sein Zimmer wie bewohnt anzutreffen, die eignen Kleider, Wäsche und Gerätschaften, nur nicht so ordentlich,
wie er's gewohnt war, umherliegend. Die Hausfrau versah mit anständigem Zwang ihre Pflichten, und wie froh
war sie, als alle Gäste, schicklich untergebracht, ihr endlich Raum ließen, mit dem Bruder sich zu erklären. Es war
bald getan, doch brauchte es Zeit, sich von der Überraschung zu erholen, das Unerwartete zu begreifen, die

Zweifel zu heben, die Sorge zu beschwichtigen; an Lösung des Knotens, an Befreiung des Geistes war nicht sogleich zu denken.

Unsere Leser überzeugen sich wohl, daß von diesem Punkte an wir beim Vortrag unserer Geschichte nicht mehr darstellend, sondern erzählend und betrachtend verfahren müssen, wenn wir in die Gemütszustände, auf welche jetzt alles ankommt, eindringen und sie uns vergegenwärtigen wollen.

Wir berichten also zuerst, daß der Major, seitdem wir ihn aus den Augen verloren, seine Zeit fortwährend jenem Familiengeschäft gewidmet, dabei aber, so schön und einfach es auch vorlag, doch in manchem Einzelnen auf unerwartete Hindernisse traf. Wie es denn überhaupt so leicht nicht ist, einen alten verworrenen Zustand zu entwickeln und die vielen verschränkten Fäden auf einen Knaul zu winden. Da er nun deshalb den Ort öfters verändern mußte, um bei verschiedenen Stellen und Personen die Angelegenheit zu betreiben, so gelangten die Briefe der Schwester nur langsam und unordentlich zu ihm. Die Verirrung des Sohnes und dessen Krankheit erfuhr er zuerst; dann hörte er von einem Urlaub, den er nicht begriff. Daß Hilariens Neigung im Umwenden begriffen sei, blieb ihm verborgen, denn wie hätte die Schwester ihn davon unterrichten mögen!

Auf die Nachricht der Überschwemmung beschleunigte er seine Reise, kam jedoch erst nach eingefallenem Frost in die Nähe der Eisfelder, schaffte sich Schrittschuhe, sendete Knechte und Pferde durch einen Umweg nach dem Schlosse, und sich mit raschem Lauf dorthin bewegend, gelangte er, die erleuchteten Fenster schon von ferne schauend, in einer tagklaren Nacht zum unerfreu-

lichsten Anschauen und war mit sich selbst in die unange-
nehmste Verwirrung geraten.

Der Übergang von innerer Wahrheit zum äußern Wirklichen ist im Kontrast immer schmerzlich; und sollte Lieben und Bleiben nicht eben die Rechte haben wie Scheiden
und Meiden? Und doch, wenn sich eins vom andern los-
reißt, entsteht in der Seele eine ungeheure Kluft, in der
schon manches Herz zugrunde ging. Ja der Wahn hat,
solange er dauert, eine unüberwindliche Wahrheit, und
nur männliche, tüchtige Geister werden durch Erkennen
eines Irrtums erhöht und gestärkt. Eine solche Entdek-
kung hebt sie über sich selbst, sie stehen über sich erhoben
und blicken, indem der alte Weg versperrt ist, schnell
umher nach einem neuen, um ihn alsofort frisch und
mutig anzutreten.

Unzählig sind die Verlegenheiten, in welche sich der
Mensch in solchen Augenblicken versetzt sieht; unzählig
die Mittel, welche eine erfinderische Natur innerhalb
ihrer eigenen Kräfte zu entdecken, sodann aber auch,
wenn diese nicht auslangen, außerhalb ihres Bereichs
freundlich anzudeuten weiß.

Zu gutem Glück jedoch war der Major durch ein halbes
Bewußtsein, ohne sein Wollen und Trachten, schon auf
einen solchen Fall im tiefsten vorbereitet. Seitdem er den
kosmetischen Kammerdiener verabschiedet, sich seinem
natürlichen Lebensgange wieder überlassen, auf den
Schein Ansprüche zu machen aufgehört hatte, empfand er
sich am eigentlichen körperlichen Behagen einigermaßen
verkürzt. Er empfand das Unangenehme eines Übergan-
ges vom ersten Liebhaber zum zärtlichen Vater; und doch
wollte diese Rolle immer mehr und mehr sich ihm auf-
dringen. Die Sorgfalt für das Schicksal Hilariens und der

Seinigen trat immer zuerst in seinen Gedanken hervor, bis das Gefühl von Liebe, von Hang, von Verlangen annähernder Gegenwart sich erst später entfaltete. Und wenn er sich Hilarien in seinen Armen dachte, so war es ihr Glück, was er beherzigte, das er ihr zu schaffen wünschte, mehr als die Wonne, sie zu besitzen. Ja er mußte sich, wenn er ihres Andenkens rein genießen wollte, zuerst ihre himmlisch ausgesprochene Neigung, er mußte jenen Augenblick denken, wo sie sich ihm so unverhofft gewidmet hatte.

Nun aber, da er in klarster Nacht ein vereintes junges Paar vor sich gesehen, die Liebenswürdigste zusammenstürzend, in dem Schoße des Jünglings, beide seiner verheißenen hülfreichen Wiederkunft nicht achtend, ihn an dem genau bezeichneten Orte nicht erwartend, verschwunden in die Nacht, und er sich selbst im düstersten Zustande überlassen: wer fühlte das mit und verzweifelte nicht in seine Seele?

Die an Vereinigung gewöhnte, auf nähere Vereinigung hoffende Familie hielt sich bestürzt auseinander; Hilarie blieb hartnäckig auf ihrem Zimmer, der Major nahm sich zusammen, von seinem Sohne den früheren Hergang zu erfahren. Das Unheil war durch einen weiblichen Frevel der schönen Witwe verursacht. Um ihren bisher leidenschaftlichen Verehrer Flavio einer andern Liebenswürdigen, welche Absicht auf ihn verriet, nicht zu überlassen, wendet sie mehr scheinbare Gunst, als billig ist, an ihn. Er, dadurch aufgeregt und ermutigt, sucht seine Zwecke heftig bis ins Ungehörige zu verfolgen, worüber denn erst Widerwärtigkeit und Zwist, darauf ein entschiedener Bruch dem ganzen Verhältnis unwiederbringlich ein Ende macht.

Väterlicher Milde bleibt nichts übrig, als die Fehler der Kinder, wenn sie traurige Folgen haben, zu bedauern und, wo möglich, herzustellen; gehen sie läßlicher, als zu hoffen war, vorüber, sie zu verzeihen und zu vergessen. Nach wenigem Bedenken und Bereden ging Flavio sodann, um an der Stelle seines Vaters manches zu besorgen, auf die übernommenen Güter und sollte dort bis zum Ablauf seines Urlaubs verweilen, dann sich wieder ans Regiment anschließen, welches indessen in eine andere Garnison verlegt worden.

Eine Beschäftigung mehrerer Tage war es für den Major, Briefe und Pakete zu eröffnen, welche sich während seines längeren Ausbleibens bei der Schwester gehäuft hatten. Unter andern fand er ein Schreiben jenes kosmetischen Freundes, des wohlkonservierten Schauspielers. Dieser, durch den verabschiedeten Kammerdiener benachrichtigt von dem Zustande des Majors und von dem Vorsatze, sich zu verheiraten, trug mit der besten Laune die Bedenklichkeiten vor, die man bei einem solchen Unternehmen vor Augen haben sollte; er behandelte die Angelegenhit auf seine Weise und gab zu bedenken, daß für einen Mann in gewissen Jahren das sicherste kosmetische Mittel sei, sich des schönen Geschlechts zu enthalten und einer löblichen, bequemen Freiheit zu genießen. Nun zeigte der Major lächelnd das Blatt seiner Schwester, zwar scherzend, aber doch ernstlich genug auf die Wichtigkeit des Inhaltes hindeutend. Auch war ihm indessen ein Gedicht eingefallen, dessen rhythmische Ausführung uns nicht gleich beigeht, dessen Inhalt jedoch durch zierliche Gleichnisse und anmutige Wendung sich auszeichnete:

»Der späte Mond, der zur Nacht noch anständig leuchtet, verblaßt vor der aufgehenden Sonne; der Liebeswahn des Alters verschwindet in Gegenwart leidenschaftlicher Jugend; die Fichte, die im Winter frisch und kräftig erscheint, sieht im Frühling verbräunt und mißfärbig aus, neben hell aufgrünender Birke.«

Wir wollen jedoch weder Philosophie noch Poesie als die entscheidenden Helferinnen zu einer endlichen Entschließung hier vorzüglich preisen; denn wie ein kleines Ereignis die wichtigsten Folgen haben kann, so entscheidet es auch oft, wo schwankende Gesinnungen obwalten, die Waage dieser oder jener Seite zuneigend. Dem Major war vor kurzem ein Vorderzahn ausgefallen, und er fürchtete, den zweiten zu verlieren. An eine künstlich scheinbare Wiederherstellung war bei seinen Gesinnungen nicht zu denken, und mit diesem Mangel um eine junge Geliebte zu werben, fing an, ihm ganz erniedrigend zu scheinen, besonders jetzt, da er sich mit ihr unter e i n e m Dach befand. Früher oder später hätte vielleicht ein solches Ereignis wenig gewirkt, gerade in diesem Augenblicke aber trat ein solcher Moment ein, der einem jeden an eine gesunde Vollständigkeit gewöhnten Menschen höchst widerwärtig begegnen muß. Es ist ihm, als wenn der Schlußstein seines organischen Wesens entfremdet wäre und das übrige Gewölbe nun auch nach und nach zusammenzustürzen drohte.

Wie dem auch sei, der Major unterhielt sich mit seiner Schwester gar bald einsichtig und verständig über die so verwirrt scheinende Angelegenheit; sie mußten beide bekennen, daß sie eigentlich nur durch einen Umweg ans Ziel gelangt seien, ganz nahe daran, von dem sie sich zufällig, durch äußern Anlaß, durch Irrtum eines unerfahrnen Kindes verleitet, unbedachtsam entfernt; sie fanden

nichts natürlicher, als auf diesem Wege zu verharren, eine
Verbindung beider Kinder einzuleiten und ihnen sodann
jede elterliche Sorgfalt, wozu sie sich die Mittel zu verschaffen gewußt, treu und unablässig zu widmen. Völlig
in Übereinstimmung mit dem Bruder, ging die Baronin zu
Hilarien ins Zimmer. Diese saß am Flügel, zu eigner
Begleitung singend und die eintretende Begrüßende mit
heiterem Blick und Beugung zum Anhören gleichsam ein-
ladend. Es war ein angenehmes, beruhigendes Lied, das
eine Stimmung der Sängerin aussprach, die nicht besser
wäre zu wünschen gewesen. Nachdem sie geendigt hatte,
stand sie auf, und ehe die ältere Bedächtige ihren Vortrag
beginnen konnte, fing sie zu sprechen an: »Beste Mutter!
es war schön, daß wir über die wichtigste Angelegenheit
so lange geschwiegen; ich danke Ihnen, daß Sie bis jetzt
diese Saite nicht berührten, nun aber ist es wohl Zeit, sich
zu erklären, wenn es Ihnen gefällig ist. Wie denken Sie
sich die Sache?«

Die Baronin, höchst erfreut über die Ruhe und Milde,
zu der sie ihre Tochter gestimmt fand, begann sogleich ein
verständiges Darlegen der frühern Zeit, der Persönlichkeit ihres Bruders und seiner Verdienste; sie gab den Eindruck zu, den der einzige Mann von Wert, der einem
jungen Mädchen so nahe bekannt geworden, auf ein freies
Herz notwendig machen müsse, und wie sich daraus, statt
kindlicher Ehrfurcht und Vertrauen, gar wohl eine Neigung, die als Liebe, als Leidenshaft sich zeige, entwickeln
könne. Hilarie hörte aufmerksam zu und gab durch beja-
hende Mienen und Zeichen ihre völlige Einstimmung zu
erkennen; die Mutter ging auf den Sohn über, und jene
ließ ihre langen Augenwimpern fallen; und wenn die Red-
nerin nicht so rühmliche Argumente für den Jüngeren

fand, als sie für den Vater anzuführen gewußt hatte, so
hielt sie sich hauptsächlich an die Ähnlichkeit beider, an
den Vorzug, den diesem die Jugend gebe, der zugleich, als
vollkommen gattlicher Lebensgefährte gewählt, die völlige Verwirklichung des väterlichen Daseins von der Zeit
wie billig verspräche. Auch hierin schien Hilarie gleich-
stimmig zu denken, obschon ein etwas ernsterer Blick und
ein manchmal niederschauendes Auge eine gewisse in diesem Fall höchst natürliche innere Bewegung verrieten.
Auf die äußeren glücklichen, gewissermaßen gebietenden
Umstände lenkte sich hierauf der Vortrag. Der abge-
schlossene Vergleich, der schöne Gewinn für die Gegenwart, die nach manchen Seiten hin sich erweiternden Aussichten, alles ward völlig der Wahrheit gemäß vor Augen
gestellt, da es zuletzt auch an Winken nicht fehlen konnte,
wie Hilarien selbst erinnerlich sein müsse, daß sie früher
dem mit ihr heranwachsenden Vetter, und wenn auch nur
wie im Scherze, sei verlobt gewesen. Aus alle dem Vorge-
sagten zog nun die Mutter den sich selbst ergebenden
Schluß, daß nun mit ihrer und des Oheims Einwilligung
die Verbindung der jungen Leute ungesäumt stattfinden
könne.

Hilarie, ruhig blickend und sprechend, erwiderte darauf, sie könne diese Folgerung nicht sogleich gelten lassen, und führte gar schön und anmutig dagegen an, was
ein zartes Gemüt gewiß mit ihr gleich empfinden wird,
und das wir mit Worten auszuführen nicht unternehmen.

Vernünftige Menschen, wenn sie etwas Verständiges
ausgesonnen, wie diese oder jene Verlegenheit zu beseiti-
gen wäre, dieser oder jener Zweck zu erreichen sein
möchte, und dafür sich alle denklichen Argumente ver-
deutlicht und geordnet, fühlen sich höchst unangenehm

betroffen, wenn diejenigen, die zu eignem Glücke mitwir-
ken sollten, völlig andern Sinnes gefunden werden und
aus Gründen, die tief im Herzen ruhen, sich demjenigen
widersetzen, was so löblich als nötig ist. Man wechselte
Reden, ohne sich zu überzeugen; das Verständige wollte
nicht in das Gefühl eindringen, das Gefühlte wollte sich
dem Nützlichen, dem Notwendigen nicht fügen; das
Gespräch erhitzte sich, die Schärfe des Verstandes traf das
schon verwundete Herz, das nun nicht mehr mäßig, sondern leidenschaftlich seinen Zustand an den Tag gab, so
daß zuletzt die Mutter selbst vor der Hoheit und Würde
des jungen Mädchens erstaunt zurücktrat, als sie mit
Energie und Wahrheit das Unschickliche, ja Verbrecheri-
sche einer solchen Verbindung hervorhob.

In welcher Verwirrung die Baronin zu dem Bruder
zurückkehrte, läßt sich denken, vielleicht auch, wenn-
gleich nicht vollkommen, nachempfinden, wie der Major,
der, von dieser entschiedenen Weigerung im Innersten
geschmeichelt, zwar hoffnungslos, aber getröstet vor der
Schwester stand, sich von jener Beschämung entwunden
und so dieses Ereignis, das ihm zur zartesten Ehrensache
geworden war, in seinem Innern ausgeglichen fühlte. Er
verbarg diesen Zustand augenblicklich seiner Schwester
und versteckte seine schmerzliche Zufriedenheit hinter
eine in diesem Falle ganz natürliche Äußerung: man
müsse nichts übereilen, sondern dem guten Kinde Zeit
lassen, den eröffneten Weg, der sich nunmehr gewissermaßen selbst verstünde, freiwillig einzuschlagen.

Nun aber können wir kaum unsern Lesern zumuten,
aus diesen ergreifenden inneren Zuständen in das Äußere
überzugehen, worauf doch jetzt so viel ankam. Indes die
Baronin ihrer Tochter alle Freiheit ließ, mit Musik und

Gesang, mit Zeichnen und Sticken ihre Tage angenehm zu verbringen, auch mit Lesen und Vorlesen sich und die Mutter zu unterhalten, so beschäftigte sich der Major bei eintretendem Frühjahr, die Familienangelegenheiten in Ordnung zu bringen; der Sohn, der sich in der Folge als einen reichen Besitzer und, wie er gar nicht zweifeln konnte, als glücklichen Gatten Hilariens erblickte, fühlte nun erst ein militärisches Bestreben nach Ruhm und Rang, wenn der androhende Krieg hereinbechen sollte. Und so glaubte man in augenblicklicher Beruhigung als gewiß vorauszusehen, daß dieses Rätsel, welches nur noch an eine Grille geknüpft schien, sich bald aufhellen und auseinanderlegen würde.

Leider aber war in dieser anscheinenden Ruhe keine Beruhigung zu finden. Die Baronin wartete tagtäglich, aber vergebens, auf die Sinnesänderung ihrer Tochter, die zwar mit Bescheidenheit und selten, aber doch, bei entscheidendem Anlaß, mit Sicherheit zu erkennen gab, sie bleibe so fest bei ihrer Überzeugung, als nur einer sein kann, dem etwas innerlich wahr geworden, es möge nun mit der ihn umgebenden Welt in Einklang stehen oder nicht. Der Major empfand sich zwiespältig; er würde sich immer verletzt fühlen, wenn Hilarie sich wirklich für den Sohn entschiede; entschiede sie sich aber für ihn selbst, so war er ebenso überzeugt, daß er ihre Hand ausschlagen müsse.

Bedauern wir den guten Mann, dem diese Sorgen, diese Qualen wie ein beweglicher Nebel unablässig vorschwebten, bald als Hintergrund, auf welchem sich die Wirklichkeiten und Beschäftigungen des dringenden Tages hervorhoben, bald herantretend und alles Gegenwärtige bedeckend. Ein solches Wanken und Schweben bewegte sich

vor den Augen seines Geistes; und wenn ihn der for-
dernde Tag zu rascher, wirksamer Tätigkeit aufbot, so
war es bei nächtlichem Erwachen, wo alles Widerwärtige,
gestaltet und immer umgestaltet, im unerfreulichsten
Kreis sich in seinem Innern umwälzte. Dies ewig wieder-
kehrende Unabweisbare brachte ihn in einen Zustand,
den wir fast Verzweiflung nennen dürften, weil Handeln
und Schaffen, die sich sonst als Heilmittel für solche
Lagen am sichersten bewährten, hier kaum lindernd,
geschweige denn befriedigend wirken wollten.

In solcher Lage erhielt unser Freund von unbekannter
Hand ein Schreiben mit Einladung in das Posthaus des
nahe gelegenen Städtchens, wo ein eilig Durchreisender
ihn dringend zu sprechen wünschte. Er, bei seinen vielfa-
chen Geschäfts- und Weltverhältnissen an dergleichen
gewöhnt, säumte um so weniger, als ihm die freie, flüch-
tige Hand einigermaßen erinnerlich schien. Ruhig und
gefaßt nach seiner Art begab er sich an den bezeichneten
Ort, als in der bekannten, fast bäuerischen Oberstube die
schöne Witwe ihm entgegentrat, schöner und anmutiger,
als er sie verlassen hatte. War es, daß unsere Einbildungskraft nicht fähig ist, das Vorzüglichste festzuhalten und
völlig wieder zu vergegenwärtigen, oder hatte wirklich ein
bewegterer Zustand ihr mehreren Reiz gegeben, genug, es
bedurfte doppelter Fassung, sein Erstaunen, seine Verwirrung unter dem Schein allgemeinster Höflichkeit zu
verbergen; er grüßte sie verbindlich mit verlegener Kälte.

»Nicht so, mein Bester!« rief sie aus, »keineswegs hab'
ich Sie dazu zwischen diese geweißten Wände, in diese
höchst unedle Umgebung berufen; ein so schlechter
Hausrat fordert nicht auf, sich höfisch zu unterhalten. Ich
befreie meine Brust von einer schweren Last, indem ich

sage, bekenne: in Ihrem Hause hab' ich viel Unheil ange-
richtet.« – Der Major trat stutzend zurück. – »Ich weiß
alles«, fuhr sie fort, »wir brauchen uns nicht zu erklären;
Sie und Hilarien, Hilarien und Flavio, Ihre gute Schwester, Sie alle bedaure ich.« Die Sprache schien ihr zu stok-
ken, die herrlichsten Augenwimpern konnten hervor-
quellende Tränen nicht zurückhalten, ihre Wange rötete
sich, sie war schöner als jemals. In äußerster Verwirrung
stand der edle Mann vor ihr, ihn durchdrang eine unbekannte Rührung. »Setzen wir uns«, sagte, die Augen
trocknend, das allerliebste Wesen. »Verzeihen Sie mir,
bedauern Sie mich, Sie sehen, wie ich bestraft bin.« Sie
hielt ihr gesticktes Tuch abermals vor die Augen und verbarg, wie bitterlich sie weinte.

»Klären Sie mich auf, meine Gnädige«, sprach er mit
Hast. – »Nichts von gnädig!« entgegnete sie himmlisch
lächelnd, »nennen Sie mich Ihre Freundin, Sie haben
keine treuere. Und also, mein Freund, ich weiß alles, ich
kenne die Lage der ganzen Familie genau, aller Gesinnungen und Leiden bin ich vertraut.« – »Was konnte Sie bis
auf diesen Grad unterrichten?« – »Selbstbekenntnisse.
Diese Hand wird Ihnen nicht fremd sein.« Sie wies ihm
einige entfaltete Briefe hin. – »Die Hand meiner Schwester, Briefe, mehrere, der nachlässigen Schrift nach vertraute! Haben Sie je mit ihr in Verhältnis gestanden?« –
»Unmittelbar nicht, mittelbar seit einiger Zeit; hier die
Aufschrift: ›An ***.‹« – »Ein neues Rätsel: An Makarien,
die schweigsamste aller Frauen.« – »Deshalb aber auch die
Vertraute, der Beichtiger aller bedrängten Seelen, aller
derer, die sich selbst verloren haben, sich wiederzufinden
wünschten und nicht wissen wo.« – »Gott sei Dank!« rief
er aus, »daß sich eine solche Vermittlung gefunden hat,

mir wollt' es nicht ziemen, sie anzuflehen, ich segne meine
Schwester, daß sie es tat; denn auch mir sind Beispiele
bekannt, daß jene Treffliche, im Vorhalten eines sittlich-
magischen Spiegels, durch die äußere verworrene Gestalt
irgendeinem Unglücklichen sein rein schönes Innere
gewiesen und ihn auf einmal erst mit sich selbst befriedigt
und zu einem neuen Leben aufgefordert hat.« –

»Diese Wohltat erzeigte sie auch mir«, versetzte die
Schöne; und in diesem Augenblick fühlte unser Freund,
wenn es ihm auch nicht klar wurde, dennoch entschieden,
daß aus dieser sonst in ihrer Eigenheit abgeschlossenen
merkwürdigen Person sich ein sittlich-schönes, teilneh-
mendes und teilgebendes Wesen hervortat. – »Ich war
nicht unglücklich, aber unruhig«, fuhr sie fort, »ich
gehörte mir selbst nicht recht mehr an, und das heißt denn
doch am Ende nicht glücklich sein. Ich gefiel mir selbst
nicht mehr, ich mochte mich vor dem Spiegel zurechtrük-
ken, wie ich wollte, es schien mir immer, als wenn ich
mich zu einem Maskenball herausputzte; aber seitdem sie
mir ihren Spiegel vorhielt, seit ich gewahr wurde, wie man
sich von innen selbst schmücken könne, komm' ich mir
wieder recht schön vor.« Sie sagte das zwischen Lächeln
und Weinen und war, man mußte es zugeben, mehr als
liebenswürdig. Sie erschien achtungswert und wert einer
ewigen treuen Anhänglichkeit.

»Und nun, mein Freund, fassen wir uns kurz: hier sind
die Briefe! sie zu lesen und wieder zu lesen, sich zu bedenken, sich zu bereiten, bedürften Sie allenfalls einer Stunde,
mehr, wenn Sie wollen; alsdann werden mit wenigen
Worten unsere Zustände sich entscheiden lassen.«

Sie verließ ihn, um in dem Garten auf und ab zu gehen;
er entfaltete nun einen Briefwechsel der Baronin mit

Makarien, dessen Inhalt wir summarisch andeuten. Jene beklagt sich über die schöne Witwe. Wie eine Frau die andere ansieht und scharf beurteilt, geht hervor. Eigentlich ist nur vom Äußern und von Äußerungen die Rede, nach dem Innern wird nicht gefragt.

Hierauf von seiten Makariens eine mildere Beurteilung. Schilderung eines solchen Wesens von innen heraus. Das Äußere erscheint als Folge von Zufälligkeiten, kaum zu tadeln, vielleicht zu entschuldigen. Nun berichtet die Baronin von der Raserei und Tollheit des Sohns, der wachsenden Neigung des jungen Paars, von der Ankunft des Vaters, der entschiedenen Weigerung Hilariens. Überall finden sich Erwiderungen Makariens von reiner Billigkeit, die aus der gründlichen Überzeugung stammt, daß hieraus eine sittliche Besserung entstehen müsse. Sie übersendet zuletzt den ganzen Briefwechsel der schönen Frau, deren himmelschönes Innere nun hervortritt und das Äußere zu verherrlichen beginnt. Das Ganze schließt mit einer dankbaren Erwiderung an Makarien.

Die neue Melusine

Hochverehrte Herren! Da mir bekannt ist, daß Sie vor-
läufige Reden und Einleitungen nicht besonders lieben,
so will ich ohne weiteres versichern, daß ich diesmal
vorzüglich gut zu bestehen hoffe. Von mir sind zwar
schon gar manche wahrhafte Geschichten zu hoher und
allseitiger Zufriedenheit ausgegangen, heute aber darf
ich sagen, daß ich eine zu erzählen habe, welche die bisherigen weit übertrifft und die, wiewohl sie mir schon
vor einigen Jahren begegnet ist, mich noch immer in der
Erinnerung unruhig macht, ja sogar eine endliche Entwicklung hoffen läßt. Sie möchte schwerlich ihresglei-
chen finden.

Vorerst sei gestanden, daß ich meinen Lebenswandel
nicht immer so eingerichtet, um der nächsten Zeit, ja des
nächsten Tages ganz sicher zu sein. Ich war in meiner
Jugend kein guter Wirt und fand mich oft in mancherlei
Verlegenheit. Einst nahm ich mir eine Reise vor, die mir
guten Gewinn verschaffen sollte; aber ich machte meinen
Zuschnitt ein wenig zu groß, und nachdem ich sie mit
Extrapost angefangen und sodann auf der ordinären eine
Zeitlang fortgesetzt hatte, fand ich mich zuletzt genötigt,
dem Ende derselben zu Fuße entgegegenzugehen.

Als ein lebhafter Bursche hatte ich von jeher die Gewohnheit, sobald ich in ein Wirtshaus kam, mich nach der Wirtin oder auch nach der Köchin umzusehen und mich
schmeichlerisch gegen sie zu bezeigen, wodurch denn
meine Zeche meistens vermindert wurde.

Eines Abends, als ich in das Posthaus eines kleinen
Städtchens trat und eben nach meiner hergebrachten
Weise verfahren wollte, rasselte gleich hinter mir ein schöner zweisitziger Wagen, mit vier Pferden bespannt, an der
Türe vor. Ich wendete mich um und sah ein Frauenzimmer allein, ohne Kammerfrau, ohne Bedienten. Ich eilte
sogleich, ihr den Schlag zu eröffnen und zu fragen, ob sie
etwas zu befehlen habe. Beim Aussteigen zeigte sich eine
schöne Gestalt, und ihr liebenswürdiges Gesicht war,
wenn man es näher betrachtete, mit einem kleinen Zug
von Traurigkeit geschmückt. Ich fragte nochmals, ob ich
ihr in etwas dienen könne. – »O ja!« sagte sie, »wenn Sie
mir mit Sorgfalt das Kästchen, das auf dem Sitze steht,
herausheben und hinauftragen wollen; aber ich bitte gar
sehr, es recht stät zu tragen und im mindesten nicht zu
bewegen oder zu rütteln.« Ich nahm das Kästchen mit
Sorgfalt, sie verschloß den Kutschenschlag, wie stiegen
zusammen die Treppe hinauf, und sie sagte dem Gesinde,
daß sie diese Nacht hier bleiben würde.

Nun waren wir allein in dem Zimmer, sie hieß mich das
Kästchen auf den Tisch setzen, der an der Wand stand,
und als ich an einigen ihrer Bewegungen merkte, daß sie
allein zu sein wünschte, empfahl ich mich, indem ich ihr
ehrerbietig, aber feurig die Hand küßte.

»Bestellen Sie das Abendessen für uns beide«, sagte sie
darauf; und es läßt sich denken, mit welchem Vergnügen
ich diesen Auftrag ausrichtete, wobei ich denn zugleich in
meinem Übermut Wirt, Wirtin und Gesinde kaum über
die Achsel ansah. Mit Ungeduld erwartete ich den Augenblick, der mich endlich wieder zu ihr führen sollte. Es war
aufgetragen, wir setzten uns gegen einander über, ich
labte mich zum erstenmal seit geraumer Zeit an einem

guten Essen und zugleich an einem so erwünschten Anblick; ja mir kam es vor, als wenn sie mit jeder Minute schöner würde.

Ihre Unterhaltung war angenehm, doch suchte sie alles abzulehnen, was sich auf Neigung und Liebe bezog. Es ward abgeräumt; ich zauderte, ich suchte allerlei Kunstgriffe, mich ihr zu nähern, aber vergebens: sie hielt mich durch eine gewisse Würde zurück, der ich nicht widerstehen konnte, ja ich mußte wider meinen Willen zeitig genug von ihr scheiden.

Nach einer meist durchwachten und unruhig durchträumten Nacht war ich früh auf, erkundigte mich, ob sie Pferde bestellt habe; ich hörte nein und ging in den Garten, sah sie angekleidet am Fenster stehen und eilte zu ihr hinauf. Als sie mir so schön und schöner als gestern entgegenkam, regte sich auf einmal in mir Neigung, Schalkheit und Verwegenheit; ich stürzte auf sie zu und faßte sie in meine Arme. »Englisches, unwiderstehliches Wesen!« rief ich aus: »verzeih, aber es ist unmöglich!« Mit unglaublicher Gewandtheit entzog sie sich meinen Armen, und ich hatte ihr nicht einmal einen Kuß auf die Wange drücken können. – »Halten Sie solche Ausbrüche einer plötzlichen leidenschaftlichen Neigung zurück, wenn Sie ein Glück nicht verscherzen wollen, das Ihnen sehr nahe liegt, das aber erst nach einigen Prüfungen ergriffen werden kann.«

»Fordere, was du willst, englischer Geist!« rief ich aus, »aber bringe mich nicht zur Verzweiflung.« Sie versetzte lächelnd: »Wollen Sie sich meinem Dienste widmen, so hören Sie die Bedingungen! Ich komme hierher, eine Freundin zu besuchen, bei der ich einige Tage zu verweilen gedenke; indessen wünsche ich, daß mein Wagen und

dies Kästchen weitergebracht werden. Wollen Sie es übernehmen? Sie haben dabei nichts zu tun, als das Kästchen
mit Behutsamkeit in und aus dem Wagen zu heben; wenn
es darin steht, sich daneben zu setzen und jede Sorge dafür
zu tragen. Kommen Sie in ein Wirtshaus, so wird es auf
einen Tisch gestellt, in eine besondere Stube, in der Sie
weder wohnen noch schlafen dürfen. Sie verschließen die
Zimmer jedesmal mit diesem Schlüssel, der alle Schlösser
auf- und zuschließt und dem Schlosse die besondere
Eigenschaft gibt, daß es niemand in der Zwischenzeit zu
eröffnen imstande ist.«

Ich sah sie an, mir ward sonderbar zumute; ich versprach, alles zu tun, wenn ich hoffen könnte, sie bald
wieder zu sehen, und wenn sie mir diese Hoffnung mit
einem Kuß besiegelte. Sie tat es, und von dem Augenblick
an war ich ihr ganz leibeigen geworden. Ich sollte nun die
Pferde bestellen, sagte sie. Wir besprachen den Weg, den
ich nehmen, die Orte, wo ich mich aufhalten und sie
erwarten sollte. Sie drückte mir zuletzt einen Beutel mit
Gold in die Hand, und ich meine Lippen auf ihre Hände.
Sie schien gerührt beim Abschied, und ich wußte schon
nicht mehr, was ich tat oder tun sollte.

Als ich von meiner Bestellung zurückkam, fand ich
die Stubentür verschlossen. Ich versuchte gleich meinen
Hauptschlüssel, und er machte sein Probestück vollkommen. Die Tür sprang auf, ich fand das Zimmer leer, nur
das Kästchen stand auf dem Tische, wo ich es hingestellt
hatte.

Der Wagen war vorgefahren, ich trug das Kästchen
sorgfältig hinunter und setzte es neben mich. Die Wirtin
fragte: »Wo ist denn die Dame?« Ein Kind antwortete:
»Sie ist in die Stadt gegangen.« Ich begrüßte die Leute und

fuhr wie im Triumph von hinnen, der ich gestern abend mit bestaubten Gamaschen hier angekommen war. Daß ich nun bei guter Muße diese Geschichte hin und her überlegte, das Geld zählte, mancherlei Entwürfe machte und immer gelegentlich nach dem Kästchen schielte, können Sie leicht denken. Ich fuhr nun stracks vor mich hin, stieg mehrere Stationen nicht aus und rastete nicht, bis ich zu einer ansehnlichen Stadt gelangt war, wohin sie mich beschieden hatte. Ihre Befehle wurden sorgfältig beobachtet, das Kästchen in ein besonderes Zimmer gestellt und ein paar Wachslichter daneben, unangezündet, wie sie auch verordnet hatte. Ich verschloß das Zimmer, richtete mich in dem meinigen ein und tat mir etwas zugute.

Eine Weile konnte ich mich mit dem Andenken an sie beschäftigen, aber gar bald wurde mir die Zeit lang. Ich war nicht gewohnt, ohne Gesellschaft zu leben; diese fand ich bald an Wirtstafeln und an öffentlichen Orten nach meinem Sinne. Mein Geld fing bei dieser Gelegenheit an zu schmelzen und verlor sich eines Abends völlig aus meinem Beutel, als ich mich unvorsichtig einem leidenschaftlichen Spiel überlassen hatte. Auf meinem Zimmer angekommen, war ich außer mir. Von Geld entblößt, mit dem Ansehen eines reichen Mannes eine tüchtige Zeche erwartend, ungewiß, ob und wann meine Schöne sich wieder zeigen würde, war ich in der größten Verlegenheit. Doppelt sehnte ich mich nach ihr und glaubte nun gar nicht mehr ohne sie und ohne ihr Geld leben zu können.

Nach dem Abendessen, das mir gar nicht geschmeckt hatte, weil ich es diesmal einsam zu genießen genötigt worden, ging ich in dem Zimmer lebhaft auf und ab, sprach mit mir selbst, verwünschte mich, warf mich auf den Boden, zerraufte mir die Haare und erzeigte mich

ganz ungebärdig. Auf einmal höre ich in dem verschlossenen Zimmer nebenan eine leise Bewegung und kurz nachher an der wohlverwahrten Türe pochen. Ich raffe mich
zusammen, greife nach dem Hauptschlüssel, aber die Flügeltüren springen von selbst auf, und im Schein jener
brennenden Wachslichter kommt mir meine Schöne entgegen. Ich werfe mich ihr zu Füßen, küsse ihr Kleid, ihre
Hände, sie hebt mich auf, ich wage nicht, sie zu umarmen,
kaum sie anzusehen; doch gestehe ich ihr aufrichtig und
reuig meinen Fehler. – »Er ist zu verzeihen«, sagte sie,
»nur verspätet Ihr leider Euer Glück und meines. Ihr
müßt nun abermals eine Strecke in die Welt hineinfahren,
ehe wir uns wieder sehen. Hier ist noch mehr Gold«, sagte
sie, »und hinreichend, wenn Ihr einigermaßen haushalten
wollt. Hat Euch aber diesmal Wein und Spiel in Verlegenheit gesetzt, so hütet Euch nun vor Wein und Weibern
und laßt mich auf ein fröhlicheres Wiedersehen hoffen.«
Sie trat über die Schwelle zurück, die Flügel schlugen
zusammen, ich pochte, ich bat, aber nichts ließ sich weiter
hören. Als ich den andern Morgen die Zeche verlangte,
lächelte der Kellner und sagte: »So wissen wir doch,
warum Ihr Eure Türen auf eine so künstliche und unbe-
greifliche Weise verschließt, daß kein Hauptschlüssel sie
öffnen kann. Wir vermuteten bei Euch viel Geld und
Kostbarkeiten; nun aber haben wir den Schatz die Treppe
hinuntergehen sehn, und auf alle Weise schien er würdig,
wohl verwahrt zu werden.«
Ich erwiderte nichts dagegen, zahlte meine Rechnung
und stieg mit meinem Kästchen in den Wagen. Ich fuhr
nun wieder in die Welt hinein mit dem festesten Vorsatz,
auf die Warnung meiner geheimnisvollen Freundin künftig zu achten. Doch war ich kaum abermals in einer gro-

ßen Stadt angelangt, so ward ich bald mit liebenswürdigen Frauenzimmern bekannt, von denen ich mich durchaus nicht losreißen konnte. Sie schienen mir ihre Gunst teuer anrechnen zu wollen; denn indem sie mich immer in einiger Entfernung hielten, verleiteten sie mich zu einer Ausgabe nach der andern, und da ich nur suchte, ihr Vergnügen zu befördern, dachte ich abermals nicht an meinen Beutel, sondern zahlte und spendete immerfort, so wie es eben vorkam. Wie groß war daher meine Verwunderung und mein Vergnügen, als ich nach einigen Wochen bemerkte, daß die Fülle des Beutels noch nicht abgenommen hatte, sondern daß er noch so rund und strotzend war wie anfangs. Ich wollte mich dieser schönen Eigenschaft näher versichern, setzte mich hin zu zählen, merkte mir die Summe genau und fing nun an, mit meiner Gesellschaft lustig zu leben wie vorher. Da fehlte es nicht an Land- und Wasserfahrten, an Tanz, Gesang und andern Vergnügungen. Nun bedurfte es aber keiner großen Aufmerksamkeit, um gewahr zu werden, daß der Beutel wirklich abnahm, eben als wenn ich ihm durch mein verwünschtes Zählen die Tugend, unzählbar zu sein, entwendet hätte. Indessen war das Freudenleben einmal im Gange, ich konnte nicht zurück, und doch war ich mit meiner Barschaft bald am Ende. Ich verwünschte meine Lage, schalt auf meine Freundin, die mich so in Versuchung geführt hatte, nahm es ihr übel auf, daß sie sich nicht wieder sehen lassen, sagte mich im Ärger von allen Pflichten gegen sie los und nahm mir vor, das Kästchen zu öffnen, ob vielleicht in demselben einige Hülfe zu finden sei. Denn war es gleich nicht schwer genug, um Geld zu enthalten, so konnten doch Juwelen darin sein, und auch diese wären mir sehr willkommen gewesen. Ich war im

Begriff, den Vorsatz auszuführen, doch verschob ich ihn
auf die Nacht, um die Operation recht ruhig vorzuneh-
men, und eilte zu einem Bankett, das eben angesagt war.
Da ging es denn wieder hoch her, und wir waren durch
Wein und Trompetenschall mächtig aufgeregt, als mir der
unangenehme Streich passierte, daß beim Nachtische ein
älterer Freund meiner liebsten Schönheit, von Reisen
kommend, unvermutet hereintrat, sich zu ihr setzte und
ohne große Umstände seine alten Rechte geltend zu
machen suchte. Daraus entstand nun bald Unwille, Hader
und Streit; wir zogen vom Leder, und ich ward mit mehreren Wunden halbtot nach Hause getragen.

Der Chirurgus hatte mich verbunden und verlassen, es
war schon tief in der Nacht, mein Wärter eingeschlafen;
die Tür des Seitenzimmers ging auf, meine geheimnisvolle
Freundin trat herein und setzte sich zu mir ans Bette. Sie
fragte nach meinem Befinden; ich antwortete nicht, denn
ich war matt und verdrießlich. Sie fuhr fort, mit vielem
Anteil zu sprechen, rieb mir die Schläfe mit einem gewissen Balsam, so daß ich mich geschwind und entschieden
gestärkt fühlte, so gestärkt, daß ich mich erzürnen und sie
ausschelten konnte. In einer heftigen Rede warf ich alle
Schuld meines Unglücks auf sie, auf die Leidenschaft, die
sie mir eingeflößt, auf ihr Erscheinen, ihr Verschwinden,
auf die Langeweile, auf die Sehnsucht, die ich empfinden
mußte. Ich ward immer heftiger und heftiger, als wenn
mich ein Fieber anfiele, und ich schwur ihr zuletzt, daß,
wenn sie nicht die Meinige sein, mir diesmal nicht angehören und sich mit mir verbinden wolle, so verlange ich nicht
länger zu leben; worauf ich entschiedene Antwort forderte. Als sie zaudernd mit einer Erklärung zurückhielt,
geriet ich ganz außer mir, riß den doppelten und drei-

fachen Verband von den Wunden, mit der entschiedenen Absicht, mich zu verbluten. Aber wie erstaunte ich, als ich meine Wunden alle geheilt, meinen Körper schmuck und glänzend und sie in meinen Armen fand.

Nun waren wir das glücklichste Paar von der Welt. Wir baten einander wechselseitig um Verzeihung und wußten selbst nicht recht warum. Sie versprach nun, mit mir weiterzureisen, und bald saßen wir nebeneinander im Wagen, das Kästchen gegen uns über, am Platze der dritten Person. Ich hatte desselben niemals gegen sie erwähnt; auch jetzt fiel mir's nicht ein, davon zu reden, ob es uns gleich vor den Augen stand und wir durch eine stillschweigende Übereinkunft beide dafür sorgten, wie es etwa die Gelegenheit geben mochte; nur daß ich es immer in und aus dem Wagen hob und mich wie vormals mit dem Verschluß der Türen beschäftigte.

Solange noch etwas im Beutel war, hatte ich immer fortbezahlt; als es mit meiner Barschaft zu Ende ging, ließ ich sie es merken. – »Dafür ist leicht Rat geschafft«, sagte sie und deutete auf ein Paar kleine Taschen, oben an der Seite des Wagens angebracht, die ich früher wohl bemerkt, aber nicht gebraucht hatte. Sie griff in die eine und zog einige Goldstücke heraus, sowie aus der andern einige Silbermünzen, und zeigte mir dadurch die Möglichkeit, jeden Aufwand, wie es uns beliebte, fortzusetzen. So reisten wir von Stadt zu Stadt, von Land zu Land, waren unter uns und mit andern froh, und ich dachte nicht daran, daß sie mich wieder verlassen könnte, um so weniger, als sie sich seit einiger Zeit entschieden guter Hoffnung befand, wodurch unsere Heiterkeit und unsere Liebe nur noch vermehrt wurde. Aber eines Morgens fand ich sie leider nicht mehr, und weil mir der Aufenthalt ohne

sie verdrießlich war, machte ich mich mit meinem Kästchen wieder auf den Weg, versuchte die Kraft der beiden
Taschen und fand sie noch immer bewährt.

Die Reise ging glücklich vonstatten, und wenn ich
bisher über mein Abenteuer weiter nicht nachdenken
mögen, weil ich eine ganz natürliche Entwickelung der
wundersamen Begebenheiten erwartete, so ereignete sich
doch gegenwärtig etwas, wodurch ich in Erstaunen, in
Sorgen, ja in Furcht gesetzt wurde. Weil ich, um von der
Stelle zu kommen, Tag und Nacht zu reisen gewohnt war,
so geschah es, daß ich oft im Finstern fuhr und es in meinem Wagen, wenn die Laternen zufällig ausgingen, ganz
dunkel war. Einmal bei so finsterer Nacht war ich eingeschlafen, und als ich erwachte, sah ich den Schein eines
Lichtes an der Decke meines Wagens. Ich beobachtete
denselben und fand, daß er aus dem Kästchen hervor-
brach, das einen Riß zu haben schien, eben als wäre es
durch die heiße und trockene Witterung der eingetretenen
Sommerzeit gesprungen. Meine Gedanken an die Juwelen
wurden wieder rege, ich vermutete, daß ein Karfunkel im
Kästchen liege, und wünschte darüber Gewißheit zu
haben. Ich rückte mich, so gut ich konnte, zurecht, so daß
ich mit dem Auge unmittelbar den Riß berührte. Aber wie
groß war mein Erstaunen, als ich in ein von Lichtern wohl
erhelltes, mit viel Geschmack, ja Kostbarkeit möbliertes
Zimmer hineinsah, gerade so als hätte ich durch die Öffnung eines Gewölbes in einen königlichen Saal hinabge-
sehn. Zwar konnte ich nur einen Teil des Raumes beobachten, der mich auf das übrige schließen ließ. Ein Kamin-
feuer schien zu brennen, neben welchem ein Lehnsessel
stand. Ich hielt den Atem an mich und fuhr fort zu beobachten. Indem kam von der andern Seite des Saals ein

Frauenzimmer mit einem Buch in den Händen, die ich sogleich für meine Frau erkannte, obschon ihr Bild nach dem allerkleinsten Maßstabe zusammengezogen war. Die Schöne setzte sich in den Sessel ans Kamin, um zu lesen, legte die Brände mit der niedlichsten Feuerzange zurecht, wobei ich deutlich bemerken konnte, das allerliebste kleine Wesen sei ebenfalls guter Hoffnung. Nun fand ich mich aber genötigt, meine unbequeme Stellung einigermaßen zu verrücken, und bald darauf, als ich wieder hineinsehen und mich überzeugen wollte, daß es kein Traum gewesen, war das Licht verschwunden, und ich blickte in eine leere Finsternis.

Wie erstaunt, ja erschrocken ich war, läßt sich begreifen. Ich machte mir tausend Gedanken über diese Entdeckung und konnte doch eigentlich nichts denken. Darüber schlief ich ein, und als ich erwachte, glaubte ich eben nur geträumt zu haben; doch fühlte ich mich von meiner Schönen einigermaßen entfremdet, und indem ich das Kästchen nur desto sorgfältiger trug, wußte ich nicht, ob ich ihre Wiedererscheinung in völliger Menschengröße wünschen oder fürchten sollte.

Nach einiger Zeit trat denn wirklich meine Schöne gegen Abend in weißem Kleide herein, und da es eben im Zimmer dämmerte, so kam sie mir länger vor, als ich sie sonst zu sehen gewohnt war, und ich erinnerte mich, gehört zu haben, daß alle vom Geschlecht der Nixen und Gnomen bei einbrechender Nacht an Länge gar merklich zunähmen. Sie flog wie gewöhnlich in meine Arme, aber ich konnte sie nicht recht frohmütig an meine beklemmte Brust drücken.

»Mein Liebster«, sagte sie, »ich fühle nun wohl an deinem Empfang, was ich leider schon weiß. Du hast mich in

der Zwischenzeit gesehn; du bist von dem Zustand unterrichtet, in dem ich mich zu gewissen Zeiten befinde; dein
Glück und das meinige ist hiedurch unterbrochen, ja es
steht auf dem Punkte, ganz vernichtet zu werden. Ich
muß dich verlassen und weiß nicht, ob ich dich jemals
wiedersehen werde.« Ihre Gegenwart, die Anmut, mit der
sie sprach, entfernte sogleich fast jede Erinnerung jenes
Gesichtes, das mir schon bisher nur als ein Traum vorge-
schwebt hatte. Ich umfing sie mit Lebhaftigkeit, überzeugte sie von meiner Leidenschaft, versicherte ihr meine
Unschuld, erzählte ihr das Zufällige der Entdeckung,
genug, ich tat so viel, daß sie selbst beruhigt schien und
mich zu beruhigen suchte.

»Prüfe dich genau«, sagte sie, »ob diese Entdeckung
deiner Liebe nicht geschadet habe, ob du vergessen
kannst, daß ich in zweierlei Gestalten mich neben dir
befinde, ob die Verringerung meines Wesens nicht auch
deine Neigung vermindern werde.«

Ich sah sie an; schöner war sie als jemals, und ich dachte
bei mir selbst: »Ist es denn ein so großes Unglück, eine
Frau zu besitzen, die von Zeit zu Zeit eine Zwergin wird,
so daß man sie im Kästchen herumtragen kann? Wäre es
nicht viel schlimmer, wenn sie zur Riesin würde und ihren
Mann in den Kasten steckte?« Meine Heiterkeit war
zurückgekehrt. Ich hätte sie um alles in der Welt nicht
fahren lassen. – »Bestes Herz«, versetzte ich, »laß uns
bleiben und sein, wie wir gewesen sind. Könnten wir's
beide denn herrlicher finden! Bediene dich deiner Bequemlichkeit, und ich verspreche dir, das Kästchen nur
desto sorgfältiger zu tragen. Wie sollte das Niedlichste,
was ich in meinem Leben gesehn, einen schlimmen Eindruck auf mich machen? Wie glücklich würden die Lieb-

haber sein, wenn sie solche Miniaturbilder besitzen könnten! Und am Ende war es auch nur ein solches Bild, eine
kleine Taschenspielerei. Du prüfst und neckst mich; du
sollst aber sehen, wie ich mich halten werde.«

»Die Sache ist ernsthafter, als du denkst«, sagte die
Schöne; »indessen bin ich recht wohl zufrieden, daß du sie
leicht nimmst: denn für uns beide kann noch immer die
heiterste Folge werden. Ich will dir vertrauen und von
meiner Seite das Mögliche tun, nur versprich mir, dieser
Entdeckung niemals vorwurfsweise zu gedenken. Dazu
füg' ich noch eine Bitte recht inständig: nimm dich vor
Wein und Zorn mehr als jemals in acht.«

Ich versprach, was sie begehrte, ich hätte zu und immer
zu versprochen; doch sie wendete selbst das Gespräch,
und alles war im vorigen Gleise. Wir hatten nicht Ursache, den Ort unseres Aufenthaltes zu verändern; die Stadt
war groß, die Gesellschaft vielfach, die Jahreszeit veran-
laßte manches Land- und Gartenfest.

Bei allen solchen Freuden war meine Frau sehr gern
gesehen, ja von Männern und Frauen lebhaft verlangt. Ein
gutes, einschmeichelndes Betragen, mit einer gewissen
Hoheit verknüpft, machte sie jedermann lieb und ehren-
wert. Überdies spielte sie herrlich die Laute und sang
dazu, und alle geselligen Nächte mußten durch ihr Talent
gekrönt werden.

Ich will nur gestehen, daß ich mir aus der Musik niemals
viel habe machen können, ja sie hatte vielmehr auf mich
eine unangenehme Wirkung. Meine Schöne, die mir das
bald abgemerkt hatte, suchte mich daher niemals, wenn
wir allein waren, auf diese Weise zu unterhalten; dagegen
schien sie sich in Gesellschaft zu entschädigen, wo sie
denn gewöhnlich eine Menge Bewunderer fand.

Und nun, warum sollte ich es leugnen, unsere letzte Unterredung, ungeachtet meines besten Willens, war doch nicht vermögend gewesen, die Sache ganz bei mir abzutun; vielmehr hatte sich meine Empfindungsweise gar seltsam gestimmt, ohne daß ich es mir vollkommen bewußt gewesen wäre. Da brach eines Abends in großer Gesellschaft der verhaltene Unmut los, und mir entsprang daraus der allergrößte Nachteil.

Wenn ich es jetzt recht bedenke, so liebte ich nach jener unglücklichen Entdeckung meine Schönheit viel weniger, und nun ward ich eifersüchtig auf sie, was mir vorher gar nicht eingefallen war. Abends bei Tafel, wo wir schräg gegen einander über in ziemlicher Entfernung saßen, befand ich mich sehr wohl mit meinen beiden Nachbarinnen, ein paar Frauenzimmern, die mir seit einiger Zeit reizend geschienen hatten. Unter Scherz- und Liebesreden sparte man des Weines nicht, indessen von der andern Seite ein paar Musikfreunde sich meiner Frau bemächtigt hatten und die Gesellschaft zu Gesängen, einzelnen und chormäßigen, aufzumuntern und anzuführen wußten. Darüber fiel ich in böse Laune; die beiden Kunstliebhaber schienen zudringlich; der Gesang machte mich ärgerlich, und als man gar von mir auch eine Solostrophe begehrte, so wurde ich wirklich aufgebracht, leerte den Becher und setzte ihn sehr unsanft nieder.

Durch die Anmut meiner Nachbarinnen fühlte ich mich sogleich zwar wieder gemildert, aber es ist eine böse Sache um den Ärger, wenn er einmal auf dem Wege ist. Er kochte heimlich fort, obgleich alles mich hätte sollen zur Freude, zur Nachgiebigkeit stimmen. Im Gegenteil wurde ich nur noch tückischer, als man eine Laute brachte und meine Schöne ihren Gesang zur Bewunderung aller übrigen begleitete. Unglücklicherweise erbat man sich eine allgemeine Stille. Also auch schwatzen sollte ich nicht mehr, und die Töne taten mir in den Zähnen weh. War es nun ein Wunder, daß endlich der kleinste Funke die Mine zündete?

Eben hatte die Sängerin ein Lied unter dem größten Beifall geendigt, als sie nach mir, und wahrlich recht liebevoll, herübersah. Leider drangen die Blicke nicht bei mir ein. Sie bemerkte, daß ich einen Becher Wein hinunterschlang und einen neu anfüllte. Mit dem rechten Zeigefinger winkte sie mir lieblich drohend. »Bedenken Sie, daß es Wein ist!« sagte sie, nicht lauter, als daß ich es hören konnte. – »Wasser ist für die Nixen!« rief ich aus. – »Meine Damen«, sagte sie zu meinen Nachbarinnen, »kränzen Sie den Becher mit aller Anmut, daß er nicht zu oft leer werde.« – »Sie werden sich doch nicht meistern lassen!« zischelte mir die eine ins Ohr. – »Was will der Zwerg?« rief ich aus, mich heftiger gebärdend, wodurch ich den Becher umstieß. – »Hier ist viel verschüttet!« rief die Wunderschöne, tat einen Griff in die Saiten, als wolle sie die Aufmerksamkeit der Gesellschaft aus dieser Störung wieder auf sich heranziehen. Es gelang ihr wirklich, um so mehr, als sie aufstand, aber nur, als wenn sie sich das Spiel bequemer machen wollte, und zu präludieren fortfuhr.

Als ich den roten Wein über das Tischtuch fließen sah, kam ich wieder zu mir selbst. Ich erkannte den großen Fehler, den ich begangen hatte, und war recht innerlich zerknirscht. Zum erstenmal sprach die Musik mich an. Die erste Strophe, die sie sang, war ein freundlicher Abschied an die Gesellschaft, wie sie sich noch zusammen fühlen konnte. Bei der folgenden Strophe floß die Sozietät

gleichsam auseinander, jeder fühlte sich einzeln, abgesondert, niemand glaubte sich mehr gegenwärtig. Aber was
soll ich denn von der letzten Strophe sagen? Sie war allein
an mich gerichtet, die Stimme der gekränkten Liebe, die
von Unmut und Übermut Abschied nimmt.

Stumm führte ich sie nach Hause und erwartete mir
nichts Gutes. Doch kaum waren wir in unserm Zimmer
angelangt, als sie sich höchst freundlich und anmutig, ja
sogar schalkhaft erwies und mich zum glücklichsten aller
Menschen machte.

Des andern Morgens sagte ich ganz getrost und liebevoll: »Du hast so manchmal, durch gute Gesellschaft aufgefordert, gesungen, so zum Beispiel gestern abend das
rührende Abschiedslied; singe nun auch einmal mir
zuliebe ein hübsches, fröhliches Willkommen in dieser
Morgenstunde, damit es uns werde, als wenn wir uns zum
erstenmal kennen lernten.«

»Das vermag ich nicht, mein Freund«, versetzte sie mit
Ernst. »Das Lied von gestern abend bezog sich auf unsere
Scheidung, die nun sogleich vor sich gehen muß: denn ich
kann dir nur sagen, die Beleidigung gegen Versprechen
und Schwur hat für uns beide die schlimmsten Folgen; du
verscherzest ein großes Glück, und auch ich muß meinen
liebsten Wünschen entsagen.«

Als ich nun hierauf in sie drang und bat, sie möchte sich
näher erklären, versetzte sie: »Das kann ich leider wohl,
denn es ist doch um mein Bleiben bei dir getan. Vernimm
also, was ich dir lieber bis in die spätesten Zeiten verborgen hätte. Die Gestalt, in der du mich im Kästchen
erblicktest, ist mir wirklich angeboren und natürlich;
denn ich bin aus dem Stamm des Königs Eckwald, des
mächtigen Fürsten der Zwerge, von dem die wahrhafte

Geschichte so vieles meldet. Unser Volk ist noch immer wie vor alters tätig und geschäftig und auch daher leicht zu regieren. Du mußt dir aber nicht vorstellen, daß die Zwerge in ihren Arbeiten zurückgeblieben sind. Sonst waren Schwerter, die den Feind verfolgten, wenn man sie ihm nachwarf, unsichtbar und geheimnisvoll bindende Ketten, undurchdringliche Schilder und dergleichen ihre berühmtesten Arbeiten. Jetzt aber beschäftigen sie sich hauptsächlich mit Sachen der Bequemlichkeit und des Putzes und übertreffen darin alle andern Völker der Erde. Du würdest erstaunen, wenn du unsere Werkstätten und Warenlager hindurchgehen solltest. Dies wäre nun alles gut, wenn nicht bei der ganzen Nation überhaupt, vorzüglich aber bei der königlichen Familie, ein besonderer Umstand einträte.«

Da sie einen Augenblick innehielt, ersuchte ich sie um fernere Eröffnung dieser wundersamen Geheimnisse, worin sie mir denn auch sogleich willfahrte.

»Es ist bekannt«, sagte sie, »daß Gott, sobald er die Welt erschaffen hatte, so daß alles Erdreich trocken war und das Gebirg mächtig und herrlich dastand, daß Gott, sage ich, sogleich vor allen Dingen die Zwerglein erschuf, damit auch vernünftige Wesen wären, welche seine Wunder im Innern der Erde auf Gängen und Klüften anstaunen und verehren könnten. Ferner ist bekannt, daß dieses kleine Geschlecht sich nachmals erhoben und sich die Herrschaft der Erde anzumaßen gedacht, weshalb denn Gott die Drachen erschaffen, um das Gezwerge ins Gebirg zurückzudrängen. Weil aber die Drachen sich in den großen Höhlen und Spalten selbst einzunisten und dort zu wohnen pflegten, auch viele derselben Feuer spieen und manch anderes Wüste begingen, so wurde dadurch den Zwerglein gar große Not und Kummer bereitet, dergestalt, daß sie nicht mehr wußten, wo aus noch ein, und sich daher zu Gott dem Herrn gar demütiglich und flehentlich wendeten, auch ihn im Gebet anriefen, er möchte doch dieses unsaubere Drachenvolk wieder vertilgen. Ob er nun aber gleich nach seiner Weisheit sein Geschöpf zu zerstören nicht beschließen mochte, so ging ihm doch der armen Zwerglein große Not dermaßen zu Herzen, daß er alsobald die Riesen erschuf, welche die Drachen bekämpfen und, wo nicht ausrotten, doch wenigstens vermindern sollten.

Als nun aber die Riesen so ziemlich mit den Drachen fertig geworden, stieg ihnen gleichfalls der Mut und Dünkel, weswegen sie gar manches Frevele, besonders auch gegen die guten Zwerglein, verübten, welche denn abermals in ihrer Not sich zu dem Herrn wandten, der sodann aus seiner Machtgewalt die Ritter schuf, welche die Riesen und Drachen bekämpfen und mit den Zwerglein in guter Eintracht leben sollten. Damit war denn das Schöpfungswerk von dieser Seite beschlossen, und es findet sich, daß nachher Riesen und Drachen sowie die Ritter und Zwerge immer zusammengehalten haben. Daraus kannst du nun ersehen, mein Freund, daß wir von dem ältesten Geschlecht der Welt sind, welches uns zwar zu Ehren gereicht, doch aber auch großen Nachteil mit sich führt.

Da nämlich auf der Welt nichts ewig bestehen kann, sondern alles, was einmal groß gewesen, klein werden und abnehmen muß, so sind auch wir in dem Falle, daß wir seit Erschaffung der Welt immer abnehmen und kleiner werden, vor allen andern aber die königliche Familie, welche wegen ihres reinen Blutes diesem Schicksal am ersten unterworfen ist. Deshalb haben unsere weisen Meister schon vor vielen Jahren den Ausweg erdacht, daß von Zeit zu Zeit eine Prinzessin aus dem königlichen Hause heraus ins Land gesendet werde, um sich mit einem ehrsamen Ritter zu vermählen, damit das Zwergengeschlecht wieder angefrischt und vom gänzlichen Verfall gerettet sei.«

Indessen meine Schöne diese Worte ganz treuherzig vorbrachte, sah ich sie bedenklich an, weil es schien, als ob sie Lust habe, mir etwas aufzubinden. Was ihre niedliche Herkunft betraf, daran hatte ich weiter keinen Zweifel; aber daß sie mich anstatt eines Ritters ergriffen hatte, das machte mir einiges Mißtrauen, indem ich mich denn doch zu wohl kannte, als daß ich hätte glauben sollen, meine Vorfahren seien von Gott unmittelbar erschaffen worden.

Ich verbarg Verwunderung und Zweifel und fragte sie freundlich: »Aber sage mir, mein liebes Kind, wie kommst du zu dieser großen und ansehnlichen Gestalt? denn ich kenne wenig Frauen, die sich dir an prächtiger Bildung vergleichen können.« – »Das sollst du erfahren«, versetzte meine Schöne. »Es ist von jeher im Rat der Zwergenkönige hergebracht, daß man sich so lange als möglich vor jedem außerordentlichen Schritt in acht nehme, welches ich denn auch ganz natürlich und billig finde. Man hätte vielleicht noch lange gezaudert, eine Prinzessin wieder einmal in das Land zu senden, wenn nicht mein nachgeborner Bruder so klein ausgefallen wäre, daß ihn die Wärterinnen sogar aus den Windeln verloren haben und man nicht weiß, wo er hingekommen ist. Bei diesem in den Jahrbüchern des Zwergenreichs ganz unerhörten Falle versammelte man die Weisen, und kurz und gut, der Entschluß ward gefaßt, mich auf die Freite zu schicken.«

»Der Entschluß!« rief ich aus; »das ist wohl alles schön und gut. Man kann sich entschließen, man kann etwas beschließen; aber einem Zwerglein diese Göttergestalt zu geben, wie haben eure Weisen dies zustande gebracht?«

»Es war auch schon«, sagte sie, »von unsern Ahnherren vorgesehen. In dem königlichen Schatze lang ein ungeheurer goldner Fingerring. Ich spreche jetzt von ihm, wie er mir vorkam, da er mir, als einem Kinde, ehemals an seinem Orte gezeigt wurde: denn es ist derselbe, den ich hier am Finger habe; und nun ging man folgendergestalt zu Werke. Man unterrichtete mich von allem, was bevorstehe, und belehrte mich, was ich zu tun und zu lassen habe.

Ein köstlicher Palast, nach dem Muster des liebsten Sommeraufenthalts meiner Eltern, wurde verfertigt: ein Hauptgebäude, Steitenflügel und was man nur wünschen kann. Er stand am Eingang einer großen Felskluft und verzierte sie aufs beste. An dem bestimmten Tage zog der Hof dorthin und meine Eltern mit mir. Die Armee paradierte, und vierundzwanzig Priester trugen auf einer köstlichen Bahre, nicht ohne Beschwerlichkeit, den wundervollen Ring. Er ward an die Schwelle des Gebäudes gelegt, gleich innerhalb, wo man über sie hinübertritt. Manche Zeremonien wurden begangen, und nach einem herzlichen Abschiede schritt ich zum Werke. Ich trat hinzu, legte die Hand an den Ring und fing sogleich merklich zu wachsen an. In wenig Augenblicken war ich zu meiner gegenwärtigen Größe gelangt, worauf ich den Ring sogleich an den Finger steckte. Nun im Nu verschlossen sich Fenster, Türen und Tore, die Seitenflügel zogen sich ins Hauptgebäude zurück, statt des Palastes stand ein Kästchen neben mir, das ich sogleich aufhob und mit mir

forttrug, nicht ohne ein angenehmes Gefühl, so groß und
so stark zu sein, zwar immer noch ein Zwerg gegen Bäume
und Berge, gegen Ströme wie gegen Landstrecken, aber
doch immer schon ein Riese gegen Gras und Kräuter,
besonders aber gegen die Ameisen, mit denen wir Zwerge
nicht immer in gutem Verhältnis stehen und deswegen oft
gewaltig von ihnen geplagt werden.

Wie es mir auf meiner Wallfahrt erging, ehe ich dich
fand, davon hätte ich viel zu erzählen. Genug, ich prüfte
manchen, aber niemand als du schien mir wert, den
Stamm des herrlichen Eckwald zu erneuern und zu ver-
ewigen.«

Bei allen diesen Erzählungen wackelte mir mitunter der
Kopf, ohne daß ich ihn gerade geschüttelt hätte. Ich tat
verschiedene Fragen, worauf ich aber keine sonderlichen
Antworten erhielt, vielmehr zu meiner größten Betrübnis
erfuhr, daß sie nach dem, was begegnet, notwendig zu
ihren Eltern zurückkehren müsse. Sie hoffe zwar, wieder
zu mir zu kommen, doch jetzt habe sie sich unvermeidlich
zu stellen, weil sonst für sie so wie für mich alles verloren
wäre. Die Beutel würden bald aufhören zu zahlen, und
was sonst noch alles daraus entstehen könnte.

Da ich hörte, daß uns das Geld ausgehen dürfte, fragte
ich nicht weiter, was sonst noch geschehen möchte. Ich
zuckte die Achseln, ich schwieg, und sie schien mich zu
verstehen.

Wir packten zusammen und setzten uns in den Wagen,
das Kästchen gegen uns über, dem ich aber noch nichts
von einem Palast ansehen konnte. So ging es mehrere
Stationen fort. Postgeld und Trinkgeld wurden aus den
Täschchen rechts und links bequem und reichlich bezahlt,
bis wir endlich in eine gebirgige Gegend gelangten und

kaum abgestiegen waren, als meine Schöne vorausging und ich auf ihr Geheiß mit dem Kästchen folgte. Sie führte mich auf ziemlich steilen Pfaden zu einem engen Wiesengrund, durch welchen sich eine klare Quelle bald stürzte, bald ruhig laufend schlängelte. Da zeigte sie mir eine erhöhte Fläche, hieß mich das Kästchen niedersetzen und sagte: »Lebe wohl: du findest den Weg gar leicht zurück; gedenke mein, ich hoffe, dich wiederzusehen.«

In diesem Augenblick war mir's, als wenn ich sie nicht verlassen könnte. Sie hatte gerade wieder ihren schönen Tag oder, wenn ihr wollt, ihre schöne Stunde. Mit einem so lieblichen Wesen allein, auf grüner Matte, zwischen Gras und Blumen, von Felsen beschränkt, von Wasser umrauscht, welches Herz wäre da wohl fühllos geblieben! Ich wollte sie bei der Hand fassen, sie umarmen, aber sie stieß mich zurück und bedrohte mich, obwohl noch immer liebreich genug, mit großer Gefahr, wenn ich mich nicht sogleich entfernte.

»Ist denn gar keine Möglichkeit«, rief ich aus, »daß ich bei dir bleibe, daß du mich bei dir behalten könntest?« Ich begleitete diese Worte mit so jämmerlichen Gebärden und Tönen, daß sie gerührt schien und nach einigem Bedenken mir gestand, eine Fortdauer unserer Verbindung sei nicht ganz unmöglich. Wer war glücklicher als ich! Meine Zudringlichkeit, die immer lebhafter ward, nötigte sie endlich, mit der Sprache herauszurücken und mir zu entdecken, daß, wenn ich mich entschlösse, mit ihr so klein zu werden, als ich sie schon gesehen, so könnte ich auch jetzt bei ihr bleiben, in ihre Wohnung, in ihr Reich, zu ihrer Familie mit übertreten. Dieser Vorschlag gefiel mir nicht ganz, doch konnte ich mich einmal in diesem Augenblick nicht von ihr losreißen, und ans Wunderbare seit geraumer Zeit schon gewöhnt, zu raschen Entschlüssen aufgelegt, schlug ich ein und sagte, sie möchte mit mir machen, was sie wolle.

Sogleich mußte ich den kleinen Finger meiner rechten Hand ausstrecken, sie stützte den ihrigen dagegen, zog mit der linken Hand den goldnen Ring ganz leise sich ab und ließ ihn herüber an meinen Finger laufen. Kaum war dies geschehen, so fühlte ich einen gewaltigen Schmerz am Finger, der Ring zog sich zusammen und folterte mich entsetzlich. Ich tat einen gewaltigen Schrei und griff unwillkürlich um mich her nach meiner Schönen, die aber verschwunden war. Wie mir indessen zumute gewesen, dafür wüßte ich keinen Ausdruck zu finden, auch bleibt mir nichts übrig zu sagen, als daß ich mich sehr bald in kleiner, niedriger Person neben meiner Schönen in einem Walde von Grashalmen befand. Die Freude des Wiedersehens nach einer kurzen und doch so seltsamen Trennung, oder, wenn ihr wollt, einer Wiedervereinigung ohne Trennung, übersteigt alle Begriffe. Ich fiel ihr um den Hals, sie erwiderte meine Liebkosungen, und das kleine Paar fühlte sich so glücklich als das große.

Mit einiger Unbequemlichkeit stiegen wir nunmehr an einem Hügel hinauf; denn die Matte war für uns beinah ein undurchdringlicher Wald geworden. Doch gelangten wir endlich auf eine Blöße, und wie erstaunt war ich, dort eine große, geregelte Masse zu sehen, die ich doch bald für das Kästchen, in dem Zustand, wie ich es hingesetzt hatte, wieder erkennen mußte.

»Gehe hin, mein Freund, und klopfe mit dem Ringe nur an, du wirst Wunder sehen«, sagte meine Geliebte. Ich trat hinzu und hatte kaum angepocht, so erlebte ich wirklich das größte Wunder. Zwei Seitenflügel bewegten sich hervor, und zugleich fielen wie Schuppen und Späne verschiedene Teile herunter, da mir denn Türen, Fenster, Säulengänge und alles, was zu einem vollständigen Palaste gehört, auf einmal zu Gesichte kamen.

Wer einen künstlichen Schreibtisch von Röntgen gesehen hat, wo mit einem Zug viele Federn und Ressorts in Bewegung kommen, Pult und Schreibzeug, Brief- und Geldfächer sich auf einmal oder kurz nacheinander entwickeln, der wird sich eine Vorstellung machen können, wie sich jener Palast entfaltete, in welchen mich meine süße Begleiterin nunmehr hineinzog. In dem Hauptsaal erkannte ich sogleich das Kamin, das ich ehemals von oben gesehen, und den Sessel, worauf sie gesessen. Und als ich über mich blickte, glaubte ich wirklich noch etwas von dem Sprunge in der Kuppel zu bemerken, durch den ich hereingeschaut hatte. Ich verschone euch mit Beschreibung des übrigen; genug, alles war geräumig, köstlich und geschmackvoll. Kaum hatte ich mich von meiner Verwunderung erholt, als ich von fern eine militärische Musik vernahm. Meine schöne Hälfte sprang vor Freuden auf und verkündigte mir mit Entzücken die Ankunft ihres Herrn Vaters. Hier traten wir unter die Türe und schauten, wie aus einer ansehnlichen Felskluft ein glänzender Zug sich bewegte. Soldaten, Bediente, Hausoffizianten und ein glänzender Hofstaat folgten hintereinander. Endlich erblickte man ein goldnes Gedränge und in demselben den König selbst. Als der ganze Zug vor dem Palast aufgestellt war, trat der König mit seiner nächsten Umgebung heran. Seine zärtliche Tochter eilte ihm entgegen, sie riß mich mit sich fort, wir warfen uns ihm zu Füßen, er hob mich sehr gnädig auf, und als ich vor ihn zu stehen kam, bemerkte ich erst, daß ich freilich in dieser kleinen Welt die ansehnlichste Statur hatte. Wir gingen zusammen nach dem Palaste, da mich der König in Gegenwart seines ganzen Hofes mit einer wohlstudierten Rede, worin er seine Überraschung, uns hier zu finden, ausdrückte, zu bewillkommnen geruhte, mich als seinen Schwiegersohn erkannte und die Trauungszeremonie auf morgen ansetzte.

Wie schrecklich ward mir auf einmal zumute, als ich von Heirat reden hörte: denn ich fürchtete mich bisher davor fast mehr als vor der Musik selbst, die mir doch sonst das Verhaßteste auf Erden schien. Diejenigen, die Musik machen, pflegte ich zu sagen, stehen doch wenigstens in der Einbildung, untereinander einig zu sein und in Übereinstimmung zu wirken: denn wenn sie lange genug gestimmt und uns die Ohren mit allerlei Mißtönen zerrissen haben, so glauben sie steif und fest, die Sache sei nunmehr aufs reine gebracht und ein Instrument passe genau zum andern. Der Kapellmeister selbst ist in diesem glücklichen Wahn, und nun geht es freudig los, unterdes uns andern immerfort die Ohren gellen. Bei dem Ehestand hingegen ist dies nicht einmal der Fall: denn ob er gleich nur ein Duett ist und man doch denken sollte, zwei Stimmen, ja zwei Instrumente müßten einigermaßen überein gestimmt werden können, so trifft es doch selten zu; denn wenn der Mann einen Ton angibt, so nimmt ihn die Frau gleich höher und der Mann wieder höher; da geht es denn aus dem Kammer- in den Chorton und immer so weiter hinauf, daß zuletzt die blasenden Instrumente selbst nicht folgen können. Und also, da mir die harmonische Musik zuwider bleibt, so ist mir noch weniger zu verdenken, daß ich die disharmonische gar nicht leiden kann.

Von allen Festlichkeiten, worunter der Tag hinging,

mag und kann ich nicht erzählen: denn ich achtete gar
wenig darauf. Das kostbare Essen, der köstliche Wein,
nichts wollte mir schmecken. Ich sann und überlegte, was
ich zu tun hätte. Doch da war nicht viel auszusinnen. Ich
entschloß mich, als es Nacht wurde, kurz und gut, auf
und davon zu gehen und mich irgendwo zu verbergen.
Auch gelangte ich glücklich zu einer Steinritze, in die ich
mich hineinzwängte und so gut als möglich verbarg. Mein
erstes Bemühen darauf war, den unglücklichen Ring vom
Finger zu schaffen, welches jedoch mir keineswegs gelingen wollte, vielmehr mußte ich fühlen, daß er immer
enger ward, sobald ich ihn abzuziehen gedachte, worüber
ich heftige Schmerzen litt, die aber sogleich nachließen,
sobald ich von meinem Vorhaben abstand.

Frühmorgens wach' ich auf – denn meine kleine Person
hatte sehr gut geschlafen – und wollte mich eben weiter
umsehen, als es über mir wie zu regnen anfing. Es fiel
nämlich durch Gras, Blätter und Blumen wie Sand und
Grus in Menge herunter; allein wie entsetzte ich mich, als
alles um mich her lebendig ward und ein unendliches
Ameisenheer über mich niederstürzte. Kaum wurden sie
mich gewahr, als sie mich von allen Seiten angriffen und,
ob ich mich gleich wacker und mutig genug verteidigte,
doch zuletzt auf solche Weise zudeckten, kneipten und
peinigten, daß ich froh war, als ich mir zurufen hörte, ich
solle mich ergeben. Ich ergab mich wirklich und gleich,
worauf denn eine Ameise von ansehnlicher Statur sich mit
Höflichkeit, ja mit Ehrfurcht näherte und sich sogar meiner Gunst empfahl. Ich vernahm, daß die Ameisen Alli-
ierte meines Schwiegervaters geworden und daß er sie im
gegenwärtigen Fall aufgerufen und verpflichtet, mich her-
beizuschaffen. Nun war ich Kleiner in den Händen von

noch Kleinern. Ich sah der Trauung entgegen und mußte noch Gott danken, wenn mein Schwiegervater nicht zürnte, wenn meine Schöne nicht verdrießlich geworden.

Laßt mich nun von allen Zeremonien schweigen; genug, wir waren verheiratet. So lustig und munter es jedoch bei uns herging, so fanden sich dessenungeachtet einsame Stunden, in denen man zum Nachdenken verleitet wird, und mir begegnete, was mir noch niemals begegnet war; was aber und wie, das sollt ihr vernehmen.

Alles um mich her war meiner gegenwärtigen Gestalt und meinen Bedürfnissen völlig gemäß, die Flaschen und Becher einem kleinen Trinker wohl proportioniert, ja, wenn man will, verhältnismäßig besseres Maß als bei uns. Meinem kleinen Gaumen schmeckten die zarten Bissen vortrefflich, ein Kuß von dem Mündchen meiner Gattin war gar zu reizend, und ich leugne nicht, die Neuheit machte mir alle diese Verhältnisse höchst angenehm. Dabei hatte ich jedoch leider meinen vorigen Zustand nicht vergessen. Ich empfand in mir einen Maßstab voriger Größe, welches mich unruhig und unglücklich machte. Nun begriff ich zum erstenmal, was die Philosophen unter ihren Idealen verstehen möchten, wodurch die Menschen so gequält sein sollen. Ich hatte ein Ideal von mir selbst und erschien mir manchmal im Traum wie ein Riese. Genug, die Frau, der Ring, die Zwergenfigur, so viele andere Bande machten mich ganz und gar unglücklich, daß ich auf meine Befreiung im Ernst zu denken begann.

Weil ich überzeugt war, daß der ganze Zauber in dem Ring verborgen liege, so beschloß ich, ihn abzufeilen. Ich entwendete deshalb dem Hofjuwelier einige Feilen. Glücklicherweise war ich links, und ich hatte in meinem

Leben niemals etwas rechts gemacht. Ich hielt mich tapfer
an die Arbeit; sie war nicht gering: denn das goldne Reif-
chen, so dünn es aussah, war in dem Verhältnis dichter
geworden, als es sich aus seiner ersten Größe zusammengezogen hatte. Alle freien Stunden wendete ich unbeob-
achtet an dieses Geschäft und war klug genug, als das
Metall bald durchgefeilt war, vor die Türe zu treten. Das
war mir geraten: denn auf einmal sprang der goldne Reif
mit Gewalt vom Finger, und meine Figur schoß mit solcher Heftigkeit in die Höhe, daß ich wirklich an den Himmel zu stoßen glaubte und auf alle Fälle die Kuppel unseres Sommerpalastes durchgestoßen, ja das ganze Sommer-
gebäude durch meine frische Unbehülflichkeit zerstört
haben würde.

Da stand ich nun wieder, freilich um so vieles größer,
allein, wie mir vorkam, auch um vieles dümmer und unbe-
hülflicher. Und als ich mich aus meiner Betäubung erholt,
sah ich die Schatulle neben mir stehen, die ich ziemlich
schwer fand, als ich sie aufhob und den Fußpfad hinunter
nach der Station trug, wo ich denn gleich einspannen und
fortfahren ließ. Unterwegs machte ich sogleich den Versuch mit den Täschchen an beiden Seiten. An der Stelle des
Geldes, welches ausgegangen schien, fand ich ein Schlüs-
selchen; es gehörte zur Schatulle, in welcher ich einen
ziemlichen Ersatz fand. Solange das vorhielt, bediente ich
mich des Wagens; nachher wurde dieser verkauft, um
mich auf dem Postwagen fortzubringen. Die Schatulle
schlug ich zuletzt los, weil ich immer dachte, sie sollte sich
noch einmal füllen, und so kam ich denn endlich, obgleich
durch einen ziemlichen Umweg, wieder an den Herd zur
Köchin, wo ihr mich zuerst habt kennen lernen.

Die gefährliche Wette

Es ist bekannt, daß die Menschen, sobald es ihnen einigermaßen wohl und nach ihrem Sinne geht, alsobald nicht wissen, was sie vor Übermut anfangen sollen; und so hatten denn auch mutwillige Studenten die Gewohnheit, während der Ferien scharenweis das Land zu durchziehen und nach ihrer Art Suiten zu reißen, welche freilich nicht immer die besten Folgen hatten. Sie waren gar verschiedener Art, wie sie das Burschenleben zusammenführt und bindet. Ungleich von Geburt und Wohlhabenheit, Geist und Bildung, aber alle gesellig in einem heitern Sinne miteinander sich fortbewegend und treibend. Mich aber wählten sie oft zum Gesellen: denn wenn ich schwerere Lasten trug als einer von ihnen, so mußten sie mir denn auch den Ehrentitel eines großen Suitiers erteilen, und zwar hauptsächlich deshalb, weil ich seltener, aber desto kräftiger meine Possen trieb, wovon denn folgendes ein Zeugnis geben mag.

Wir hatten auf unseren Wanderungen ein angenehmes Bergdorf erreicht, das bei einer abgeschiedenen Lage den Vorteil einer Poststation und in großer Einsamkeit ein paar hübsche Mädchen zu Bewohnerinnen hatte. Man wollte ausruhen, die Zeit verschlendern, verlieben, eine Weile wohlfeiler leben und deshalb desto mehr Geld vergeuden.

Es war gerade nach Tisch, als einige sich im erhöhten, andere im erniedrigten Zustand befanden. Die einen lagen und schliefen ihren Rausch aus; die andern hätten ihn gern auf irgendeine mutwillige Weise ausgelassen. Wir hatten ein paar große Zimmer im Seitenflügel nach dem Hof zu.

Eine schöne Equipage, die mit vier Pferden hereinrasselte, zog uns an die Fenster. Die Bedienten sprangen vom Bock und halfen einem Herrn von stattlichem, vornehmem Ansehen heraus, der ungeachtet seiner Jahre noch rüstig genug auftrat. Seine große, wohlgebildete Nase fiel mir zuerst ins Gesicht, und ich weiß nicht, was für ein böser Geist mich anhauchte, so daß ich in einem Augenblick den tollsten Plan erfand und ihn, ohne weiter zu denken, sogleich auszuführen begann.

»Was dünkt euch von diesem Herrn?« fragte ich die Gesellschaft. – »Er sieht aus«, versetzte der eine, »als ob er nicht mit sich spaßen lasse.« – »Ja, ja«, sagte der andre, »er hat ganz das Ansehen so eines vornehmen Rührmichnichtan.« – »Und dessenungeachtet«, erwiderte ich ganz getrost, »was wettet ihr, ich will ihn bei der Nase zupfen, ohne daß mir deshalb etwas Übles widerfahre; ja ich will mir sogar dadurch einen gnädigen Herrn an ihm verdienen.«

»Wenn du es leistest«, sagte Raufbold, »so zahlt dir jeder einen Louisdor.« – »Kassieren Sie das Geld für mich ein«, rief ich aus; »auf Sie verlasse ich mich.« – »Ich möchte lieber einem Löwen ein Haar von der Schauze raufen«, sagte der Kleine. – »Ich habe keine Zeit zu verlieren«, versetzte ich und sprang die Treppe hinunter.

Bei dem ersten Anblick des Fremden hatte ich bemerkt, daß er einen sehr starken Bart hatte, und vermutete, daß keiner von seinen Leuten rasieren könne. Nun begegnete ich dem Kellner und fragte: »Hat der Fremde nicht nach einem Barbier gefragt?« – »Freilich!« versetzte der Kellner, »und es ist eine rechte Not. Der Kammerdiener des Herrn ist schon zwei Tage zurückgeblieben. Der Herr will seinen Bart absolut los sein, und unser einziger Barbier, wer weiß, wo er in die Nachbarschaft hingegangen.«

»So meldet mich an«, versetzte ich; »führt mich als Bartscherer bei dem Herrn nur ein, und Ihr werdet Ehre mit mir einlegen.« Ich nahm das Rasierzeug, das ich im Hause fand, und folgte dem Kellner.

Der alte Herr empfing mich mit großer Gravität, besah mich von oben bis unten, als ob er meine Geschicklichkeit aus mir herausphysiognomieren wollte. »Versteht Er Sein Handwerk?« sagte er zu mir.

»Ich suche meinesgleichen«, versetzte ich, »ohne mich zu rühmen.« Auch war ich meiner Sache gewiß: denn ich hatte früh die edle Kunst getrieben und war besonders deswegen berühmt, weil ich mit der linken Hand rasierte.

Das Zimmer, in welchem der Herr seine Toilette machte, ging nach dem Hof und war gerade so gelegen, daß unsere Freunde füglich hereinsehen konnten, besonders wenn die Fenster offen waren. An gehöriger Vorrichtung fehlte nichts mehr. Der Patron hatte sich gesetzt und das Tuch vorgenommen. Ich trat ganz bescheidentlich vor ihn hin und sagte: »Exzellenz! mir ist bei Ausübung meiner Kunst das Besondere vorgekommen, daß ich die gemeinen Leute besser und zu mehrerer Zufriedenheit rasiert habe als die Vornehmen. Darüber habe ich denn lange nachgedacht und die Ursache bald da, bald dort gesucht, endlich aber gefunden, daß ich meine Sache in freier Luft viel besser mache als in verschlossenen Zimmern. Wollten Ew. Exzellenz deshalb erlauben, daß ich die Fenster aufmache, so würden Sie den Effekt zu eigener Zufriedenheit gar bald empfinden.« Er gab es zu, ich öffnete das Fenster, gab meinen Freunden einen Wink und fing an, den starken Bart mit großer Anmut einzuseifen.

Ebenso behend und leicht strich ich das Stoppelfeld vom
Boden weg, wobei ich nicht versäumte, als es an die Ober-
lippe kam, meinen Gönner bei der Nase zu fassen und sie
merklich herüber und hinüber zu biegen, wobei ich mich
so zu stellen wußte, daß die Wettenden zu ihrem größten
Vergnügen erkennen und bekennen mußten, ihre Seite
habe verloren.

Sehr stattlich bewegte sich der alte Herr gegen den Spiegel: man sah, daß er sich mit einiger Gefälligkeit betrachtete, und wirklich, es war ein sehr schöner Mann. Dann
wendete er sich zu mir mit einem feurigen schwarzen,
aber freundlichen Blick und sagte: »Er verdient, mein
Freund, vor vielen seinesgleichen gelobt zu werden, denn
ich bemerke an Ihm weit weniger Unarten als an andern.
So fährt Er nicht zwei-, dreimal über dieselbige Stelle,
sondern es ist mit einem Strich getan; auch streicht Er
nicht, wie mehrere tun, sein Schermesser in der flachen
Hand ab und führt den Unrat nicht der Person über
die Nase. Besonders aber ist Seine Geschicklichkeit der
linken Hand zu bewundern. Hier ist etwas für Seine
Mühe«, fuhr er fort, indem er mir einen Gulden reichte.
»Nur eines merk' Er sich: daß man Leute von Stande
nicht bei der Nase faßt. Wird Er diese bäurische Sitte
künftig vermeiden, so kann Er wohl noch in der Welt
sein Glück machen.«

Ich verneigte mich tief, versprach alles mögliche, bat
ihn, bei allenfallsiger Rückkehr mich wieder zu beehren,
und eilte, was ich konnte, zu unseren jungen Gesellen, die
mir zuletzt ziemlich Angst gemacht hatten. Denn sie ver-
führten ein solches Gelächter und ein solches Geschrei,
sprangen wie toll in der Stube herum, klatschten und riefen, weckten die Schlafenden und erzählten die Begeben-

heit immer mit neuem Lachen und Toben, daß ich selbst, als ich ins Zimmer trat, die Fenster vor allen Dingen zumachte und sie um Gottes willen bat, ruhig zu sein, endlich aber mitlachen mußte über das Aussehen einer närrischen Handlung, die ich mit so vielem Ernste durchgeführt hatte.

Als nach einiger Zeit sich die tobenden Wellen des Lachens einigermaßen gelegt hatten, hielt ich mich für glücklich; die Goldstücke hatte ich in der Tasche und den wohlverdienten Gulden dazu, und ich hielt mich für ganz wohl ausgestattet, welches mir um so erwünschter war, als die Gesellschaft beschlossen hatte, des andern Tages auseinanderzugehen. Aber uns war nicht bestimmt, mit Zucht und Ordnung zu scheiden. Die Geschichte war zu reizend, als daß man sie hätte bei sich behalten können, so sehr ich auch gebeten und beschworen hatte, nur bis zur Abreise des alten Herrn reinen Mund zu halten. Einer bei uns, der Fahrige genannt, hatte ein Liebesverständnis mit der Tochter des Hauses. Sie kamen zusammen, und Gott weiß, ob er sie nicht besser zu unterhalten wußte, genug, er erzählt ihr den Spaß, und so wollten sie sich nun zusammen totlachen. Dabei blieb es nicht, sondern das Mädchen brachte die Märe lachend weiter, und so mochte sie endlich noch kurz vor Schlafengehen an den alten Herrn gelangen.

Wir saßen ruhiger als sonst: denn es war den Tag über genug getobt worden, als auf einmal der kleine Kellner, der uns sehr zugetan war, hereinsprang und rief: »Rettet euch, man wird euch totschlagen!« Wir fuhren auf und wollten mehr wissen; er aber war schon zur Türe wieder hinaus. Ich sprang auf und schob den Nachtriegel vor; schon aber hörten wir an der Türe pochen und schlagen, ja

wir glaubten zu hören, daß sie durch eine Axt gespalten
werde. Maschinenmäßig zogen wir uns ins zweite Zimmer zurück, alle waren verstummt: »Wir sind verraten«,
rief ich aus, »der Teufel hat uns bei der Nase!«

Raufbold griff nach seinem Degen, ich zeigte hier abermals meine Riesenkraft und schob ohne Beihülfe eine
schwere Kommode vor die Türe, die glücklicherweise
hereinwärts ging. Doch hörten wir schon das Gepolter im
Vorzimmer und die heftigsten Schläge an unsere Türe.

Raufbold schien entschieden, sich zu verteidigen, wiederholt aber rief ich ihm und den übrigen zu: »Rettet
euch! hier sind Schläge zu fürchten nicht allein, aber
Beschimpfung, das Schlimmere für den Edelgebornen.«
Das Mädchen stürzte herein, dieselbe, die uns verraten
hatte, nun verzweifelnd, ihren Liebhaber in Todesgefahr
zu wissen. »Fort, fort!« rief sie und faßte ihn an; »fort,
fort! ich bring' euch über Böden, Scheunen und Gänge.
Kommt alle, der letzte zieht die Leiter nach.«

Alles stürzte nun zur Hintertüre hinaus; ich hob noch
einen Koffer auf die Kiste, um die schon hereinbrechen-
den Füllungen der belagerten Türe zurückzuschieben und
festzuhalten. Aber meine Beharrlichkeit, mein Trutz
wollte mir verderblich werden.

Als ich den übrigen nachzueilen rannte, fand ich die
Leiter schon aufgezogen und sah alle Hoffnung, mich zu
retten, gänzlich versperrt. Da steh' ich nun, ich, der
eigentliche Verbrecher, der ich mit heiler Haut, mit ganzen Knochen zu entrinnen schon aufgab. Und wer weiß –
doch laßt mich immer dort in Gedanken stehen, da ich
jetzt hier gegenwärtig euch das Märchen vorerzählen
kann. Nur vernehmt noch, daß diese verwegene Suite sich
in schlechte Folgen verlor.

Der alte Herr, tief gekränkt von Verhöhnung ohne Rache, zog sich's zu Gemüte, und man behauptet, dieses Ereignis habe seinen Tod zur Folge gehabt, wo nicht unmittelbar, doch mitwirkend. Sein Sohn, den Tätern auf die Spur zu gelangen trachtend, erfuhr unglücklicherweise die Teilnahme Raufbolds, und erst nach Jahren hierüber ganz klar, forderte er diesen heraus, und eine Wunde, ihn, den schönen Mann, entstellend, ward ärgerlich für das ganze Leben. Auch seinem Gegner verdarb dieser Handel einige schöne Jahre, durch zufällig sich anschließende Ereignisse.

Da nun jede Fabel eigentlich etwas lehren soll, so ist euch allen, wohin die gegenwärtige gemeint sei, wohl überklar und deutlich.

Nicht zu weit

Es schlug zehn in der Nacht, und so war denn zur verabredeten Stunde alles bereit: im bekränzten Sälchen zu vieren eine geräumige, artige Tafel gedeckt, mit feinem Nachtisch und Zuckerzierlichkeiten zwischen blinkenden Leuchtern und Blumen bestellt. Wie freuten sich die Kinder auf diese Nachkost, denn sie sollten mit zu Tische sitzen; indessen schlichen sie umher, geputzt und maskiert, und weil Kinder nicht zu entstellen sind, erscheinen sie als die niedlichsten Zwillingsgenien. Der Vater berief sie zu sich, und sie sagten das Festgespräch, zu ihrer Mutter Geburtstag gedichtet, bei weniger Nachhülfe gar schicklich her.

Die Zeit verstrich, von Viertel- zu Viertelstunde enthielt die gute Alte sich nicht, des Freundes Ungeduld zu vermehren. Mehrere Lampen, sagte sie, seien auf der Treppe dem Erlöschen ganz nahe, ausgesuchte Lieblingsspeisen der Gefeierten könnten übergar werden, so sei es zu befürchten. Die Kinder aus Langerweile fingen erst unartig an, und aus Ungeduld wurden sie unerträglich. Der Vater nahm sich zusammen, und doch wollte die angewohnte Gelassenheit ihm nicht zu Gebote stehen; er horchte sehnsüchtig auf die Wagen, einige rasselten unaufgehalten vorbei, ein gewisses Ärgernis wollte sich regen. Zum Zeitvertreib forderte er noch eine Repetition von den Kindern; diese, im Überdruß unachtsam, zerstreut und ungeschickt, sprachen falsch, keine Gebärde war mehr richtig, sie übertrieben wie Schauspieler, die nichts empfinden. Die Pein des guten Mannes wuchs mit jedem Momente, halb eilf Uhr war vorüber; das Weitere zu schildern, überlassen wir ihm selbst.

»Die Glocke schluf eilfe, meine Ungeduld war bis zur Verzweiflung gesteigert, ich hoffte nicht mehr, ich fürchtete. Nun war mir bange, sie möchte hereintreten, mit ihrer gewöhnlichen leichten Anmut sich flüchtig entschuldigen, versichern, daß sie sehr müde sei, und sich betragen, als würfe sie mir vor, ich beschränke ihre Freuden. In mir kehrte sich alles um und um, und gar vieles, was ich Jahre her geduldet, lastete wiederkehrend auf meinem Geiste. Ich fing an, sie zu hassen, ich wußte kein Betragen zu denken, wie ich sie empfangen sollte. Die guten Kinder, wie Engelchen herausgeputzt, schliefen ruhig auf dem Sofa. Unter meinen Füßen brannte der Boden, ich begriff, ich verstand mich nicht, und mir blieb nichts übrig als zu fliehen, bis nur die nächsten Augenblicke überstanden wären. Ich eilte, leicht und festlich angezogen wie ich war, nach der Haustüre. Ich weiß nicht, was ich der guten Alten für einen Vorwand hinstotterte, sie drang mir einen Überrock zu, und ich fand mich auf der Straße in einem Zustande, den ich seit langen Jahren nicht empfunden hatte. Gleich dem jüngsten leidenschaftlichen Menschen, der nicht wo ein noch aus weiß, rannt' ich die Gassen hin und wider. Ich hätte das freie Feld gewonnen, aber ein kalter, feuchter Wind blies streng und widerwärtig genug, um meinen Verdruß zu begrenzen.«

Wir haben, wie an dieser Stelle auffallend zu bemerken ist, die Rechte des epischen Dichters uns anmaßend, einen geneigten Leser nur allzu schnell in die Mitte leidenschaftlicher Darstellung gerissen. Wir sehen einen bedeutenden Mann in häuslicher Verwirrung, ohne von ihm etwas wei-

ter erfahren zu haben; deshalb wir denn für den Augenblick, um nur einigermaßen den Zustand aufzuklären, uns
zu der guten Alten gesellen, horchend, was sie allenfalls
vor sich hin, bewegt und verlegen, leise murmeln oder laut
ausrufen möchte.

»Ich hab' es längst gedacht, ich habe es vorausgesagt,
ich habe die gnädige Frau nicht geschont, sie öfter
gewarnt, aber es ist stärker wie sie. Wenn der Herr sich
des Tags auf der Kanzlei, in der Stadt, auf dem Lande in
Geschäften abmüdet, so findet er abends ein leeres Haus,
oder Gesellschaft, die ihm nicht zusagt. Sie kann es nicht
lassen. Wenn sie nicht immer Menschen, Männer um sich
sieht, wenn sie nicht hin und wider fährt, sich an- und aus-
und umziehen kann, ist es, als wenn ihr der Atem aus-
ginge. Heute an ihrem Geburtstag fährt sie früh aufs
Land. Gut! wir machen indes hier alles zurecht; sie verspricht heilig, um neun Uhr zu Hause zu sein; wir sind
bereit. Der Herr überhört die Kinder ein auswenig gelern-
tes artiges Gedicht, sie sind herausgeputzt; Lampen und
Lichter, Gesottenes und Gebratenes, an gar nichts fehlt
es, aber sie kommt nicht. Der Herr hat viel Gewalt über
sich, er verbirgt seine Ungeduld, sie bricht aus. Er
entfernt sich aus dem Hause so spät. Warum, ist offenbar; aber wohin? Ich habe ihr oft mit Nebenbuhlerin-
nen gedroht, ehrlich und redlich. Bisher hab' ich am
Herrn nichts bemerkt; eine Schöne paßt ihm längst auf,
bemüht sich um ihn. Wer weiß, wie er bisher gekämpft
hat. Nun bricht's los, diesmal treibt ihn die Verzweiflung, seinen guten Willen nicht besser anerkannt zu
sehen, bei Nacht aus dem Hause, da geb' ich alles verloren. Ich sagt' es ihr mehr als einmal, sie solle es nicht
zu weit treiben.«

Suchen wir den Freund nun wieder auf und hören ihn selber.

»In dem angesehensten Gasthofe sah ich unten Licht, klopfte am Fenster und fragte den herausschauenden Kellner mit bekannter Stimme: ob nicht Fremde angekommen oder angemeldet seien? Schon hatte er das Tor geöffnet, verneinte beides und bat mich hereinzutreten. Ich fand es meiner Lage gemäß, das Märchen fortzusetzen, ersuchte ihn um ein Zimmer, das er mir gleich im zweiten Stock einräumte; der erste sollte, wie er meinte, für die erwarteten Fremden bleiben. Er eilte, einiges zu veranstalten, ich ließ es geschehen und verbürgte mich für die Zeche. So weit war's vorüber; ich aber fiel wieder in meine Schmerzen zurück, vergegenwärtigte mir alles und jedes, erhöhte und milderte, schalt mich und suchte mich zu fassen, zu besänftigen: ließe sich doch morgen früh alles wieder einleiten; ich dachte mir schon den Tag abermals im gewohnten Gange; dann aber kämpfte sich aufs neue der Verdruß unbändig hervor: ich hatte nie geglaubt, daß ich so unglücklich sein könne.«

An dem edlen Manne, den wir hier so unerwartet über einen gering scheinenden Vorfall in leidenschaftlicher Bewegung sehen, haben unsere Leser gewiß schon in dem Grade teilgenommen, daß sie nähere Nachricht von seinen Verhältnissen zu erfahren wünschen. Wir benutzen die Pause, die hier in das nächtliche Abenteuer eintritt, indem er stumm und heftig in dem Zimmer auf und ab zu gehen fortfährt.

Wir lernen Odoard als den Sprößling eines alten Hauses kennen, auf welchen durch eine Folge von Generationen die edelsten Vorzüge vererbt worden. In der Militärschule gebildet, ward ihm ein gewandter Anstand zu eigen, der, mit den löblichsten Fähigkeiten des Geistes verbunden, seinem Betragen eine ganz besondere Anmut verlieh. Ein kurzer Hofdienst lehrte ihn die äußern Verhältnisse hoher Persönlichkeiten gar wohl einsehen, und als er nun hierauf, durch früh erworbene Gunst einer gesandtschaftlichen Sendung angeschlossen, die Welt zu sehen und fremde Höfe zu kennen Gelegenheit hatte, so tat sich die Klarheit seiner Auffassung und glückliches Gedächtnis des Vorgegangenen bis aufs genaueste, besonders aber ein guter Wille in Unternehmungen aller Art aufs baldigste hervor. Die Leichtigkeit des Ausdrucks in manchen Sprachen, bei einer freien und nicht aufdringlichen Persönlichkeit, führten ihn von einer Stufe zur andern; er hatte Glück bei allen diplomatischen Sendungen, weil er das Wohlwollen der Menschen gewann und sich dadurch in den Vorteil setzte, Mißhelligkeiten zu schlichten, besonders auch die beiderseitigen Interessen bei gerechter Erwägung vorliegender Gründe zu befriedigen wußte.

Einen so vorzüglichen Mann sich anzueignen, war der erste Minister bedacht; er verheiratete ihm seine Tochter, ein Frauenzimmer von der heitersten Schönheit und gewandt in allen höheren geselligen Tugenden. Allein wie dem Laufe aller menschlichen Glückseligkeit sich je einmal ein Damm entgegenstellt, der ihn irgendwo zurückdrängt, so war es auch hier der Fall. An dem fürstlichen Hofe wurde Prinzessin Sophronie als Mündel erzogen, sie, der letzte Zweig ihres Astes, deren Vermögen und Anforderungen, wenn auch Land und Leute an den Oheim zurückfielen, noch immer bedeutend genug blieben, weshalb man sie denn, um weitläufige Erörterungen zu vermeiden, an den Erbprinzen, der freilich viel jünger war, zu verheiraten wünschte.

Odoard kam in Verdacht einer Neigung zu ihr, man fand, er habe sie in einem Gedichte unter dem Namen Aurora allzu leidenschaftlich gefeiert; hiezu gesellte sich eine Unvorsichtigkeit von ihrer Seite, indem sie mit eigner Charakterstärke gewissen Neckereien ihrer Gespielinnen trotzig entgegnete: sie müßte keine Augen haben, wenn sie für solche Vorzüge blind sein sollte.

Durch seine Heirat wurde nun wohl ein solcher Verdacht beschwichtigt, aber durch heimliche Gegner dennoch im stillen fortgenährt und gelegentlich wieder aufgeregt.

Die Staats- und Erbschaftsverhältnisse, ob man sie gleich so wenig als möglich zu berühren suchte, kamen doch manchmal zur Sprache. Der Fürst nicht sowohl als kluge Räte hielten es durchaus für nützlich, die Angelegenheit fernerhin ruhen zu lassen, während die stillen Anhänger der Prinzessin sie abgetan und dadurch die edle Dame in größerer Freiheit zu sehen wünschten, besonders da der benachbarte alte König, Sophronien verwandt und günstig, noch am Leben sei und sich zu väterlicher Einwirkung gelegentlich bereit erwiesen habe.

Odoard kam in Verdacht, bei einer bloß zeremoniellen Sendung dorthin das Geschäft, das man verspäten wollte, wieder in Anregung gebracht zu haben. Die Widersacher bedienten sich dieses Vorfalls, und der Schwiegervater, den er von seiner Unschuld überzeugt hatte, mußte seinen ganzen Einfluß anwenden, um ihm eine Art von Statthalterschaft in einer entfernten Provinz zu erwirken. Er fand sich glücklich daselbst, alle seine Kräfte konnte er in Tätigkeit setzen, es war Notwendiges, Nützliches, Gutes, Schönes, Großes zu tun, er konnte Dauerndes leisten, ohne sich aufzuopfern, anstatt daß man in jenen Verhältnissen, gegen seine Überzeugung sich mit Vorübergehendem beschäftigend, gelegentlich selbst zugrunde geht.

Nicht so empfand es seine Gattin, welche nur in größern Zirkeln ihre Existenz fand und ihm nur später notgedrungen folgte. Er betrug sich so schonend als möglich gegen sie und begünstigte alle Surrogate ihrer bisherigen Glückseligkeit, des Sommers Landpartien in der Nachbarschaft, im Winter ein Liebhabertheater, Bälle und was sie sonst einzuleiten beliebte. Ja er duldete einen Hausfreund, einen Fremden, der sich seit einiger Zeit eingeführt hatte, ob er ihm gleich keineswegs gefiel, da er ihm durchaus, bei seinem klaren Blick auf Menschen, eine gewisse Falschheit anzusehen glaubte.

Von allem diesem, was wir aussprechen, mag in dem gegenwärtigen bedenklichen Augenblick einiges dunkel und trübe, ein anderes klar und deutlich ihm vor der Seele vorübergangen sein. Genug, wenn wir nach dieser vertraulichen Eröffnung, zu der Friedrichs gutes Gedächtnis den Stoff mitgeteilt, uns abermals zu ihm wenden, so finden wir ihn wieder in dem Zimmer heftig auf und ab gehend, durch Gebärden und manche Ausrufungen einen innern Kampf offenbarend.

»In solchen Gedanken war ich heftig im Zimmer auf und ab gegangen, der Kellner hatte mir eine Tasse Bouillon gebracht, deren ich sehr bedurfte; denn über die sorgfältigsten Anstalten dem Fest zuliebe hatte ich nichts zu mir genommen, und ein köstlich Abendessen stand unberührt zu Hause. In dem Augenblick hörten wir ein Posthorn sehr angenehm die Straße herauf. ›Der kommt aus dem Gebirge‹, sagte der Kellner. Wir fuhren ans Fenster und sahen beim Schein zweier helleuchtenden Wagenlaternen vierspännig, wohlbepackt vorfahren einen Herrschaftswagen. Die Bedienten sprangen vom Bocke: ›Da sind sie!‹ rief der Kellner und eilte nach der Türe. Ich hielt ihn fest, ihm einzuschärfen, er solle ja nichts sagen, daß ich da sei, nicht verraten, daß etwas bestellt worden; er versprach's und sprang davon.

Indessen hatte ich versäumt zu beobachten, wer ausgestiegen sei, und eine neue Ungeduld bemächtigte sich meiner; mir schien, der Kellner säume allzu lange, mir Nachricht zu geben. Endlich vernahm ich von ihm, die Gäste seien Frauenzimmer, eine ältliche Dame von würdigem Ansehen, eine mittlere von unglaublicher Anmut, ein Kammermädchen, wie man sie nur wünschen möchte. ›Sie fing an‹, sagte er, ›mit Befehlen, fuhr fort mit Schmeicheln und fiel, als ich ihr schöntat, in ein heiter schnippisches Wesen, das ihr wohl das natürlichste sein mochte.‹«

»Gar schnell bemerkte ich«, fährt er fort, »die allgemeine Verwunderung, mich so alert und das Haus zu ihrem Empfang so bereit zu finden, die Zimmer erleuchtet, die Kamine brennend; sie machten sich's bequem, im Saale fanden sie ein kaltes Abendessen; ich bot Bouillon an, die ihnen willkommen schien.«

Nun saßen die Damen bei Tische, die ältere speiste kaum, die schöne Liebliche gar nicht; das Kammermädchen, das sie Lucie nannten, ließ sich's wohl schmecken und erhob dabei die Vorzüge des Gasthofes, erfreute sich der hellen Kerzen, des feinen Tafelzeugs, des Porzellans und aller Gerätschaften. Am lodernden Kamin hatte sie sich früher ausgewärmt und fragte nun den wieder eintretenden Kellner, ob man hier denn immer so bereit sei, zu jeder Stunde des Tags und der Nacht unvermutet ankommende Gäste zu bewirten? Dem jungen, gewandten

Burschen ging es in diesem Falle wie Kindern, die wohl das Geheimnis verschweigen, aber, daß etwas Geheimes ihnen vertraut sei, nicht verbergen können. Erst antwortete er zweideutig, annähernd sodann, und zuletzt, durch die Lebhaftigkeit der Zofe, durch Hin- und Widerreden in die Enge getrieben, gestand er: es sei ein Bedienter, es sei ein Herr gekommen, sei fortgegangen, wiedergekommen, zuletzt aber entfuhr es ihm, der Herr sei wirklich oben und gehe beunruhigt auf und ab. Die junge Dame sprang auf, die andern folgten; es sollte ein alter Herr sein, meinten sie hastig; der Kellner versicherte dagegen, er sei jung. Nun zweifelten sie wieder, er beteuerte die Wahrheit seiner Aussage. Die Verwirrung, die Unruhe vermehrte sich. Es müsse der Oheim sein, versicherte die Schöne; es sei nicht in seiner Art, erwiderte die Ältere. Niemand als er habe wissen können, daß sie in dieser Stunde hier eintreffen würden, versetzte jene beharrlich. Der Kellner aber beteuerte fort und fort, es sei ein junger, ansehnlicher, kräftiger Mann. Lucie schwur dagegen auf den Oheim: dem Schalk, dem Kellner, sei nicht zu trauen, er widerspreche sich schon eine halbe Stunde.

Nach allem diesem mußte der Kellner hinauf, dringend zu bitten, der Herr möge doch ja eilig herunterkommen, dabei auch zu drohen, die Damen würden heraufsteigen und selbst danken. »Es ist ein Wirrwarr ohne Grenzen«, fuhr der Kellner fort; »ich begreife nicht, warum Sie zaudern, sich sehen zu lassen; man hält Sie für einen alten Oheim, den man wieder zu umarmen leidenschaftlich verlangt. Gehen Sie hinunter, ich bitte. Sind denn das nicht die Personen, die Sie erwarteten? Verschmähen Sie ein allerliebstes Abenteuer nicht mutwillig; sehens- und hörenswert ist die junge Schöne, es sind die anständigsten Personen. Eilen Sie hinunter, sonst rücken sie Ihnen wahrlich auf die Stube.«

Leidenschaft erzeugt Leidenschaft. Bewegt, wie er war, sehnte er sich nach etwas anderem, Fremdem. Er stieg hinab, in Hoffnung, sich mit den Ankömmlingen in heiterem Gespräch zu erklären, aufzuklären, fremde Zustände zu gewahren, sich zu zerstreuen, und doch war es ihm, als ging' er einem bekannten ahnungsvollen Zustand entgegen. Nun stand er vor der Türe; die Damen, die des Oheims Tritte zu hören glaubten, eilten ihm entgegen, er trat ein. Welch ein Zusammentreffen! Welch ein Anblick! Die sehr Schöne tat einen Schrei und warf sich der Ältern um den Hals, der Freund erkannte sie beide, er schrak zurück, dann drängt' es ihn vorwärts, er lag zu ihren Füßen und berührte ihre Hand, die er sogleich wieder losließ, mit dem bescheidensten Kuß. Die Silben »Au–ro–ra!« erstarben auf seinen Lippen.

Wenden wir unsern Blick nunmehr nach dem Hause unsres Freundes, so finden wir daselbst ganz eigne Zustände. Die gute Alte wußte nicht, was sie tun oder lassen sollte; sie unterhielt die Lampen des Vorhauses und der Treppe; das Essen hatte sie vom Feuer gehoben, einiges war unwiederbringlich verdorben. Die Kammerjungfer war bei den schlafenden Kindern geblieben und hatte die vielen Kerzen der Zimmer gehütet, so ruhig und geduldig als jene verdrießlich hin und her fahrend.

Endlich rollte der Wagen vor, die Dame stieg aus und vernahm, ihr Gemahl sei vor einigen Stunden abgerufen worden. Die Treppe hinaufsteigend, schien sie von der festlichen Erleuchtung keine Kenntnis zu nehmen. Nun erfuhr die Alte von dem Bedienten, ein Unglück sei unter-

wegs begegnet, der Wagen in einen Graben geworfen
worden, und was alles nachher sich ereignet.

Die Dame trat ins Zimmer: »Was ist das für eine Maskerade?« sagte sie, auf die Kinder deutend. »Es hätte Ihnen
viel Vergnügen gemacht«, versetzte die Jungfer, »wären
Sie einige Stunden früher angekommen.« Die Kinder, aus
dem Schlafe gerüttelt, sprangen auf und begannen, als sie
die Mutter vor sich sahen, ihren eingelernten Spruch. Von
beiden Seiten verlegen, ging es eine Weile, dann, ohne
Aufmunterung und Nachhülfe, kam es zum Stocken,
endlich brach es völlig ab, und die guten Kleinen wurden
mit einigen Liebkosungen zu Bette geschickt. Die Dame
sah sich allein, warf sich auf den Sofa und brach in bittre
Tränen aus.

Doch es wird nun ebenfalls notwendig, von der Dame
selbst und von dem, wie es scheint, übel abgelaufenen
ländlichen Feste nähere Nachricht zu geben. Albertine
war eine von den Frauenzimmern, denen man unter vier
Augen nichts zu sagen hätte, die man aber sehr gern in
großer Gesellschaft sieht. Dort erscheinen sie als wahre
Zierden des Ganzen und als Reizmittel in jedem Augenblick einer Stockung. Ihre Anmut ist von der Art, daß sie,
um sich zu äußern, sich bequem darzutun, einen gewissen
Raum braucht, ihre Wirkungen verlangen ein größeres
Publikum, sie bedürfen eines Elements, das sie trägt, das
sie nötigt, anmutig zu sein; gegen den einzelnen wissen sie
sich kaum zu betragen.

Auch hatte der Hausfreund bloß dadurch ihre Gunst
und erhielt sich darin, weil er Bewegung auf Bewegung
einzuleiten und immerfort, wenn auch keinen großen,
doch einen heitern Kreis im Treiben zu erhalten wußte.
Bei Rollenausteilungen wählte er sich die zärtlichen Väter

und wußte durch ein anständiges, altkluges Benehmen über die jüngeren ersten, zweiten und dritten Liebhaber sich ein Übergewicht zu verschaffen.

Florine, Besitzerin eines bedeutenden Rittergutes in der Nähe, winters in der Stadt wohnend, verpflichtet gegen Odoard, dessen staatswirtliche Einrichtung zufälliger-, aber glücklicherweise ihrem Landsitz höchlich zugute kam und den Ertrag desselben in der Folge bedeutend zu vermehren die Aussicht gab, bezog sommers ihr Landgut und machte es zum Schauplatze vielfacher anständiger Vergnügungen. Geburtstage besonders wurden niemals verabsäumt und mannigfaltige Feste veranstaltet.

Florine war ein munteres, neckisches Wesen, wie es schien, nirgends anhänglich, auch keine Anhänglichkeit fordernd noch verlangend. Leidenschaftliche Tänzerin, schätzte sie die Männer nur, insofern sie sich gut im Takte bewegten; ewig rege Gesellschafterin, hielt sie denjenigen unerträglich, der auch nur einen Augenblick vor sich hinsah und nachzudenken schien; übrigens als heitere Liebhaberin, wie sie in jedem Stück, jeder Oper nötig sind, sich gar anmutig darstellend, weshalb denn zwischen ihr und Albertinen, welche die Anständigen spielte, sich nie ein Rangstreit hervortat.

Den eintretenden Geburtstag in guter Gesellschaft zu feiern, war aus der Stadt und aus dem Lande umher die beste Gesellschaft eingeladen. Einen Tanz, schon nach dem Frühstück begonnen, setzte man nach Tafel fort; die Bewegung zog sich in die Länge, man fuhr zu spät ab, und von der Nacht auf schlimmem Wege, doppelt schlimm, weil er eben gebessert wurde, ehe man's dachte, schon überrascht, versah's der Kutscher und warf in einen Graben. Unsere Schöne mit Florinen und dem Hausfreunde

fühlten sich in schlimmer Verwickelung; der letzte wußte
sich schnell herauszuwinden, dann, über den Wagen sich
biegend, rief er: »Florine, wo bist du?« Albertine glaubte
zu träumen; er faßte hinein und zog Florinen, die oben
lag, ohnmächtig hervor, bemühte sich um sie und trug sie
endlich auf kräftigem Arm den wiedergefundenen Weg
hin. Albertine stak noch im Wagen, Kutscher und Bedienter halfen ihr heraus, und gestützt auf den letzten suchte
sie weiterzukommen. Der Weg war schlimm, für Tanz-
schuhe nicht günstig; obgleich von dem Burschen unter-
stützt, strauchelte sie jeden Augenblick. Aber im Innern
sah es noch wilder, noch wüster aus. Wie ihr geschah,
wußte sie nicht, begriff sie nicht.

Allein als sie ins Wirtshaus trat, in der kleinen Stube
Florinen auf dem Bette, die Wirtin und Lelio um sie
beschäftigt sah, ward sie ihres Unglücks gewiß. Ein geheimes Verhältnis zwischen dem untreuen Freund und der
verräterischen Freundin offenbarte sich blitzschnell auf
einmal, sie mußte sehen, wie diese, die Augen aufschlagend, sich dem Freund um den Hals warf, mit der Wonne
einer neu wiederauflebenden zärtlichsten Aneignung, wie
die schwarzen Augen wieder glänzten, eine frische Röte
die bläßlichen Wangen auf einmal wieder zierend färbte;
wirklich sah sie verjüngt, reizend, allerliebst aus.

Albertine stand vor sich hinschauend, einzeln, kaum
bemerkt; jene erholten sich, nahmen sich zusammen, der
Schade war geschehen, man war denn doch genötigt, sich
wieder in den Wagen zu setzen, und in der Hölle selbst
könnten widerwärtig Gesinnte, Verratene mit Verrätern
so eng nicht zusammengepackt sein.

Novelle

Ein dichter Herbstnebel verhüllte noch in der Frühe die weiten Räume des fürstlichen Schloßhofes, als man schon mehr oder weniger durch den sich lichtenden Schleier die ganze Jägerei zu Pferde und zu Fuß durcheinander bewegt sah. Die eiligen Beschäftigungen der Nächsten ließen sich erkennen: man verlängerte, man verkürzte die Steigbügel, man reichte sich Büchse und Patrontäschchen, man schob die Dachsranzen zurecht, indes die Hunde ungeduldig am Riemen den Zurückhaltenden mit fortzuschleppen drohten. Auch hie und da gebärdete ein Pferd sich mutiger, von feuriger Natur getrieben oder von dem Sporn des Reiters angeregt, der selbst hier in der Halbhelle eine gewisse Eitelkeit, sich zu zeigen, nicht verleugnen konnte. Alle jedoch warteten auf den Fürsten, der, von seiner jungen Gemahlin Abschied nehmend, allzulange zauderte.

Erst vor kurzer Zeit zusammen getraut, empfanden sie schon das Glück übereinstimmender Gemüter; beide waren von tätig lebhaftem Charakter, eines nahm gern an des andern Neigungen und Bestrebungen Anteil. Des Fürsten Vater hatte noch den Zeitpunkt erlebt und genutzt, wo es deutlich wurde, daß alle Staatsglieder in gleicher Betriebsamkeit ihre Tage zubringen, in gleichem Wirken und Schaffen jeder nach seiner Art erst gewinnen und dann genießen sollte.

Wie sehr dieses gelungen war, ließ sich in diesen Tagen gewahr werden, als eben der Hauptmarkt sich versammelte, den man gar wohl eine Messe nennen konnte. Der Fürst hatte seine Gemahlin gestern durch das Gewimmel

Novelle

der aufgehäuften Waren zu Pferde geführt und sie bemerken lassen, wie gerade hier das Gebirgsland mit dem flachen Lande einen glücklichen Umtausch treffe; er wußte sie an Ort und Stelle auf die Betriebsamkeit seines Länderkreises aufmerksam zu machen.

Wenn sich nun der Fürst fast ausschließlich in diesen Tagen mit den Seinigen über diese zudringenden Gegenstände unterhielt, auch besonders mit dem Finanzminister anhaltend arbeitete, so behielt doch auch der Landjägermeister sein Recht, auf dessen Vorstellung es unmöglich war, der Versuchung zu widerstehen, an diesen günstigen Herbsttagen eine schon verschobene Jagd zu unternehmen, sich selbst und den vielen angekommenen Fremden ein eignes und seltnes Fest zu eröffnen.

Die Fürstin blieb ungern zurück; man hatte sich vorgenommen, weit in das Gebirg hineinzudringen, um die friedlichen Bewohner der dortigen Wälder durch einen unerwarteten Kriegszug zu beunruhigen.

Scheidend versäumte der Gemahl nicht, einen Spazierritt vorzuschlagen, den sie im Geleit Friedrichs, des fürstlichen Oheims, unternehmen sollte. »Auch lasse ich«, sagte er, »dir unsern Honorio als Stall- und Hofjunker, der für alles sorgen wird.« Und im Gefolg dieser Worte gab er im Hinabsteigen einem wohlgebildeten jungen Mann die nötigen Aufträge, verschwand sodann bald mit Gästen und Gefolge.

Die Fürstin, die ihrem Gemahl noch in den Schloßhof hinab mit dem Schnupftuch nachgewinkt hatte, begab sich in die hintern Zimmer, welche nach dem Gebirg eine freie Aussicht ließen, die um desto schöner war, als das Schloß selbst von dem Flusse herauf in einiger Höhe stand und so vor- als hinterwärts mannigfaltige bedeutende

Ansichten gewährte. Sie fand das treffliche Teleskop noch in der Stellung, wo man es gestern abend gelassen hatte, als man, über Busch, Berg und Waldgipfel die hohen Ruinen der uralten Stammburg betrachtend, sich unterhielt, die in der Abendbeleuchtung merkwürdig hervortraten, indem alsdann die größten Licht- und Schattenmassen den deutlichsten Begriff von einem so ansehnlichen Denkmal alter Zeit verleihen konnten. Auch zeigte sich heute früh durch die annähernden Gläser recht auffallend die herbstliche Färbung jener mannigfaltigen Baumarten, die zwischen dem Gemäuer ungehindert und ungestört durch lange Jahre emporstrebten. Die schöne Dame richtete jedoch das Fernrohr etwas tiefer nach einer öden, steinigen Fläche, über welche der Jagdzug weggehen mußte. Sie erharrte den Augenblick mit Geduld und betrog sich nicht, denn bei der Klarheit und Vergrößerungsfähigkeit des Instruments erkannten ihre glänzenden Augen deutlich den Fürsten und den Oberstallmeister; ja sie enthielt sich nicht, abermals mit dem Schnupftuche zu winken, als sie ein augenblickliches Stillhalten und Rückblicken mehr vermutete als gewahr ward.

Fürst Oheim, Friedrich mit Namen, trat sodann, angemeldet, mit seinem Zeichner herein, der ein großes Portefeuille unter dem Arm trug. »Liebe Cousine,« sagte der alte, rüstige Herr, »hier legen wir die Ansichten der Stammburg vor, gezeichnet, um von verschiedenen Seiten anschaulich zu machen, wie der mächtige Trutz- und Schutzbau von alten Zeiten her dem Jahr und seiner Witterung sich entgegenstemmte und wie doch hie und da sein Gemäuer weichen, da und dort in wüste Ruinen zusammenstürzen mußte. Nun haben wir manches getan, um diese Wildnis zugänglicher zu machen, denn mehr bedarf es nicht, um jeden Wanderer, jeden Besuchenden in Erstaunen zu setzen, zu entzücken.«

Indem nun der Fürst die einzelnen Blätter deutete, sprach er weiter: »Hier, wo man, den Hohlweg durch die äußern Ringmauern heraufkommend, vor die eigentliche Burg gelangt, steigt uns ein Felsen entgegen von den festesten des ganzen Gebirgs; hierauf nun steht gemauert ein Turm, doch niemand wüßte zu sagen, wo die Natur aufhört, Kunst und Handwerk aber anfangen. Ferner sieht man seitwärts Mauern angeschlossen und Zwinger terrassenmäßig herab sich erstreckend. Doch ich sage nicht recht, denn es ist eigentlich ein Wald, der diesen uralten Gipfel umgibt. Seit hundertundfunfzig Jahren hat keine Axt hier geklungen, und überall sind die mächtigsten Stämme emporgewachsen. Wo Ihr Euch an den Mauern andrängt, stellt sich der glatte Ahorn, die rauhe Eiche, die schlanke Fichte mit Schaft und Wurzeln entgegen; um diese müssen wir uns herumschlängeln und unsere Fußpfade verständig führen. Seht nur, wie trefflich unser Meister dies Charakteristische auf dem Papier ausgedrückt hat, wie kenntlich die verschiedenen Stamm- und Wurzelarten zwischen das Mauerwerk verflochten und die mächtigen Äste durch die Lücken durchgeschlungen sind! Es ist eine Wildnis wie keine, ein zufällig einziges Lokal, wo die alten Spuren längst verschwundener Menschenkraft mit der ewig lebenden und fortwirkenden Natur sich in dem ernstesten Streit erblicken lassen.«

Ein anderes Blatt aber vorlegend, fuhr er fort: »Was sagt Ihr nun zum Schloßhofe, der, durch das Zusammenstürzen des alten Torturmes unzugänglich, seit undenklichen Jahren von niemand betreten ward? Wir suchten ihm von der Seite beizukommen, haben Mauern durchbrochen, Gewölbe gesprengt und so einen bequemen, aber geheimen Weg bereitet. Inwendig bedurft es keines Aufräumens, hier findet sich ein flacher Felsgipfel von der Natur geplättet, aber doch haben mächtige Bäume hie und da zu wurzeln Glück und Gelegenheit gefunden; sie sind sachte, aber entschieden aufgewachsen, nun erstrecken sie ihre Äste bis in die Galerien hinein, auf denen der Ritter sonst auf und ab schritt, ja durch Türen durch und Fenster in die gewölbten Säle, aus denen wir sie nicht vertreiben wollen; sie sind eben Herr geworden und mögens bleiben. Tiefe Blätterschichten wegräumend, haben wir den merkwürdigsten Platz geebnet gefunden, dessengleichen in der Welt vielleicht nicht wieder zu sehen ist.

Nach allem diesem aber ist es immer noch bemerkenswert und an Ort und Stelle zu beschauen, daß auf den Stufen, die in den Hauptturm hinaufführen, ein Ahorn Wurzel geschlagen und sich zu einem so tüchtigen Baume gebildet hat, daß man nur mit Not daran vorbeidringen kann, um die Zinne, der unbegrenzten Aussicht wegen, zu besteigen. Aber auch hier verweilt man bequem im Schatten, denn dieser Baum ist es, der sich über das Ganze wunderbar hoch in die Luft hebt.

Danken wir also dem wackern Künstler, der uns so löblich in verschiedenen Bildern von allem überzeugt, als wenn wir gegenwärtig wären; er hat die schönsten Stunden des Tages und der Jahrszeit dazu angewendet und sich wochenlang um diese Gegenstände herumbewegt. In dieser Ecke ist für ihn und den Wächter, den wir ihm zugegeben, eine kleine, angenehme Wohnung eingerichtet. Sie sollten nicht glauben, meine Beste, welch eine schöne Aus- und Ansicht er ins Land, in Hof und Gemäuer sich dort bereitet hat! Nun aber, da alles so rein und charakte-

ristisch umrissen ist, wird er es hier unten mit Bequemlichkeit ausführen. Wir wollen mit diesen Bildern unsern
Gartensaal zieren, und niemand soll über unsere regelmäßigen Parterre, Lauben und schattigen Gänge seine Augen
spielen lassen, der nicht wünschte, dort oben in dem wirklichen Anschauen des Alten und Neuen, des Starren,
Unnachgiebigen, Unzerstörlichen und des Frischen,
Schmiegsamen, Unwiderstehlichen seine Betrachtungen
anzustellen.«

Honorio trat ein und meldete, die Pferde seien vorgeführt; da sagte die Fürstin, zum Oheim gewendet: »Reiten
wir hinauf, und lassen Sie mich in der Wirklichkeit sehen,
was Sie mir hier im Bilde zeigten! Seit ich hier bin, hör ich
von diesem Unternehmen und werde jetzt erst recht verlangend, mit Augen zu sehen, was mir in der Erzählung
unmöglich schien und in der Nachbildung unwahrschein-
lich bleibt.« – »Noch nicht, meine Liebe«, versetzte der
Fürst; »was Sie hier sahen, ist, was es werden kann und
wird; jetzt stockt noch manches, die Kunst muß erst vollenden, wenn sie sich vor der Natur nicht schämen soll.« –
»Und so reiten wir wenigstens hinaufwärts, und wär es
nur bis an den Fuß; ich habe große Lust, mich heute weit
in der Welt umzusehen.« – »Ganz nach Ihrem Willen.«
versetzte der Fürst. – »Lassen Sie uns aber durch die Stadt
reiten«, fuhr die Dame fort, »über den großen Markt-
platz, wo eine zahllose Menge von Buden die Gestalt einer
kleinen Stadt, eines Feldlagers angenommen hat. Es ist,
als wären die Bedürfnisse und Beschäftigungen sämtlicher
Familien des Landes umher nach außen gekehrt, in diesem
Mittelpunkt versammelt, an das Tageslicht gebracht worden, denn hier sieht der aufmerksame Beobachter alles,
was der Mensch leistet und bedarf; man bildet sich einen

Augenblick ein, es sei kein Geld nötig, jedes Geschäft
könne hier durch Tausch abgetan werden, und so ist es
auch im Grunde. Seitdem der Fürst gestern mir Anlaß
zu diesen Übersichten gegeben, ist es mir gar angenehm
zu denken, wie hier, wo Gebirg und flaches Land anein-
andergrenzen, beide so deutlich aussprechen, was sie
brauchen und was sie wünschen. Wie nun der Hochlän-
der das Holz seiner Wälder in hundert Formen umzubil-
den weiß, das Eisen zu einem jeden Gebrauch zu ver-
mannigfaltigen, so kommen jene drüben mit den vielfäl-
tigsten Waren ihm entgegen, an denen man den Stoff
kaum unterscheiden und den Zweck oft nicht erkennen
mag.«

»Ich weiß«, versetzte der Fürst, »daß mein Neffe hierauf die größte Aufmerksamkeit wendet, denn gerade
zu dieser Jahrszeit kommt es hauptsächlich darauf an,
daß man mehr empfange als gebe; dies zu bewirken, ist
am Ende die Summe des ganzen Staatshaushaltes so wie
der kleinsten häuslichen Wirtschaft. Verzeihen Sie aber,
meine Beste, ich reite niemals gern durch den Markt und
Messe; bei jedem Schritt ist man gehindert und aufgehal-
ten, und dann flammt mir das ungeheure Unglück wieder
in die Einbildungskraft, das sich mir gleichsam in die
Augen eingebrannt, als ich eine solche Güter- und Waren-
breite in Feuer aufgehen sah. Ich hatte mich kaum –«

»Lassen Sie uns die schönen Stunden nicht versäumen!«
fiel ihm die Fürstin ein, da der würdige Mann sie schon
einigemal mit ausführlicher Beschreibung jenes Unheils
geängstigt hatte, wie er sich nämlich, auf einer großen
Reise begriffen, abends im besten Wirtshause auf dem
Markte, der eben von einer Hauptmesse wimmelte,
höchst ermüdet zu Bette gelegt und nachts durch Geschrei

und Flammen, die sich gegen seine Wohnung wälzten, gräßlich aufgeweckt worden.

Die Fürstin eilte, das Lieblingspferd zu besteigen, und führte, statt zum Hintertore bergauf, zum Vordertore bergunter ihren widerwillig bereiten Begleiter; denn wer wäre nicht gern an ihrer Seite geritten, wer wäre ihr nicht gern gefolgt! Und so war auch Honorio von der sonst so ersehnten Jagd willig zurückgeblieben, um ihr ausschließlich dienstbar zu sein.

Wie vorauszusehen, durften sie auf dem Markte nur Schritt vor Schritt reiten; aber die schöne Liebenswürdige erheiterte jeden Aufenthalt durch eine geistreiche Bemerkung. »Ich wiederhole«, sagte sie, »meine gestrige Lektion, da denn doch die Notwendigkeit unsere Geduld prüfen will.« Und wirklich drängte sich die ganze Menschenmasse dergestalt an die Reitenden heran, daß sie ihren Weg nur langsam fortsetzen konnten. Das Volk schaute mit Freuden die junge Dame, und auf so viel lächelnden Gesichtern zeigte sich das entschiedene Behagen, zu sehen, daß die erste Frau im Lande auch die schönste und anmutigste sei.

Untereinander gemischt standen Bergbewohner, die zwischen Felsen, Fichten und Föhren ihre stillen Wohnsitze hegten, Flachländer von Hügeln, Auen und Wiesen her, Gewerbsleute der kleinen Städte, und was sich alles versammelt hatte. Nach einem ruhigen Überblick bemerkte die Fürstin ihrem Begleiter, wie alle diese, woher sie auch seien, mehr Stoff als nötig zu ihren Kleidern genommen, mehr Tuch und Leinwand, mehr Band zum Besatz. »Ist es doch, als ob die Weiber nicht brauschig und die Männer nicht pausig genug sich gefallen könnten!«

»Wir wollen ihnen das ja lassen«, versetzte der Oheim; »wo auch der Mensch seinen Überfluß hinwendet, ihm ist wohl dabei, am wohlsten, wenn er sich damit schmückt und aufputzt.« Die schöne Dame winkte Beifall.

So waren sie nach und nach auf einen freiern Platz gelangt, der zur Vorstadt hinführte, wo am Ende vieler kleiner Buden und Kramstände ein größeres Brettergebäude in die Augen fiel, das sie kaum erblickten, als ein ohrzerreißendes Gebrülle ihnen entgegentönte. Die Fütterungsstunde der dort zur Schau stehenden wilden Tiere schien herangekommen; der Löwe ließ seine Wald- und Wüstenstimme aufs kräftigste hören, die Pferde schauderten, und man konnte der Bemerkung nicht entgehen, wie in dem friedlichen Wesen und Wirken der gebildeten Welt der König der Einöde sich so furchtbar verkündige. Zur Bude näher gelangt, durften sie die bunten, kolossalen Gemälde nicht übersehen, die mit heftigen Farben und kräftigen Bildern jene fremden Tiere darstellten, welche der friedliche Staatsbürger zu schauen unüberwindliche Lust empfinden sollte. Der grimmig ungeheure Tiger sprang auf einen Mohren los, im Begriff ihn zu zerreißen, ein Löwe stand ernsthaft majestätisch, als wenn er keine Beute seiner würdig vor sich sähe; andere wunderliche, bunte Geschöpfe verdienten neben diesen mächtigen weniger Aufmerksamkeit.

»Wir wollen«, sagte die Fürstin, »bei unserer Rückkehr doch absteigen und die seltenen Gäste näher betrachten!« – »Es ist wunderbar«, versetzte der Fürst, »daß der Mensch durch Schreckliches immer aufgeregt sein will. Drinnen liegt der Tiger ganz ruhig in seinem Kerker, und hier muß er grimmig auf einen Mohren losfahren, damit man glaube, dergleichen inwendig ebenfalls zu sehen; es ist

an Mord und Totschlag noch nicht genug, an Brand und
Untergang: die Bänkelsänger müssen es an jeder Ecke
wiederholen. Die guten Menschen wollen eingeschüch-
tert sein, um hinterdrein erst recht zu fühlen, wie schön
und löblich es sei, frei Atem zu holen.«

Was denn aber auch Bängliches von solchen Schrek-
kensbildern mochte übriggeblieben sein, alles und jedes
war sogleich ausgelöscht, als man, zum Tore hinausge-
langt, in die heiterste Gegend eintrat. Der Weg führte
zuerst am Flusse hinan, an einem zwar noch schmalen,
nur leichte Kähne tragenden Wasser, das aber nach und
nach als größter Strom seinen Namen behalten und ferne
Länder beleben sollte. Dann ging es weiter durch wohl-
versorgte Frucht- und Lustgärten sachte hinaufwärts, und
man sah sich nach und nach in der aufgetanen, wohlbe-
wohnten Gegend um, bis erst ein Busch, sodann ein
Wäldchen die Gesellschaft aufnahm und die anmutigsten
Örtlichkeiten ihren Blick begrenzten und erquickten. Ein
aufwärts leitendes Wiesental, erst vor kurzem zum zweiten Male gemäht, sammetähnlich anzusehen, von einer
oberwärts lebhaft auf einmal reich entspringenden Quelle
gewässert, empfing sie freundlich, und so zogen sie einem
höheren, freieren Standpunkt entgegen, den sie, aus dem
Walde sich bewegend, nach einem lebhaften Stieg erreichten, alsdann aber vor sich noch in bedeutender Entfernung über neuen Baumgruppen das alte Schloß, den Ziel-
punkt ihrer Wallfahrt, als Fels- und Waldgipfel hervorra-
gen sahen. Rückwärts aber – denn niemals gelangte man
hierher, ohne sich umzukehren – erblickten sie durch
zufällige Lücken der hohen Bäume das fürstliche Schloß
links, von der Morgensonne beleuchtet, den wohlgebauten höhern Teil der Stadt, von leichten Rauchwolken

gedämpft, und so fort nach der Rechten zu die untere Stadt, den Fluß in einigen Krümmungen mit seinen Wiesen und Mühlen, gegenüber eine weite nahrhafte Gegend.

Nachdem sie sich an dem Anblick ersättigt oder vielmehr, wie es uns bei dem Umblick auf so hoher Stelle zu geschehen pflegt, erst recht verlangend geworden nach einer weitern, weniger begrenzten Aussicht, ritten sie eine steinige, breite Fläche hinan, wo ihnen die mächtige Ruine als ein grüngekrönter Gipfel entgegenstand, wenig alte Bäume tief unten um seinen Fuß; sie ritten hindurch, und so fanden sie sich gerade vor der steilsten, unzugänglichsten Seite. Mächtige Felsen standen von Urzeiten her, jedem Wechsel unangetastet, fest, wohlgegründet voran, und so türmte sich aufwärts; das dazwischen Herabgestürzte lag in mächtigen Platten und Trümmern unregelmäßig übereinander und schien dem Kühnsten jeden Angriff zu verbieten. Aber das Steile, Jähe scheint der Jugend zuzusagen; dies zu unternehmen, zu erstürmen, zu erobern, ist jungen Gliedern ein Genuß. Die Fürstin bezeigte Neigung zu einem Versuch, Honorio war bei der Hand, der fürstliche Oheim, wenn schon bequemer, ließ sichs gefallen und wollte sich doch auch nicht unkräftig zeigen; die Pferde sollten am Fuß unter den Bäumen halten, und man wollte bis zu einem gewissen Punkte gelangen, wo ein vorstehender mächtiger Fels einen Flächenraum darbot, von wo man eine Aussicht hatte, die zwar schon in den Blick des Vogels überging, aber sich doch noch malerisch genug hintereinander schob.

Die Sonne, beinahe auf ihrer höchsten Stelle, verlieh die klarste Beleuchtung; das fürstliche Schloß mit seinen Teilen, Hauptgebäuden, Flügeln, Kuppeln und Türmen erschien gar stattlich, die obere Stadt in ihrer völligen

Ausdehnung; auch in die untere konnte man bequem hineinsehen, ja durch das Fernrohr auf dem Markte sogar die
Buden unterscheiden. Honorio war immer gewohnt, ein
so förderliches Werkzeug überzuschnallen; man schaute
den Fluß hinauf und hinab, diesseits das bergartig terras-
senweis unterbrochene, jenseits das aufgleitende flache
und in mäßigen Hügeln abwechselnde fruchtbare Land,
Ortschaften unzählige; denn es war längst herkömmlich,
über die Zal zu streiten, wieviel man deren von hier oben
gewahr werde.

Über die große Weite lag eine heitere Stille, wie es am
Mittag zu sein pflegt, wo die Alten sagten, Pan schlafe und
alle Natur halte den Atem an, um ihn nicht aufzuwecken.

»Es ist nicht das erstemal«, sagte die Fürstin, »daß ich
auf so hoher, weitumschauender Stelle die Betrachtung
mache, wie doch die klare Natur so reinlich und friedlich
aussieht und den Eindruck verleiht, als wenn gar nichts
Widerwärtiges in der Welt sein könne, und wenn man
denn wieder in die Menschenwohnung zurückkehrt, sie
sei hoch oder niedrig, weit oder eng, so gibts immer etwas
zu kämpfen, zu streiten, zu schlichten und zurechtzu-
legen.«

Honorio, der indessen durch das Sehrohr nach der
Stadt geschaut hatte, rief: »Seht hin! seht hin! auf dem
Markte fängt es an zu brennen!« Sie sahen hin und
bemerkten wenigen Rauch; die Flamme dämpfte der Tag.
»Das Feuer greift weiter um sich!« rief man, immer durch
die Gläser schauend; auch wurde das Unheil den guten,
unbewaffneten Augen der Fürstin bemerklich. Von Zeit
zu Zeit erkannte man eine rote Flammenglut, der Dampf
stieg empor, und Fürst Oheim sprach: »Laßt uns zurückkehren! Das ist nicht gut! Ich fürchtete immer, das

Unglück zum zweiten Male zu erleben.« Als sie, herabgekommen, den Pferden wieder zugingen, sagte die Fürstin
zu dem alten Herrn: »Reiten Sie hinein, eilig, aber nicht
ohne den Reitknecht! Lassen Sie mir Honorio! Wir folgen
sogleich.« Der Oheim fühlte das Vernünftige, ja das Notwendige dieser Worte und ritt, so eilig als der Boden
erlaubte, den wüsten, steinigen Hang hinunter.

Als die Fürstin aufsaß, sagte Honorio: »Reiten Euer
Durchlaucht, ich bitte, langsam! In der Stadt wie auf dem
Schloß sind die Feueranstalten in bester Ordnung, man
wird sich durch einen so unerwartet außerordentlichen
Fall nicht irre machen lassen. Hier aber ist ein böser
Boden, kleine Steine und kurzes Gras, schnelles Reiten ist
unsicher; ohnehin, bis wir hineinkommen, wird das Feuer
schon nieder sein.« Die Fürstin glaubte nicht daran; sie
sah den Rauch sich verbreiten, sie glaubte einen aufflam-
menden Blitz gesehen, einen Schlag gehört zu haben, und
nun bewegten sich in ihrer Einbildungskraft alle die
Schreckbilder, welche des trefflichen Oheims wiederholte
Erzählung von dem erlebten Jahrmarktsbrande leider nur
zu tief eingesenkt hatte.

Fürchterlich wohl war jener Fall, überraschend und
eindringlich genug, um zeitlebens eine Ahnung und Vorstellung wiederkehrenden Unglücks ängstlich zurückzu-
lassen, als zur Nachtzeit auf dem großen, budenreichen
Marktraum ein plötzlicher Brand Laden auf Laden ergriffen hatte, ehe noch die in und an diesen leichten Hütten
Schlafenden aus tiefen Träumen geschüttelt wurden, der
Fürst selbst als ein ermüdet angelangter, erst eingeschla-
fener Fremder ans Fenster sprang, alles fürchterlich
erleuchtet sah, Flamme nach Flamme, rechts und links
sich überspringend, ihm entgegenzüngelte. Die Häuser

des Marktes, vom Widerschein gerötet, schienen schon zu
glühen, drohend sich jeden Augenblick zu entzünden und
in Flammen aufzuschlagen; unten wütete das Element
unaufhaltsam, die Bretter prasselten, die Latten knackten,
Leinwand flog auf, und ihre düstern, an den Enden flam-
mend ausgezackten Fetzen trieben in der Höhe sich
umher, als wenn die bösen Geister in ihrem Elemente, um
und um gestaltet, sich mutwillig tanzend verzehren und
da und dort aus den Gluten wieder auftauchen wollten.
Dann aber mit kreischendem Geheul rettete jeder, was zur
Hand lag; Diener und Knechte mit den Herren bemühten
sich, von Flammen ergriffene Ballen fortzuschleppen, von
dem brennenden Gestell noch einiges wegzureißen, um es
in die Kiste zu packen, die sie denn doch zuletzt den
eilenden Flammen zum Raube lassen mußten. Wie mancher wünschte nur einen Augenblick Stillstand dem her-
anprasselnden Feuer, nach der Möglichkeit einer Besinnung sich umsehend, und er war mit aller seiner Habe
schon ergriffen; an der einen Seite brannte, glühte schon,
was an der andern noch in finsterer Nacht stand. Hartnäk-
kige Charaktere, willensstarke Menschen widersetzten
sich grimmig dem grimmigen Feinde und retteten manches mit Verlust ihrer Augenbrauen und Haare. Leider
nun erneuerte sich vor dem schönen Geiste der Fürstin der
wüste Wirrwarr, nun schien der heitere morgendliche Ge-
sichtskreis umnebelt, ihre Augen verdüstert; Wald und
Wiese hatten einen wunderbaren, bänglichen Anschein.

In das friedliche Tal einreitend, seiner labenden Kühle
nicht achtend, waren sie kaum einige Schritte von der
lebhaften Quelle des nahen fließenden Baches herab, als
die Fürstin ganz unten im Gebüsche des Wiesentals etwas
Seltsames erblickte, das sie alsobald für den Tiger er-

kannte; heranspringend, wie sie ihn vor kurzem gemalt gesehen, kam er entgegen, und dieses Bild zu den furchtbaren Bildern, die sie soeben beschäftigten, machte den wundersamsten Eindruck. »Flieht! gnädige Frau«, rief Honorio, »flieht!« Sie wandte das Pferd um, dem steilen Berg zu, wo sie herabgekommen waren. Der Jüngling aber, dem Untier entgegen, zog die Pistole und schoß, als er sich nahe genug glaubte. Leider jedoch war gefehlt; der Tiger sprang seitwärts, das Pferd stutzte, das ergrimmte Tier aber verfolgte seinen Weg aufwärts, unmittelbar der Fürstin nach. Sie sprengte, was das Pferd vermochte, die steile, steinige Strecke hinan, kaum fürchtend, daß ein zartes Geschöpf, solcher Anstrengung ungewohnt, sie nicht aushalten werde. Es übernahm sich, von der bedrängten Reiterin angeregt, stieß am kleinen GeRölle des Hanges an und wieder an und stürzte zuletzt nach heftigem Bestreben kraftlos zu Boden. Die schöne Dame, entschlossen und gewandt, verfehlte nicht, sich strack auf ihre Füße zu stellen, auch das Pferd richtete sich auf, aber der Tiger nahte schon, obgleich nicht mit heftiger Schnelle; der ungleiche Boden, die scharfen Steine schienen seinen Antrieb zu hindern, und nur daß Honorio unmittelbar hinter ihm herflog, neben ihm gemäßigt heraufritt, schien seine Kraft aufs neue anzuspornen und zu reizen. Beide Renner erreichten zugleich den Ort, wo die Fürstin am Pferde stand; der Ritter beugte sich herab, schoß und traf mit der zweiten Pistole das Ungeheuer durch den Kopf, daß es sogleich niederstürzte und ausgestreckt in seiner Länge erst recht die Macht und Furchtbarkeit sehen ließ, von der nur noch das Körperliche übriggeblieben dalag. Honorio war vom Pferde gesprungen und kniete schon auf dem Tiere, dämpfte seine letzten

Bewegungen und hielt den gezogenen Hirschfänger in der rechten Hand. Der Jüngling war schön, er war herangesprengt, wie ihn die Fürstin oft im Lanzen- und Ringelspiel gesehen hatte. Ebenso traf in der Reitbahn seine Kugel im Vorbeisprengen den Türkenkopf auf dem Pfahl gerade unter dem Turban in die Stirne, ebenso spießte er, flüchtig heransprengend, mit dem blanken Säbel das Mohrenhaupt vom Boden auf. In allen solchen Künsten war er gewandt und glücklich, hier kam beides zustatten.

»Gebt ihm den Rest«, sagte die Fürstin; »ich fürchte, er beschädigt Euch noch mit den Krallen.« – »Verzeiht!« erwiderte der Jüngling, »er ist schon tot genug, und ich mag das Fell nicht verderben, das nächsten Winter auf Eurem Schlitten glänzen soll.« – »Frevelt nicht!« sagte die Fürstin; »alles, was von Frömmigkeit im tiefen Herzen wohnt, entfaltet sich in solchem Augenblick.« – »Auch ich«, rief Honorio, »war nie frömmer als jetzt eben; deshalb aber denk ich ans Freudigste; ich blicke dieses Fell nur an, wie es Euch zur Lust begleiten kann.« – »Es würde mich immer an diesen schrecklichen Augenblick erinnern«, versetzte sie. »Ist es doch«, erwiderte der Jüngling mit glühender Wange, »ein unschuldigeres Triumphzeichen, als wenn die Waffen erschlagener Feinde vor dem Sieger her zur Schau getragen wurden.« – »Ich werde mich an Eure Kühnheit und Gewandtheit dabei erinnern und darf nicht hinzusetzen, daß Ihr auf meinen Dank und auf die Gnade des Fürsten lebenslänglich rechnen könnt. Aber steht auf! Schon ist kein Leben mehr im Tiere. Bedenken wir das Weitere! Vor allen Dingen steht auf!« – »Da ich nun einmal kniee«, versetzte der Jüngling, »da ich mich in einer Stellung befinde, die mir auf jede andere Weise untersagt wäre, so laßt mich bitten, von der Gunst

und von der Gnade, die Ihr mir zuwendet, in diesem
Augenblick versichert zu werden. Ich habe schon so oft
Euren hohen Gemahl gebeten um Urlaub und Vergünsti-
gung einer weitern Reise. Wer das Glück hat, an Eurer
Tafel zu sitzen, wen Ihr beehrt, Eure Gesellschaft unter-
halten zu dürfen, der muß die Welt gesehen haben. Rei-
sende strömen von allen Orten her, und wenn von einer
Stadt, von einem wichtigen Punkte irgendeines Weltteils
gesprochen wird, ergeht an den Eurigen jedesmal die
Frage, ob er daselbst gewesen sei. Niemanden traut man
Verstand zu, als wer das alles gesehen hat; es ist, als wenn
man sich nur für andere zu unterrichten hätte.«

»Steht auf!« wiederholte die Fürstin; »ich möchte nicht
gern gegen die Überzeugung meines Gemahls irgend
etwas wünschen und bitten; allein wenn ich nicht irre, so
ist die Ursache, warum er Euch bisher zurückhielt, bald
gehoben. Seine Absicht war, Euch zum selbständigen
Edelmann herangereift zu sehen, der sich und ihm auch
auswärts Ehre machte wie bisher am Hofe, und ich
dächte, Eure Tat wäre ein so empfehlender Reisepaß, als
ein junger Mann nur in die Welt mitnehmen kann.«

Daß anstatt einer jugendlichen Freude eine gewisse
Trauer über sein Gesicht zog, hatte die Fürstin nicht Zeit
zu bemerken, noch er seiner Empfindung Raum zu geben;
denn hastig den Berg herauf, einen Knaben an der Hand,
kam eine Frau geradezu auf die Gruppe los, die wir kennen, und kaum war Honorio, sich besinnend, aufgestanden, als sie sich heulend und schreiend über den Leichnam
herwarf und an dieser Handlung sowie an einer obgleich
reinlich anständigen, doch bunten und seltsamen Kleidung sogleich erraten ließ, sie sei die Meisterin und Wär-
terin dieses dahingestreckten Geschöpfes, wie denn der

schwarzaugige, schwarzlockige Knabe, der eine Flöte in der Hand hielt, gleich der Mutter weinend, weniger heftig, aber tief gerührt neben ihr kniete.

Den gewaltsamen Ausbrüchen der Leidenschaft dieses unglücklichen Weibes folgte, zwar unterbrochen, stoßweise ein Strom von Worten, wie ein Bach sich in Absätzen von Felsen zu Felsen stürzt. Eine natürliche Sprache, kurz und abgebrochen, machte sich eindringlich und rührend. Vergebens würde man sie in unsern Mundarten übersetzen wollen; den ungefähren Inhalt dürfen wir nicht verfehlen: »Sie haben dich ermordet, armes Tier! ermordet ohne Not! Du warst zahm und hättest dich gern ruhig niedergelassen und auf uns gewartet; denn deine Fußballen schmerzten dich, und deine Krallen hatten keine Kraft mehr! Die heiße Sonne fehlte dir, sie zu reifen. Du warst der Schönste deinesgleichen; wer hat je einen königlichen Tiger so herrlich ausgestreckt im Schlaf gesehen, wie du nun hier liegst, tot, um nicht wieder aufzustehen! Wenn du des Morgens aufwachtest beim frühen Tagschein und den Rachen aufsperrtest, ausstreckend die rote Zunge, so schienst du uns zu lächeln, und wenn schon brüllend, nahmst du doch spielend dein Futter aus den Händen einer Frau, von den Fingern eines Kindes! Wie lange begleiteten wir dich auf deinen Fahrten, wie lange war deine Gesellschaft uns wichtig und fruchtbar! Uns, uns ganz eigentlich kam die Speise von den Fressern und süße Labung von den Starken. So wird es nicht mehr sein! Wehe! wehe!«

Sie hatte nicht ausgeklagt, als über die mittlere Höhe des Bergs am Schlosse herab Reiter heransprengten, die alsobald für das Jagdgefolge des Fürsten erkannt wurden, er selbst voran. Sie hatten, in den hintern Gebirgen jagend, die Brandwolken aufsteigen sehen und durch Täler und Schluchten, wie auf gewaltsam hetzender Jagd, den geraden Weg nach diesem traurigen Zeichen genommen. Über die steinige Blöße einhersprengend, stutzten und starrten sie, nun die unerwartete Gruppe gewahr werdend, die sich auf der leeren Fläche merkwürdig auszeichnete. Nach dem ersten Erkennen verstummte man, und nach einigem Erholen ward, was der Anblick nicht selbst ergab, mit wenigen Worten erläutert. So stand der Fürst vor dem seltsamen, unerhörten Ereignis, einen Kreis umher von Reitern und Nacheilenden zu Fuße. Unschlüssig war man nicht, was zu tun sei; anzuordnen, auszuführen war der Fürst beschäftigt, als ein Mann sich in den Kreis drängte, groß von Gestalt, bunt und wunderlich gekleidet wie Frau und Kind. Und nun gab die Familie zusammen Schmerz und Überraschung zu erkennen. Der Mann aber, gefaßt, stand in ehrfurchtsvoller Entfernung vor dem Fürsten und sagte: »Es ist nicht Klagenszeit; ach, mein Herr und mächtiger Jäger, auch der Löwe ist los, auch hier nach dem Gebirg ist er hin, aber schon ihn, habt Barmherzigkeit, daß er nicht umkomme wie dies gute Tier!«

»Der Löwe?« sagte der Fürst, »hast du seine Spur?« – »Ja, Herr! Ein Bauer dort unten, der sich ohne Not auf einen Baum gerettet hatte, wies mich weiter hier links hinauf, aber ich sah den großen Trupp Menschen und Pferde vor mir, neugierig und hülfsbedürftig eilt ich hierher.« – »Also«, beorderte der Fürst, »muß die Jagd sich auf diese Seite ziehen; ihr ladet eure Gewehre, geht sachte zu Werk, es ist kein Unglück, wenn ihr ihn in die tiefen Wälder treibt. – Aber am Ende, guter Mann, werden wir euer Geschöpf nicht schonen können; warum wart ihr unvorsichtig genug, sie entkommen zu lassen!« – »Das Feuer brach aus«, versetzte jener; »wir hielten uns still und gespannt; es verbreitete sich schnell, aber fern von uns. Wir hatten Wasser genug zu unserer Verteidigung, aber ein Pulverschlag flog auf und warf die Brände bis an uns heran, über uns weg; wir übereilten uns und sind nun unglückliche Leute.«

Noch war der Fürst mit Anordnungen beschäftigt, aber einen Augenblick schien alles zu stocken, als oben vom alten Schloß herab eilig ein Mann heranspringend gesehen ward, den man bald für den angestellten Wächter erkannte, der die Werkstätte des Malers bewachte, indem er darin seine Wohnung nahm und die Arbeiter beaufsichtigte. Er kam außer Atem springend, doch hatte er bald mit wenigen Worten angezeigt: oben hinter der höhern Ringmauer habe sich der Löwe im Sonnenschein gelagert, am Fuße einer hundertjährigen Buche, und verhalte sich ganz ruhig. Ärgerlich aber schloß der Mann: »Warum habe ich gestern meine Büchse in die Stadt getragen, um sie ausputzen zu lassen! Hätte ich sie bei der Hand gehabt, er wäre nicht wieder aufgestanden, das Fell wäre doch mein gewesen, und ich hätte mich dessen, wie billig, zeitlebens gebrüstet.«

Der Fürst, dem seine militärischen Erfahrungen auch hier zustatten kamen, da er sich wohl schon in Fällen gefunden hatte, wo von mehreren Seiten unvermeidliches Übel herandrohte, sagte hierauf: »Welche Bürgschaft gebt Ihr mir, daß, wenn wir Eures Löwen schonen, er nicht im Lande unter den Meinigen Verderben anrichtet?«

»Hier diese Frau und dieses Kind«, erwiderte der Vater hastig, »erbieten sich, ihn zu zähmen, ihn ruhig zu erhalten, bis ich den beschlagenen Kasten heraufschaffe, da wir

ihn denn unschädlich und unbeschädigt wieder zurückbringen werden.«

Der Knabe schien seine Flöte versuchen zu wollen, ein
Instrument von der Art, das man sonst die sanfte, süße
Flöte zu nennen pflegte; sie war kurz geschnäbelt wie die
Pfeifen; wer es verstand, wußte die anmutigsten Töne daraus hervorzulocken. Indes hatte der Fürst den Wärtel gefragt, wie der Löwe hinaufgekommen. Dieser aber versetzte: »Durch den Hohlweg, der, auf beiden Seiten ver-
mauert, von jeher der einzige Zugang war und der einzige
bleiben soll; zwei Fußpfade, die noch hinaufführten, haben wir dergestalt entstellt, daß niemand als durch jenen
ersten engen Anweg zu dem Zauberschlosse gelangen
könne, wozu es Fürst Friedrichs Geist und Geschmack
ausbilden will.«

Nach einigem Nachdenken, wobei sich der Fürst nach
dem Kinde umsah, das immer sanft gleichsam zu präludieren fortgefahren hatte, wendete er sich zu Honorio und
sagte: »Du hast heute viel geleistet, vollende das Tagwerk!
Besetze den schmalen Weg! – Haltet eure Büchsen bereit,
aber schießt nicht eher, als bis ihr das Geschöpf nicht
sonst zurückscheuchen könnt; allenfalls macht ein Feuer
an, vor dem er sich fürchtet, wenn er herunter will! Mann
und Frau möge für das übrige stehen.« Eilig schickte
Honorio sich an, die Befehle zu vollführen.

Das Kind verfolgte seine Melodie, die keine war, eine
Tonfolge ohne Gesetz, und vielleicht eben deswegen so
herzergreifend; die Umstehenden schienen wie bezaubert
von der Bewegung einer liederartigen Weise, als der Vater
mit anständigem Enthusiasmus zu reden anfing und fortfuhr:

»Gott hat dem Fürsten Weisheit gegeben und zugleich

die Erkenntnis, daß alle Gotteswerke weise sind, jedes nach seiner Art. Seht den Felsen, wie er fest steht und sich nicht rührt, der Witterung trotzt und dem Sonnenschein! uralte Bäume zieren sein Haupt, und so gekrönt schaut er weit umher; stürzt aber ein Teil herunter, so will es nicht bleiben, was es war: es fällt zertrümmert in viele Stücke und bedeckt die Seite des Hanges. Aber auch da wollen sie nicht verharren, mutwillig springen sie tief hinab, der Bach nimmt sie auf, zum Flusse trägt er sie. Nicht widerstehend, nicht widerspenstig, eckig, nein, glatt und abgerundet gewinnen sie schneller ihren Weg und gelangen von Fluß zu Fluß, endlich zum Ozean, wo die Riesen in Scharen daherziehen und in der Tiefe die Zwerge wimmeln.

Doch wer preist den Ruhm des Herrn, den die Sterne loben von Ewigkeit zu Ewigkeit! Warum seht ihr aber im Fernen umher? Betrachtet hier die Biene! noch spät im Herbst sammelt sie emsig und baut sich ein Haus, winkel- und waagerecht, als Meister und Geselle. Schaut die Ameise da! sie kennt ihren Weg und verliert ihn nicht, sie baut sich eine Wohnung aus Grashalmen, Erdbröslein und Kiefernadeln, sie baut es in die Höhe und wölbet es zu; aber sie hat umsonst gearbeitet, denn das Pferd stampft und scharrt alles auseinander. Seht hin! es zertritt ihre Balken und zerstreut ihre Planken, ungeduldig schnaubt es und kann nicht rasten, denn der Herr hat das Roß zum Gesellen des Windes gemacht und zum Gefährten des Sturms, daß es den Mann dahin trage, wohin er will, und die Frau, wohin sie begehrt. Aber im Palmenwald trat er auf, der Löwe, ernsten Schrittes durchzog er die Wüste, dort herrscht er über alles Getier, und nichts widersteht ihm. Doch der Mensch weiß ihn zu zähmen,

und das grausamste der Geschöpfe hat Ehrfurcht vor dem
Ebenbilde Gottes, wornach auch die Engel gemacht sind,
die dem Herrn dienen und seinen Dienern. Denn in der
Löwengrube scheute sich Daniel nicht; er blieb fest und
getrost, und das wilde Brüllen unterbrach nicht seinen
frommen Gesang.«

Diese mit dem Ausdruck eines natürlichen Enthusiasmus gehaltene Rede begleitete das Kind hie und da mit
anmutigen Tönen; als aber der Vater geendigt hatte, fing
es mit reiner Kehle, heller Stimme und geschickten Läufen
zu intonieren an, worauf der Vater die Flöte ergriff, im
Einklang sich hören ließ, das Kind aber sang:

> »Aus den Gruben, hier im Graben
> Hör ich des Propheten Sang;
> Engel schweben, ihn zu laben,
> Wäre da dem Guten bang?
> Löw und Löwin, hin und wider,
> Schmiegen sich um ihn heran;
> Ja, die sanften, frommen Lieder
> Habens ihnen angetan!«

Der Vater fuhr fort, die Strophe mit der Flöte zu begleiten; die Mutter trat hie und da als zweite Stimme mit ein.

Eindringlich aber ganz besonders war, daß das Kind die
Zeilen der Strophe nunmehr zu anderer Ordnung durcheinander schob und dadurch, wo nicht einen neuen Sinn
hervorbrachte, doch das Gefühl in und durch sich selbst
aufregend erhöhte.

> »Engel schweben auf und nieder,
> Uns in Tönen zu erlaben,
> Welch ein himmlischer Gesang!
> In den Gruben, in dem Graben
> Wäre da dem Kinde bang?

>Diese sanften, frommen Lieder
>Lassen Unglück nicht heran;
>Engel schweben hin und wider,
>Und so ist es schon getan.«

Hierauf mit Kraft und Erhebung begannen alle drei:

>»Denn der Ewge herrscht auf Erden,
>Über Meere herrscht sein Blick;
>Löwen sollen Lämmer werden,
>Und die Welle schwankt zurück.
>Blankes Schwert erstarrt im Hiebe,
>Glaub und Hoffnung sind erfüllt;
>Wundertätig ist die Liebe,
>Die sich im Gebet enthüllt.«

Alles war still, hörte, horchte, und nur erst, als die Töne verhallten, konnte man den Eindruck bemerken und allenfalls beobachten. Alles war wie beschwichtigt, jeder in seiner Art gerührt. Der Fürst, als wenn er erst jetzt das Unheil übersähe, das ihn vor kurzem bedroht hatte, blickte nieder auf seine Gemahlin, die, an ihn gelehnt, sich nicht versagte, das gestickte Tüchlein hervorzuziehen und die Augen damit zu bedecken. Es tat ihr wohl, die jugendliche Brust von dem Druck erleichtert zu fühlen, mit dem die vorhergehenden Minuten sie belastet hatten. Eine vollkommene Stille beherrschte die Menge; man schien die Gefahren vergessen zu haben, unten den Brand und von oben das Erstehen eines bedenklich ruhenden Löwen.

Durch einen Wink, die Pferde näher herbeizuführen, brachte der Fürst zuerst wieder in die Gruppe Bewegung; dann wendete er sich zu dem Weibe und sagte: »Ihr glaubt also, daß Ihr den entsprungenen Löwen, wo Ihr ihn antrefft, durch Euren Gesang, durch den Gesang dieses Kindes, mit Hülfe dieser Flötentöne beschwichtigen und

ihn sodann unschädlich sowie unbeschädigt in seinem
Verschluß wieder zurückbringen könntet?« Sie bejahten
es, versichernd und beteuernd; der Kastellan wurde ihnen
als Wegweiser zugegeben. Nun entfernte der Fürst mit
wenigen sich eiligst, die Fürstin folgte langsamer mit dem
übrigen Gefolge; Mutter aber und Sohn stiegen, von dem
Wärtel, der sich eines Gewehrs bemächtigt hatte, begleitet, steiler gegen den Berg hinan.

Vor dem Eintritt in den Hohlweg, der den Zugang zu
dem Schloß eröffnete, fanden sie die Jäger beschäftigt,
dürres Reisig zu häufen, damit sie auf jeden Fall ein großes
Feuer anzünden könnten. »Es ist nicht not«, sagte die
Frau; »es wird ohne das alles in Güte geschehen.«

Weiter hin, auf einem Mauerstücke sitzend, erblickten
sie Honorio, seine Doppelbüchse in den Schoß gelegt, auf
einem Posten als wie zu jedem Ereignis gefaßt. Aber die
Herankommenden schien er kaum zu bemerken; er saß
wie in tiefen Gedanken versunken, er sah umher wie zerstreut. Die Frau sprach ihn an mit Bitte, das Feuer nicht
anzünden zu lassen; er schien jedoch ihrer Rede wenig
Aufmerksamkeit zu schenken. Sie redete lebhaft fort und
rief: »Schöner junger Mann, du hast meinen Tiger erschla-
gen, ich fluche dir nicht; schone meinen Löwen, guter
junger Mann! ich segne dich.«

Honorio schaute gerad vor sich hin, dorthin, wo die
Sonne auf ihrer Bahn sich zu senken begann. »Du schaust
nach Abend«, rief die Frau; »du tust wohl daran, dort
gibts viel zu tun; eile nur, säume nicht, du wirst über-
winden. Aber zuerst überwinde dich selbst!« Hierauf
schien er zu lächeln; die Frau stieg weiter, konnte sich aber
nicht enthalten, nach dem Zurückbleibenden nochmals
umzublicken; eine rötliche Sonne überschien sein Ge-

sicht, sie glaubte nie einen schönern Jüngling gesehen zu haben.

»Wenn Euer Kind«, sagte nunmehr der Wärtel, »flötend und singend, wie Ihr überzeugt seid, den Löwen anlocken und beruhigen kann, so werden wir uns desselben sehr leicht bemeistern, da sich das gewaltige Tier ganz nah an die durchbrochenen Gewölbe hingelagert hat, durch die wir, da das Haupttor verschüttet ist, einen Eingang in den Schloßhof gewonnen haben. Lockt ihn das Kind hinein, so kann ich die Öffnung mit leichter Mühe schließen, und der Knabe, wenn es ihm gut deucht, durch eine der kleinen Wendeltreppen, die er in der Ecke sieht, dem Tiere entschlüpfen. Wir wollen uns verbergen; aber ich werde mich so stellen, daß meine Kugel jeden Augenblick dem Kinde zu Hülfe kommen kann.«

»Die Umstände sind alle nicht nötig; Gott und Kunst, Frömmigkeit und Glück müssen das Beste tun.« – »Es sei«, versetzte der Wärtel; »aber ich kenne meine Pflichten. Erst führ ich Euch durch einen beschwerlichen Stieg auf das Gemäuer hinauf, gerade dem Eingang gegenüber, den ich erwähnt habe; das Kind mag hinabsteigen, gleichsam in die Arena des Schauspiels, und das besänftigte Tier dort hereinlocken!« Das geschah; Wärtel und Mutter sahen versteckt von oben herab, wie das Kind die Wendeltreppen hinunter in dem klaren Hofraum sich zeigte und in der düstern Öffnung gegenüber verschwand, aber sogleich seinen Flötenton hören ließ, der sich nach und nach verlor und verstummte. Die Pause war ahnungsvoll genug; den alten, mit Gefahr bekannten Jäger beengte der seltene menschliche Fall. Er sagte sich, daß er lieber persönlich dem gefährlichen Tiere entgegenginge; die Mutter jedoch, mit heiterem Gesicht, übergebogen horchend, ließ nicht die mindeste Unruhe bemerken.

Endlich hörte man die Flöte wieder; das Kind trat aus der Höhle hervor mit glänzend befriedigten Augen, der Löwe hinter ihm drein, aber langsam und, wie es schien, mit einiger Beschwerde. Er zeigte hie und da Lust, sich niederzulegen; doch der Knabe führte ihn im Halbkreise durch die wenig entblätterten, buntbelaubten Bäume, bis er sich endlich in den letzten Strahlen der Sonne, die sie durch eine Ruinenlücke hereinsandte, wie verklärt niedersetzte und sein beschwichtigendes Lied abermals begann, dessen Wiederholung wir uns auch nicht entziehen können:

> »Aus den Gruben, hier im Graben
> Hör ich des Propheten Sang;
> Engel schweben, ihn zu laben,
> Wäre da dem Guten bang?
> Löw und Löwin, hin und wider,
> Schmiegen sich um ihn heran;
> Ja, die sanften, frommen Lieder
> Habens ihnen angetan!«

Indessen hatte sich der Löwe ganz knapp an das Kind hingelegt und ihm die schwere rechte Vordertatze auf den Schoß gehoben, die der Knabe fortsingend anmutig streichelte, aber gar bald bemerkte, daß ein scharfer Dornzweig zwischen die Ballen eingestochen war. Sorgfältig zog er die verletzende Spitze hervor, nahm lächelnd sein buntseidenes Halstuch vom Nacken und verband die greuliche Tatze des Untiers, sodaß die Mutter sich vor Freuden mit ausgestreckten Armen zurückbog und vielleicht angewohnterweise Beifall gerufen und geklatscht hätte, wäre sie nicht durch einen derben Faustgriff des

Wärtels erinnert worden, daß die Gefahr nicht vorüber sei.

Glorreich sang das Kind weiter, nachdem es mit wenigen Tönen vorgespielt hatte:

> »Denn der Ew'ge herrscht auf Erden,
> Über Meere herrscht sein Blick;
> Löwen sollen Lämmer werden,
> Und die Welle schwankt zurück,
> Blankes Schwert erstarrt im Hiebe,
> Glaub und Hoffnung sind erfüllt;
> Wundertätig ist die Liebe,
> Die sich im Gebet enthüllt.«

Ist es möglich zu denken, daß man in den Zügen eines so grimmigen Geschöpfes, des Tyrannen der Wälder, des Despoten des Tierreiches, einen Ausdruck von Freundlichkeit, von dankbarer Zufriedenheit habe spüren können, so geschah es hier, und wirklich sah das Kind in seiner Verklärung aus wie ein mächtiger, siegreicher Überwinder, jener zwar nicht wie der Überwundene, denn seine Kraft blieb in ihm verborgen, aber doch wie der Gezähmte, wie der dem eigenen friedlichen Willen Anheimgegebene. Das Kind flötete und sang so weiter, nach seiner Art die Zeilen verschränkend und neue hinzufügend:

> »Und so geht mit guten Kindern
> Sel'ger Engel gern zu Rat,
> Böses Wollen zu verhindern,
> Zu befördern schöne Tat.
> So beschwören, fest zu bannen
> Liebem Sohn ans zarte Knie
> Ihn, des Waldes Hochtyrannen,
> Frommer Sinn und Melodie.«

Anhang

Editorische Notiz

Die Texte folgen der von Erich Trunz herausgegebenen Hamburger Ausgabe von *Goethes Werken* in 14 Bänden; Bd. 6: *Romane und Novellen I*, hrsg. von Erich Trunz und Benno von Wiese, 10. Aufl., München: C. H. Beck, 1981; Bd. 7: *Romane und Novellen II*, hrsg. von Erich Trunz, 10. Aufl., ebd. 1981; Bd. 8: *Romane und Novellen III*, hrsg. von Erich Trunz, 10. Aufl., ebd. 1981; Bd. 9: *Autobiographische Schriften I*, hrsg. von Lieselotte Blumenthal und Erich Trunz, 9. Aufl., ebd. 1981.

Die Erzählungen sind den folgenden Werken Goethes entnommen (in Klammern der jeweilige Band der Hamburger Ausgabe – HA – mit Seitennachweis): aus *Unterhaltungen deutscher Ausgewanderten* (1795): Die Sängerin Antonelli* (HA 6, S. 146–157); Bassompierres Geschichte von der schönen Krämerin* (HA 6, S. 161–164); Der Prokurator* (HA 6, S. 167–185); Ferdinands Schuld und Wandlung* (HA 6, S. 188–208); aus *Wilhelm Meisters Lehrjahre* (1796): Die Geschichte von Mignons Eltern* (HA 7, S. 579–593); aus *Die Wahlverwandtschaften* (1809): Die wunderlichen Nachbarskinder. Novelle (HA 6, S. 434–442); aus *Dichtung und Wahrheit* (1811 ff.): Der neue Paris. Knabenmärchen (1811; HA 9, S. 51–64); aus *Wilhelm Meisters Wanderjahre* (1821–29): Sankt Joseph der Zweite (HA 8, S. 13–28); Die pilgernde Törin (HA 8, S. 51–64); Wer ist der Verräter? (HA 8, S. 85–114); Der Mann von funfzig Jahren (HA 8, S. 167–224); Die neue Melusine (HA 8, S. 354–376); Die gefährliche Wette (HA 8, S. 378–383); Nicht zu weit (HA 8, S. 393–404); *Novelle* (1826–28; HA 6, S. 491–513).

Die mit einem Stern gekennzeichneten Titel wurden von der Herausgeberin formuliert.

Anmerkungen

Die Sängerin Antonelli

Die *Unterhaltungen deutscher Ausgewanderten* sind für Schillers Zeitschrift *Die Horen* 1795 entstanden. Die Novellensammlung zeigt eine vornehme Familie auf der Flucht vor der französischen Revolutionsarmee. Die Mitglieder der Familie vertreiben sich Zeit und Angst, indem sie sich wunderliche Geschichten und Schwänke erzählen. Die Rahmenhandlung fällt in die Zeit zwischen Oktober 1792, als die Revolutionsarmee in linksrheinisches Gebiet vorstieß – der Anlaß für die Flucht der Familie –, und der Belagerung von Mainz 1793. Als gerade der 1. Teil der *Unterhaltungen* erschien (1795), waren die linksrheinischen Teile Deutschlands ein zweites Mal von den Franzosen besetzt.[1]

Die Erzählung einer Begebenheit, die der Pariser Schauspielerin Claire-Josephe-Hippolyte Leris de La Tude, gen. La Clairon (1723–1802), widerfahren war, wurde in Weimar als mündliche Erzählung kolportiert und von Goethe, noch ehe die Schauspielerin selbst sie 1799 in ihre Memoiren aufnahm, als »gespenstermäßige Mystifikations-Geschichte« (an Schiller, 5. 12. 1794) festgehalten. In den *Unterhaltungen* erzählt der Geistliche die Geschichte in der ersten Person, so als habe er sie aus nächster Nähe miterlebt. – Goethe beendete die Niederschrift der Erzählung im Januar 1795.

16,32 f. *Nach der italienischen Uhr:* Gemeint ist eine Stundenzählung, die bei Sonnenuntergang beginnt. Goethe schreibt dazu in *Über Italien:* »Stundenmaß der Italiäner«: Daß [. . .] der Moment, wo die Sonne untergeht und die Nacht eintritt, allgemeiner entscheidend sein müsse als bei uns, wo es manchmal den ganzen Tag nicht Tag wird, läßt sich leicht einsehen. Der Tag ist wirklich zu Ende; alle Geschäfte einer gewissen Art müssen auch geendigt werden, und diese Epoche hat, wie es einem sinnlichen Volke geziemt, Jahr ein Jahr aus dieselbige Bezeichnung. Nun ist es Nacht (Notte) [. . .]. Es läuten die Glocken, ein jeder spricht ein kurzes

---

1 Für den vorliegenden Band wurden aus den *Unterhaltungen* folgende Erzählungen nicht übernommen: *Die Geschichte vom rätselhaften Klopfen** – *Die Geschichte vom Schleier** – *Märchen.*

Gebet, der Diener zündet die Lampen an, bringt sie in das Zimmer und wünschet Felicissima notte.

Von dieser Epoche an, welche immer mit dem Sonnenuntergang rückt, bis zum nächsten Sonnenuntergang wird die Zeit in 24 Stunden geteilt; und da nun jeder durch die lange Gewohnheit weiß, sowohl wann es Tag wird, als in welche Stunde Mittag und Mitternacht fällt, so lassen sich alle Arten von Berechnungen gar bald machen, an welchen die Italiäner ein Vergnügen und eine Art von Unterhaltung zu finden scheinen. (Sophien-Ausgabe, Bd. 32, S. 342 f.)

17,24 *Chiaja:* Uferstraße in Neapel.

Bassompierres Geschichte von der schönen Krämerin

Die Quelle der Erzählung fand Goethe in François de Bassompierres (1579–1646) *Mémoires du Maréchal de Bassompierre, contenant l'histoire de sa vie.* Die Übersetzung Goethes hält sich weitgehend an das Original. In den *Unterhaltungen* erzählt sie Karl. Beendet wurde die Niederschrift im Januar 1795, sie erschien im Februar-Heft der *Horen* 1795.

20,8 *Pont neuf:* (frz.) Neue Brücke in Paris (Grundsteinlegung 1578 unter Henri III, Einweihung 1607 unter Henri IV).

Der Prokurator

Die Vorlage der Erzählung ist die Novelle *Le sage Nicaise ou l'amant vertueux* in der Sammlung *Les cent nouvelles nouvelles* (Paris 1486). Goethe benutzte als Vorlage eine Ausgabe von 1786 und hielt sich eng ans Original. Am Schluß aber gibt er dem Schwank eine moralische Wendung. Die Entsagung der jungen Frau wird als innere Einsicht und sittliche Entscheidung motiviert. Goethe schrieb die Erzählung im März 1795.

35,32 *Prokurator:* Anwalt, Geschäftsträger.
38,15 f. *Taburett:* niedriger Stuhl ohne Lehne.
40,6 *derelinquiert:* von lat. *derelinquere*; verlassen, zurücklassen, im Stich lassen.
40,8 f. *ins Freie gefallene Sache:* ein Ausdruck aus der Bergmannssprache: eine aufgegebene, verlassene Zeche. Hier: herrenlos werden.

46,15 *Vater des Vaterlandes:* pater patriae, ein Ehrenname, den der römische Senat dem Retter aus Kriegsnot, besonders verdienten Konsuln und Heerführern – oft erst nach deren Tod – verlieh.

Ferdinands Schuld und Wandlung

Für diese Geschichte ließ sich bislang keine Vorlage ausfindig machen. Goethe entwarf sie selbst und arbeitete bekannte Motive ein, wie etwa das vom verlorenen Sohn. Die Erzählung entstand im Juni 1795.

61,4 *an einem zurückkehrenden Sünder:* vgl. Lk. 15,7.
61,17 *Associé:* Teilhaber.
62,3 *Diskredit:* Verruf.
63,12 f. *Kommission:* Handel auf fremde Rechnung, Auftrag.
63,15 *Agio:* Aufgeld, Aufschlag beim Einkauf fremder Währung.
64,3 *Relation:* Mitteilung, Bericht.
67,25 f. *Diese Geschichte gefällt mir ...:* Die Personen der Rahmenhandlung schalten sich hier in die Erzählung ein, um diese nach ihrer moralischen und gesellschaftlichen Brauchbarkeit zu befragen. Luise, eine junge Dame, und der Alte, ein Geistlicher, sind stets kontroverser Meinung. Karl ist der junge Vetter der Baronesse, die die kleine Gesellschaft auf der Flucht vor den Franzosen über den Rhein geführt hat. Er ist ein leidenschaftlicher Anhänger der Französischen Revolution.

Die Geschichte von Mignons Eltern

Die Erzählung, als 9. Kapitel des 8. Buchs der *Lehrjahre* in der ersten Jahreshälfte 1796 entstanden, ist ganz in den Zusammenhang der Romanhandlung verflochten: in der Erzählung wird die Herkunft Mignons, die im 2. Buch in den Roman eintritt, aus einer Gegend am Lago Maggiore berichtet und das Schicksal ihrer Eltern, des Harfners und seiner Schwester und Geliebten, Sperata, erzählt. Die Erzählung folgt unmittelbar auf die Exequien der verstorbenen Mignon, an denen ihr Onkel, der Marchese, teilgenommen hat. Er erzählt das Schicksal seines Bruders, des Harfners, dem Abbé; dieser schreibt die Geschichte auf und liest sie, nach der Abreise des Marchese, der Turmgesellschaft vor.

77,10 f. *edle Völker, die eine Heirat mit der Schwester billigten:* die alten Ägypter, Perser und Peruaner.

77,24 f. *entsetzlichen Bodensatz des ... Kelchs habe ich ausgetrunken:* vgl. Mt. 26,39.

89,1 *der heilige Borromäus:* Carlo Borromeo (1538–84), in Rom Kardinaldiakon der Diözese Mailand, dann Erzbischof von Mailand. Wirkte durch strenge Kirchenzucht für Erneuerung des kirchlichen Lebens und der Mönchsordnung. Wurde 1610 heiliggesprochen.

89,3 *jenes große Bildnis auf dem Felsen bei Arona:* In A., dem Geburtsort des heiligen Carlo Borromeo, befindet sich eine 1697 errichtete, überlebensgroße Statue des Heiligen.

Die wunderlichen Nachbarskinder

Die Novelle ist zusammen mit den *Wahlverwandtschaften* 1808/09 entstanden, wobei der Roman selbst zunächst als Novelle geplant und sich dann aber immer mehr ausgeweitet hat. Zur Zeit der Entstehung der *Wunderlichen Nachbarskinder* erwähnt Goethe auch seine Arbeit an den Novellen *Die pilgernde Törin* und am *Mann von funfzig Jahren.* – Am 24. 1. 1805 hatte Kleist das Drama *Penthesilea* an Goethe gesandt. Es ist anzunehmen, daß Goethe das Motiv des selbstzerstörerischen Geschlechterkampfes daraus entnommen, ins bürgerliche Milieu eingeführt und psychologisiert hat.

98,6 f. *Werder:* Flußinseln, kleine, vom Fluß abgetrennte Landstreifen.

Der neue Paris

Entstanden 1811 und in das 2. Buch von *Dichtung und Wahrheit* eingefügt, greift das Märchen gleichwohl eine Erfindung aus der Knabenzeit auf. Der Titel verweist auf das literarische Modell des Paris-Urteils, das Goethe als Kind in der *Ilias* hatte kennenlernen können. Paris muß den Streit der drei Göttinnen Hera, Athene und Aphrodite, wer die Schönste sei, entscheiden, indem er einer den Apfel der Eris zuerkennt.

101,9 f. *Sarsche ... Berkan:* Wollstoffe.

101,10 *Balletten:* Litzen, mit denen Knopflöcher eingefaßt und verziert wurden.

103,11 »*schlimme Mauer*«: Gegend der heutigen Stiftsstraße in
   Frankfurt a. M.

106,19 f. *Partisanen:* Spieße, Hellebarden.

107,22 *Meßtheater:* Komödienspiele während der Frankfurter
   Messe. Reisende Truppen erhielten zur Messezeit leichter eine
   Spielerlaubnis und verdienten in der überfüllten Stadt mehr.

110,14 *Alerten:* von *alert:* flink, munter.

111,8 *Sylphiden:* Luftgeister.

112,31 *Königin der Amazonen:* Penthesilea. Das Heer der Amazonen kämpfte gegen die Griechen, Penthesilea verliebte sich in
   Achill, ließ ihn aber, da sie glaubte, er erwidere ihre Liebe nicht,
   von ihren Hunden zerfleischen.

113,30 *Zentaurinnen:* Kentauren sind Fabelwesen mit einem Men-
   schenkopf und einem Pferdeleib. Die weibliche Form kommt in
   der griechischen Mythologie nicht vor.

114,3 *Karriere:* schnellste Gangart des Pferdes.

117,15 *Kragstein:* aus der Mauer hervorragender Stein.

Sankt Joseph der Zweite

Außer der Erzählung *Nicht zu weit* sind alle Novellen und Märchen
in *Wilhelm Meisters Wanderjahren* 1807/08 konzipiert und niederge-
schrieben, zum größten Teil auch schon vollendet, jedoch nicht
publiziert worden. Lediglich *Die neue Melusine* wurde veröffent-
licht, ehe noch alle Erzählungen zusammen in die erste Fassung des
Romans aufgenommen wurden. *Nicht zu weit* ist die einzige Erzählung, die für die zweite Fassung des Romans von 1829 geschrieben
wurde.

Wilhelm Meister und sein Sohn Felix beginnen die Wanderung, die
der Roman beschreibt, im Hochgebirge, wo sie auf einem Bergpfad
Sankt Joseph dem Zweiten begegnen. Das 2. Kapitel des 1. Buchs
erzählt die Geschichte »einer wunderbaren Familie, [. . .] einer heiligen Familie [. . .], von der«, wie Wilhelm Meister an Natalie schreibt,
»du in meinem Tagebuche mehr finden wirst« (HA 8, S. 12).

119,24 f. *seinen Felix mit den Engeln von gestern:* Die Stelle bezieht
   sich auf die Begegnung von Wilhelm und Felix mit der »wunderbaren Familie«, die Engel sind die Knaben Sankt Josephs. Es folgen
   im Laufe der Erzählung noch verschiedene Hinweise auf die »gestrige« Begegnung.

124,2 f. *Die Einkünfte bezieht ... ein weltlicher Fürst:* Klöster wurden 1803 durch den Reichsdeputationshauptschluß säkularisiert und weltlichen Fürsten unterstellt.

129,31 *des lastbaren Tiers:* vgl. Mt. 21,5.

130,22 *Saumrosse:* lastentragendes Pferd oder Maultier, hier ist – leicht scherzhaft – der Esel gemeint.

130,24 *Hegegraben:* Gelände, das keiner Nutzung, sondern nur der Umgrenzung und dem Schutz der Äcker dient.

Die pilgernde Törin

Hersilie sendet Wilhelm Meister diese Erzählung als ihre Übersetzung aus dem Französischen. Tatsächlich handelt es sich um eine Übersetzung, die Goethe in der Handschrift besaß und die 1789 schon in den *Cahiers de lecture*, hrsg. von H. A. O. Reichard, erschienen war.

142,21 *aufgezogenen Grund:* Stickrahmen, der mit dem Stoff für die Stickerei bespannt ist.

142,25 *Windmünze:* Münze, die sich wie der Wind verflüchtigt; hier ist die Bezahlung durch ein vorgetragenes Musikstück gemeint.

145,23 *Wage:* hier ›Wagnis‹.

Wer ist der Verräter?

Die Erzählung nimmt das 8. und 9. Kapitel des 1. Buchs der *Wanderjahre* ein. Sie ist wiederum von Hersilie an Wilhelm Meister gesandt worden, um der »vornehm reichen französischen Verirrung« der *Pilgernden Törin* »die einfache, treue Rechtlichkeit deutscher Zustände« (HA 8, S. 85) gegenüberzustellen.

158,6 f. *Homannische Offizin:* Landkartenverlag in Nürnberg, der 1702 von Johann Baptist Homann gegründet wurde.

161,13 f. *unisono:* (ital.) einstimmig, im Einklang.

161,23 *von der schönen Insel:* Isola Bella ist die bekannteste der Borromeischen Inseln im Lago Maggiore. Goethe verlegte dorthin die Heimat Mignons.

163,8 *Anton Reiser:* Titel und Hauptfigur des 1785–90 erschienenen Romans von Karl Philipp Moritz. Mit diesem Namen wird ironisch auf Antonios Reiselust angespielt.

163,11 *den ewigen Juden:* der – nach einer Legende – von Christus,

den er verspottete, zur ewigen Wanderschaft Verdammte; seit dem
16. Jahrhundert auch ›Ahasverus‹ genannt.

168,8 f. *Lusthebel ... Zellenbahnen:* Schaukeln und andere Geräte
des Vergnügungsplatzes.

168,10 *Triftraum:* Weideplatz, auf den die Herde getrieben wird.

171,17 *ein wohl assortiertes Paar:* ein Paar, das seinem Wesen nach
gut zusammenpaßt.

171,17 *Die Ruschlige:* von ›ruschlig‹: fahrig, hastig, sich rasch
bewegend, auch: oberflächlich.

178,10 *enrolliert:* von frz. *enrôler;* anwerben.

179,9 *Reposituren:* Regale, Aktenschränke.

179,11 *Faszikel:* Aktenbündel.

179,13 *mundiert:* ins reine geschrieben.

179,32 f. *tatouierten Indiern:* tätowierte Indianer.

184,8 *Spriegel:* hölzerner Bügel, der das Verdeck von Fuhrwerken
abstützt.

Der Mann von funfzig Jahren

Die Erzählung nimmt im 2. Buch das 3. bis 5. Kapitel der *Wanderjahre* ein: »die Personen dieser abgesondert scheinenden Begebenheit
[sind] mit denjenigen, die wir schon kennen und lieben, aufs innigste
zusammengeflochten worden« (HA 8, S. 167), heißt es zur Einfüh-
rung der Geschichte in den Roman. Am Ende treten die Figuren der
Erzählung, die schöne Witwe und Hilarie, in den Roman ein und
begegnen, als Entsagende, Wilhelm Meister und seinem Freund, dem
Maler, am Lago Maggiore. Hilarie nimmt dort zeitweise beim Maler
Zeichenunterricht. Nach kurzem aber entschwinden die Frauen, und
so bleibt das Ende der Erzählung offen.

199,26 *Arcana:* (lat.) Geheimnis, hier: Geheimmittel, Wunder-
mittel.

200,29 *Relais:* Pferdewechsel.

203,28 *Proselyten machen:* in zudringlicher Weise andere Menschen
für die eigene Anschauung gewinnen, auch Menschen zu einer anderen Religionsgemeinschaft bekehren.

206,11 *expedit sein:* es eilig haben auszugehen.

209,18 *Avancements:* Fortschritt, Erfolg.

214,12 *ein penelopeisch zauderhaftes Werk:* so zaudernd wie Pene-
lope, Gattin des Odysseus, die, auf seine Rückkehr wartend, ihre
Weberei allnächtlich wieder auftrennte. Wäre nämlich das Leichen-

tuch für ihren Schwiegervater Laertes vollendet und der Gatte noch nicht zurückgekehrt gewesen, so hätte sie einen der sie bedrängenden Freier heiraten müssen. (Vgl. Homer, *Odyssee* XIX, 138 ff.)

224,2 *Exaltation:* Erregung.

229,1 f. »Heu! Quae mens . . .«: Horaz, *Oden* IV,10,6 ff.

229,26 f. »*Nec factas* . . .«: Ovid, *Metamorphosen* VI,17 f.

230,11 *Parnasses:* Parnassos, Gebirge in Mittelgriechenland; Apollon und den Musen geweiht.

230,21 *von Arachnen:* Arachne (griech.): Spinne; zugleich als sprechender Name einer im Altertum berühmten Weberin.

231,16 *Rabenhütte:* Hütte auf freiem Felde, aus der heraus Jäger Raben und Krähen schießen.

232,7 *Vigor:* Lebenskraft.

233,20 f. *abschließlich zu negoziieren:* Geschäfte zum Abschluß zu bringen.

237,31 f. *Orest . . . von Furien verfolgt:* Orest, der Sohn Agamemnons und Klytaimnestras, ermordet seine Mutter und wird daraufhin von ›Furien‹ verfolgt.

242,8 *Makarien:* Figur aus den *Wanderjahren.*

245,20 *peremtorische:* endgültig, abschließend, unverzüglich.

258,4 *gattlich:* altes, in der Goethezeit aussterbendes Wort, heute nur noch mundartlich gebraucht in der Bedeutung: passend, geeignet, angenehm.

Die neue Melusine

Das Märchen nimmt das 6. Kapitel des 3. Buchs der *Wanderjahre* ein. Es ist die einzige Erzählung, die Goethe vor der Veröffentlichung im Roman bereits 1817 und 1819 im *Taschenbuch für Damen* publiziert hat. Der Stoff bezieht sich auf das Volksbuch *Die schöne Melusine.* Goethes Titel deutet eine parodistische Variation des Stoffes an, ähnlich Titeln wie *Der neue Paris, Der neue Amadis, Sankt Joseph der Zweite.* Die Geschichte wird vom Barbier erzählt, der sich den Auswanderern um Lenardo angeschlossen hat, unter der Bedingung zu schweigen, es sei denn, er wolle die Gesellschaft mit seiner »Gabe des Erzählens« (HA 8, S. 353) erheitern.

266,15 *stät:* ruhig, sicher.

283,32 *Freite:* Heiratswerbung, Ausfahrt um zu freien.

288,5 *Schreibtisch von Röntgen:* David Roentgen, berühmter Kunstschreiner aus Neuwied, der an alle europäischen Höfe lieferte.

Goethe lernte ihn wahrscheinlich 1774 auf seiner Rheinreise kennen.

288,6 *Ressorts:* Schnappschlösser.

Die gefährliche Wette

Zur Erheiterung der Auswanderer ist dieser »Schwank« als Kontrast »weil unsre Angelegenheiten immer ernsthafter werden« (HA 8, S. 378) eingeschoben ins 8. Kapitel des 3. Buchs der *Wanderjahre*. Der Schwank wird von Sankt Christoph, einem Handwerker aus dem Kreis der Auswanderer, zum besten gegeben.

293,7 *Suiten zu reißen:* Streiche zu spielen.

Nicht zu weit

Die Erzählung des 10. Kapitels im 3. Buch der *Wanderjahre* ist erst für die 2. Fassung des Romans geschrieben worden. Die Erzählung gibt »fragmentarische Rechenschaft« von den Lebensumständen Odoards, jener Romanfigur, die mit Handwerkern nicht an der Auswanderung teilnimmt, sondern im Lande ein eigenes Siedlungsprojekt verfolgt.

306,18 *Friedrich:* Figur des Romans. Wie die Einleitung zu *Nicht zu weit* sagt, verdanken wir dessen »glücklichem Talent des Auffassens und Festhalten die Vergegenwärtigung interessanter Szenen« (HA 8, S. 393).

Novelle

Mit dem Plan, den Stoff der Novelle, die »Wunderbare Jagdgeschichte«, als Epos zu verfassen, trägt sich Goethe schon 1797. Erst während der Arbeit an der 2. Fassung der *Wanderjahre* nimmt er jedoch den Stoff wieder auf und verfaßt nun die Prosaerzählung 1826/27. Sie erschien 1828 im 15. Band von Goethes Werken (3. Aufl.) bei Cotta.

320,30 f. *brauschig:* (hess.) bauschig, wulstig.
320,31 *pausig:* aufgebläht (vgl. ›pausbackig‹).
322,2 *Bänkelsänger:* fahrende Sänger, die auf Straßen oder Märkten von einem Bänkchen herab »Moritaten« vortrugen.
322,24 *Stieg:* Anstieg, Aufstieg.

324,12 *Pan:* in der griechischen Mythologie ein arkadischer Hirten-
gott (Sohn des Hermes und einer Nymphe). Um die Mittagszeit
pflegt er zu ruhen und darf dabei nicht gestört werden.

328,3 f. *Lanzen- und Ringelspiel:* Ritterspiele mittelalterlicher Herkunft, die auch an den Höfen des 18. Jh.s noch gebräuchlich waren.

330,26 *Speise von den Fressern:* vgl. Richt. 14,14.

331,19 *mein Herr und mächtiger Jäger:* vgl. 1. Mose 10,9.

333,4 f. *die sanfte, süße Flöte:* ›flauto dolce‹ (ital.): leicht zu spielen-
des Instrument mit besonders zartem Ton.

333,7 *Wärtel:* Wärter, Wart.

335,3 f. *Denn in der Löwengrube:* vgl. Dan. 6,16 ff. Das Daniel-
Motiv klingt in den Liedstrophen später immer wieder an.

336,8 *Löwen sollen Lämmer werden:* vgl. Jes. 11,6 und 65,25.

336,9 *Und die Welle schwankt zurück:* vgl. 2. Mose 15,8.

336,10 *Blankes Schwert:* vgl. 1. Mose 22,10 ff.

337,3 *Kastellan:* Schloß- und Burgvogt, Verwalter.

339,25 f. *ein scharfer Dornenzweig ... eingestochen war:* Das Motiv
des Sklaven Androklus mit dem Löwen ist hier aufgenommen
worden.

Nachwort

Goethe, der Lyriker – Goethe, der Dramatiker – Goethe, der Romanschriftsteller: das sind feste Figuren im Kontext des literarhistorischen Wissens; Goethe, der Erzähler jedoch ist weniger beachtet und bekannt. Dabei ist gerade bei ihm unterhaltsamer Lesestoff genug zu finden. Die Romane Goethes, die dem »Kultbuch« des *Werther* folgten, sind allerdings als die großen Prosawerke der deutschen Literatur anerkannt, aber doch nicht von vielen mit Freuden gelesen worden. *Wilhelm Meisters Lehrjahre* haben die Jenenser Romantiker zum Exemplum des neuen Romans gemacht, und seither war seine Lektüre mehr Bildungspflicht als Lesevergnügen. Zu ihrer Zeit haben auch die *Wahlverwandtschaften* Befremden ausgelöst; sie sind erst in der jüngsten Gegenwart unter die lesbaren Liebes- und Ehetragödien eingereiht worden. Die *Wanderjahre* gar hat kaum je einer gern gelesen; nur wenige Wissenschaftler zogen die geheime Lust der Selbstauszeichnung daraus, sich in diesen spröden Text zu vertiefen.

Unter dieser Last des Bildungsgutes, das die großen Prosawerke darstellen, ist der fabulierlustige Goethe begraben worden – und man muß sagen: er selbst, der doch sonst, zumindest in seinen späten Jahren, seinen Ruhm in allen Sparten der Poesie und in allen Bereichen der Biographie zu befördern wußte, hat seine Ruhmlosigkeit diesmal mitverschuldet. Er hat sich eine Anzahl unterhaltsamer Erzählungen ausgedacht – einige wenige mehr als die hier versammelten –, Schwänke, Legenden, Märchen im alteuropäischen und Novellen im neuen Stil, die zu lesen durchaus Spaß bereitet, und die dennoch nur wenige bewußt als Erzählungen wahrnehmen. Nur das eine oder andere dieser Stücke nämlich hat Goethe gesondert publiziert; meist hat er sie mit einem eigens dafür erdachten Rahmen oder mit dem Milieu seiner Romane umgeben und sie darin versteckt. Sie aus diesem Zusammenhang herauszulösen, gilt so sehr als Sakrileg, daß auch die seltenen Beispiele einer solch isolierenden Edition des unterhaltenden Dichters kaum je zur Kenntnis genommen worden sind.[1] Das Lesepublikum ist den Lehrern und Wissenschaftlern gefolgt, die – zurecht – auf die enge Verflechtung von Roman und Novelle gepocht haben. In den *Wanderjahren* vermischt sich das Personal des Romans gar mit dem der Novellen, was die Isolierung der Erzählungen fast unmöglich erscheinen läßt. Gleichwohl gehört es gerade zur Eigenart der Goetheschen kurzen Prosa, daß sie, auch wenn ihr Personal aus der Romanhandlung ins Milieu der Erzählung überwechselt und von da – wie etwa im *Mann von funfzig Jahren* – wieder in den Roman zurückkehrt, sowohl als unterhaltende Geschichte zu lesen ist wie als Interpretationen des Ganzen, in dem sie steht.

Die reine Lust des Lesens ist es nicht allein, was der, der die Erzählungen aus dem Rahmen herauslöst, für sich gewinnt. Durchaus läßt sich nämlich auch, verfolgt man erst einmal die Entstehung der Stücke in ihrer zeitlichen Folge, die Taktik Goethes beschreiben, mit der er auf das literarische Leben seiner Zeit antwortet. Goethe hat keine konzise Theorie der Gattungen vorgelegt – dennoch gehorcht sein poetischer Geist immer einer formalen Kontrolle. Vertraut mit allen Gattungen der Weltliteratur und befähigt zur Imitation wie kaum ein Autor sonst, hat sein Bewußtsein von Stilen und Formen seine eigenen Werke zu Antworten werden lassen auf die verschiedensten Erscheinungsweisen von Literatur.

---

1 Die erste Sammlung wurde 1900 von Hermann Levi als *Gesammelte Erzählungen und Märchen* herausgebracht und ist immer noch die bekannteste Anthologie. Mit einem Vorwort von Paul Ernst erschienen *Goethes Novellen und Märchen* 1914. Peter von Matt hat 1982 eine Sammlung *Goethe erzählt. Geschichten, Novellen, Schilderungen, Abenteuer und Geständnisse* herausgegeben, die allerdings sich nicht auf die erzählerischen Gattungen beschränkt. Vielmehr ist da doch ein rechtes Geschnipsel sehr kurzer und dann wieder langer Passagen aus Tagebüchern, Biographien, Skizzen, Romanen entnommen worden unter dem einzigen Gesichtspunkt, daß es in Prosa verfaßt ist und unterhält.

Goethes Werke sind Reflexionen zur Literaturgeschichte. Immer ist die Theorie der ganzen Gattung dem einzelnen Werk, das er schafft, implizit.[2]

So läßt sich denn auch Goethes Theorie der Novelle und Erzählung aus der Reihe seiner Übungen in eben dieser Gattung gewinnen. Die vorliegende Anthologie kann daher, wenn schon ihr Zweck über den bloßen Spaß des Lesens hinausgehen soll, ein Kapitel Literaturtheorie und -geschichte sein, das Goethe nicht nur mitgeschrieben, sondern auch mitgedacht hat.

Die erste Novellensammlung Goethes, die *Unterhaltungen deutscher Ausgewanderten*, entstand im Auftrag Schillers, der den Ruhm des *Werther*-Autors seinen *Horen* nutzbar machen wollte. Goethe reagiert auf den Antrag mit einem konventionellen Kunstgriff. Er schreibt, wie es auch in den Anthologien vor und zu seiner Zeit üblich war, kolportierte Geschichten auf (*Die Sängerin Antonelli*) und übersetzt solche, die aus der ausländischen Literatur bekannt und beliebt waren. Dem Vorbild Boccaccios folgend, erfindet er eine Rahmenerzählung für seine Sammlung. Die Stelle der Pest, die bei Boccaccio die Freunde zur Flucht in die Einsamkeit zwingt, in der sie sich nun mit Geschichtenerzählen die Zeit vertreiben, nimmt bei Goethe die Französische Revolution ein. Obgleich also Goethe sich mit dieser Taktik offenbar ganz der Tradition verpflichtet, gerät er dennoch mit der Rahmenerzählung in eine Mode seiner Zeit. Jene deutschen Adligen, die aus den von Franzosen besetzten linksrheinischen Gebieten fliehen, geben sich einem Kunstgespräch ganz im Sinne der französischen »philosophes« hin. Fast alle »Salons« zum Beispiel von Diderot, also jene Beschreibungen der alljährlichen Gemäldeausstellung junger Pariser Künstler, sind Dialoge zwischen dem Autor und einem Kunstbetrachter. An die Stelle des Gemäldes, dessen ästhetischen Wert und

2 Ich habe diese These schon einmal aufgestellt und belegt am Beispiel der Lyrik in dem Aufsatz »Gedichtete Theorie – Die Noten und Abhandlungen zum ›West-östlichen Divan‹«, in: *Goethe-Jahrbuch* 101 (1984) S. 218-233.

Gehalt diese beiden im Gespräch entwickeln, tritt bei Goethe die Erzählung, der Schwank, die Gespenstergeschichte, die alle auf ihren geselligen Wert hin befragt werden.

Nur zu einem Teil drehen sich die Gespräche der Auswanderer um das, was die Wissenschaft an diesem Werk interessiert, um die Französische Revolution. Der größere Teil der Gespräche, die die Erzählungen umrahmen, behandelt das Thema Novelle. Ihre Theorie entwickelt, noch ehe die erste Geschichte von der Sängerin Antonelli erzählt wird, der Geistliche in einer Auseinandersetzung mit der ebenso ungezogenen wie unbedachten Luise. Als Seelsorger und Kenner des menschlichen Herzens sieht der Geistliche den Ursprung der Novelle in der unersättlichen Gier des Menschen nach Neuigkeiten: »Nur das Neue scheint gewöhnlich wichtig, weil es ohne Zusammenhang Verwunderung erregt und unsere Einbildungskraft einen Augenblick in Bewegung setzt, unser Gefühl nur leicht berührt und unsern Verstand völlig in Ruhe läßt.« Das Neue ist »Anlaß zu ewiger Zerstreuung und eine solche Gelegenheit, Tücke und Schadenfreude auf eine bequeme [. . .] Weise auszulassen.«[3] Diese üble Neigung des Menschen, auf die neuesten Fehler seiner Mitmenschen zu spekulieren, gilt es, und auch das ist ein Teil des geistlichen Amtes, zum Guten zu wenden. Die Anthologie der »vielen Privatgeschichten, wahren und falschen«, die er zu diesem Zweck versammelt, haben ausschließlich einen moralischen Charakter in dem Sinne, daß sie auf jeden Fall eine lehrreiche Wendung nehmen. Seine Geschichten zu deuten, verbietet zwar der Geistliche, hingegen fordert er geradezu dazu auf, sich mit den Figuren und Situationen zu identifizieren und im Gespräch darüber über sich selbst ins reine zu kommen.

Damit ist die Entwicklung dieser Art von Erzählung mit einer »Moral« an ihrem Ende aus der biblischen Belehrung, aus der Parabel, der Kanzelrede, die Entstehung also der

3 *Goethes Werke*, Hamburger Ausg., Bd. 6, S. 141.

Kunstform aus der Religion, angedeutet. Der Übergang zwischen den Bereichen ist fließend, der Geistliche beutet, wie Goethe selbst, vorliegende Anthologien aus und vermischt die daraus entnommenen Erzählungen mit solchen, die im Volksmund umlaufen. Er legt es geradezu darauf an, daß wahre und falsche Begebenheiten, wirkliche und fiktive, verwechselt werden. Nur so sei die Identifikation mit der erzählten Figur, die die Voraussetzung der Belehrung eines Menschen ist, möglich.

Goethe hat mit dieser Definition die Novelle den populären Formen ein- und sie aus der »hohen« Kunst ausgegliedert. In den *Noten und Abhandlungen zum › West-östlichen Divan‹* betont er, daß Identifikation *nicht* die angemessene Haltung einem Kunstwerk gegenüber sei. In der historischen Entwicklung wie in der gesellschaftlichen Funktion steht also für ihn die Novelle zwischen Didaktik und Kunst; sie ist eine ästhetische Gebrauchsform. Ihr Szenarium darf daher mit dem des Lebens verwechselt werden.

Deshalb gehört die Novelle auch in den Bereich der Mündlichkeit, und wann immer sie aufgeschrieben worden sein sollte, muß sie in mündliche Erzählung wieder zurückverwandelt werden. Goethe gehorcht dieser Tradition, indem alle Novellen und Erzählungen in seinen Romanen mündlich vorgelesen oder vorgetragen werden, sieht man einmal vom *Mann von funfzig Jahren* ab, der aber immerhin als Brief der redseligen Hersilie an den wortkargen Wilhelm Meister eine eigene Art von Dialog ist. Die Zeitschriftennovelle jedenfalls, wie sie sich am Ende des 18. Jahrhunderts in Deutschland entwickelte und wie Schiller sich eine für die *Horen* versprochen hatte, ist für Goethe in der Epoche der *Unterhaltungen* noch keine akzeptable Gattung. Nur zögernd wird er sich auch in seinen späteren Jahren dieser Publikationsweise und der entsprechenden Gattung öffnen. Durch das einsame und stille Lesen geht, so mochte er denken, der moralische Wert des mündlichen Erzählens, zu dem durchaus auch die heitere Entspannung gerechnet werden darf, verloren. Die leidenschaftliche Identifikation des stillen Lesers mit dem fiktiven Personal ist zu unterscheiden von der kommunikativen Identifikation der Zuhörer einer mündlichen Erzählung. Diese beziehen sich gegenseitig in die Identifikation mit ein, wodurch sie sich zu Mäßigung und Anstand beim Kunstgenuß verpflichten.

Goethe selbst hat zwar die Zeitschriftennovelle, wie damals üblich für einen Gebildeten, wenig geschätzt, war jedoch dem mündlichen Fabulieren durchaus nicht abgeneigt und hat mit seiner Begabung dafür den Weimarer Hof unterhalten: »Ja, bei der Herzogin-Mutter«, so erinnert er sich später (1. März 1830) Friedrich von Müller gegenüber, »da improvisierte ich oft eine Erzählung, die sich hören ließ; ich hatte damals des Zeugs zuviel im Kopfe und Motive zu Hunderten.«

Die Erzählungen für Schillers *Horen* nun hat er ganz nach dem Grundsatz des Geistlichen ausgewählt; von den Auswanderern, jenen fiktiven Figuren seiner Rahmenhandlung, wie vom Leser können sie als Zerstreuung und Belehrung zugleich genommen werden. Dabei erprobt Goethe seinen Stil in allen Genres der traditionellen Erzählgattung: im Witzigen, Geistreichen, Schaurigen, Leidenschaftlichen, Schicksalhaften, Moralischen. Der mündliche Erzähler muß sich nämlich, damit er die Fassungskraft seiner Zuhörer nicht überfordere, an hergebrachte, bekannte Motive und Schemata halten. Die erzählte Neuigkeit ist nie mehr als die Variation einer Überlieferung. In der alteuropäischen Tradition, in die sich Goethe diesmal stellt, ist auch der ungewöhnlichste Fall schon ein bekannter. Das Staunen des Lesers entsteht nicht dadurch, daß ihm etwas Überraschendes begegnet; vielmehr ist es der Gattung ebenso implizit wie das Personal, die Orte, Ereignisse, Motive. Dem Leser bleibt es nicht überlassen, ob er staunt oder nicht; sobald er sich auf das Spiel »Novelle-Lesen« eingelassen hat, spielt er mit und *ist* der Staunende. Für den heutigen Leser, dem die Regeln der Gattung nicht mehr verbindlich sind, können die »Neuigkeiten«

nicht überraschend sein. Die Gespenster, die die Sängerin Antonelli schrecken, mögen ihn allzu kindlich anmuten, der Erfolg des Prokurators, der mit seiner Verehrerin Enthaltsamkeit einübt, erscheinen ihm unpsychologisch. Die Geschichte vom Prokurator verstünde er allerdings besser, wenn er mit dem Kontext bekannt wäre, dem Goethe sie entnimmt. Sie ist die letzte Erzählung der *Cent nouvelles nouvelles*, jener Anthologie aus dem 15. Jahrhundert, die nichts als erotische Grotesken aneinanderreiht. Der Albernheit der sexuellen Leidenschaft, die den Leser dieser *Nouvelles* pikieren muß, falls er nicht gerade daraus sein Lesevergnügen gewinnt, kontrastiert die Keuschheit der Figuren der abschließenden Erzählung, die durch nicht weniger mechanische Tricks und hinterhältige Listen provoziert wird als die Unkeuschheit. Die Gebundenheit an die Gattung betont Goethe auch diesmal: »Alle gleichen sich dergestalt«, sagt der Geistliche über diesen Typus der »moralischen Erzählung«, »daß man immer nur dieselbe zu erzählen scheint.«[4] Als »Parallelgeschichte«, als eine Erzählung der gleichen Art, gibt er daher auf Wunsch der Baronesse die Erzählung von Ferdinands Schuld und Wandlung zum besten.

Goethe hat mit den *Unterhaltungen deutscher Ausgewanderten* eine traditionale Gattung abgeschlossen: er hat alle ihre Formen noch einmal vorgeführt und ihre Theorie dazugeliefert in dem Bewußtsein, daß sich mittlerweile ein anderer, neuer Typus von Erzählung und Novelle zu entwickeln im Begriff war. Verständlicherweise ist es ihm nicht gelungen, sogleich nach dem ersten Novellen-Werk in diesem oder in einem neuen Stil des Erzählens fortzufahren. Zwar spricht er, kurz nach der Beendigung der Arbeit am *Wilhelm Meister* Schiller gegenüber von einer Fortsetzung seiner Sammlung: »Übrigens habe ich etwa ein halb Dutzend Märchen und Geschichten im Sinne, die ich, als den zweiten Teil der Unterhaltungen meiner Ausgewanderten bearbeiten werde.« (Brief

4 *Goethes Werke*, Hamburger Ausg., Bd. 6, S. 185.

vom 3. Februar 1789.) Diese Erzählungen aber sind alle erst zehn bis zwanzig Jahre später gereift und dann zum Zyklus der *Wanderjahre* vereinigt worden. Die beiden Werke der neunziger Jahre, die *Lehrjahre* und die *Unterhaltungen*, der Roman also und die Erzählungen, treffen sich im Spätwerk zu einer Art Novellen-Roman.[5]

Dabei fällt die zweite Phase von Goethes Novellen-Produktion gerade – und freilich nicht zufällig – in die Epoche, in der die großen deutschen Erzählungen von Kleist, Arnim, E. T. A. Hoffmann entstehen, in die Zeit also der Befreiungskriege nach 1806.

Die Erzählung der neuen Generation, auf die Goethe nun so entschieden wie vormals auf die der Tradition reagiert, bietet dem Leser eine leidenschaftliche Identifikation mit dem Helden an. Die Distanz zwischen der Welt des Lesers und der des Helden muß, das war die Forderung des Publikums, das die Zeitschriften las, aufgehoben werden. Bezeichnenderweise beklagt sich schon die fiktive Gesellschaft der *Unterhaltungen* darüber, daß Erzählungen sich immer in fernen Ländern oder Fabelreichen ereigneten. In den späteren Erzählungen also versetzt Goethe den Mann von funfzig Jahren, Odoard, Lucidor, Antonie, Hilarie, die schöne Witwe in eine Welt, die dem Leser vertraut ist. Da die Erzählungen dem Realitätspostulat folgen, sind bei Goethe die Grenzen zwischen Roman und Novelle fließend. Den Novellendichtern der Zeit freilich genügt die Erfüllung dieser Forderung noch nicht. Für sie bleibt die Novelle die Erzählung eines ungewöhnlichen Falles, deren Ziel es sein muß, in die Wahrscheinlichkeit der bürgerlichen Situation das Unwahrscheinliche einzuführen. Die Verbindung von Alltäglichem und Außerordentlichem gelingt durch die Psychologisierung des Helden. Eine durch Hypersensibilität ausgezeichnete Figur wird zum Schicksal ihrer nicht-erwählten Mitmenschen. Das

5 Vgl. dazu Jane K. Brown, *Goethe's Cyclical Narratives. ›Die Unterhaltungen deutscher Ausgewanderten‹ and ›Wilhelm Meisters Wanderjahre‹*, Chapel Hill 1975.

ist das Sujet von Novellen wie *Der Sandmann*, *Die Majorats-herrn*, die *Marquise von O...*, des *Tollen Invaliden auf Fort Ratonneau*. An Stelle der Gespenster in der alteuropäischen Erzählung, wie sie Goethe noch in den *Unterhaltungen* vor-führt, schrecken nun Halluzinationen den Helden, Leiden-schaften werden zu Krankheiten der Seele, äußere Prüfungen quälen ihn als Verständnislosigkeiten einer uneingeweihten Umwelt; sie führen nicht zu einem Ende, das als eine »Moral« für den Leser auswertbar wäre, sondern zur Katastrophe, die den Helden vernichtet und den Leser erschüttert.

Nur ein Beispiel im Werk Goethes beschreibt einen psy-chologischen Fall, der zur Katastrophe führt, wie es hier als das Modell der romantischen Novelle skizziert worden ist. Die Geschichte der Eltern Mignons aus den *Lehrjahren*, die der Marchese erzählt und die der Abbé aufschreibt, um sie, in die Mündlichkeit zurückgeholt, der Turmgesellschaft vorzu-lesen, ist die Fallbeschreibung zweier Seelen, die dem stren-gen Inzestverbot der christlichen Moral nicht gewachsen sind. Den »Fluch«, den sie auf sich laden und dem sie glau-ben, vererben sie an Mignon, ihr Kind, als psychische Verstö-rung. Die Kindheitsgeschichte Mignons und die Liebesge-schichte ihrer Eltern, 1795 entstanden, ist eine psychologi-sche Novelle avant la lettre. Sie ist noch nicht, wie Goethes Novellen nach 1800, die Antwort auf das romantische Schema; ganz im Gegenteil verweist sie sogar auf den gemein-samen Ursprung, den dieses und die Goethesche Erzählkunst haben, auf die Pathographien oder Fallbeschreibungen, die in den achtziger und neunziger Jahren des 18. Jahrhunderts in Zeitschriften wie Karl Philipp Moritz' *Magazin für Erfah-rungsseelenkunde* gesammelt wurden. Dort haben der Her-ausgeber und seine Leser über auffällige und sonderbare Ver-haltensweisen bei Menschen berichtet, die ihnen selbst begeg-net sind. Die Zeitschrift erzählt vom Chaos der Seele, die Schlafwandler umtreibt, Schrecken zeugt, Halluzinationen ausbrütet und Visionen gebiert. Der Zweck solcher Samm-lungen war es, im Vergleich der Beispiele die Ursache des

Übels zu finden und endlich durch Einsicht die Krankheit zu heilen.

Nicht anders geht Goethe in seiner Vorgeschichte der Romanfiguren, Mignons und des Harfners, vor. Die Aufklärung über ihre Herkunft muß der Dichter selbst übernehmen in einer eigenen Geschichte, weil die anderen Figuren im Roman, die Mitglieder der Turmgesellschaft, eine Art von Aufklärung betreiben, die sich anmaßt, heilen zu können, ohne sich um die Ursache des Übels auch nur zu kümmern. Im Zusammenhang des Romans hat die Erzählung des Marchese eine analytische Funktion. Herausgenommen aus dem Kontext (wie in der vorliegenden Sammlung) verliert die Geschichte des Harfners ihr kritisches Potential und ist nun ein sonderbarer Fall, der die Phantasie beschäftigt und die Neugier befriedigt. Gleichwohl bleibt der Leser dem psychologischen Fall gegenüber in der Distanz des Beobachters. Schon hier zeigt sich, daß Goethe bei seiner Art der Psychologisierung der Novelle nie jene leidenschaftliche Identifikation anstrebt, die die romantischen Autoren dem Leser anbieten. Der Wahnsinn wird von ihm nie als Entdeckung einer »zweiten Welt« des Innern verherrlicht, in die den Leser einzuführen der Autor alle stilistischen Mittel anwenden muß. Speratas Irrsinn ist der Austritt aus einer geordneten Wirklichkeit, in der der Leser zurückbleibt. Die Verstörtheit des Gemüts bleibt für Goethe Krankheit, wohingegen sie für alle anderen Novellendichter nach 1800 zur Entdeckung einer eigenen Art von Wahrheit wird.

Extreme Fälle des Wahnsinns berührt Goethe nach dieser Roman-Novelle ohnehin nicht mehr. Er mäßigt das zerstörerische Verhalten seelisch Kranker zur gesellschaftlichen Verfehlung des gesitteten Individuums. Goethe bleibt insofern mit seinen Novellen und Erzählungen Schriftsteller des 18. Jahrhunderts, als jegliche Eigenwilligkeit der Seele für ihn eine Störung der gesellschaftlichen Heiterkeit ist. Das Glück des Zusammenlebens einer Republik einander wohlgesonnener Menschen macht daher die Ausgangssituation im größeren Teil seiner späten Erzählungen aus. (*Sankt Joseph der Zweite, Der Mann von funfzig Jahren, Wer ist der Verräter?, Novelle.*) Die Figuren bleiben im Verlauf der Handlung stets der gesellschaftlichen Sitte verpflichtet und empfinden die Verselbständigung des Unterbewußten als eine Art unzulässiger Mutwilligkeit ihrerseits. Das Aufeinandertreffen von Gesittung und Willkür der Subjektivität tritt gesellschaftlich in Erscheinung als Peinlichkeit für alle und als Verlegenheit für den einzelnen. Goethe ist Meister in der Darstellung solcher Situationen – der Prototyp des Verdrossenen, den ein dunkler Trieb gegen die Sitte zu verstoßen verführt hat, ist der Mann von funfzig Jahren. Von Anfang an weiß er, daß ihm sein Unterbewußtes, das ihm die Neigung zu einem kaum erwachsenen Mädchen eingeflüstert hat, einen Streich spielt. Die Entfaltung der Liebe zwischen ihm und Hilarie und die schließliche Auflösung dieser Verbindung machen nicht eigentlich den Reiz der Erzählung aus. Vielmehr liegt der in der Anteilnahme an dem Major allein, zu der der Leser aufgefordert ist. Jener, der sich selbst mit Mißtrauen beobachtet, sieht lauter kleine Unannehmlichkeiten vor sich auftauchen. Das Ende der Geschichte ist weder die Tragödie noch die Komödie eines alternden Mannes, weder Liebesleid noch Heiratsglück; es ist die Erlösung von der Peinlichkeit und die Rückkehr des Helden in die gesellschaftliche Vernunft.

Die Prosa ist für Goethe so recht überhaupt der Ort der Katastrophe nicht. In ihr werden psychologische Fälle beschrieben, um aufgeklärt zu werden. Dies anzunehmen, legt die Übersetzung nahe, die Goethe mit Kleists Tragödie *Penthesilea* in die Novelle *Die wunderlichen Nachbarskinder* vornimmt. Er verlegt den Mythos in die moderne Gesellschaft und durchdringt den psychischen Fall mit seinem analytischen Blick. Die Haßliebe ist nun ein kindliches Fehlverhalten, das aus der Passivität resultiert, die einem Mädchen in der gesitteten Welt auferlegt ist. Im Halbbewußtsein des kindlichen Spiels findet diese Perversion einen ungefährlichen Ausdruck; im jungen Mädchen aber, dessen Bewußtsein durch Erziehung der Sitte unterworfen worden ist, muß sie, da sie sich nach außen nun nicht mehr richten kann, zur Selbstaggression werden. Die Katastrophe, die der gelungene Selbstmord wäre, läßt Goethe jedoch hier und in kaum einer seiner Novellen zu. Der Sprung des Mädchens ins Wasser darf keine Folgen haben: als Eintauchen ins reinigende Element mit dem Erfolg der Erlösung ist dieser Schluß ein Glücksfall in der prosaischen Wirklichkeit und gleichzeitig die Rückkehr zum Mythos in der Stilisierung der literarischen Symbole.

Zwei Möglichkeiten hat Goethe, um der Beschreibung der psychischen Katastrophe zu entgehen. Sein Diktum über die romantische Generation, über Kleist vor allem, der er als krank zurückweist, und ein früherer Entschluß, keine Tragödien mehr zu verfassen, eben weil in dieser Gattung nur ein gewaltsames Ende vorgesehen sei, zeigen, daß ihm auch die psychische Katastrophe, so modern ihre Entdeckung auch ist, kein literarischer Gegenstand sein kann. Die Romantiker haben das Wunder der alteuropäischen phantastischen Erzählung zum Wunder der Seele verinnerlicht. Im Widerstand gegen solche Auratisierung des Kranken kehrt Goethe zu einem vormodernen Modell des Unwahrscheinlichen zurück, wenn er nicht überhaupt seine Novellen – was oft vorkommt – offen enden läßt, um dem Schrecken des seelischen Chaos zu entkommen (*Nicht zu weit, Die pilgernde Törin*). Das verwirrte Individuum der geschlossenen Novelle jedoch läutert sich zu legendärer Reinheit, die traurige Seele erstarrt in der Kopie eines biblischen Bildes. Der falsche Kult der christlichen Heiligenverehrung bemächtigt sich des Wahnsinnigen nach dem Tode, etwa Speratas, der Mutter Mignons, oder Ottiliens aus den *Wahlverwandtschaften*, jenes Romans, der als Pendant zum *Mann von funfzig Jahren*, zunächst als Novelle für den Zyklus der *Wanderjahre* vorgesehen war.

Heidnisch wie Goethe zeitlebens ist, können diese Bilder nicht als Installationen des Glaubens gelesen werden. Die Verwirrung der Novelle wird im Aberglauben der Legende aufgehoben – scheinbar jedoch nur, denn die Seele, die nicht zu heilen ist, ist auch nicht zu retten. Weder die Religion noch eine Lesegemeinde vermöchte dies, auch wenn sie, wie es die leidenschaftliche Identifikation der romantischen Novelle vorsieht, dem Helden Mitgefühl entgegenbrächte. Als Scheinheiligkeit erscheint Goethe solche Identifikation, und er parodiert sie durch Blasphemie.

Die legendären Bilder, die die Seelendramen der Novellen gewissermaßen stumm beenden, bekommen in den späteren Schaffensjahren Goethes noch eine andere kritische Funktion. Das Leben Josephs des Zweiten, wie es der Einschub in die *Wanderjahre* vorstellt, ist die Kopie eines gemalten Bildes; dies Dasein hat keine eigene, sondern nur eine geliehene – eine nazarenische – Schönheit. Die deutschen Maler in Rom, die Lukasbrüder, schufen eine imitierende Kunst, die religiöse Andachtsbilder des Mittelalters und der frühen Neuzeit dem ästhetischen Genuß einer neuen Kunstfrömmigkeit preisgab. Die religiösen Gesten seiner Zeit kritisiert Goethe nun in den verschiedenen Phasen seines Schaffens in unterschiedlicher Weise, je nachdem, ob es sich um Nachleben oder Wiederbelebung handelt. Der volkstümliche Wunderglaube, dem Sperata verfällt, ist anderer Art als der Bilderglaube Josephs des Zweiten. In Sperata führt Goethe den Aberglauben vor, der eine lange Tradition hat, in Joseph dem Zweiten eine Kunstmanier der jüngsten Zeit. Obgleich Goethe beide Male ähnliche, nämlich biblische Motive verwendet, hat er sich vom Kritiker der Sitte zu dem der Mode gewandelt. Das nazarenische Schlußtableau der *Wahlverwandtschaften* enthält noch beide Tendenzen der Kritik durch das biblische Bild: die am Verstummen der Tragödie der Unvernunft in der falschen Pose der Religion und die Kritik einer gleißnerischen Afterkunst.

Ganz ausschließlich das zweite Motiv der Kritik diktiert Goethe die *Novelle* in die Feder. Dieses späte Werk hat ebensoviel Andacht wie Abscheu bei Lesern und Interpreten hervorgerufen. Beide Reaktionen kann der nur haben, der die

Novelle als großes Kunstwerk unmittelbar zu sich selbst betrachtet, die hohe Stilisierung also – bewundernswert oder degoutant, wie auch immer sie sei – nicht als sprachliche Parodie der nazarenischen Glätte begreift. Die Schönheit der *Novelle* ist penetrant – sollte das Goethe nicht selbst bemerkt und absichtlich bewirkt haben! Sie führt von einer extensiven Landschaftsbeschreibung zu einer unglaubwürdigen alttestamentlichen Inszenierung, von hochgebildeten Fürsten zu tieffrommen Zigeunern, von der Kraft des Gesprächs zur besänftigenden Magie der Musik, von einer himmlischen Frau zu einem göttlichen Kind.

Gerhard Kaiser zeigt, daß all diese Schönheiten, nicht anders als in *Sankt Joseph dem Zweiten*, Zitate von gemalten Vorbildern oder sprachlichen Klischees sind, daß also das Leben der Figuren die Pose der Kunst ist: »Nicht schlechthin einen Tiger erkennt sie [die Fürstin]; vielmehr den furchtbaren Tiger, wie sie ihn vor kurzem gemalt gesehen [. . .] hat. Sie ist bedroht von einem entfesselten Phantasma, das, auch wenn es aus ihr aufsteigt, doch nicht etwa ihr Innerstes selbst, sondern ein kollektives zivilisatorisches Klischee ist.«[6]

Pose ist jede Geste in dieser Novelle, das heißt alles ist, ehe es noch gelebt wird, in der Kunst schon vorweggebildet. Nicht allein, daß der Tiger gefährlich vom Plakat herabdroht, ehe er alt und gebrechlich durch die Büsche schleicht; auch die Landschaft, durch die bald der Spazierritt führen soll, ist vorher schon auf dem Reißbrett zu betrachten; Honorio erlegt den Tiger nach dem Vorbild antiker Helden und postiert sich danach auf einem Felsensockel mit leerem und müdem Blick in die Ferne, ein Herkules Farnese; der schöne Abschiedsgruß der Gattin an den Gatten ist Zitat aus der Literatur.

Schönheit, Größe, Opfermut stellen sich zur Schau. Auch der Fürst richtet seinen Besitz zur Promenade für schaulustige Touristen her, die er in dieser schönen Gegend erwarten

---

6 Gerhard Kaiser, »Zur Aktualität Goethes. Kunst und Gesellschaft in seiner ›Novelle‹«, in: *Jahrbuch der Deutschen Schillergesellschaft* 29 (1985) S. 252.

darf. Dem gotischen Stil der zwanziger Jahre entsprechend, führt er die neugierigen Reisenden schließlich auf eine mittelalterliche Burg. Da ist es denn pure Ironie, wenn es Goethe nicht übersehen kann, daß in diesen Mauern noch das entsprechende lebende Bild fehlt: Daniel in der Löwengrube.

Goethes *Novelle* ist eine Novelle nach Bildern als Antwort auf Bilder, die nach der Literatur gemalt worden sind. Die *Novelle* ist die einzige Erzählung Goethes, die keinen Erzähler hat. Wenn auch in der Spätzeit noch irgend die Definition der *Unterhaltungen* für den Dichter gelten sollte, so ist die *Novelle* kein Beitrag zur Erheiterung und Bildung der Gesellschaft; sie ist vielmehr ein Kommentar zum Kunstgeschmack der Zeit.

* * *

Mag der Leser, nach alledem, was er von Goethe nun gelesen hat und von ihm weiß, noch immer mit dem Erzähler unzufrieden sein, so deshalb, weil er, erzogen durch den Erzählstil der romantischen Novelle – die immerhin das ganze 19. Jahrhundert hindurch wirkte –, sich mit Goethes Skepsis gegen das Wunder nicht abfinden will: ob Gespenst, ob Wahnsinn, ob Heiligenschein – auf jeden Fall weist Goethe die extreme Unwahrscheinlichkeit und den heftigsten Schrecken zurück. Nur momentan – in Flavio etwa – bricht die Furie des Wahnsinns in die bürgerliche Welt ein. Wer aber von ihren Heiterkeiten und Verlegenheiten etwas wissen will, wird Goethe, dem Erzähler, gerne zuhören.